황 제 뽑 기

권중달 지음

이 도서의 국립중앙도서관 출판시도서목록(CIP)은 e-CIP홈페이지(http://www.nl.go.kr/ecip)와 국가자료공동목록시스템(http://www.nl.go.kr/kolisnet)에서 이용하실 수 있습니다.　　　　　　　　(CIP제어번호: CIP2012002647)

황제뽑기

2012년 6월 15일 초판 1쇄 찍음
2012년 7월 2일 초판 1쇄 발행

지 은 이　　권중달
발 행 인　　정철재
만 든 이　　권희선 문미라 이승한
디 자 인　　선영은

펴 낸 곳　　도서출판 삼화
등　　록　　제320-2006-50호
주　　소　　서울 관악구 남현동 1076-17
전　　화　　02)874-8830
팩　　스　　02)888-8899
홈페이지　　www.tonggam.com | www.samhwabook.com

ⓒ도서출판 삼화, 2012, Printed in Seoul Korea
ISBN 978-89-92490-48-1 (03910)

| 이 책의 판권은 지은이와 도서출판 삼화에 있습니다.
| 이 책 내용의 전부 또는 일부를 재사용하려면 반드시 양측의 서면 동의를 받아야 합니다.

황제뽑기

들어가면서

지난 2011년 역사학대회에서였다. 몇몇 역사학 교수들이 한담하는 자리에서 자연스럽게 선거이야기가 나왔다. 국회의원 선거와 대통령 선거를 몇 개월 앞에 둔 시점이기 때문이었다.

그러던 중에 어떤 학자가 막스 베버의 논문을 말하면서 미국의 대통령 선거를 분석한 결과 제3의 인물이 당선되는 경우를 설명했다. 평소에 가장 유력한 사람이라고 일컬어지던 사람이 당선되는 것이 아니고 몇 달 전까지만 해도 전혀 가망이 없다고 생각되던 의외의 인물이 당선되는 경우가 허다하다는 것이다.

우리의 선거도 그러한 지는 모르겠지만 여하튼 매우 흥미 있게 들었다. 여기에서 필자는 전통적인 황제제도를 가진 왕조의 역사에서 어떤 사람이 후임 황제로 결정되는가를 살펴보고 싶은 생각이 들어 찬찬히 이에 관한 자료를 검토하기 시작했다.

사실 동아시아 역사에서 황제는 절대권을 가진 존재였다. 물론 당대當代를 지탱하는 법률도 있었고, 사회윤리도 있었지만 황제가 이를 어긴다고 해도 이를 효과적으로 제한할 방법이 없었던 것이다. 그래서 후에는 이른바 제왕학帝王學이 생겨나고 황제가 될 사람을 교육시켜서 '백성을 하늘처럼 아는 황제'를 만들기에 노력했지만 이러한 교육이 언제나 효과를 가져다주지는 않았다. 그만큼 황제가 가지고 있는 권력은 막대했다. 그래서 이를 하늘의 아들이라는 말로 '천자天子'라고 호칭했던 것이다.

황제제도는 진秦의 시황제始皇帝에서 시작되어 청말淸末에 신해혁명이 일어나 폐지될 때까지 2천년이 훨씬 넘는 동안 단 한 번도 바뀌지 않았다. 이는 넓은 중원 땅에서만 그런 것은 아니었다. 동아시아 중원 대륙의 주변에 있는 나라들도 모두 이 황제제도를 모방한 정치제도를 만들었다. 그리고 이것은 크게 말해 근세 이전까지 2천년 동안 변하지 않는 동아시아의 정치제도였다.

비록 황제를 정점으로 한 가운데에 여러 제도들이 신설과 소멸을 반복했다고 하지만 황제제도와 황제권은 크게 달라지지 않았다. 이렇듯 황제제도는 동아시아 정치제도의 핵심이다.

황제제도는 원칙적으로 현임 황제가 재임하는 동안 다음에 자기의 뒤를 이어 줄 황제를 지정한다. 이른바 '태자太子 세우기'이다. 절대권자가 후임 황제를 정하는 것이므로 이것은 절대적인 효력을 갖게 된다. 설혹 후임 황제가 될 태자에 대해 못마땅하게 생각하는 사람이 있다고 하더라도 직접적으로 이에 관한 이견異見을 내기가 어렵다.

하지만 일단 태자가 정해지면 사정은 달라진다. 황제의 수족이 되어 권력을 잡고 있는 사람들은 태자를 관찰하기 시작한다. 태자가 후에 황제가 되었을 때 자신들의 기득권을 지킬 수 있는지를 판단하기 위해서다. 따라서 그들은 철저하게 실리를 좇아 태자의 성향이 자기에게 불리하다 판단되면 태자를 끌어내리려는 음모를 펼치기도 한다.

역사에는 황제가 되기 전에 자신의 생각을 마음껏 펼쳐 낸 태자가 신하들의 음모에 쫓겨나는 일도 있었는데, 그 대표자가 바로 한 무제 유철의 태자였던 유거이다.

무제 유철이 법가의 엄형嚴刑주의로 통치하던 것과는 달리 태자 유거는 인의仁義를 통해 정치를 할 것으로 예측되었다. 그러자 태자 유거를 제거해야 자기의 자리가 보장될 수 있다고 생각한 법가주의 관리들은 급기야 '무고巫蠱'의 사건까지 벌이게 되었다. 그래서 현명한 태자라면 태자 자리에 있는 동안에는 자신의 생각을 잘 드러내지 않는다.

그래서 몇몇 특별한 경우를 제외하면 현임 황제가 후임 황제가 될 태자를 정해 놓고 그 권위를 높여 주기 때문에 현임 황제가 죽는다고 해도 크게 혼란될 일이 없다.

그런데 현임 황제가 후임 황제를 정해 놓지 못하고 죽는 경우에 문제가 대두된다. 현임 황제에게 아들이 없거나 다양한 정치적 변수가 발생했을 때 후임 황제를 결정하는 것은 오로지 힘 있는 권력자들의 몫이 되어버리기 때문이다.

실제로 현임 황제가 후임 황제를 정해 놓지 못한 경우가 의외로 많다. 이는 대체로 현임 황제가 후사가 없는 경우를 가리키는데, 양자를 들인다든가 또는 다른 방법으로 후계자를 정하는 일을 이런 저런 일로 차일피일 미루다가 황제가 갑자기 죽었을 때가 대부분이었다.

어쨌든 일단 황제가 죽게 되면 누구라도 황제 자리에 세워야 했다. 황제가 없는 정치제도란 상상할 수 없었기 때문이다. 이때 죽은 황제의 뒤를 이을 황제를 결정하는 것은 당시 조정을 이끌어 가는 권력자들이었다. 이 권력자들이 후임 황제를 뽑게 되는 것이다.

이들이 황제를 뽑는 원칙으로는 대체로 '종묘'와 '사직'을 지키는 것을 최우선의 가치로 꼽는다. 그리고 자신들은 종묘와 사직이라는 대의명분으로 후임 황제를 선별했다고 공언한다. 그러나 그것은 명분상 필요한 대외발표용이고, 실제로는 후임 황제와 자기와의 이해관계가 더욱 우선시되었다.

《자치통감》에서도 보여주듯 진秦 시황제가 죽자 조고와 이사에 의해 시황제의 둘째 호해를 후임 황제로 결정하는 일 이후에도 한 왕조 이후에 후한, 삼국, 위진남북조를 거쳐서 당 왕조 시대까지 이러한 황제 뽑기가 사라진 적이 없었다.

그래서 황제가 죽은 다음에 후임 황제를 '뽑는' 일이 나타났다. 역사에서 맨 처음 발생한 후계자의 부재는 불가피하게 일어났을지 모른다. 그러나 이러한 일들을 우연히 알게 되거나 경험함으로써 후대에 권력을 계속 누리고자 하는 사람이나 세력은 의도적으로 황제가 후계자를 두지 못한 채 죽게 만드는 일까지 벌어진다.

이때 무소불위無所不爲의 권한을 가진 황제는 겉모습만이 절대 권력자였을 뿐 실제로는 꼭두각시로 전락하게 되는 경우가 허다하다. 간혹 후임 황제가 스스로 꼭두각시 되기를 거부한다해도 이는 목숨을 건 모험을 거쳐야만 가능한 일이었다.

전한시대에는 혜제 유영이 일찍 죽는 바람에 태자를 정하지 못했다. 혜제 시절부터 권력을 잡고 있던 혜제의 어머니 여 태후는 혜제 유영의 아들 둘을 황제로 세운다. 그 첫 번째가 유공이다. 그런데 유공 역시 죽자 혜제 유영의 또 다른 아들 유홍을 세웠다. 그리고 여 태후가 죽자 중신들은 어린 유홍 대신에 새로운 황제를 세워야 한다며 문제 유항을 옹립했다.
 또 소제 유불릉 역시 태자를 세우지 못하고 죽었는데, 이때 창읍왕 유하를 황제로 세웠다가 온갖 구실로 석 달 만에 내쫓고 다시 선제 유순을 황제로 세운다. 그리고 성제 유오 시대에는 실리를 쫓는 중신들에 의해 세 차례나 태자 세우기에 실패함과 동시에 태자 없이 황제가 죽어서 애제 유흔과 평제 유간 그리고 유자 유영이 세워졌다.
 후한시대에는 상제 유륭이 태자 없이 죽자 안제 유호, 소제 북향후 유의, 순제 유보로 세 차례나 연달아 '황제 뽑기'가 지속되었다. 다시 충제 유병 이후 질제 유찬, 환제 유지가 있었고, 소제 홍농왕 유변도 결국 아들에게 황제 자리를 물려주지 못했다. 그리고 후한 왕조의 마지막 황제 헌제 유협이 등극한다.
 삼국시대 위나라에서는 쿠데타를 만나 황제 조방이 쫓겨나 그 후임으로 고귀향공 조모가 등극했다가 그 역시 죽자, 원제 조환이 황제 자리에 올랐다. 오나라에서는 회계왕 손량의 아들에게 황제 자리가 이어지지 못했다. 그리하여 비어있던 황제 자리는 경제 손휴에게 갔다가 다시 오정후 손호에게로 옮겨졌다. 모두 황제의 부자父子상속이 아닌, 쿠데타로 인해 자의 반 타의 반으로 황제 자리에 나아간 경우였다.
 진晉 왕조에서는 혜제 사마충이 죽자 그의 동생 사마치가 황제가 되었다가 북방족의 남하로 전조의 포로가 되는 바람에 다시 민제 사마업이 등극한다. 동진시대에는 성제 사마연이 죽자 강제 사마악이 등장했고, 목제 사마담이 죽자 애제 사마비와 폐제 사마혁, 간문제 사마욱으로 이어지는 과정에서 황제가 죽은 다음에 후임 황제를 세우는 일이 세 차례나 계속되었다. 다시 안제 사마덕종이 죽고 난 후에 후임 황제로 공제 사마덕문이 세워졌다.

남조 송에서는 소제 유의부가 쫓겨나고 문제 유의륭이 등극했고, 전폐제 유자업이 쫓겨나고 명제 유욱劉彧이, 다시 후폐제 유욱劉昱이 쫓겨나자 후임 황제로 순제 유준이 등극한다.

남조 제에서는 폐제 울림왕 소소업과 뒤이은 폐제 해릉왕 소소문이 차례로 쫓겨난 후에 다시 후임 황제를 세웠고, 다시 폐제 동혼후 소보권이 쫓겨나고 후임 황제로 소보융이 등극했다. 남조 양에서는 간문제 소강이 죽고 원제 소역이 후임 황제 자리에 올라야 했다. 또 남조 진陳에서는 폐제 진백종이 쫓겨난 다음에 선제 진욱이 후임 황제로 세워졌다.

북조 북위에서는 효명제 원후가 죽자 후임 황제로 효장제 원자유를 뽑았고, 뒤이어 등장한 장광왕 탁발엽과 절민제 원공, 후폐제 탁발랑, 효무제 원수는 모두 전임 황제가 죽거나 쫓겨난 다음에 황제 자리에 오른 사람들이다.

당나라 시대에는 경종 이담이 죽은 후 문종 이앙, 무종 이염, 선종 이침까지 세 명이 연달아 황제로 뽑혔다. 그리고 희종 이현 다음에도 소종 이엽이 황제 자리에 올랐다.

이처럼 전임 황제가 후임 황제를 뽑아 놓지 못하고 쫓겨나거나 죽은 경우가 많았는데, 이때마다 주동적으로 황제 뽑는 일을 한 사람은 재상이거나, 대장군, 황태후 아니면 무장 세력이었으며, 심지어는 환관들인 경우도 있었다.

이들은 누구든 간에 자기의 이익을 해치지 않으리라 예상되는 사람을 황제로 골랐다. 그래서 배경 세력에 없어서 자기의 생각을 관철시킬 손발이 없는 사람을 황제로 선택한다.

이를 위해서 세력 없는 왕 가운데서 뽑는다. 만약 왕작을 가진 사람들 가운데 구미에 맞는 사람이 없다면, 적절한 사람을 골라서 현재 어떤 작위가 없다고 해도 일단 데려다가 새로이 왕작이나 후작을 부여한 후 바로 황제로 등극하게 하는 방법을 썼다.

그러므로 황제를 뽑는 사람에게는 자기의 이해관계가 중요한 것이지 황제가 될 사람의 현명함과 능력은 고려의 대상이 아니었다. 유능하거나 현명한 사람은 오히려 제외되었다.

이와 같은 사실을 보면 과거의 왕조사를 보는 시각도 달라져야 할 것이다. 실제로 하나의 왕조란 공식적으로 황제가 다스리는 나라를 일컫는 것이지만, 이는 형식상으로 맞는 말일 뿐이다. 그러기 때문에 왕조 단위로 역사를 보려는 것은 다시 한 번 재고되어야 할 것이다.

사실 하나의 왕조를 살펴 보면 황제가 실제로 황제권을 행사하면서 왕조를 통치한 기간은 그렇게 길지 않았다. 도리어 황제 이외의 사람이 실질적으로 황제의 권한을 행사한 기간이 오히려 길었다고도 할 수 있다.

그러므로 이 책의 주제는 황제가 아니라 황제를 뽑는 사람 혹은 그 세력들이 어떤 기준으로 황제를 뽑으려고 했는지 그 메커니즘을 보려 하는 것이다. 예컨대 황태후는 나이 어린 황제를 골라서 수렴청정을 오래하기를 기도한다.

무장 세력이 황제를 뽑을 때에는 자기가 황제로 가는 길의 디딤돌로 이용할 사람을 뽑는다. 환관들도 자기들의 이익을 해치지 않을 사람을 선택한다.

이러한 메커니즘을 구체적인 사례를 가지고 살펴보려는 것이다. 그러나 따지고 보면 이러한 메커니즘은 권력의 최고 자리라는 점에서 오늘날에도 결코 다르지 않을 것이라는 생각이다.

　현대 사회는 국민이 투표에 참여하여 최고 권력자를 뽑는다. 그러나 그 지지 세력과 이른바 '킹메이커' 역시 겉으로는 국가와 민족이라는 거창한 명분을 내세울 테지만 내면적으로는 중신이나 황태후, 환관, 무장 세력처럼 자기의 이익을 최우선으로 두고 있지는 않는지 살펴보는데 이 책이 좋은 반면교사가 될 수 있지 않을까 생각한다.

2012년 6월
권중달 적음

목차

들어가면서

제1장 전한시대

중신들의 황제 뽑기

▸ 제3의 인물을 뽑은 중신 주발 17

▸ 천애고아 유병이를 고른 대장군 곽광 63

제2장 후한시대

황태후의 황제 뽑기

▸ 수렴청정을 하려 한 태후들 107

▸ 능력 없는 염 태후의 욕심 130

▸ 환관의 시대를 열어준 양 태후 145

▸ 환관의 아첨에 사로잡힌 어린 황태후 171

제3장 삼국에서 진시대

격동하는 시대의 황제 뽑기

▸ 쿠데타 세력이 뽑는 위의 황제들 194

▸ 권신 종친에게 폐립되는 오나라 조정 223

▸ 내부분열 속에서 포로가 된 진나라 황제 240

제4장 남조시대

꼭두각시를 황제로 뽑기

- 힘 있는 장군이 뽑는 동진의 황제들 264
- 옹립한 황제에게 되잡힌 송의 쿠데타 세력 282
- 황제 자리를 둘러싼 숙질간의 싸움 300
- 왕조를 넘겨줄 사람을 뽑은 소도성 321
- 징검다리를 건너 제의 황제가 된 사람들 333
- 외국 세력에 의해 세워진 양의 황제들 354
- 황제 자리를 빼앗겼다는 진욱의 억지 374

제5장 북조시대

무장 세력의 황제 뽑기

- 북위의 군벌 이주씨들의 황제 뽑기 389
- 삼촌에게 밀려나는 북제의 황제 420
- 세 황제를 죽인 북주의 우문호 440

제6장 당시대

환관들의 황제 뽑기

- 환관들이 논의하여 뽑는 황제 451
- 마음에 안드는 태자를 폐위시킨 환관들의 싸움 463
- 항렬은 상관없이 뽑힌 황제 468
- 대를 이어가는 환관의 권력 481

나오면서

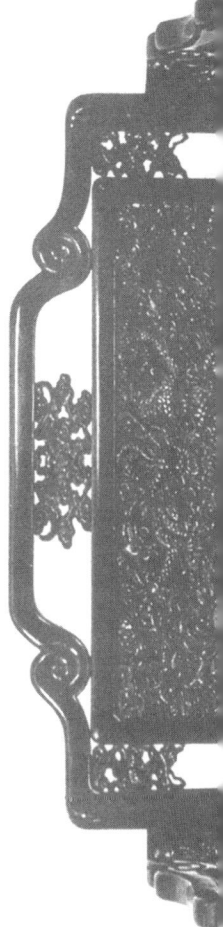

제1장
전한시대

중신들의 황제 뽑기

시대 설명

전한시대에는 유방이 한漢 왕조를 건국하여 황제가 된 뒤로 모두 14명의 황제가 등장한다. 그중 전임 황제가 태자를 정하지 못하고 죽은 경우가 2대 혜제 때에 있었으나, 이 시기에는 그의 어머니 여 태후가 황제의 권한을 대신 행사하며 어린 유공劉恭과 유홍劉弘을 연이어 등극시켰다.

그러나 여 태후가 죽고 나자 그녀가 세운 소제少帝 유홍이 살아 있었지만 새로운 황제를 세워야 한다는 분위기가 형성되어 있었다. 그리하여 조정의 중신인 주발이 중심이 되어 다시 황제를 뽑았는데, 그가 바로 문제 유항이다.

그 다음으로 소제 유불릉이 죽고 다시 후사가 없어 후임 황제를 뽑아야 했다. 이때에는 대장군 곽광이 황제 뽑는 일을 주관하였다. 그는 먼저 유하를 뽑았다가 이를 폐위시키고 다시 선제 유순을 뽑았다.

주발이나 곽광이 황제를 뽑는 일을 주관하면서 겉으로는 종묘와 사직을 대의명분으로 내세웠지만 안으로는 철저하게 실리를 계산하여 권력을 계속 유지하려던 속셈을 감추고 있었다.

제3의 인물을 뽑은 중신 주발
배경 없는 사람을 찾아라

여 태후의 죽음과 후계구도

유방劉邦(기원전 247년~기원전 195년)이 한 고조 원년(기원전 206년)에 한 왕조를 세우고 12년 만에 죽은 뒤, 그의 황후 여치呂雉(?~기원전 180년)와 그녀의 친정 세력인 여呂씨가 권력을 잡았다. 그리고 이후 여 태후가 죽고 권력의 공백 상태가 된 한 왕조를 장악한 사람이 문제文帝 유항劉恒(기원전 180년~기원전 157년)이다.

그러나 그는 유방의 아들이긴 하지만 황제에 오를 가능성이 거의 없었던, 멀리 변방인 대代 지역으로 밀려나 있던 사람이다. 사실 여 태후가 죽었을 때 대왕 유항보다 조건이 좋은 사람으로는 여 태후로부터 군권을 넘겨받은 여록呂祿과 여산呂産이 있었다. 그리고 여씨 세력에 반발하여 산동 세력을 이끌고 군사를 일으켰던 유방의 손자 제왕 유양이 황제에 오를만한 상황이었다.

이렇게 따지고 보면 대왕 유항이 황제에 오를 수 있는 순위는 세 번째 정도였을 뿐이었다. 그러한 그가 다른 두 세력을 제치고 황제가 된 메커니즘은 무엇이었을까.

후궁의 소생을 적자로 삼은 여 태후

한대漢代에는 고조 유방이 죽자 황후 여치가 태후가 되어 전권을 휘둘렀다. 그리고 15년이 지난 고황후 8년(기원전 180년) 7월에 여 태후*가 죽었다. 한나라를 세운 유방보다 무려 15년이나 더 살면서 황제에 버금가는 권한을 행사하던 그녀가 갑자기 죽은 것이다.

여 태후의 갑작스러운 죽음은 한나라 조정에 권력의 공백상태를 가져 왔다. 물론 여 태후의 집권기간에도 명목상의 황제는 있었고, 그녀가 죽었을 때에도 황제는 있었다. 그가 바로 4년 전 겨우 8살의 나이로 황제에 등극한 소제少帝 유홍劉弘(기원전 192년~기원전 180년)이다.

유홍은 혜제 유영의 아들이다. 그러나 사실 유홍은 고황후 여

◆ 여 태후의 죽음에 관한 이야기

고황후 8년(기원전 180년) 3월에 태후 여치가 악을 제거하기 위한 제사인 불(祓)을 지내고 돌아올 때였다. 그런데 진(秦)의 영자영이 유방에게 항복했던 지도(軹道, 섬서성 서안시 동북)를 지나갈 때, 갑자기 여 태후가 비명을 지르며 쓰러졌다. 대신들과 의원들이 여 태후에게 달려와 연유를 물으니 푸른 색의 개들이 자신의 겨드랑이를 물었다고 대답했다.
이를 이상하게 여겨 점을 쳐보니 점쟁이가 말했다.
"죽은 조왕 유여의(劉如意)가 빌미가 되었다."
유여의는 여 태후가 독살한 연적 척 부인의 아들이다.
이때부터 여 태후는 겨드랑이의 통증이 심해졌고, 그 후 넉 달이 지난 7월 신사일(30일)에 병이 심해진 여 태후는 죽음을 맞이했다.

치에게 죽은 유공劉恭(?~기원전 184년)과 마찬가지로 혜제 유영과 그 후궁 사이에서 생긴의 사람이었다. 그런데 여 태후는 유공과 유홍을 낳은 생모를 죽이고 마치 혜제 유영♦의 정실 황후인 장언張嫣의 아들이라고 속여 황제로 삼았던 것이다. 그러니 황제라고 해도 여 태후의 허수아비에 불과했고, 황제는 있으나마나 한 존재였다.

그동안 여 태후는 명목상의 황제 대신 전권을 행사했다. 그래서 역사에서는 이 시기를 고황후高皇后로 기년紀年하여 표기하고 있다. 이러한 그녀가 죽었으니 권력의 공백상태가 온 것도 당연했다.

◆ 생질녀와 결혼한 혜제 유영

혜제 유영과 혼인한 장언(장 황후)은, 유영의 누나인 노원공주의 딸이었다. 즉, 외삼촌과 조카가 결혼을 했고, 그 둘 사이에서 태어난 사람이 바로 유홍이라는 것이다. 그러나 사실 유홍은 혜제 유영의 후궁 소생이다. 여 태후가 유홍의 생모를 죽이고 장 황후의 자식이라고 속인 것이다.

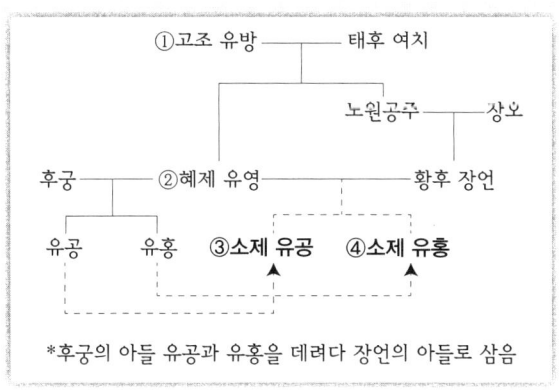

이는 비록 26년 전, 진秦나라가 멸망한 이후 권력의 공백과 그 것을 차지하려는 한 고조 유방과 초 패왕 항우項羽 사이의 전쟁 같은 상황은 아니었지만, 어떤 형태로든지 공중에 떠 있는 권력을 쟁취하기 위한 싸움이 발생할 수밖에 없는 상황이었다.

이른바 주인 없는 기린을 잡기 위한 경쟁이 벌어지게 된 것이다. 이 기린을 잡는데 제일 유력한 세력은 여 태후가 다져놓은 여씨 세력, 특히 그녀의 수족과도 같았던 조카 여록과 여산이었다. 그리고 그 다음 세력은 유방시대에 세력을 유지했다가 여 태후의 등장으로 권력에서 밀려난 중신들이었다. 마지막으로 유방의 후예들인 유씨 후손들이라고 할 수 있다.

여 태후의 사전조치들

이러한 문제를 미리 예상했던 여 태후는 죽기 전에 몇 가지 필요한 조치를 취해 두었다. 여 태후는 죽기 1년 전에 조카 여록을 조왕趙王으로 삼고, 여록의 아버지이자 자신의 오빠인 건성강후建成康侯 여석지呂釋之를 조소왕趙昭王으로 추존하였다.

그리고 본인의 병이 악화되자 고황후 8년(기원전 180년) 7월에 여 태후는 죽음을 예상하고 조왕 여록을 상장군으로 삼아서 북군北軍을 통솔하게 하고, 여왕 여산은 남군南軍을 이끌도록 하였다.

당시 도읍 장안에 주둔하고 있던 군대는 남·북군으로 나누어져 있었는데, 남·북군 모두를 두 조카들에게 관장하게 함으로써 군권軍權을 장악하도록 한 것이다. 물론 군권을 총괄하는 태위太尉 주발이 있었지만, 그가 아무런 힘을 쓸 수 없음을 잘 알고 내린 조치였다.

그럼에도 안심하지 못한 여 태후는 여록과 여산을 불러 자신의 사후에도 권력을 잃지 않을 방법을 일러 주었다.

"여씨가 왕이 된 것에 대해 대신들이 불평을 하고 있다. 황제의 나이가 어려서 내가 죽은 후 대신들이 변란을 일으킬까 두렵다. 그러니 반드시 병사를 점검하고 궁궐을 호위하여라. 그리고 다른 사람에게 궁궐이 통제될 수 있으니 상여喪輿를 전송하지 말아야 할 것이다!"

여 태후는 자신의 장례 절차 도중에도 대신들이 변란을 일으킬 수 있다고 생각했고, 그래서 상여도 전송하지 말고 군사를 점검하고 궁궐을 지키라고 말한 것이다. 이미 여 태후는 자신이 죽은 뒤에 벌어질 권력의 공백상태를 충분히 예기하고 있었다. 그래서 이를 대비할 것을 당부했던 것이다.

그녀는 또 어린 소제 유홍을 잘 보필해서 유씨의 한漢 왕조를 잘 지키라는 유훈遺訓을 남겼다. 즉 조카들에게 황제가 되라는 말은 아니고 그저 권력을 잃지 말라는 부탁이라 할 수 있다.

사실 여 태후는 친정 세력인 여씨들을 등용하면서도 끊임없이 황족인 유씨와 관계도 소홀히 하지 않았다. 유씨는 한 왕조의 국성國姓이므로 그들을 자기편으로 끌어 들여야 했기 때문이다. 그래서 우선 여록의 딸을 주허후朱虛侯 유장劉章에게 시집보냈다.

이와 같은 치밀한 조치에도 불구하고 그녀는 안심하지 못하고 마지막 유언을 남길 때도 당부를 잊지 않았다.

"천하를 크게 사면하고, 여왕 여산을 상국相國, 재상으로 삼고, 여록의 딸을 제후帝后로 삼으라."

여록의 딸을 어린 소제 유홍과 혼인시켜 여씨가 황후가 되도록 하고, 여산을 상국으로 삼아 황제의 업무를 대신하도록 했다.

이와 같이 하면 여씨들이 직접 황제 자리에 나아가지 않는다고 해도, 여씨 일파가 상국 혹은 황후로서 권력을 계속 장악하게 할 수 있기 때문이다.

여 태후의 예상을 벗어난 일들

여 태후가 이렇게 자기 사후의 일들을 착실히 준비했지만 실제 상황은 그녀가 예상한대로 진행되지 않았다. 여 태후의 말대로 되려면 무엇보다도 여산과 여록이 권력을 지킬 능력이 있어야 했다. 그러나 조정에는 유방과 함께 활동했던 정치에 닳고 닳은 원로 대신들이 있었으니, 이들을 이기는 것은 쉽지 않았다.

원로 대신들은 여 태후가 권력을 잡고 있는 동안은 그녀에게 대항할 힘이 없어서 그저 내색하지 않았을 뿐이었다. 그러니 여 태후가 죽은 후에도 여산과 여록이 그들을 제압할 수 있을지 여부가 정치의 향방을 가르는 중대한 변수였다.

사실 여 태후의 정치력과 결단성은 유방이 살아 있을 때부터 이미 드러나 있었다. 대신들은 여 태후가 공신들을 주살하는 일을 해왔던 것을 잘 알고 있었다. 그 가운데는 한 왕조의 개국공신으로 유명한 장군 한신韓信도 있었다. 한신이 반역하려는 낌새를 보이자 여 태후가 즉각적으로 그를 체포하여 죽인 사건은 대신들에게는 큰 두려움을 안겨주었다.

그러기 때문에 한 왕조를 세우는데 아무리 공로를 세웠다 하더라도 황제권에 도전하는 어떠한 행위도 용납되지 않는다는 것이 주지의 사실이었다. 그래서 여 태후가 권력을 잡고 있는 동안 원로 대신들은 묵묵히 순응하면서 견뎌내고 있었던 것이다.

이처럼 유방과 여 태후가 통치하던 한 왕조 20여 년 동안은 큰 문제가 없었다. 유방이 죽고 난 후 유약한 혜제 유영이 들어서기는 했지만 실제로 여 태후가 권력을 틀어쥐고 있었으니, 사실상 권력의 공백상태는 아니었다.

그런데 이번에는 달랐다. 권력자 여 태후의 죽음으로 그녀의 뒤를 이어 확실하게 권력을 잡을 사람이 필요했는데, 그것이 쉽지 않았다. 그래서 여 태후는 조카 여록과 여산에게 지위와 환경을 만들어주고 권력을 장악하게 했던 것이다. 그럼에도 불구하고 여산과 여록은 그들의 보호막이었던 고모 여 태후가 없어지자 허허벌판에 내동댕이쳐져 스스로 살 길을 도모해야 했다. 그것이 바로 그들 능력의 시험대였다.

여 태후라는 절대권력이 없어진 상태에서 기회를 엿보던 많은 사람들이 권력을 잡으려고 몸부림치리라는 것은 예상되는 수순이었다. 여 태후 때문에 은인자중하던 원로 대신들도 이 기회를 놓치려 하지 않았다. 여씨들만 제거한다면 주인 없는 기린을 손아귀에 넣을 수 있다고 생각한 것이다.

이런 생각은 한나라를 세운 유씨 세력들도 마찬가지였다. 비록 여씨들에게 밀려나 있지만 한나라의 권력은 의당 자기들 황족인 유씨가 가져야 할 몫이라고 생각하고 여씨들에게서 이를 빼앗아 와야한다고 여겼다.

일단 여씨들은 여 태후의 유훈대로 여산을 상국으로 삼고, 여록의 딸을 어린 소제 유홍에게 시집보내는 일을 추진하려고 했다. 그러나 이를 실행한다면 누가 보더라도 여씨가 권력을 장악하겠다는 것을 만천하에 공표하는 일이었다. 따라서 이러한 일은 순순히 진행될 수 없는 것이었으며 결국 변란으로 귀결될 소지가 다분했다.

또한 조정에는 여씨 외에도 유방시절부터 전장戰場을 누빈 장수로 강후絳侯 주발周勃과 영음후潁陰侯 관영灌嬰 등이 버티고 있었다. 여씨 형제로서는 이들을 감당하는 것이 결코 쉽지 않았다.

유씨 가운데 강골인 유장

오히려 여씨들의 이러한 모의는 바로 유씨들에게 적발되었다. 여록의 딸이 주허후 유장의 부인이었는데, 그녀가 친정에서 일어나는 일들을 남편 유장에게 알렸기 때문이다. 유장은 일찍이 여씨들의 권력 농단을 못 마땅히 여겼고 연회 도중에 여 태후 앞에서 여씨를 칼로 벤 일이 있는 강골强骨이었다.

주허후 유장은 유방의 손자로 고황후 7년(기원전 181년) 당시 20살이었는데, 그는 유씨들이 직책을 얻지 못하는 것을 분하게 생각하였다. 어느 날 여 태후를 모시고 연회에서 술을 마시는 자리가 마련되었고 마침 여 태후는 유장에게 술을 돌리는 주리酒吏의 책임을 맡겼다.

이 기회를 이용하여 유장은 대뜸 말했다.

"신은 장수의 종자種子입니다. 청컨대 군법으로 술을 돌리게 하여 주십시오."

여 태후가 허락하였다. 그런데 얼마 후에 여러 여씨 가운데 한 사람이 술에 취하여 술자리를 벗어나는 일이 벌어졌다. 이를 본 유장은 그를 좇아가서 칼을 뽑아 목을 베고 돌아와서 보고하였다.

"술을 피하여 도망하는 사람이 있어서, 신이 삼가 군법을 시행하여 그의 목을 베었습니다."

여 태후의 좌우에 있던 사람들은 모두 크게 놀랐으나 유장이 이미 주법을 군법으로 시행하겠다는 허락을 받은 후였기 때문에 그를 나무랄 방법이 없었다.

얼마 후 술에 취한 유장이 〈경전가耕田歌〉를 부르겠다고 청하니, 여 태후가 이를 허락했다.

[深耕槪種] 밭을 깊이 갈고 빽빽하게 씨를 뿌리자.
[立苗欲疏] 싹이 돋아나면 솎아내려 하니,
[非其種者] 그 씨가 아닌 것이 있다면,
[鉏而去之] 호미로 김매어 이를 없애 버리리라.

노래 내용 그대로만 본다면, 재배하는 작물을 해치는 잡초를 뽑아버리겠다는 것에 불과하다. 이는 농사에 있어서 당연한 일이다. 그러나 이 말 속에는 나름의 뜻이 있었다. 당시의 정치적 상황에서 그 뜻을 헤아려 본다면 기르려는 작물이란 유씨이고, 잡초에 해당하는 종자는 여씨라고 해석할 수 있다.

여씨의 전횡을 은유적으로 표현한 것이고, 이것은 결국 전권을 쥐고 있는 여 태후의 뜻에 반하는 노래였다. 그래도 여 태후는 이를 빌미삼아 직접 어찌할 수 없어서 잠자코 있을 뿐이었다.

그날 이후 여러 여씨들이 주허후 유장을 꺼린 반면에 대신들은 모두 그에게 의지했고 유씨들은 그를 중심으로 더욱 결집하였다.

기병 기회를 잡은 제왕 유양

이처럼 강단의 성격을 가진 유장이 여씨 세력의 음모를 흘려들을 리가 없다. 이 소식은 바로 그의 형인 제왕齊王 유양劉襄(?~기원전 179년)◆에게 전해졌고, 유양은 곧 군사를 거느리고 장안으로 달려왔다. 유양은 자신이 유방의 장손이기 때문에 충분히 황제 자리에 오를 수 있다고 생각했다.

제왕 유양은 산동 지역의 강자였다. 본래 전통적으로 권력을 쥔 사람들은 서부 지역 사람들이었다. 전국시대를 통일한 진秦은 산서 지역에 뿌리를 둔 나라이고, 진나라가 천하를 통일할 때 맨 마지막까지 버티던 나라는 산동 지역의 제齊였다.

또 진이 멸망한 후에는 유방이 항우와의 쟁패에서 먼저 서부 지역에 위치한 함양咸陽. 섬서성 서안시을 점령하고 그 지역 사람들의 지지를 받으면서 동남 지역을 점령했던 항우와 대결하여 승리했다.

이처럼 전통적으로 산동과 산서 지역 간에는 갈등이 있었고, 일반적으로는 장안이 포함된 산서 지역이 진나라가 중원을 통일한 이후 계속 헤게모니를 잡고 있었다. 따라서 산동 지역에서는 언제든지 기회만 있으면 산서 지역에 대해 대항하고 싸우려 들었다.

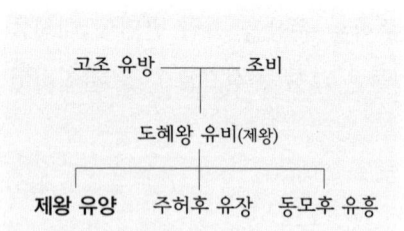

◆ 군사를 일으킨 제왕 유양의 계보도

그래서 여 태후가 죽고 나서 왕조의 권력이 공백상태에 빠진 기회를 포착하여 산동 지역, 특히 그 중심인 제 지역을 장악하고 있는 제왕 유양이 권력을 쟁취하려고 나선 것이었다. 게다가 장안의 조정에는 주허후 유장과 동모후東牟侯 유흥劉興, 두 명의 동생이 내응內應하여 여러 여씨를 죽이고 유양을 세워서 황제로 삼고자 하는 상황이었으니 더 말할 나위가 없는 좋은 기회였다.

본래 제 지역은 유방이 한창 항우와 다툴 때에 명장 한신이 점령했던 지역이다. 유방은 산동의 제 지역으로 세력을 넓히기 위해 한신을 파견했었는데, 한신이 제 지역을 장악하고 스스로 제왕齊王이 되고자 하였다. 유방은 내키지는 않았지만 한신을 제왕으로 삼지 않을 수 없었다.

상황이 이렇게 되자 유방과 대결하던 항우는 한신과 유방이 남쪽으로 자기를 압박해 올 것을 두려워했다. 그래서 항우는 한신과 유방을 떼어놓기 위해 한신에게 무섭武涉을 보내 유세한 일이 있다. 한신이 제왕으로 독립하면 서부의 유방과 남부의 항우와 함께 세 사람이 정족鼎足, 다리가 셋인 솥을 이루게 될 터이니, 그리하는 것이 한신에게 유리하지 않겠느냐는 내용이었다.

하지만 한신은 이러한 제의를 거절했다. 이번에는 괴철蒯徹이 찾아가 사세事勢를 설명하면서 다시 한번 독립하여 정족을 이룰 것을 한신에게 권했다.

"이제 두 군주[유방과 항우]의 운명은 족하[한신]에게 달려 있어서, 족하가 한漢을 위한다면 한이 승리하고, 초楚와 더불어 한다면 초가 승리합니다. 진실로 신의 계책을 들으신다면 둘이 이롭고 함께 남아 있는 것과 같은 것이 없습니다. 천하를 셋으로 나누어 정족으로 있게 한다면, 그 형세는 누구도 감히 먼저 움직일 수 없을 것입니다."

이것은 산동 지역이 서부의 장안 지역, 그리고 강남 지역과 정족을 이룰 수 있는 형세임을 설명한 것이다. 놀랍게도 오늘날의 산동 지역의 북경과 산서 지역의 장안, 장강[양자강] 유역의 남경을 이어보면 거의 정삼각형◆의 모습을 하고 있다.

그러므로 한신에게 독립하여 유방과 항우와 정족을 이루라고 한 것은 옳은 판단일 수 있다. 그러나 한신은 무섭과 괴철의 충고에도 정치적 판단을 하지 못하고, 유방의 편에 섰다가 끝내 여태후에게 죽임을 당했던 것이다.

◆ 정삼각형을 이루고 있는 중국의 세 수도의 위치

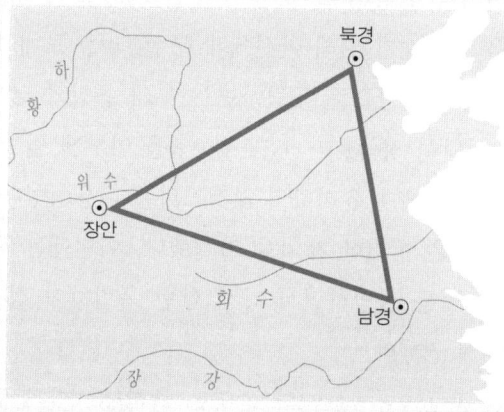

중국 오랜 도읍지 장안, 후대 남쪽 도읍지 남경과 원(元)·명(明) 이후 도읍지 북경을 연결해 보면 정삼각형 모양을 이루고 있는 것을 알 수 있다. 이 세 도읍지는 각기 서부·동부·남부의 중심지라 할 수 있다.

그만큼 역대로 중요한 산동 지역을 장악하고 있는 제왕 유양에게 중앙 조정의 권력공백상태는 좋은 기회라고 할 수 있는 것이었다. 유방시절의 한신과는 달리 군사를 일으킬 수 있는 기회를 적극적으로 활용할 수 있는 것이다.

여 태후에게 원한을 가진 유양

이처럼 제왕 유양은 서부, 남부지역과 더불어 정족을 이룰만한 주요 지역을 장악하고 있었고, 마침 서부 지역의 중심인 장안에 위치한 중앙 조정은 권력의 공백 상태가 되었다.

유양의 아버지 유비劉肥는 유방이 여 태후보다 먼저 만났던 정부情婦라 할 수 있는 조비曹妃의 아들이다. 황후의 아들이 아니라는 점에서 서자庶子였지만, 나이순서로 본다면 엄연한 유방의 장자였다. 그 때문에 유비는 여 태후에게 죽을 고비를 넘겼던 일이 있다.

13년 전인 혜제 2년(기원전 193년) 10월에 제왕 유비가 황제가 된 유영에게 조현하기 위해 장안에 갔다. 혜제 유영은 형 유비를 위해 연회를 열었고, 자신보다 나이가 많은 유비를 상좌에 앉도록 했다.

그런데 여 태후가 이를 못 마땅히 여겨 짐주酖酒를 잔에 따라 유비에게 내리며 축수祝壽하였다. 짐주란 짐새의 깃털로 담근 술인데, 마시면 죽는 독주이다. 여 태후가 술을 건네며 오래 살라고 축수를 했으니 유비는 이 술을 마시지 않을 수 없었다.

이를 본 혜제 유영은 불안한 마음이 들어 그 자리에서 일어나 유비가 들고 있던 술잔을 빼앗아 들었고, 여 태후는 자기 아들인 유영이 독주를 마실까 두려워서 직접 일어나 그 술잔을 엎었다. 나중에서야 상황을 파악한 유비는 크게 두려워하였다.

이러한 사건이 있은 후 제齊의 내사內史 사士라는 사람이 여 태후에게 죽음을 면하기 위해서는 억울하지만 여 태후를 기쁘게 해야 한다고 제왕 유비에게 유세했다.

결국 제왕 유비는 제나라에 속해 있는 성양군城陽郡. 산동성 거현을 여 태후의 장녀인 노원魯元공주에게 탕목읍湯沐邑으로 바쳤다. 그러자 비로소 여 태후가 기뻐했고 마침내 제왕 유비는 자신의 봉국封國인 제로 돌아갈 수 있게 되었다.

유비의 뒤를 이어서 제왕이 된 유양은 개인적으로 아버지 유비가 죽을 뻔했던 사건을 알고 있는지라 여 태후에게 원망을 가지고 있었다. 게다가 장안 세력에 대한 반감까지 보태어졌다. 비록 유비의 뿌리가 서부 지역의 유방에게 있다 하더라도 이미 서부 지역에서 산동으로 쫓겨났으니, 산동 세력이 될 수밖에 없었던 터였다.

산동 지역을 제압한 제

그런데 이제 그 한恨을 풀 수 있는 절호의 기회가 왔고, 제왕 유양은 칼을 뽑았다. 유양은 그의 장인 사균駟鈞과 낭중령郎中令 축오祝午 그리고 중위中尉 위발魏勃과 더불어 군사를 발동하기로 모의하였다. 그런데 한가지 문제가 있었다. 제왕 다음의 권력을 쥐고 있던 제의 재상 소평召平이 유양의 말을 듣지 않았던 것이다. 유양은 시작부터 어려움에 봉착한 셈이다.

제왕 유양은 이 난관을 해결하고자 사람을 시켜 재상 소평을 죽이려고 했지만, 소평은 오히려 이 소식을 미리 알고 한발 앞서서 병사를 동원하여 왕궁을 포위하였다. 소평은 당장이라도 유양을 반역죄로 체포할 수 있는 기회를 잡은 것이고, 유양으로서는 절체절명의 위기를 맞은 것이다.

이때 제의 군사권을 쥐고 있는 중위 위발이 재상 소평에게 말했다.

"왕이 군사를 발동하고자 하지만 황제의 호부虎符◆를 가지고 있지 않습니다. 상군相君, 소평께서 왕을 포위한 것은 정말로 잘하셨지만, 청컨대 저 위발이 그대를 위하여 군사를 거느리고 왕을 호위하겠습니다."

위발이 소평에게 한 말은 제왕 유양은 호부를 가지고 있지 않으니 법적으로는 군사를 발동할 수 없다는 뜻이다. 그러니 반역

◆호부

군사를 동원할 수 있는 구리로 만든 표지(標識)로서 1급에서 5급까지 있고, 이를 통해 황제의 명령을 확인할 수 있다. 국가에서 군(郡)의 군사를 발동할 때에는 사자를 해당 군에 파견하고, 사자가 지참한 호부와 군에서 보유한 호부가 맞으면 그 군에서는 명령을 듣게 되어 있다.

을 꾀하려는 유양을 포위한 것은 잘한 일이지만, 재상이 군사를 동원하는 것 또한 문제가 될 수 있으니 군사지휘권이 있는 자기에게 유양을 맡기는 것이 좋겠다는 말이다.

재상 소평은 중위 위발의 말이 옳다고 생각하고 그 말을 따랐다. 그러나 이것은 소평을 속이는 말이었다. 위발은 군사를 통솔하게 되자마자 소평이 있는 상부相府, 제의 재상부를 포위했고, 위발에게 속은 소평은 결국 자살하고 말았다. 이후 제왕 유양은 자신의 장인 사균을 재상으로, 위발을 장군으로, 축오를 내사로 삼아 제의 군사를 모두 발동하였다. 한漢나라의 법으로 보면 이는 분명한 불법이었다.

또 한가지 유양은 작전을 시행하기에 앞서 제의 동쪽을 지배하던 낭야왕琅邪王 유택劉澤을 처리할 필요가 있었다. 같은 산동 지역에 있는 사람이었지만, 유택은 여 태후와 가까운 사람이었기 때문이다.

고황후 3년(기원전 185년)에 여 태후는 자신의 여동생 여수呂嬃의 딸과 혼인한 유택에게 제에서 낭야琅邪, 산동성 제성현를 분리하여 별도의 봉국封國으로 다스리게 하였다. 원래 유택은 유방과 촌수가 멀어 그 신분만으로는 제후왕이 될 수 없었는데, 여 태후의 덕분으로 제후왕이 되었으니 자연히 유택은 여 태후를 따를 수밖에 없었다.

제왕 유양의 입장에서 원래 자기의 영역이었던 낭야를 여씨의 세력인 유택에게 빼앗긴 것이다. 유택의 문제를 해결하지 않고 군사를 일으켜서 여씨 세력이 버티고 있는 서쪽으로 간다는 것은 뒤통수를 맞을 가능성이 있는 상황이었다.

이 문제를 해결하기 위해 유양은 축오를 낭야왕 유택에게 보냈다. 축오는 장안에서 여씨가 난을 일으켜 제왕 유왕이 군사를 발동하여 그들을 진압하고자 하나 제왕은 아직 나이가 어리고 병혁兵革, 군사에 관한 일에 익숙하지 않으니 군사에 관한 일을 낭야왕 유택에게 위탁하기를 원한다고 이야기를 전했다. 유택을 속인 것이다.

축오는 유양이 유방 때부터 장수였던 유택에게 의지하고자 하니 제의 도읍인 임치臨緇, 산동성 임치현까지 나와 제왕 유양을 만나 일을 계획하자는 말도 덧붙였다.

이 말을 들은 낭야왕 유택의 입장에서는 여 태후의 세력이라고 하더라도 여 태후가 이미 죽고, 여록과 여산이 권력을 잡으려는 상황에서 계속 여씨들의 오른팔이 될 필요는 없었다. 게다가 제왕 유양이 그가 가진 군사를 모두 주겠다고 하니 유택으로서는 절호의 기회라고 할 수 있었다.

낭야왕 유택은 이 모든 것이 제왕 유양의 계략인지 모르고 낭야를 떠나서 제의 도읍인 임치로 들어왔다. 유양은 계획한 대로 유택이 도착하자마자 바로 그를 체포했고, 축오로 하여금 낭야의 군대까지 모두 거느리게 하였다.

감언이설에 속은 낭야왕 유택은 위기에 봉착하자 살아날 방법을 강구하여 유양에게 다시 유세하였다.

유택 자신이 유씨 가운데 가장 연장자이기 때문에 유씨 집안의 일을 결정하는데 꼭 참석해야하고, 후임 황제를 결정하는 것은 유씨 집안의 일이니 회의에 참석해서 유양을 황제로 적극 추천할 터이니 자기를 장안으로 보내달라는 것이다. 유양에게 체포된 유택의 제안이었다.

산동 지역을 빠져 나온 낭야왕 유택

제왕 유양은 낭야왕 유택의 말을 믿고 그를 장안에 보냈다. 약속대로 유택이 장안에 가서 자기를 황제로 추천할 수도 있을 것이라고 생각했기 때문이다. 동시에 군사를 들어서 서쪽으로 제남濟南, 산동성 역성현을 쳤다. 그리고 각 지역의 제후왕들에게 편지를 보내서 여러 여씨들의 죄상을 늘어놓고 군사를 일으켜 그들을 죽이자고 하였다.

유양은 군사를 이끌고 아무런 저항 없이 장안을 향해 달려가고 있었다. 비록 유양은 스스로 황제가 되고자 하는 생각을 품었지만, 곧이곧대로 이를 내세우지는 않았다. 여 태후가 죽었으니 여씨를 제거해야 한다는 것을 명분으로 내세웠을 뿐이다.

이제 장안에서 권력을 잡고 있던 여씨, 특히 여록과 여산은 위기를 맞았다. 제왕 유양의 기병起兵에 숨은 욕심이 있다고 하더라도 일단 자신들을 직접 겨냥한 것이었기 때문이다. 상국 여산은 이 소식을 듣고 영음후 관영灌嬰에게 유영의 군대를 막도록 하였다.

관영은 유방이 항우와 대결할 때 그를 도왔던 주발周勃, 번쾌樊噲와 더불어 세 명의 명장으로 손꼽히던 사람 가운데 한 명이다. 특히 산동 지역을 평정하는데 큰 공로를 세웠던 관영에게 이번에도 제왕 유양을 막도록 명령한 것이다.

명령을 받은 관영은 제 지역에서 장안으로 오는 길목인 형양滎陽, 하남성 형양현에 이르렀다. 관영은 앞으로 자신이 어떻게 처신해야 할지 고민에 빠졌다. 명령대로 여씨의 편을 서서 동쪽에서부터 달려온 유영의 군대를 물리칠 것인가? 아니면 여씨들을 반대하는 분위기를 틈타서 유영과 뜻을 함께하여 말머리를 장안으로 돌려야 할 것인가? 어떤 결정을 하든지 결과는 관영의 뜻대로 될 수 있는 상황이었다.

제3의 길을 간 관영

그러나 관영의 입장은 장안에 있는 다른 중신들과 마찬가지로 어느 것도 마땅하지 않았다. 여 태후가 통치하고 있는 동안 장안의 중신들은 여씨들의 전횡에 숨죽이며 지내왔는데, 이제 그동안의 한을 풀 수 있는 기회가 온 것이다.

그렇다고 여씨들을 제거하기 위해 산동에서 기병한 유양과 힘을 합쳐 승리할 경우 결국 유양이 황제에 오르게 된다. 이것은 산동 세력이 권력을 휘두르는 결과를 가져오게 되며, 이것은 산서 세력이 바라는 바가 아니었다. 결국 장안에 있던 중신들과 마찬가지로 관영 역시 여씨의 편도, 유양의 편도 아닌 제3의 길을 가야 했다.

이에 관영은 꾀를 냈다.

"여러 여씨가 관중關中에서 군사를 장악하고 유씨를 위태롭게 하고 자립自立하려고 한다. 내가 제齊를 격파하고 돌아가서 보고하면, 이는 여씨를 돕는 밑천이 된다."

즉 산동에서 오는 유양의 군대를 격파해서는 안 되겠다는 말이다. 관영은 이런 생각 때문에 유양을 치지도 않고, 또 유양이 전진하지도 못하도록 형양에 머물러 주둔했다.

그리고 관영은 제왕 유양과 그와 함께하는 여러 제후들에게 사자를 보내 여씨들이 아직 정식으로 반란을 일으키지 않았으니, 조만간 반란을 일으키면 장안에서 온 자신의 군대와 산동에서 온 군대가 연합하여 여씨를 주살하자고 전했다. 조금 기다렸다가 결정적인 순간이 오면 그때 행동하자는 이야기였다. 사태의 진전을 관망하는 태도인 것이다.

이쯤 되면 산동에서 온 제왕 유양도 더 이상 관영의 군대와 전투를 벌일 이유가 없었다. 그래서 유양은 군사를 돌려서 산동에서 산서로 넘어 오는 경계에 머물며 관영의 약속이 이행되기를 기다렸다.

일이 이렇게 진행되니 여씨 입장에서는 제왕 유양이 장안으로 들어오는 것은 막았으나 관영이 자기들의 입장을 옹호하는 것도 아닌 상황이 되어버린 것이다. 결국 장안에 있던 중신 세력들이 정세 변화의 헤게모니를 쥐게 되었다.

미적거리는 여씨

제왕 유양이 일단 군대를 조금 물렸지만 군권을 장악하고 있던 여록과 여산의 입장에서도 섣부르게 군사를 일으키기가 어려웠다. 우선 장안에는 태위인 강후 주발과 유양의 동생인 주허후 유장이 버티고 있었기 때문이다.

또한 밖으로는 산동에서 군사를 거느리고 장안의 입구까지 달려 와 있는 제왕 유양과 그와 함께한 제후들을 한꺼번에 모두 상대하기가 쉽지 않았다. 게다가 관영이 산동 군대의 서진을 그나마 막고 있는 형편에, 군사 행동을 한다는 것은 이들이 연합하여 공격해 올 명분을 부여해 주는 것이다. 그래서 미적미적하면서 군사행동을 결행하지 못하고 있었다.

다만 여씨의 세력을 좀 더 강화하고자 여숙왕呂肅王 여태呂台의 아들 동평후東平侯 여통呂通을 연왕燕王으로 삼고, 여통의 동생 여장呂莊을 책봉하여 동평후로 삼았다.

정치적인 판단을 하는 주발

대치 상황이 지속되자 원로 대신들은 이 난국을 풀어나갈 방도를 찾아야 했다. 그 방법이란 여씨 세력도 타도하고, 한편으로는 산동 세력인 유양의 장안 진출도 막아야 하는 것이었다.

원로 대신들은 여 태후가 죽은 후의 공백을 이용하여 정치적으로 권력을 되찾지 못한다면 유방이 죽은 후 근 15년 동안 여 태후의 전제에 휘둘려야 했던 전철을 밟아야 했다. 어쩌면 정치적으로 실각할 수도 있다는 우려의 목소리가 나왔다. 우선은 장안에서 권력의 헤게모니를 장악하는 것이 중요했다. 여기에서 강후 주발이 사태 수습의 중심으로 떠올랐다.

강후 주발은 관영, 번쾌와 함께 고조 유방의 3대 장수였으며, 고조 유방이 죽을 때 특별히 고명을 받은 사람이기도 하다. 진평陳平의 꾀로 인해 죽음을 앞둔 유방은 침상 아래에 있던 주발에게 조서를 내렸다.

"진평은 전거傳車에 주발을 태워 빨리 달려라. 진평은 번쾌를 대신하여 군사를 거느릴 것이며, 진평이 군중軍中에 이르면 즉각 번쾌의 머리를 베어라."

이것은 유방이 죽고 난 후 여 태후의 제부인 번쾌가 여 태후와 연합하여 권력을 틀어쥘 것을 예상하고 내린 조치였다. 물론 유방의 생각대로 번쾌를 죽이지는 못했지만 유방이 여 태후를 경계했던 것만은 틀림없는 사실인 것이다.

하지만 이러한 유방의 고명을 받았던 주발은 여 태후 치하에서 태위가 되었고, 진평은 재상이 되었다. 물론 그렇다고 해서 이들에게 실질적인 권한이 주어진 것은 아니었다. 다만 여 태후와 적당히 타협하며 지내고 있었을 뿐이었다.

일례로 여 태후가 고황후 원년(기원전 187년)에 자기의 조카들을 제후왕으로 삼고자 했을 때 우승상 왕릉王陵은 고조 유방의 말을 빌어서 이를 반대했지만, 주발은 이를 찬성했었다.

이를 알게 된 왕릉이 주발을 비난하자, 이때 진평과 주발은 이렇게 말했다.

"얼굴을 붉히고 조정에서 간쟁諫爭하는 것은 신臣, 주발과 진평이 그대[왕릉]만은 못하지만, 사직社稷을 온전히 보존하고 유劉씨의 후예를 안정시키는 데서는 그대가 신만은 못하오."

이 말은 여씨에게 왕작王爵 주는 일을 반대하면 오히려 유씨 왕조가 여씨 왕조로 바뀔 수도 있으니 적당한 정도로 타협하는 것이 옳다는 것이다. 그러한 점에서 주발과 진평은 대단히 정치적인 인물이었고, 비록 실권은 없었지만 여 태후가 죽는 순간까지도 태위와 재상을 맡고 있을 수 있었다.

승상 진평과 태위 주발의 협력

유방이 죽은 후 여씨들의 세력은 날로 커져갔고, 그들의 전횡도 늘어갔다. 이러한 상황을 보면서 재상 진평은 걱정스러운 마음이 커져갔지만, 그 자신이 문신 출신이기 때문에 힘으로 여씨들을 통제할 수가 없었다. 또한 그 화가 자기에게 미칠까 두려워 조용히 홀로 생각만 하고 있었다.

이때 유학자이며 정치가인 육가陸賈(기원전 240년~기원전 170년)가 진평에게 무신인 주발과 문신인 진평이 힘을 합해야 여씨 문제를 해결할 수 있을 것이라고 간언했다. 그런데 육가 자신이 주발에게 이 일을 건의하면 농담으로 들을 터이니 진평이 주동적으로 주발과 가까이 하도록 하라는 것이었다.

이후로 육가는 진평을 위해 여씨에 관한 몇 가지 일을 계획했다. 진평은 그 계책을 받아들여 500금金으로 주발에게 축수하는 선물을 보냈다. 그랬더니 주발은 깍듯이 예를 갖추어 같이 술을 마셨고, 주발 역시 진평에게 똑같이 보답했다. 두 사람이 이렇게 깊이 단결하니 여씨의 음모는 쉽게 이룰 수 없게 되었다.

그리고 마침내 여씨 세력을 제거할 기회가 찾아왔다. 그러나 실제로 주발은 군사를 주관할 실력을 갖추고 있지는 못했다. 여록과 여산이 각기 군사를 거느리고 남·북군을 지휘하고 있었으므로 힘을 가진 관리는 모두 여씨의 편에 서 있었다.

또한 당시 여씨를 제거하는데 힘이 될 만한 유씨의 제후왕들은 모두 자기의 봉국으로 갈 수 없을 정도로 나이가 어렸다. 그래서 열후와 군신들은 스스로 목숨을 지킬 수 없는 처지였으니 주발이 아무리 태위라는 직책을 가지고 있다 한들 여씨를 제거할 방법이 없었던 것이다.

그리고 여씨들을 장안에서 제거하지 못한다면 산서의 경계지역까지 군사들을 이끌고 와 있는 제왕 유양의 군사 행동을 더 이상 막을 수 없게 된다. 유양이 군사를 진격시켜 장안을 점령하는 날이면, 산서 출신들이 장악했던 조정의 주인이 산동 출신으로 바뀌게 되는 것이다.

그렇게 되면 여씨들만 제거되는 것이 아니고, 현재 장안에 있는 군신들도 위험에 처하게 되니 그들은 어떤 방법으로든지 자력으로 여씨들을 제거해야만 했다.

정치적 사술을 동원한 대신들

주발은 무력이나 권위로써 여씨들을 제압할 수 없었기 때문에, 다른 방법을 찾아야 했다. 그래서 생각해낸 것이 사술을 통해 여록이 스스로 군권을 내놓게 하는 방법이었다. 주발은 평소 여록과 가깝게 지내는 곡주후曲周侯 역상酈商의 아들 역기酈寄를 이용하기로 하였다.

그러나 역상은 주발과 진평에게 적당히 넘어 올만한 사람이 아니었다. 그래서 주발은 사람을 시켜 역기로 하여금 여록을 속이게 만들라며 그 아버지 역상을 협박했다. 역기는 어쩔 수 없이 여록을 만났다.

"고제[유방]와 여 태후는 함께 천하를 평정하였습니다. 유씨로 세운 왕은 아홉이고 여씨로 세운 왕은 셋인데, 모두 대신들의 논의를 거쳤고, 일은 이미 제후들에게 널리 알려서 모두 마땅하다고 여기고 있습니다."

당시 많은 사람들이 여씨가 제후왕이 된 것에 대해 불만을 가지고 있었지만, 역기는 그것이 정당한 일이었다며 여록의 편을 들어주었다. 그러자 여록은 역기에게 마음을 열고 친구로 여기게 되었다. 역기를 신뢰하게 된 여록은 유양이 군사를 거느리고 접경 지역까지 와 있는데 자신이 파견한 관영이 오히려 미적대며 사태를 관망하는 이 상황에서 자신이 어떻게 행동하는 것이 여씨에게 유리할지를 물었다.

"지금 여 태후가 붕어하고 소제 유홍은 어리니, 족하足下, 평배 사이에서 상대를 높여부르는 말는 조왕趙王의 인새를 차고서 급히 봉국인 조趙로 가서 번국을 지키는 게 좋습니다. 상장上將이 되어 군사를 거느리고 여기에 머무르고 있으면, 대신들과 제후들이 의심할지 모릅니다."

이 말은 황제는 어린데 군권을 장악하고 있는 여록이 장안에 머물러 있다면 다른 뜻, 즉 어린 황제를 내치고 스스로 황제에 오르려고 한다는 오해를 받기 쉽다는 뜻이다.

만일 여록이 다른 뜻이 있다고 비춰지면 제후들로부터 공격을 받을 수도 있으니, 봉국으로 가는 것이 오해를 풀 수 있고 안전을 지키는 길이라는 것이다.

역기는 여록에게 구체적인 실행 방법까지 제시했다.

"장수의 인새를 돌려보내고 원래 군사를 지휘하던 태위에게 당신의 군대를 맡기십시오. 그리고 양왕 여산에게도 인새를 반납하여 스스로 황제 자리를 탐하고 있지 않음을 보이도록 설득해 주십시오. 동시에 봉국으로 돌아가면서 장안에 남아 있는 여러 대신들과 서로 공격하지 않겠다는 맹약을 하면 안심할 수 있을 것입니다.

그렇게 되면 지금 문제가 되고 있는 산동 지역 제의 군사들도 반드시 물러갈 것입니다. 왜냐하면 그들이 군사를 일으킨 이유는 여씨들이 황제가 되고자 한다고 의심했기 때문인데, 그 의심이 없어지면 그들이 기병한 이유 자체가 사라지게 될 것이기 때문입니다. 그러면 장안에 있는 여러 대신들은 편안함을 얻을 것이고 당신도 베개를 높이 베고, 봉국인 조趙의 천 리 땅에서 왕 노릇하게 될 터이니 이는 만세를 이어갈 이익입니다."

역기는 평소 권력에 그다지 욕심이 없었던 여록에게 골치 아프게 군권을 틀어쥐고 있으면 오해받을 수 있고, 그러다가 목숨까지 잃을 수도 있다고 생각하게 만든 것이다. 그리하여 아예 군권을 모두 내려놓고 두고두고 편하게 지내는 것이 더 낫다고 설득한 것이다.

역기에 설득된 여록과 여씨들

여록은 역기가 제시한 계책이 자기에게 유리하다고 여기고 군사를 태위에게 맡겨야겠다고 생각했다. 하지만 여씨 집안의 어른들에게 이를 말하지 않을 수 없었다. 그래서 이 문제를 의논했더니 찬성하는 쪽과 반대하는 쪽으로 의견이 나뉘져 바로 실행하지는 못했다.

어쨌든 어려움을 해결한 방법이 있다고 생각한 여록은 마음이 편해졌다. 그리하여 역기를 믿고 함께 사냥을 나가는 등 일상을 되찾은 모습이었다.

어느 날 여록은 사냥을 나섰다가 고모인 여수呂嬃의 집을 지나게 되었다. 여수는 여 태후의 여동생이고, 그녀의 남편은 장군 번쾌였다. 번쾌는 항우에게 사로잡힌 유방을 구해낸 용맹스러운 장수였다.

하지만 번쾌가 여수와 결혼하여 여씨와 가까워지자 유방은 자신이 죽은 다음에 번쾌가 여씨가 한 왕조를 지배하는데 일조할 것이라고 생각하여 진평을 시켜서 죽이려고 했었다. 다행히 사형집행 전에 유방이 죽는 바람에 천우신조로 살아난 번쾌는 정치의 비정함을 누구보다도 잘 아는 사람이었다.

당시 여수의 남편 번쾌는 이미 죽었지만, 이런 경험을 통해 정치의 비정함을 알고 있는 여수가 보기에 여록의 조치는 여씨 일가를 위험하게 만드는 일이었다. 그래서 여수는 집에 들른 조카 여록에게 크게 화를 냈다.

"장수인 네가 군사를 버린다면 여씨는 이제 있을 곳이 없게 되겠구나!"

그렇게 말하고는 집에 있던 주옥珠玉과 귀한 물건을 모두 꺼내어 마루 아래로 내던지면서 부르짖었다.

"이 보물들은 차후 다른 사람이 차지할 것이니 지킬 필요도 없다!"

여록의 결정에 대해 반대하는 사람은 여수뿐만이 아니었다. 여산의 명을 받고 제에까지 가서 상황을 보고 온 낭중령郎中令 가수賈壽도 귀환해서 거듭 여록과 함께 군권을 가지고 있던 여산에게 말했다.

"왕[여산]께서 일찍 봉국으로 가지 않으셨는데, 이제 비록 가고 싶어도 갈 수가 있겠습니까!"

이제 물러설 수 없는 상황이며 여록이 생각한 대로 봉국으로 돌아갈 시기가 이미 늦었다는 말이다. 어쩔 수 없이 장안에서 버텨야한다는 말이기도 했다.

위조된 부절로 여록의 북군을 인수한 주발

한치 앞도 내다볼 수 없는 긴장감 속에서 여록과 여산의 명령으로 형양滎陽, 하남성 형양현에 나갔던 관영이 장안으로 돌아왔다. 관영은 돌아와서 제와 초가 연합하여 여러 여씨들을 죽이려고 한다는 것을 모두 보고했다. 관영이 자신들의 편을 들어줄지 의심했었던 여씨들은 관영의 이 같은 보고를 듣고 그가 여씨 편임을 확인할 수 있었다.

형양에서는 여씨를 축출해야 한다고 공공연히 말하던 관영이 장안에 돌아와서는 여씨 편에서 말하고 있다는 사실을 진평과 주발도 알게 되었다. 진평과 주발 등 대신들은 역기를 통해 여록에게 봉국인 조趙로 돌아갈 것을 설득해 둔 터라 조금은 안심하고 있었다.

그런데 여산이 궁궐로 들어와서 황제를 끼고 군사를 동원한다면 자기들의 계획은 모두 무산될 수밖에 없었다. 이제 특단의 조치를 내리지 않으면 안 될 시점에 이른 것이다.

이때 상부절尙符節인 양평후襄平侯 기통紀通이 황제의 명령을 임의로 조작하여, 이 위조된 부절을 여록에게 보이며 북군에 대한 지휘권을 주발에게 넘기도록 하였다. 비록 여록이 구두상으로 자기의 봉국으로 돌아가기로 했지만, 부절을 받는다는 것은 정식으로 그 지위를 인수한다는 의미였다. 그 다음으로 주발은 전객典客 유게劉揭를 시켜 여록에게 유세하도록 했다.

"황제가 태위 주발로 하여금 북군을 지키게 하고, 족하[여록]에게는 봉국으로 가기를 원하였습니다. 급히 장군의 인새를 반납하고 사직하고 떠나십시오. 그렇지 않으면 화가 또 일어납니다."

위조된 부절과 빨리 봉국으로 떠나라고 했다는 소제 유홍의 거짓된 명령에 여록의 마음은 움직였다. 거짓으로 만든 부절을 진짜로 알고 속은 것이다.

여록은 역기가 자기를 속였다는 것을 모른 채 전객 유게에게 인새를 풀어 건네고, 태위 주발에게 군사를 주었다. 주발 일당이

◆ 당시 제후왕 현황

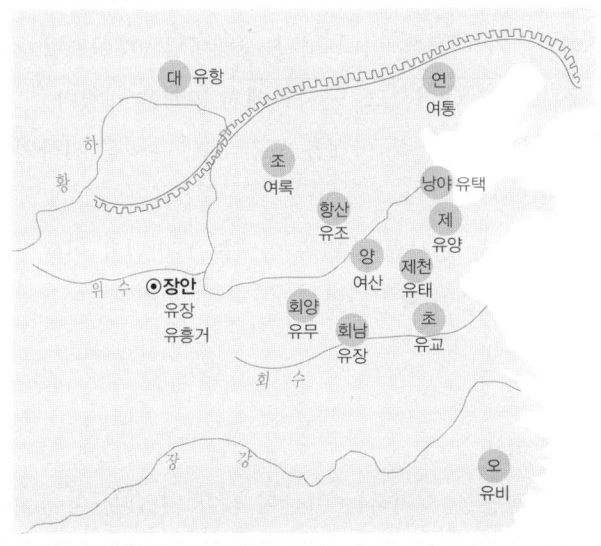

관직명	이름	관계	비고
주허후(朱虛侯)	유장(劉章)	유방의 손자	장안 거주
동모후(東牟侯)	유흥거(劉興居)	유방의 손자	
초왕(楚王)	유교(劉交)	유방의 동생	
대왕(代王)	유항(劉恒)	유방의 아들	
회남왕(淮南王)	유장(劉長)	유방의 아들	
오왕(吳王)	유비(劉濞)	유방의 조카	
낭야왕(琅邪王)	유택(劉澤)	유방의 종제	
제왕(齊王)	유양(劉襄)	유방의 손자	
항산왕(恒山王)	유조(劉朝)	유영의 아들	
회양왕(淮陽王)	유무(劉武)	유영의 아들	장안에 남아있음
제천왕(濟川王)	유태(劉太)	유영의 아들	
양왕(梁王)	여산(呂産)	여 태후 조카	
조왕(趙王)	여록(呂祿)	여 태후 조카	
연왕(燕王)	여통(呂通)	여태의 아들	

여록을 속이는 일에 성공하여 이제 북군에 대한 지휘권이 정식으로 여록에게서 주발에게로 온 것이다.

이러한 과정을 거쳐서 주발이 북군을 접수하는데, 주발이 북군에 들어와보니 여록은 이미 떠난 상태였다. 자연스럽게 태위 주발이 군문軍門에 들어섰고, 군사들에게 명령을 내렸다.

"여씨를 위하면 오른쪽 어깨를 드러내고, 유씨를 위하면 왼쪽 어깨를 드러내라!"

군중軍中의 모든 병사들이 왼쪽 어깨를 드러냈고 이로써 주발이 북군을 장악했음이 확인되었다.

유장에게 죽는 여산

그러나 아직 남군을 지휘하는 여산이 남아 있었다. 이에 여산을 무력화시키려는 조치가 준비되었다. 주발은 진평이 보내준 주허후 유장에게 군문을 감독하게 하고 황궁을 호위하는 위위衛尉에게 명령을 내렸다.

"상국 여산이 궁전 문에 들어오지 못하게 하라!"

여산이 궁궐로 들어와서 황제를 장악하는 것을 막으려는 것이었다.

과연 여산은 황궁으로 들어가서 황제를 끼고 권력을 장악하려는 계획을 가지고 있었다. 여산은 제에 사신으로 갔다 온 가수의 보고를 들었을 때에도 여록이 북군을 떠난 사실을 모르고 있었다. 아마 여산이 이를 눈치 챘더라면 재빨리 남군으로 들어가서 군사를 장악했을지도 모를 일이다. 그러나 여산은 군대를 장악하는 문제는 여록이 맡을 것으로 생각하고, 자신은 황제를 장악하려고 한 것이다.

사정을 몰랐던 여산은 황제가 있는 미앙궁未央宮으로 들어가고자 했지만 이미 그의 입궐을 막으라는 명령이 내려져 있었기 때문에 궁문 앞에서 배회할 수밖에 없었다. 이제 여산이 남군을 발동할지도 모르는 일촉즉발의 상황이 되었다.

그러자 주발이 망설이기 시작했다. 자기가 비록 북군을 장악하기는 했지만 얼마 전까지만 해도 여씨 세력이 군대를 완전히 장악하고 있었던 터라 여산을 이기지 못할까 걱정이 되어 감히 그를 죽이라는 명령을 내리지 못하고 있었다.

망설이는 주발의 태도를 본 주허후 유장이 결단을 내렸다.

"급히 입궁入宮하여 황제를 호위하라!"

유장은 궁궐에 군대를 진입시키기로 하고 군졸을 요청하니 주발은 1천여 명의 병력을 내어주었다.

그리고 유장은 궁정에서 서성이고 있는 여산을 지켜보았다. 포시餔時, 오후 4시쯤 드디어 여산에 대한 체포 작전이 시작되었다. 하늘에서 바람이 크게 일어나니 여산의 관리들이 겁을 먹어 감히 싸우려 하지 못하였다.

유장은 낭중부郎中府, 낭중령의 관부의 변소까지 쫓아가서 여산을 죽였다. 그리고 북군으로 말을 달려 태위 주발에게 보고하니 그제야 주발이 일어나 절하며 축하하였다.

주허후 유장이 말했다.

"걱정하였던 것은 오직 여산뿐이었는데, 이제 그가 죽었으니 천하는 안정되었습니다."

그리고는 여러 여씨 일족을 모두 체포하여 남녀노소 구분 없이 목을 베었다. 여씨에 대한 공격이 일사천리로 진행된 것이다.

관영에게 낮게 평가된 유양의 군대

다음날인 신유일(5일)에 여록을 체포하여 죽이고 여수를 태장으로 때려 죽였다. 그리고 연왕 여통을 주살하고 노왕 장언[여 태후의 외손자]을 폐위시켰다. 주허후 유장을 파견하여 여러 여씨를 죽인 일을 제왕 유양에게 알리고 군사 행동을 중단하게 하였다. 이로써 쿠데타를 공식화한 것이다.

이렇게 여씨 세력이 소탕되었지만 장안에 있는 중신들의 입장에서는 제왕 유양의 군대 문제가 아직 남아있었다. 하지만 유양을 막으러 형양까지 나갔던 관영이 제왕 유양의 군대를 그리 대단하게 평가하지 않고 이미 장안으로 돌아와 있었다.

관영이 형양에 있으면서 유양의 군대가 더 이상 서진西進하지 못하도록 설득하던 때의 이야기이다. 관영은 본래 제나라의 위위 위발이 유양을 교사敎唆하여 군사를 일으키게 했다는 것을 알고, 위발의 사람됨을 보고 싶었다. 그래서 사자를 보내 그를 불러들였다.

관영은 먼저 위발에게 군사를 일으킨 것은 국법을 어긴 것이라고 나무랐다. 이에 위발은 지지 않고 대꾸했다.

"잘못하여 불을 낸 집에서 어느 겨를에 먼저 어른에게 말씀드리고 나서 불을 끄겠습니까?"

제왕 유양을 도와서 군사를 일으킨 것은 위급한 상황이었으니 정식 절차를 밟을 수가 없었다는 말이다. 이 말은 논리적으로는 가능한 말이다.

그러나 위발은 이렇게 용감하게 변명의 말을 하기는 했지만, 관영을 두려워하며 다리를 떨고 실수할까봐 다른 말은 하지 못했다. 그 모습을 본 관영이 웃으며 말했다.

"사람들이 위발은 용감하다고 생각하였는데, 망령되고 용렬한 사람일 뿐이로군. 무엇을 할 수 있겠는가?"

관영은 위발이 위험한 존재가 되지 못한다고 생각하고 위발을 풀어주었다. 또한 산동에서 기병하여 온 세력들도 큰 문제가 아니라고 판단하였다. 적어도 산동 세력이 멋대로 장안을 휘젓지는 못할 것이라 여기고 그의 군대 역시 형양에서 물러나 장안으로 돌아왔던 것이다.

그만큼 여씨가 제거된 후에도 제왕 유양의 세력이 큰 힘을 쓰지 못할 것이라고 판단하고 있었다.

명분을 찾기 위한 억지 주장

이제 장안은 여씨 세력이 완전히 소탕되었다. 지금부터는 새로운 체제를 갖추어야 했다. 우선 현재의 황제인 유홍을 어떻게 할 것이냐의 문제가 대두되었다. 만약 여 태후가 세웠던 유홍을 그대로 황제로 인정한다면 그동안 여씨들을 제거한 명분이 없어진다.

그래서 여러 대신들이 비밀리에 모의하여 말했다.

"소제少帝와 양왕梁王, 회양왕淮陽王과 항산왕恒山王은 모두 효혜제의 아들이 아닙니다. 여 태후가 계책을 써서 다른 사람의 아들에 거짓으로 이름을 붙이고 그 어미를 죽이고 후궁에서 길러서 효혜제로 하여금 아들이라고 한 것입니다. 이들을 후사와 제후왕으로 삼아서 여씨를 강하게 하려는 계략이었습니다."

이는 현임 소제 유홍劉弘(기원전 192년~기원전 180년), 양왕 유태劉太(?~기원전 180년) 그리고 회양왕 유무劉武(기원전 184년~기원전 144

년)와 항산왕 유조劉朝(?~기원전 180년)가 모두 혜제 유영劉盈(기원전 210년~기원전 188년)의 진짜 아들이 아니라는 말이다. 그런데 과연 정말로 중신들이 말한 대로 이들이 혜제 유영의 아들◆이 아니었을까?

여러 가지 정황으로 보아 당시 소제 유홍 등은 혜제 유영의 아들이 맞다고 보인다. 그럼에도 불구하고 대신들이 유홍이 진짜 혜제 유영의 아들이 아니라고 주장한 것은 여 태후가 세운 황제를 바꾸기 위한 명분을 찾기 위함이었다. 유홍의 출생까지 의심하고 이를 기정사실화함으로써 소제 유홍◆을 내쫓기 위한 이유를 억지로 만든 것일 뿐이다.

왜냐하면 여씨들이 세운 유홍이 지금은 어리지만 장성한 후에 대신들의 지위를 위태롭게 할지도 모른다고 염려했기 때문이다. 따라서 그들이 내세운 명분에는 정치적 고려가 있었고, 그래서

◆ 혜제 유영의 아들들

전한 2대 혜제 유영의 아들은 모두 7명이었다. 소제(少帝) 유공(劉恭), 회양왕(淮陽王) 유강(劉彊), 항산왕(恒山王) 유불의(劉不疑), 소제(少帝: 後少帝) 유홍(劉弘)이 있었고, 또 유조(劉朝)와 유무(劉武), 유태(劉太)가 있었다.
유공과 유홍은 황제가 되었던 사람이고, 회양왕이었던 유강이 죽자 그 뒤를 유무가 이었으며, 항산왕 유불의가 죽자 유조가 그 뒤를 이었다. 그리고 제일 어린 유태는 제천왕(濟川王)이었다. 그러므로 여 태후가 죽었을 때에는 황제인 유홍을 빼면 유조, 유무, 유태 단 3명만이 살아 있었는데, 모두 나이가 어렸다.

사실을 왜곡하여 유홍이 유영의 혈통이 아니라고 한 것이다.

이렇게 소제 유홍을 혜제 유영의 아들이 아니라고 할 수밖에 없었던 이유는 다음 말에서도 찾을 수 있다.

"이제 모두 여러 여씨들을 모두 이멸夷滅하였으나, 세워진 저들이 다 자라서 용사用事한다면, 우리는 종자도 안 남을 것이다."

유홍이 유영의 혈통이 아닌 것을 문제 삼은 것이 아니라 그들이 후에 보복을 당할까 걱정한 것이다.

그리고 대신들은 유씨 제후왕 가운데서 후환의 걱정이 필요없는 사람을 신임 황제에 세우자고 하였다. 이들이 새로 황제를 세우자고 한 것은 여씨를 제거하고 그 싹까지 잘라서 후환이 없게 하려는 의도가 분명한 것이었다.

황제 선발

이러한 사정으로 대신들이 유홍을 유영의 아들이 아니라고 억지

◆ 소제 유홍은 누구의 아들?

소제 유홍은 고제 2년(기원전 205년)에 6살의 나이로 태자에 책봉되어 혜제 4년(기원전 191년)에 20살이 되어서 관례(冠禮)를 치렀다고 알려져 있다.
그는 16살에 황제가 되어 23살에 죽었는데, 그렇다면 충분히 자손을 둘 수 있는 상황이었다. 이로 보아 유홍은 유영의 아들이 확실하다. 다만 여 태후의 외손녀인 장후(張后)의 소생이 아니었고, 후궁에서 아들이 태어날 때마다 그 생모를 여 태후가 모두 죽였던 것일 뿐이다.

주장을 하면서 내쫓는다면 앞서 산동에서 기병한 유방의 장손인 제왕 유양이 자연스럽게 거론될 수 있었다. 유양의 아버지 유비는 고조 유방이 여치를 정부인으로 받아들이기 전에 사귀던 조曹씨와의 사이에서 태어난 사람이다. 정처正妻의 아들이 아니기는 하지만 유비는 유방의 장남임에 틀림없다.

유방은 한 왕조를 세운 후 유비를 자기의 장자로 생각하고 제왕齊王에 책봉하였고, 유양은 아버지 유비의 왕작을 이어 받아서 제왕이 되었으므로 혈통으로 본다면 유방의 장손인 유양이 황제의 후보 가운데 단연 1순위였다.

또한 제왕 유양은 여씨를 제거한다는 명분을 내걸고 군사를 일으키고 제후들을 거느리고 장안을 향해 진격한 바가 있었다. 그리고 그의 동생인 주허후 유장이 여록을 죽였으니, 유양 형제는 장안에 있던 대신들이 쿠데타를 일으키고 여씨들을 축출하는 데 상당한 공로가 있기도 했다. 혈통적 명분으로 보나, 공로로 보나 당연히 유양이 황제 자리에 오르는 것이 이치에 맞는 일이었다.

그러나 장안의 대신들은 유양을 황제로 세우는 일도 찬성할 수 없었다.

"여씨가 외가外家로서 악한 짓을 하여 종묘를 위태롭게 하였고 공신들을 어지럽혔습니다. 제왕[유양]을 황제로 세우면, 그의 장인 사균駟鈞에게 날개를 달아주는 격이 되므로 곧 여씨처럼 될 것입니다."

즉 유양의 장인 사균의 세력이 강해서 유양을 황제로 세운다면 여씨의 재판이 될 수 있다는 점을 들어 반대한 것이다.

실제로 사균은 사위인 제왕 유양을 도와 군사를 일으키게 하였고, 기병을 반대한 재상 소평을 죽이고 대신 상국[재상]의 자리에 올라 있었다. 그와 내사 축오, 그리고 중위 위발이 제의 중심이 되어 제왕 유양은 탄탄한 조직을 가지고 있었던 것이다.

만약 유양이 황제에 오르면 장안에 있던 대신들은 이들에게 쫓겨날 수도 있는 위험성이 있었다. 그래서 대신들은 사균이 악독하다고 평론했지만 실은 산동 출신들이 조정을 지배하는 것을 원치 않았기 때문에 유양을 반대한 것이다.

논의가 여기에 이르자 대신들은 새로운 카드를 내놓았다.

"대왕代王, 유항은 고제[유방]의 살아 있는 아들입니다. 그 위에 나이가 가장 많고, 어질며 효성스럽고 넓고 후한 사람이고, 태후의 집안은 박씨薄氏, 고제의 희비인데 삼가고 훌륭합니다. 또 제일 어른을 세우는 것이 정말로 순리인데 어질고 효성스러움이 천하에 알려져 있는 그 분이야말로 어떻겠습니까?"

유항이 유방의 아들이라는 점과 그 생모인 박씨가 권력을 위해 그다지 나서지 않을 것이라는 판단이 대왕 유항을 황제로 천거하는 이유로 작용했다. 여기에는 외척이 조정을 지배하지 않을 것이라는 기대도 담겨 있었다. 그리고 유항이 이제껏 자기 자신을 내세우는 일을 하지 않았던 점도 대신들의 마음에 들었을 것이다.

대왕 유항의 대응

고조 유방과 희비 박薄씨 사이에 태어난 유항은 고제 11년(기원전 196년)에 유방이 직접 대왕代王으로 삼고, 진양晉陽, 산서성 태원시에 도읍하게 하였다. 대代 지역은 한 왕조 영토 가운데 가장 북방에 위치한다. 장안에서의 거리로 본다면 동쪽으로 제齊의 도읍인 임치臨淄, 산동성 임치현보다는 가깝다고 해도 변방임에 틀림없는 오지였다.

사실 황제의 아들로서 제후의 왕작王爵을 받더라도 그 봉국으로 가지 않는 경우가 많았다. 왕작이 중요하긴 했지만 변방으로 가는 것을 대부분의 왕들이 싫어했기 때문이다.

그런데 유항이 대왕으로 임명된 지 15년이 지난 고황후 7년(기원전 181년)에 여 태후는 유항에게 조왕趙王으로 자리를 옮기라고 했었다.

조의 도읍은 상당上黨, 산서성 장자현이었으니, 대의 도읍인 진양보다 장안에 가깝고 남쪽 지역이라서 북방의 흉노와의 직접 경계를 대고 있지 않은 곳이다. 따라서 일반적인 경우라면 흉노와 경계를 맞대지 않고 장안과 더 가까운 상당에 있는 조왕이 되길 원했다.

이러한 명령은 유항에게는 영전榮轉이라 할 수 있는 기회였고, 유항은 여 태후의 권유에 따라 당연히 조왕이 되어 좀 더 장안과 가까운 곳으로 옮겨야 했다. 그러나 유항은 개인적인 욕심을 부리지 않고, 계속 대 지역에서 변경을 지키기를 원했다.✦ 이러한 유항의 성향으로 보아 권력을 전횡할 사람이 아니라는 점도 대신들에게는 중요했을 것이다.

결국 대신들은 은밀히 대왕 유항을 불렀다. 유항은 갑작스럽게 황제에 오르지 않겠느냐는 제안과 함께 장안으로 초청을 받았다. 물론 아직 정식으로 황제가 된 것은 아니었다. 그리고 여 태후가 세운 소제 유흥이 버젓이 있었으니 공식적으로 후임 황제로 자처할 처지도 아니었다.

◆ 대왕보다 조왕을 선호했던 예

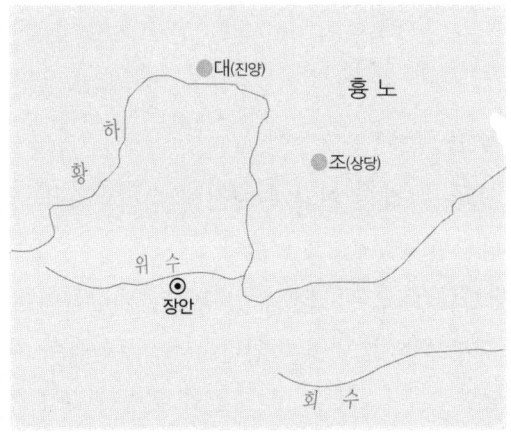

대왕과 조왕의 지위 차이는 고제 2년(기원전 205년)의 사건에서 극명하게 나타난다.

당시 진여(陳餘)가 세 현(縣)의 군사를 모아 제(齊)의 군사와 함께 상산(常山, 하북성 형태현)을 습격하였다. 상산왕(常山王) 장이(張耳)가 패하여 한(漢)으로 도망하여 한왕 유방을 폐구(廢丘, 섬서성 흥평현)에서 알현하니 한왕이 그를 후히 대우하였다.

한편 진여는 조왕(趙王) 조헐(趙歇)을 대(代, 하북성 울현)에서 맞이하여 다시 조왕으로 삼았다. 원래 조헐은 조왕으로 한단에 도읍하고 있었으나, 항우에 의하여 대로 옮겨져서 대왕(代王)이 되었으나. 그런데 이때 진여가 그를 원래의 위치인 한단으로 모셔다가 조왕으로 회복시켜 준 것이었다.

그러므로 조헐은 진여에게 덕을 입었다고 생각하여 대왕(代王)으로 삼았다. 진여는 조헐이 약하고 나라가 처음으로 정해진 것을 감안하였다. 그래서 진여는 봉국(封國, 대)에 가지 않고 남아서 조헐을 가르쳤고, 하열(夏說)을 상국(相國, 재상)으로 삼아 대국(代國)를 지키게 하였다.

다만 실제 권력을 잡은 대신들이 비공식적이나마 유항을 황제로 모시기로 내정하고 유항을 부른 것이다. 이제 유항이 어떻게 대응할 것인지 선택의 기로에 서게 되었다.

돌다리를 두드리는 유항

이 소식을 들은 유항은 어떻게 처신해야할지 조심스러웠다. 이에 대代의 낭중령 장무張武가 말했다.

"한의 대신들은 모두 고제[유방]시대의 대장들이어서 군사에 익숙하고, 대부분 꾀를 내어 속입니다. 그 무리들이 지금까지 근신하고 있었던 것은 고제나 여 태후의 위엄을 두려워했기 때문입니다. 이제 그들은 여러 여씨를 주살하여 경사京師, 장안를 피로 물들이고, 이를 대왕을 영접하는 것을 명목으로 삼지만 실제로는 믿을 수가 없습니다. 바라건대, 대왕께서는 병이 들었다고 하시고 머물러 있으면서 그 변화하는 양상을 관찰하십시오."

장무는 힘없는 유항을 이용하려는 계략일 수 있으니, 우선 변화의 추이를 지켜보자고 하였다. 장안에 있는 대신들에 대한 불신을 드러낸 것이었다. 장안에 있는 대신들은 노련한 술수를 가진 사람들임에는 분명했으니 장무의 말이 틀린 것은 아니었다.

그러나 중위中尉 송창宋昌은 장무와 의견을 달리했다. 유씨의 한나라는 유방의 자제들이 제후로 책봉되어 한 왕조의 반석이 되었고, 한 왕조는 백성들에게 은덕을 베풀었기 때문에 다른 누군가가 천하를 동요시킬 수 없다는 것이다.

그 증거로 여씨들이 권력을 휘둘렀지만 태위가 거짓으로 만든 부절 하나를 들고 북군을 제압하고, 여씨들을 제거한 것을 예로 들었다. 결국 대신들은 유씨를 제압할 수 없다는 것이 송창의 생각이었다. 무인 출신의 송창은 문인 출신의 장무와는 생각이 달랐고, 적극적으로 기회를 이용하자는 의견을 내었다.

송창은 유항에게 말했다.

"대신들이 천하 사람들의 마음으로 인하여 대왕[유항]을 영접하여 황제로 세우고자 하였습니다. 대왕께서는 의심하지 마십시오."

유항에게 황제가 될 기회를 잃지 말라고 강하게 권고한 것이다.

장안으로 향하는 유항

이러한 말을 듣고도 쉽게 결정을 내리지 못한 대왕 유항은 점쟁이를 불러 자신의 미래를 점쳐보았다. 그러자 거북의 등껍질이 모두 가로로 갈라져서 '대횡大橫'◆이라는 점괘占卦가 나왔다. 점

◆ **계가 왕이 된 대횡 괘**

계(啓)는 하(夏) 왕조를 연 우(禹)의 아들이다. 당시에는 아들에게 왕위를 물려주지 않고 훌륭한 인물에게 선양(禪讓)하였다. 그래서 요(堯)는 자기의 아들이 아닌 순(舜)에게 왕위를 물려주었고, 순(舜) 역시 자기의 아들이 아닌 우(禹)에게 왕의 자리를 선양했었다.

이러한 상황이 계속된다면 계(啓)는 비록 우(禹)의 아들이지만 왕위를 계승받을 수 없다. 하지만 계(啓)는 이러한 전통을 깨고 아버지 우(禹)의 왕위를 이어받았다.

쟁이가 이 점괘를 풀어 말했다.

"대횡이 아주 분명하니 당신은 천왕이 될 것이고 하夏의 계啓가 빛나고 있습니다."

즉 왕이 될 수 없던 계가 점을 쳤을 때 대횡 괘가 나왔고, 그 후에 하夏의 왕이 되었다. 그런데 계가 뽑았던 것과 똑같은 괘가 유항에게도 나왔으니, 반드시 천왕이 될 것이라고 해석한 것이다.

천왕이 된다는 점괘가 나왔음에도 유항은 직접 황제라는 단어가 나오지 않자 짐짓 그 뜻을 모르는 척 다시 물었다.

"과인은 본디 이미 왕이 되었는데, 또 어떤 왕이오?"

그러자 점쟁이가 말했다.

"이른바 천왕이라는 것은 바로 천자입니다."

점괘에서 나온 천왕은 바로 천자이며 이는 곧 황제가 될 것이라는 의미인 것이다.

이러한 결과를 듣고도 미심쩍었던 대왕 유항은 외삼촌 박소薄昭를 장안으로 파견하여 태위 주발을 만나보게 하였다. 박소는 당시 유항이 가장 신뢰하는 사람이었다.

박소는 장안으로 달려가서 주발을 만나 유항을 영접하여 세우려는 조정 중신들의 뜻을 모두 들었다. 박소가 돌아와서 유항에게 보고했다.

"믿으십시오. 의심할 만한 것이 없습니다."

이리하여 대왕 유항은 장안에서 벌어진 일련의 정치적인 판단과 사정이 진행된 과정을 알게 되었다. 그리고 드디어 황제에 취임하기 위해 장안으로 향했다.

위교에서 유항을 맞는 대신들

외삼촌 박소의 말을 듣고 유항은 웃으면서 송창에게 말했다.

"과연 공公의 말과 같구려."

유항은 장안으로 가기로 결정했고, 선발대로 송창이 먼저 출발했다. 송창이 장안으로 들어가는 위교渭橋, 위수에 놓인 다리에 이르니 승상 진평 이하 모든 조정 대신들이 나와서 대왕 유항을 영접하려고 기다리고 있었다.

송창은 이 광경을 보고 돌아와서 유항에게 보고했다. 유항이 말을 달려 위교에 도착하니 여러 신하들이 배알하고 칭신稱臣한다는 말을 했고, 유항 역시 수레에서 내려 답례하는 절을 했다.

태위 주발이 나아가서 말했다.

"바라건대, 잠시 시간을 내어 주시기를 청하나이다."

송창이 말했다.

"말하려는 것이 공적公的인 것이라면 공적으로 말하면 되고, 말하려는 것이 사적私的인 것이라면 왕자王者, 제왕 된 사람에게는 사사로움이 없음을 알아주시오."

유항을 호위하는 송창이 장안에 있는 대신들에게 휘둘리지 않겠다는 의지를 직접적으로 표현한 것이다.

송창의 말을 듣고 주발은 무릎을 꿇고 천자의 인새印璽와 부절符節을 올렸다. 대왕 유항이 감사의 인사를 하며 말했다.

"대저代邸에 가서 이를 논의하겠소."

대저는 대국代國에서 조정과 연락을 취하기 위해 대국에서 파견된 관리가 묵을 수 있도록 장안에 지어 놓은 건물이다. 역시 바로 황제 노릇을 하겠다는 것이 아니라 관망하겠다는 뜻을 보인 것이다.

대왕 유항이 장안에 있는 대저에 도착하자, 승상 진평이 두 번 절하고 말했다.

"자홍子弘, 소제 유홍 등은 모두 효혜제[유영]의 아들이 아니니, 종묘를 받드는 것이 마땅하지 않습니다. 대왕[유항]께서는 고제[유방]의 맏아들이시니 마땅히 후사가 되셔야 합니다. 바라건대 대왕께서 천자의 자리에 오르십시오."

승상 진평이 정식으로 소제 유홍을 내쫓아야 할 이유와 유항을 황제로 모셔야 할 이유를 말한 것이다.

이 말은 듣고 유항은 적절한 예의 절차를 거쳐 드디어 황제에 즉위하였다. 그러나 이는 궁궐에서 즉위한 것이 아니라 장안에 있는 대저에서 즉위한 것이다. 아직도 유홍이 궁궐에 황제로 남아 있기 때문이었다.

이제는 궁궐에 있는 소제 유홍을 처리하여 물러나게 하는 문제만 남게 되었다. 그러자 동모후東牟侯 유흥거劉興居가 말했다.

"여씨를 주살하는데 신은 아무런 공로를 세우지 못하였으니, 청컨대 궁궐을 깨끗이 하는 역할을 신에게 주십시오."

유흥거는 산동 지역에서 군사를 일으켰던 유양의 동생이다. 그가 궁궐을 청소하겠다는 말은 궁궐에 있는 소제 유홍을 내쫓는다는 말이다. 그런데 제왕 유흥거가 이 일을 맡아 하겠다고 나섰으니 그 역시 대왕 유항에게 복종한 셈이었다.

궁궐을 청소하고

소제 유홍劉弘(기원전 192년~기원전 180년)은 앞에서도 말했지만 전한 혜제 유영의 아들이고 원래 이름은 유산劉山이었다. 그는 여 태후가 죽인 황제 유공劉恭의 뒤를 이어 고황후 4년(기원전 184년)에 황제 자리에 올랐다. 당시 8살이었던 유홍은 그 후 4년간이나 황궁에 머물면서 황제 자리에 있었다. 그런데 여 태후가 죽자마자 혜제 유영의 아들이 아니라는 논리로 황제에서 쫓겨날 운명을 맞이한 것이다.

동모후 유흥거가 태복인 여음후汝陰侯 등공滕公과 함께 궁궐에 들어가 유홍에게 말했다.

"족하는 유씨의 아들이 아니니, 세워지는 것은 마땅하지 않습니다."

그리고는 유홍의 좌우에서 호위하던 사람들에게 무기를 놓고 나갈 것을 명령하였다. 몇몇 사람이 무기를 놓으려고 하지 않자 환자령宦者令 장석張釋이 그들을 타일러서 무장해제시켰다. 이제 유홍을 지켜줄 이는 아무도 없었다.

등공은 수레를 불러서 유홍을 싣고 나가 궁궐에 필요한 물건을 공급하는 관청인 소부少府에 살게 하였다.

유흥거가 소제 유홍을 쫓아내자 대신들은 천자의 법가法駕, 황제의 정식 의장행렬를 받들고서 대왕 유항을 대저代邸에서 영접하면서 보고했다.

"궁전은 삼가 소제掃除, 청소되었습니다."

소제 유홍을 내보냈다는 말이다. 유항은 그날 저녁에 미앙궁에 들어갔다. 그런데 알자謁者 10여 명이 무기를 들고 미앙궁의 정문을 막아서며 말했다.

"천자가 있는데, 족하는 무엇을 하려고 들어가십니까?"

그러나 이것도 잠시, 태위 주발이 알아듣게 타이르자 알자들은 모두 무기를 놓고 떠났고, 이로써 소제 유홍을 지키던 마지막

보루도 쉽게 무너졌다. 드디어 대왕 유항이 미앙궁으로 들어갔다. 말하자면 무혈 쿠데타가 성공한 셈이었다.

유항은 황제에 오른 그날 안으로 필요한 조치를 취해야 했다. 황제가 되었다고 해도 언제든지 상황은 바뀔 수 있기 때문이다. 가장 시급한 문제는 장안에 주둔하고 있는 군대의 지휘권을 장악하는 것이었다.

유항은 대국에서부터 자신을 호위하고 온 대국의 중위 송창을 한 왕조의 위衛장군으로 삼아서 남·북군을 맡도록 하였다. 여록과 여산이 지휘하던 남·북군은 잠시 태위 주발이 관리하다가 이제 유항의 최측근인 송창에게 지휘권이 넘어온 것이다.

뒤이어 대국의 낭중령이었던 장무를 한 왕조의 낭중령으로 삼아서 전중殿中의 일을 시행하게 하였다. 그 뒤를 이어 유사들에게 임무를 나누어 주었다.

그리고 실제 유영의 소생이지만 유영의 소생이 아니라고 논단된 양왕 유태, 회양왕 유무, 항산왕 유조와 소제 유홍을 모두 저택에서 주살했다. 그들은 모두 여 태후에 의해 혜제 유영의 아들이 아닌데 그의 아들로 되었다던 사람들이었다. 황제에 오른 유항은 전전前殿으로 돌아와 조서를 내려 천하를 사면하는 것으로 중요한 절차를 모두 마쳤다.

이 일은 여 태후가 고황후 8년(기원전 180년) 7월에 병으로 죽은 지 석 달이 지난 윤9월 기유일(29일)에 일어난 일이다. 절대권자 여 태후가 죽은 뒤 석 달이라는 짧은 시간 내에 많은 정치적인 소용돌이를 거치면서 제3세력 정도밖에 되지 않았던 대왕 유항이 황제에 오른 것이다.

천애고아 유병이를 고른 대장군 곽광
조정에 세력을 키울 사람은 안 된다

황제에 오른 천애고아 유병이

소제 원평 원년(기원전 74년) 7월, 당시 최고 권력자였던 대장군 곽광霍光(?~기원전 68년)이 정중庭中에 앉아서 승상 이하를 모아 놓고 황제로 세울 사람을 의논했다.

그런 다음 승상 양창楊敞 등과 더불어 황태후 상관上官씨에게 후사 없이 죽은 소제昭帝 유불릉劉弗陵(기원전 94년~기원전 74년)의 뒤를 이을 사람을 상주하였다.

"효무황제[전한 무제]의 증손인 유병이劉病己는 나이가 18살이고, 스승에게서 《시경詩經》과 《논어論語》와 《효경孝經》을 배웠습니다. 몸소 절약하고 검소함을 실천하고 어질고 자비롭고 다른 사람을 아껴주니, 효소황제[소제 유불릉]의 뒤를 이을 수가 있으며, 조상의 종묘宗廟를 받들어 잇고, 만백성을 자식처럼 할 수 있습니다. 신은 죽음을 무릅쓰고 보고합니다."

소제 유불릉이 후사를 두지 못하고 죽고 난 후 벌써 두 번째 추천이었다. 첫 번째 황제로 추천했던 창읍왕 유하는 황제에 오른 지 석 달 만에 내쫓고 다시 유병이를 두 번째 황제로 선택한 것이다.

15살 황태후의 재가

당시 정식으로 후임 황제로 결정할 권한을 지닌 사람은 황태후 상관씨였다. 그러나 황태후라는 거창한 명칭과는 달리 그녀는 겨우 15살짜리 어린아이였고, 사사롭게는 곽광의 외손녀이기도 했다.

상관 태후는 너무 나이가 어려 독자적인 판단을 할 수 없었고, 외할아버지 곽광 등이 올린 상주문을 받고 이를 거부할 이유도 힘도 없었다. 다만 "가可하다."라는 조서만 내릴 뿐이었다.

이 간단한 절차를 거쳐서 소제 유불릉의 후사가 결정되고, 새로운 황제가 탄생한 것이다. 이 사람이 선제宣帝 유순劉詢이다. 유순은 황제에 오른 다음 고친 이름으로 원래 그의 이름은 유병이劉病已이다.

혈통으로 따져보면 유병이는 작은 할아버지의 후사가 된 셈이다. 본래 유병이의 친할아버지 유거劉據는 무제 유철의 태자였다.

태자 유거는 강충江充에 의해 벌어진 무고의 화◆를 입고, 유거 본인은 물론이고 그의 아들이자 유병이의 아버지인 사황손史皇孫 유진劉進도 함께 목숨을 잃었다. 다만 당시 갓 태어난 유진의 아들 유병이만 극적인 과정을 거쳐 목숨을 부지하였다.

후에 무고의 화가 태자 유거의 잘못이 아니라는 것이 밝혀져 모든 지위는 회복되었지만 이미 유병이는 아버지와 할아버지를 모두 잃은 후였으니 그 삶은 고단하기 이를 데 없었다.
　그러한 그가 할아버지 유거의 이복 동생인 소제 유불릉의 뒤를 잇게 된 것이다.

대장군 곽광

무제 유철은 무제 후원 2년(기원전 87년)에 죽음을 앞두고 구과鉤弋 부인에게서 늦게 얻은 아들 유불릉을 후사로 삼았다. 이때 유불릉은 겨우 8살이었다.
　무제 유철은 70년의 일생 중에서 무려 54년 동안을 황제 자리에 있었다. 한 왕조 전체를 따져 봐도 가장 오래 황제 노릇을 한

◆ 무고의 화

무고란 무축(巫祝)의 주법(呪法)으로 사람을 저주하여 죽이는 것을 말한다.
전한 무제 정화 원년(기원전 92년) 병으로 눕게 된 무제(武帝) 유철(劉徹)은 그 원인이 당시에 횡행하던 무고 때문이라고 믿고, 강충(江充)에게 명하여 무고를 행한 증거를 찾게 하여 많은 사람을 옥사시켰다. 당시 강충과 반목하고 있던 여태자(戾太子) 유거(劉據)는 화(禍)가 자신에게 미칠 것을 두려워하여, 무제 정화 2년(기원전 91년) 7월 먼저 강충을 체포하고 병사를 일으켜, 5일간 장안성(長安城)에서 시가전을 벌였으나 실패하여 자살했다.
이때 그의 생모인 황후 위(衛)씨도 함께 자살했으며, 그밖에 황손 2명이 살해되었다. 이듬해 무제 유철은 차천추(車千秋)의 상소를 통해 태자의 잘못이 없음을 알고 여태자를 죽게 한 것을 후회하며 강충 일족을 참형시켰다.

인물이었다. 그뿐만 아니라 흉노를 정벌하는 등 대외정복 전쟁을 많이 했던 위대한 군주로 일컬어지기도 한다. 그러나 그 만년은 불행했다. 무고의 화로 불리는 사건으로 인해 자신의 친아들인 태자 유거가 죽었기 때문이다.

이제 8살짜리 아들 유불릉을 후사로 삼은 무제 유철은 한나라 제국의 미래에 대해 불안할 수밖에 없었다. 그리하여 자신이 신뢰하던 곽광霍光을 대사마·대장군, 금일제金日磾를 거기車騎장군, 상관걸上官桀을 좌左장군으로 삼고서 그들에게 어린 군주를 보필하라는 유조를 내렸다.

자신이 죽은 후 권력의 공백이 생기지 않도록 곽광과 금일제, 상관걸 세 사람이 그 자리를 채울 수 있게 조치한 것이다.

이러한 기회를 잡은 곽광은 더 오래 권력을 유지하고자 상관걸과의 연계를 돈독하게 하였다. 그래서 상관걸의 아들인 상관안上官安에게 자신의 딸을 시집보냈고, 여기에서 낳은 손녀를 소제 유불릉에게 시집을 보낸 것이다.

보통 황제보다 나이 많은 황후를 선발하는 전례가 있었지만, 소제 유불릉은 어렸고 실제 권력을 쥐고 있는 사람이 곽광이었기 때문에 비록 소제 유불릉보다 6살이나 아래였던 곽광의 2살짜리 외손녀*와의 혼사는 진행될 수 있었다.

그러나 나란히 무제 유철의 고명誥命을 받았던 곽광과 상관걸은 그 후 정치적인 문제로 대립하게 된다. 결국 상관걸과 그의 아들 상관안은 소제 원봉 원년(기원전 80년) 9월에 역모 사건으로 축출 당하게 되었다. 상관안은 곽광의 사위이자 황후 상관씨의 아버지였지만 정치적 실패로 살아남을 수 없었다.

무제의 고명을 받은 세 명 가운데 투경후秺敬侯 금일제는 그 출신이 흉노였기 때문에 스스로 권력의 중심에 서려고 하지 않았고, 소제 시원 원년(기원전 86년) 9월에 병으로 죽어 결국 곽광만 조정에 남게 되었다.

결국 무제 유철이 죽은 후 정치의 중심에 선 사람은 황제가 아닌 곽광이었다. 그에 대한 역사적 평가♦는 나쁘지 않았다. 즉, 후한시대에 와서는 전한시대에 곽광이 황제를 세우고 보좌한 일이 인용될 정도로 높이 평가받고 있다.

하지만 곽광은 자기와 함께 고명을 받은 후에는 사돈이었던 상관걸과 그의 아들이자 자신의 사위인 상관안을 죽였다. 그리고 6살인 외손녀를 12살의 소제 유불릉에게 시집보냈다. 이러한

◆ 상관 태후의 계보도

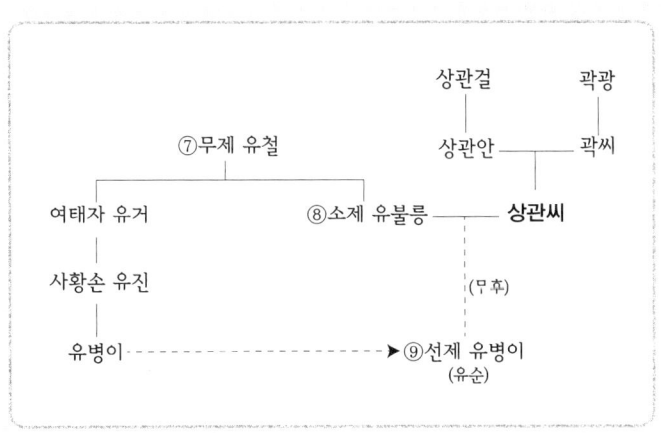

소제 유불릉은 8살에 황제에 즉위하여 4년 후에 6살 아래인 상관씨와 혼인을 했다. 유불릉이 13년간 황제 자리를 지키다가 21살의 나이로 죽었을 때 상관씨는 겨우 15살이었다.

행동을 황제를 보필하기 위한 것으로 해석할 수도 있지만, 그가 권력을 내놓지 않고 전권을 쥐려는 행동으로 보는 것이 오히려 타당할 것이다.

곽광이 황제로 모시는 기준

사실 곽광은 외손녀 사위인 소제 유불릉이 죽자 먼저 창읍왕昌邑 王 유하劉賀를 데려와 황제로 삼았다. 그러나 유하는 무례하다는 이유로 황제에 등극한 지 석 달 만에 축출되었다.

◆ 후한시대의 곽광에 대한 평가

후한 안제 연광 4년(125년) 《자치통감》의 기록을 보면 곽광과 이윤에 대한 평가가 나와 있다.
안제 유호가 죽은 다음에 후임 황제를 세우는 과정에서 최원(崔瑗)은 당시 권력을 쥐고 있던 염현(閻顯, 염 태후의 형제)의 장사(長史) 진선 (陳禪)에게 말했다.
"중상시 강경 등이 먼저 돌아가신 황제[안제 유호]를 현혹시켜 정통 인 자 소제(少帝, 북향후 유의)를 폐위시켜 쫓아내고 서자를 옹립하였 습니다. 소제가 즉위해 묘당 안에서 병이 나자 주발(周勃)이 소제를 폐위시킬 때의 징조가 다시 보이고 있습니다.
지금 그대와 더불어 염현 장군을 뵙고 설득하여 염 태후에게 아뢰어 서 강경 등을 체포하여 소제를 폐위시키고, 제음왕[순제 유보]을 세운 다면 반드시 위로는 하늘의 마음에 합당할 것이고 아래로는 사람들의 소망에 부합하는 것이며, 이윤(伊尹)과 곽광(霍光)이 세웠던 공로에 비 견할 것이니, 장군 형제는 끝없는 복을 전하게 될 것입니다."
이처럼 곽광은 황제를 잘 보필한 역사상 몇 안 되는 인물로 그려지 기도 한다.

유하는 무제 유철의 아들인 유박劉髆의 뒤를 이어 창읍왕에 봉해진 인물이다. 유하의 아버지 유박은 무제 유철이 아끼는 이李부인의 소생이어서 후에 무고의 화로 죽은 태자 유거의 후임으로 거론되기도 했었다. 그러한 점에서 본다면 창읍왕 유하◆는 그 배경이 탄탄하다고 할 수 있다.

또 유하는 죽은 소제 유불릉의 조카였다. 조카가 삼촌의 뒤를 이어서 양자가 된다는 것은 자연스런 현상이다. 아마도 그러하기 때문에 곽광은 먼저 유하를 선택해 뒤를 잇도록 결정했을 것이다. 그럼에도 불구하고 유하를 쫓아버리고 유불릉의 손자 항렬인 유병이를 다시 황제로 옹립한 것은 적당한 처사라고 할 수 없다.

사실 소제 원평 원년(기원전 74년) 4월에 소제 유불릉이 미앙궁에서 붕어했을 때 유하를 처음으로 거론한 것은 아니었다. 처음에는 여러 신하들이 후임 황제로 무제의 아들인 광릉왕廣陵王 유서劉胥를 거론했다.

이때 무제 유철의 아들인 소제 유불릉이 후사 없이 죽었으니, 다른 무제의 아들을 황제로 세우자고 논의한 것이다. 그러나 곽광은 평소 음탕하고 힘만 쎈 유서가 마음에 들지 않았다.

이러한 곽광의 마음을 읽은 어떤 낭관郎官이 서신을 올려서 말

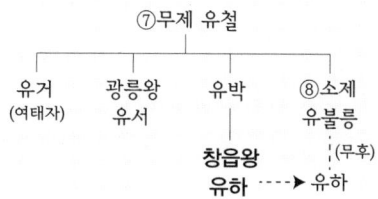

◆ 창읍왕 유하의 계보도

했다.

"주周의 태왕太王은 태백太伯을 폐하고 왕계王季를 세웠으며, 문왕文王은 맏아들인 백읍고伯邑考를 버리고 무왕武王을 세웠습니다. 다만 황제로서 마땅함만 문제가 되는 것이니, 맏아들을 폐하고 어린 사람을 세워도 좋을 것입니다. 광릉왕은 종묘를 계승할 수 없습니다."

과거 주대周代의 역사를 거론하면서 광릉왕 유서를 반대한 것이다. 사실 주 문왕이 무왕을 세운 이유는 맏아들인 백읍고가 일찍 죽었기 때문이다. 이는 곽광에게 명분을 만들어주기 위한 정치적 목적으로 역사를 왜곡한 것이다. 곽광은 자신의 뜻과 맞은 그 서신을 승상 양창楊敞에게 보여주고 그 낭관을 발탁하여 구강九江, 안휘성 수현 태수로 삼았다.

이러한 상황으로 보아 처음부터 소제 유불릉의 후임은 곽광의 의도가 중요할 뿐, 혈연관계나 논리는 중요한 변수가 아니었다고 할 수 있다. 결국 앞에서 말한 창읍왕 유하가 후임 황제로 결정되었다.

이해할 수 없는 유하가 쫓겨난 이유

유하는 황제가 된 이후에도 음란한 짓을 계속했다. 대장군 곽광은 전연년田延年과 상의했다.

곽광의 뜻을 눈치 챈 전연년이 말했다.

"장군께서는 나라의 기둥이고 초석이십니다. 이 사람[황제 유하]을 살펴보니 불가한데, 어찌하여 태후[상관 태후]에게 건의하여 다시 똑똑한 사람을 선발하여 이를 세우지 않습니까?"

이어서 전연년은 역사적으로 재상이 제왕을 바꾼 일을 들어서 설명했다.

"이윤伊尹이 은殷에서 재상 노릇을 하면서 태갑太甲을 폐하고서 종묘를 편안하게 하였는데, 후세에는 그의 충성을 칭찬하였습니다. 장군께서 만약에 이 일을 행할 수 있다면 한漢의 이윤이라 칭찬할 만 합니다."

종묘를 편안히 하기 위해서는 재상이 황제를 바꾸는 일은 당연하다는 말이었다.

사실 소제 유불릉이 죽고 창읍왕 유하를 데려다가 황제로 세운지 불과 석 달이 되지 않는 시점에서 새로 세운 황제를 내쫓는다는 것은 쉬운 일이 아니었다. 그 이유를 유하가 음란하고 무례하다는 점을 들고 있지만, 그 이외에는 다른 이유를 대기 어려운 처지였다. 따라서 이렇게 무리한 일을 진행시키기 위해서는 사전에 철저한 준비가 필요했다.

곽광은 자신을 지지해준 전연년을 급사중給事中으로 삼고 거기장군 장안세張安世와 더불어 계책을 도모했다. 그리고 전연년을 통해 승상 양창에게 계획을 알렸다. 양창은 놀라고 두려워했지만 권력을 쥐고 있는 곽광의 힘에 결국 이에 동의하고 말았다.

그리하여 계사일(28일)에 곽광이 승상, 어사, 장군, 열후, 중이천석, 대부, 박사들을 미앙궁에 소집했다. 비상대책회의였다.

곽광이 먼저 말을 꺼냈다.

"창읍왕[황제 유하]은 행동이 아둔하고 난잡해서 아무래도 사직이 위태롭게 될까 두려운데 어떠합니까?"

곽광은 유하에게 황제라는 호칭도 붙이지 않고, 유하를 그대로 두면 한 왕조의 사직이 위태롭게 될 수도 있다고 말하고 있다. 황제를 바꾸자는 이야기였다.

신하들은 모두 놀라서 감히 아무 말도 꺼내지 못하고 있었다. 이때 전연년이 앞으로 나가 칼을 어루만지면서 말했다.

"먼저 돌아가신 황제[무제 유철]께서 장군[곽광]에게 어린 고아[소제 유불릉]를 위촉하면서 장군에게 천하를 기탁하고, 장군의 충성스러움과 현명함으로 능히 유씨를 안전할 수 있게 하였습니다. 이제 많은 아랫것[창읍왕을 따라 온 사람]들이 들끓어서 사직이 장차 기울게 되었습니다.

한漢에서 전하의 시호는 항상 효孝란 것을 붙여서, 천하를 오래 보존하여 종묘로 하여금 혈식血食, 제사하게 하고자 함입니다. 만약에 한 왕조의 제사가 끊기게 된다면 장군께서 돌아가셨을 때 무슨 면목으로 지하에서 먼저 돌아가신 황제를 알현하겠습니까? 금일今日, 오늘의 의논은 질질 끌 수는 없는 것이니, 신이 청컨대 검劍으로 뒤늦게 호응하는 신하들의 목을 베게 해 주십시오."

이 말에 대신들은 모두 한 목소리로 곽광의 명령에 따르기로 결정했고, 곽광의 외손녀인 상관 태후의 결재를 받아 결국 유하는 황제에 오른 지 28일 만에 쫓겨났다. 소제 유불릉의 장사를 치룬 지 겨우 21일 만에 일어난 일이었다.

곽광이 유하를 황제에서 쫓아낸 이유로 든 것은 '아둔하고 난잡하다'라는 것이었다. 이 가운데 '난잡하다'라는 것은 그가 소제 유불릉의 국상을 당했을 때 창읍에서 장안으로 오면서 수레에 몰래 여자들을 실었다는 것과 사치품을 구입했던 것을 가리키는 말이다.

그러나 그것은 이미 황제에 오르기 전의 일이었다. 정녕 그것이 문제라면 애초에 유하를 황제로 세우지 말았어야 했다. 유하를 황제로 세울 당시에는 이러한 문제를 거론하지도 않았으면서 새삼스럽게 이를 들추어내어 쫓아낸 것이다.

곽광이 외손녀인 상관 태후의 조서를 받아 황제 유하를 공식적으로 쫓아내려고 할 때 유하가 말했다.

"듣건대, 천자에게는 간쟁하는 7명의 신하가 있어야 하고, 비록 무도無道하다고 하여도 천하를 잃는 것은 아니라고 합니다."

천자에게는 간쟁하는 신하가 7명 있어야 한다는 말은 쫓겨 가는 유하에게는 간쟁하는 신하 7명이 없었다는 의미이다. 이는 자기를 내쫓는 신하들은 간쟁하는 신하가 아니라는 뜻도 된다.

이러한 점들을 본다면 곽광이 유하를 황제에서 내쫓은 이유가 적절치 못했음을 보여준다. 오히려 황제를 보필하는 곽광 등에게 문제가 있었다고 할 수 있다. 유가적 입장에서 보더라도 곽광은 오히려 반역에 가까운 일을 한 것이다.

유하를 내쫓은 진짜 이유

이러한 사정으로 보아 곽광이 유하를 내쫓으면서 언급한 공식적인 이유는 진짜 이유라고 할 수 없다. 분명 말할 수 없는 진짜 이유가 있다고 보아야 한다.

앞에서 이미 말한대로 창읍왕 유하의 아버지 유박은 무제 유철과 이李 부인의 소생이었다. 무제는 이 부인을 총애한 나머지 그녀의 오빠 이광리에게 작위를 주기 위해 무리하게 흉노 정벌 전쟁을 벌여 해서후海西侯라는 작위를 내리기도 했다.

그뿐만 아니라 무제 시절 '무고의 화'로 인해 태자가 죽자 그 후임으로 유하의 아버지 유박이 거론된 일이 있다. 그만큼 유하의 배경인 외가의 힘이 막강했던 것이다. 비록 현재는 곽광 등이 권력을 독차지하고 있었지만 유하 주변에 있는 이씨 세력을 의식하지 않을 수 없었다.

또한 유하는 창읍에서 장안으로 올라오면서 자신의 측근들을 대거 데리고 상경했고, 황제가 된 후 그들을 파격적으로 발탁하여 관직을 주었다. 특히 일개 제후국의 승상이었던 안락安樂을 장락궁長樂宮의 위위衛尉로 삼는 등 자기 세력을 조정의 요소에 두기 시작한 것이다.

게다가 창읍왕은 전통적인 반란 세력인 산동 지역에 뿌리를 두고 있었다. 창읍왕을 도운 낭야琅邪, 산동성 제성현 사람 중위中尉 왕길王吉과 산양山陽, 산동성 금향현 사람 낭중령郞中令 공수龔遂 역시 모두 산동 지역 출신이다.

이러한 상황을 본다면 곽광은 유하의 배경인 외가 이씨와 산동 세력의 집권을 피하고자 했음을 알 수 있다. 곽광이 쿠데타적 방법을 동원하여 유하를 내쫓은 진짜 이유는 자신의 권력을 잃지 않으려는 속셈이었던 것이다. 그것은 전연년이 중신들을 칼로 협박하면서 창읍에서 유하를 따라 온 사람들을 아랫것들이라고 표현한 것에서도 그 일단을 찾을 수 있다.

곽광은 종묘와 사직을 위해 황제를 바꾸어야 한다고 말하고 있지만, 그의 속셈은 자기에게 대적할 만한 가능성이 있는 사람은 황제로 세우지 않겠다는 것이었다.

당초 소제 유불릉의 조카라는 혈통상의 명분으로 유하를 세웠던 곽광. 그러나 유하가 산동 세력을 이끌고 장안으로 오자 자신의 입지가 위험해질 수 있음을 한 달 만에 간파한 것이다.

유병이의 기구한 운명

이제 창읍왕 유하를 대신하여 새로 뽑을 황제는 곽광을 비롯한 장안에 있는 중신들의 이익을 해치지 않을 사람이어야 했다. 물론 이들이 내세우는 논리는 여전히 한 왕조의 종묘와 사직이었지만, 그것은 표면적인 이유일 뿐이었다. 이런 조건에 맞아서 뽑힌 사람이 유병이劉病己였다.

유병이는 무제 유철의 증손이다. 유병이는 당시 거론되었던 무제의 아들인 유서나, 무제의 손자인 유하에 비해 혈통상의 조건은 그다지 좋지 않았다. 특히 소제 유불릉의 후사를 잇는다는 점에서는 보면 유하를, 무제의 혈통을 잇는다는 점에서 보면 유서를 세우는 것이 맞다. 그런데 곽광은 소제 유불릉의 손자 항렬인 유병이로 뒤를 잇게 하는 무리수를 둔 것이다.

곽광은 자기들의 이익을 해치지 않을 것이라는 확신을 가지고 이제껏 황제의 후보로 거론된 적이 없는 유병이를 골랐다.

앞에서도 이미 말했지만 유병이는 태어나고 몇 달이 되지 않아 무고의 사건으로 할아버지 유거와 아버지 유진이 모두 해를 입었다. 그리고 오직 유진의 아들 유병이만이 천우신조로 살아남았다.

원래 무고의 사건 때 유병이도 감옥에 갇혀 있었다. 당시 무고의 옥사를 처리하던 정위감廷尉監 병길丙吉은 태자 유거가 반란을 일으킨 사실이 없음을 알았고, 그 때문에 감옥에 갇힌 무제의 증손 유병이를 더욱 안타깝게 여겼다.

그래서 후덕한 여자 죄수를 골라 유병이에게 젖을 물리고 양육하도록 시켰고, 자신도 매일 두 번씩 유병이를 살펴보았다. 그 뒤에 여자 죄수가 형기刑期를 채워 나가게 되자, 병길은 사비를 들여 그녀를 고용하여 계속 유병이를 양육하게 하였다.

따라서 유병이가 용케도 살아남을 수 있었던 것은 모두 병길 덕분이었다. 그렇다고 병길이 황제의 증손 유병이에게 덕을 보려고 그런 것은 아니었다. 다만 어린 생명이 죄 없이 죽는 것이 안타까워 취한 조치였을 뿐이었다.

이후 유병이의 할아버지인 유거에게는 죄가 없다고 결론이 났고, 유병이도 황실의 일원이 되었지만, 어느 누구도 그를 위해 필요한 조치하지 않았다. 궁정재무를 관리하는 소내색부少內嗇夫가 병길에게 고백했다.

"황손을 먹이는 것에 대한 조령이 내려오지 않았습니다."

유병이가 황증손이지만 공식적으로 그에게 물건이 공급되지 않는다는 말이었다. 그만큼 황실에서도 유병이에 대하여 백안시했다. 그러나 병길은 유병이에게 매달 쌀과 고기를 가져다 주었고, 병이 날 때마다 의약醫藥을 쓰며 돌보고 대하는 것이 아주 은혜로웠다.

병길은 유병이의 아버지인 사황손 유진의 어머니 사량제史良娣로부터 유진의 외할머니 정군貞君과 외삼촌 사공史恭이 살아 있다는 소식을 듣고 유병이를 그들에게 부탁하였다. 정군은 나이가 많았으나 고아인 외증손자를 보고 마음 아파하며 직접 유병이를 길렀다.

나중에 소제 유불릉이 이 사실을 알고 액정掖庭에 조서를 내려 유병이를 양육할 것을 명하고, 종정宗正에게는 종적宗籍을 갖게 위촉하였다. 이리하여 유병이는 비로소 종실의 족보에 이름을 올리게 되었다.

폭실색부의 딸을 아내로 맞은 유병이

세월이 흘러 소제 원봉 4년(기원전 77년) 유병이의 나이는 18살이 되었고, 결혼할 시기가 왔다. 그러나 아무런 배경도 없고, 그저 무제 유철의 증손이라 이유로 여기저기서 동정을 받아가며 살고 있는 유병이에게 딸을 시집보낼 사람은 없었다.

그 당시 액정령掖庭令 장하張賀는 일찍이 유병이의 할아버지인 유거를 섬긴 일이 있었다. 그는 유거의 은혜를 생각하며 정성을 다해 유병이를 봉양했고, 사비를 들여 필요한 물품을 사주기도 하고 책을 가르치기도 했다.

그리고 자기의 손녀딸을 유병이에게 시집보내려고 하였다. 그러나 그의 동생인 장안세는 당시 우右장군이었는데, 이 소식을 듣자 화를 내며 말했다.

"황증손은 위衛 태자[여태자 유거]의 후예이니, 다행히 서민으로서 현관縣官, 정부에서 입고 먹을 것을 얻는 것으로 충분하다고 할 것입니다. 다시는 딸을 주겠다는 일을 말하지 마십시오."

장하는 어쩔 수 없이 유병이를 자기 집안의 사위로 맞으려는 계획은 포기할 수밖에 없었다. 그만큼 유병이의 존재는 보잘 것

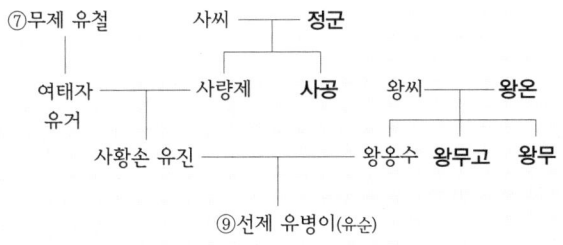

◆ 유병이의 외가 및 진외가 계보도

없었다. 그러나 장하는 유거와의 관계 때문에 유병이의 혼사문제를 계속 고민했다.

그리하여 자기 부하인 폭실색부暴室嗇夫 허광한許廣漢에게 그의 딸을 유병이에게 시집보내라고 했다. 폭실색부는 궁궐 내에 있는 감옥의 업무를 처리하는 소리少吏에 해당하는 하급관원이다.

"황증손은 혈연으로 보면 황제와 가까운 친척이어서 작위를 받는다면 관내후關內侯일 것이오. 처妻가 되게 할 수 있을 것이오."

장하는 유병이가 적어도 관내후의 작위를 받을 것이라며 부하인 허광한에게 딸을 그에게 시집보내기를 권고한 것이다.

허광한은 직속상관의 부탁을 받아들였지만, 그의 부인은 이름뿐인 황제의 증손에게 딸을 주기 싫다며 강하게 반대했다. 그러나 허광한은 장하의 부탁을 거절할 수 없어 결국 유병이에게 딸을 주었고, 이 혼사를 주장한 장하는 자기 집안의 재산을 가지고 유병이의 빙례聘禮를 치러주었다.

이처럼 유병이는 결혼도 간신히 할 정도로 보잘 것 없는 사람이었다.

평범한 일상을 보낸 유병이

혼인을 치렀다고 그의 생활이 달라지는 것은 아무것도 없었다. 그의 장인 허광한도 하급관리였고, 그를 길러준 외가 사史씨 집안도 넉넉한 형편은 아니었다.

그래서 유병이는 동해東海, 산동성 담성현 사람 복중옹濮中翁에게 《시경》을 배웠다. 복중옹의 학문의 정도가 알려지지 않은 것으로 보아 그가 당대의 일류 학자는 아니었을 것이라고 짐작할 수 있다. 다만 유병이 자신이 똑똑하여 재주가 있었고, 배우기를 좋아했다는 기록만 있다.

유병이의 일상생활은 평범했다. 그는 유협遊俠을 좋아해서 사방을 돌아 다니곤 했다. 그래서 한편으로는 보통 사람들이 사는 여염 마을에서 벌어지는 간사한 일들과 관리들이 백성들을 다스리는 모습을 직접 볼 수 있었다. 그리고 관리들이 무엇을 잘하고 못하는지도 몸소 경험했다.

이렇게 유병이는 여기저기를 돌아다니면서 자주 여러 능묘陵墓를 오르내렸고, 삼보三輔: 경조[장안], 좌풍익[서장안], 우부풍[동장안]를 두루 다녔다. 그러다가 연작蓮勺, 섬서성 위남현의 염전지대에 갔다가 곤욕을 치르기도 했다. 그가 머물 수 있는 곳은 경사[장안] 근처에 있는 두杜, 섬서성 서안시와 호鄠, 섬서성 호현 사이였으며, 경사에 머물 수가 없어서 항상 하두下杜, 호현의 동북쪽에 있었다.

때로는 그도 황실의 일원이기 때문에 간혹 조회에 참석하라는 초청을 받게 되는 일도 있었다. 이때 회의에 참석하려면 장안에서 묵어야 하는데 지낼 곳이 마땅하지 않았던 그는 상관리尙冠里, 경조윤의 관할 지역에 있는 종친의 집에서 지내곤 했다.

이렇게 보잘 것 없는 배경을 지닌 유병이는 곽광이 생각하는 후임 황제의 조건과 일치했다. 그래서 유병이는 단 한 번의 추천으로 후임 황제로 뽑히게 된 것이었다.

황제로 선택된 유병이

창읍왕 유하를 폐위시킨 곽광은 장안세 등 여러 대신들과 함께 황제로 세울 사람을 의논했으나, 마땅한 사람을 찾지 못해 고민하고 있었다. 이때 병길이 곽광에게 기억을 더듬게 하는 말을 상주하였다. 그는 먼저 곽광을 칭찬하는 말로 시작했다.

"대장군[곽광]께서는 강보에 싸여있는 유불릉을 맡아 달라는 부탁을 받았습니다. 그가 죽자 그 뒤를 이을 창읍왕 유하를 후사로 하였지만 적합하지 아니하여 대의大誼를 가지고 그를 폐위시키시니 천하 모두가 복종하였습니다.

지금은 사직과 종묘와 많은 생명이 대장군이 한번 움직이는 것에 달려 있는데, 가만히 엎드려 많은 서민들에게서 말을 듣고, 제후와 종실 가운데 열위列位에 있는 사람들을 살펴보니, 백성들 사이에서 좋게 소문이 난 사람이 없었습니다. 그러나 선황제[무제]의 유조遺詔에 의하여 길러지고 있는 효무황제의 증손은 이름이 유병이인데, 그는 액정掖庭과 그의 외가에서 살고 있습니다."

유병이가 처한 상황에 대해 설명하며 말을 이었다.

"저 병길은 전에 군저옥郡邸獄에서 직무를 맡았을 때에 그의 어린 모습을 보았으니, 지금에 이르러서는 18살이나 19살이 되었을 것입니다. 경술經術에 통달하고 아름다운 재주를 가졌으며, 행동이 편안하고 절도가 있으며 온화합니다.

바라건대 장군께서 대의를 상고詳考하고 어느 것이 마땅한 지 시귀蓍龜로 보시고 드러나게 포상褒賞하고 먼저 들여다가 입시入侍하게 하여 천하로 하여금 밝게 드러나 알게 하며, 그러한 다음에 큰 계책을 결정하신다면 천하는 아주 다행일 것입니다."

유병이를 천거한 병길은 권력지향적인 사람은 아니었다. 그는 유병이를 살리기 위해 탄핵을 받은 적도 있지만 끝까지 유병이를 돌보았다.

그렇다고 특별히 유병이를 가까이 했던 것도 아니었다. 병길은 곽광의 명령을 받아 창읍왕 유하를 데려오는 일을 맡기도 했던 사람이다. 곽광은 그러한 점에서 유병이가 황제가 되더라도 병길이 권력을 휘두를 가능성은 없다고 판단했다.

유병이는 앞서 황제가 되었던 유하나, 황제 후보로 오른 유서에 비해 그 배경이 한참 떨어지는 사람이었다. 유병이를 황제로 세워도 곽광이 권력을 행사하는데 아무런 지장을 주지 않을 것이 분명했다.

유병이를 칭찬하는 사람은 또 있었다. 곽광의 측근인 두연년杜延年 역시 유병이의 덕성이 아름답다며 적극 추천했다. 평소 충절이 있고 공평무사하게 일을 처리한다는 평가를 받던 두연년의 추천이니 긍정적으로 검토할 만했다.

곽광은 드디어 유병이를 황제로 세울 것을 결정하고 공식적인 회의를 열었다. 비록 통과의례에 지나지 않는 것이었지만 필수 과정이었다.

7월에 곽광은 승상 이하의 대신들을 모아놓고 후임 황제로 세울 사람을 의논하였다. 창읍왕 유하를 내쫓으라고 건의했던 승상 양창 등이 이번에는 유병이를 황제로 세우라고 상주했다.

역시 대장군 곽광의 말에 따를 수밖에 없는 승상 양창과 여러 중신들은 상관 태후에게 새로운 황제를 천거한 것이다. 곽광의 외손녀이자 15살의 어린 상관 태후는 조서를 내려 말했다.

"가可하다."

유병이가 황제 자리에 오르도록 결정된 것이다.◆

전광석화 같은 등극

상관 태후의 허락을 받은 곽광은 즉시 유병이를 황제로 모셔올 준비를 했다. 먼저 황실의 사무를 책임지고 있는 종정宗正 유덕劉德을 유병이의 집에 파견하여 유병이의 몸을 닦아 목욕하게 하였다. 당시 목욕을 한다는 것은 하나의 큰 행사였으니 이것 하나만으로도 신분의 변화를 짐작할 수 있다.

다시 어의御衣를 내려 주고, 태복太僕이 영엽차輧獵車, 작은 수레를 가지고 유병이를 영접하여 종정부宗正府에 오게 하여 재계齋戒를 하였다.

그리고 유병이는 미앙궁에 들어가서 상관 태후를 알현하였다. 그녀는 유병이보다 3살 아래였지만 유병이의 입장에서 황태후는 숙조모였다. 모두 통과의례였다.

상관 태후는 유병이를 황제로 정식 임명하기 전에 먼저 양무후陽武侯로 책봉하였다. 황제로 삼을 사람이 아무런 작위가 없는 것은 모양새가 좋지 않았기 때문이다.

그런 연후에 여러 신하들이 유병이에게 인새印璽와 인수印綬를

◆ 선제 유병이의 등극 과정

- 4/17 소제 유불릉 사망
  (43일간 황제 없음)
- 6/1 창읍왕 유하 황제로 등극
- 6/28 창읍왕 유하 폐위
  (27일간 황제 없음)
- 7/25 선제 유병이 등극

주상하였고, 이로써 황제가 되었다. 하루 만에 일개 황족에서 양무후를 거쳐서 황제 자리에 오른 것이다. 역사상 이렇게 빨리 황제에 오른 사람도 드물었다.

한 왕조를 세운 유방도 우선 의제義帝로부터 한왕漢王으로 책봉 받은 다음에 황제에 올랐고, 후한의 광무제光武帝 유수劉秀 역시 먼저 소왕蕭王으로 책봉 받은 다음에 황제에 오르기까지 얼마간의 시간이 걸렸다. 그에 비하면 선제 유병이의 즉위는 파격적인 초스피드 즉위라고 할 만하다.

무제 유철의 고명을 받은 대장군 곽광은 소제 유불릉이 죽자, 그 후사로 유하를 결정했다가 다시 유병이로 바꾸는데 불과 석 달밖에 걸리지 않았다. 그만큼 곽광이 한번 결정하면 아무도 반대하지 못할 만큼 큰 권력을 가지고 있었던 것이다.

이러한 곽광의 결정은 황실의 체계를 다소 혼란하게 만들기도 하였다. 곽광의 외손녀인 상관씨◆는 유불릉에게 시집가서 황후가 되었다가 소제 유불릉이 죽자 조카 유하를 황제로 세워서 황태후가 되었다. 그런데 유하를 쫓아내고 손자 항렬의 유병이를 황제로 세우는 바람에 다시 태황태후가 되었다. 이때 상관씨의

◆ 상관 태후의 신분 변화표

연도	나이	내용	
무제 정화 4년(기원전 89년)	출생	상관안의 딸 / 곽광의 외손녀	
소제 시원 4년(기원전 83년)	6살	소제 유불릉과 결혼	황후
선제 원평 원년 (기원전 74년)	15살	소제 유불릉의 죽음과 창읍왕 유하의 등극	황태후
		선제 유병이[유순]의 등극	태황태후

나이는 겨우 15살이었다.
 이는 분명 무리한 방법이 동원되었다고 밖에 볼 수 없다. 비록 쿠데타라는 말은 역사책 어디에서도 찾을 수 없지만, 이 사건은 확실히 쿠데타적이었다. 유교적 명분을 가지고 살펴보아도 소제 유불릉의 후사는 혈연적 촌수로 결정된 것이 아니었다. 단지 황제가 스스로 권력을 행사할 수 있을지 여부만을 판단해서 허수아비를 세우려 했을 뿐이다.
 후대에는 곽광에 대해 이윤과 마찬가지로 황제를 잘 보필한 사람으로 칭송했을지 몰라도, 당시 사람들이 이일을 어떻게 받아 들였는지는 자세히 알 수 없다. 하지만 당시 법률집행을 감찰하던 시어사侍御史 엄연년嚴延年이 올린 상주문을 주목할 필요가 있다.
 "대장군 곽광은 멋대로 군주를 폐하고 세우니, 신하로서 예의를 갖추지 못하고, 무도無道합니다."
 그러나 이 상주문이 정치적인 문제를 일으키기에는 곽광을 반대하는 세력의 힘이 미약해서 쟁점화 되지 못하고 곧 사장되었다.

겨우 황후가 된 허광한의 딸
유병이가 황제에 오르기 전에 허광한의 딸 허씨는 혼인한 지 1년 만에 아들 유석劉奭을 낳았다. 이 아이가 선제 유병이[유순]의 뒤를 잇게 되는 원제元帝이다. 유석이 태어난 지 몇 달 후 유병이는 황제가 된 것이다. 남편이 황제가 되었으니 정부인이자 그 후사가 될 사람까지 낳은 허씨가 황후로 세워지는 것이 마땅했다.

그러나 황후 자리 역시 막강한 자리였다. 황후는 상관 태후의 경우와 같이 황제를 임명할 수 있는 권한을 지닌다. 설령 황제가 미리 후사를 결정해 놓는다고 하더라도, 황후가 외척을 끌어들여 권력을 행사하는 일도 충분히 가능한 일이었기 때문이다.

곽광 등은 이런 자리를 미관말직에 있는 허광한의 딸에게 주고 싶지 않았다. 그래서 결국 허씨는 일단 황후가 아닌 1급 비빈에 해당하는 첩여健仔로 결정되었다.

이런 결정을 내린 배경에는 곽광의 작은딸이 있었다. 그녀는 태황태후 상관씨의 이모였다. 내명부의 최고 어른인 태황태후가 곽광의 외손녀였으니, 곽광은 자신의 작은딸을 유병이에게 시집보내 황후로 만들고 싶어 했다. 공경들은 이를 의논했고 모두 곽광의 딸을 황후로 점찍고 있었지만, 겉으로 드러내지는 않고 있었다.

황제가 된 유병이가 이러한 상황에서 할 수 있는 일이란 그리 많지 않았다. 내명부內命婦의 일인지라 직접 허씨를 황후로 삼으라고 말할 수도 없는 처지였다. 그래도 일단 황제가 되었으므로 예외적인 경우가 아니면 황제의 뜻을 거역할 수 없었다.

그래서 유병이는 고심 끝에 자기가 미천했을 때 사용하던 검劍을 구한다는 조서를 내렸다. 과연 눈치 빠른 대신들은 이것이 무엇을 의미하는지 알아차렸다. 유병이가 찾는다는 검은 비싸고 좋은 명검은 아니지만, 한미했을 때 쓰던 것을 귀하게 생각한다는 의미였다. 본인이 어려운 시절에 결혼한 허광한의 딸, 즉 조강지처를 귀하게 생각하고 있다는 심중을 내비친 것이다.

결국 대신들은 허광한의 딸을 황후로 삼자고 말했다. 그리고 11월 임자일(19일)에 허씨를 황후로 세웠으니 유병이가 황제가 된 후 무려 넉 달만의 일이었다. 그만큼 허광한의 집안이 힘이 없었다는 말이기도 하지만, 오히려 그것 때문에 황후가 될 수 있었다고도 볼 수 있다.

곽광은 황후의 아버지인 허광한에게 작위를 주는 일에서도 인색하였다. 곽광은 허광한이 형刑을 받은 사람이어서 군국君國, 봉국의 군주으로 마땅치 않다며 1년이 넘어서야 그를 창성군昌成君으로 책봉하였다. 그러나 채읍은 있지만 작위는 없는, 보통은 여자에게만 내리던 군君을 내렸다는 것은 곽광이 황후의 아버지를 철저히 무시한 것이라고 할 수 있다.

곽광의 대비책

황제에 오른 유병이는 즉위한 그 이듬해인 본시 원년(기원전 73년) 봄에 조서를 내려 종묘를 안정시킨 공로를 토론하여 확정했다. 이른바 논공행상인 것이다.

그 결과 곽광에게는 1만 7천 호戶의 식읍食邑이 더해져 곽광은 2만 호의 식읍을 갖게 되었다. 그 외에 거기장군 부평후 장안세 등 식읍을 더해준 사람이 10명, 열후列侯로 책봉한 사람이 5명, 관내후關內侯로 작위를 내려준 사람이 8명이었다.

이때 곽광은 유병이에게 직접 정치를 하라며 자신은 물러나겠다고 말했다. 하지만 유병이는 이를 받을 수 없는 처지였다. 곽광이 명분을 쌓기 위해 하는 말이라는 것을 알고 있었기에 유병이는 수락하지 않았고, 이전처럼 모든 일은 먼저 곽광에게 보고된 후 자신에게 올리게 하였다.

사실 소제 유불릉 시절부터 곽씨 세력은 거미줄처럼 조정에

퍼져있었다. 곽광의 아들인 곽우霍禹와 형의 손자인 곽운霍雲은 중랑장中郞將이었다. 또 곽운의 동생인 곽산霍山은 봉거奉車도위와 시중侍中으로 호胡와 월越의 군사를 지휘했다. 곽광의 두 사위는 동·서東·西로 있는 황태후와 황제의 궁궐 위위衛尉였고, 형제들과 여러 사위, 외손자들도 모두 주요 요직을 맡아 그 무리와 친척이 한 몸처럼 연결되어 조정에서 뿌리를 이루고 있었다.

곽광은 소제 원봉 원년(기원전 80년)에 일어난 개·연盖·燕의 난◆ 이후 자기 친척 이외의 사람들은 믿지를 못했다. 그래서 이처럼 자기 세력을 조정에 깔아 놓았던 것이다.

곽광은 겉으로는 유병이에게 정치를 돌려준다고 공공연히 말했지만 실제는 그 반대였다. 선제 유병이는 곽광이 알현하러 올 때마다 늘 자기 자신을 낮추고 예의를 갖추었다.

유병이는 이미 장성하여 세상 물정을 알고 있었지만 감히 직접 정치를 하려 하지 않았다. 곽광이 모든 권력을 다 쥐고 있는 상황에서 무모하게 나서봤자 소용없다는 것을 알고 있었기 때문이다. 그저 세월을 기다릴 뿐이었다.

◆ 개·연의 난

소제 원봉 원년(기원전 84년)에 상관걸과 그 사위 상관안, 소제 유불릉의 큰누이인 개(盖)장공주가 모의하여 곽광을 죽이고 소제 유불릉을 폐위한 후 연왕(燕王) 유단(劉旦)을 황제로 세우려고 모의했다.
그러나 이 계획은 사전에 곽광에게 적발되어 계획에 가담한 사람들은 모두 죽었다. 참가자인 손종지와 상관걸, 상관안, 상홍양, 정외인은 체포되었고, 그 종족도 아울러 모두 죽이게 했다. 그리고 이와 관련된 개장공주까지도 자살했다.

황후마저 지키지 못한 선제 유병이

앞에서도 거론했지만 곽광의 부인인 곽현霍顯은 그의 작은딸 곽성군霍成君을 황후로 만들고 싶었다. 호시탐탐 기회만 노리던 차에 마침 허 황후가 임신중에 병이 났다.

이때 허 황후의 질병을 시봉하던 사람은 순우연淳于衍이라는 여의사였고, 그녀는 곽현과 친분이 있던 사이였다. 액정掖庭의 하급관리였던 그녀의 남편 상賞은 자신에게 좋은 관직을 내려달라고 곽현에게 부탁하라며 아내 순우연을 채근했다.

남편의 부탁을 받은 순우연은 곽현에게 소금을 생산해 큰돈을 벌 수 있는 안지감安池監, 산서성 안읍현의 총괄자을 시켜달라고 청하였고, 이 말을 들은 곽현은 황후를 독살하면 순우연의 청을 들어주겠다고 제안했다. 물론 황후를 독살하는 일은 결코 쉬운 일이 아니었다. 황후에게 올리는 약은 여러 사람들이 먼저 맛을 보게 되어 있기 때문이다.

그러나 곽현은 순우연이 의지를 가지고 실행한다면 그 뒤는 자신이 보장하겠다고 약속했고, 순우연도 이를 믿고 따르기로 하였다. 순우연은 바로 부자附子를 빻아서 장정궁長定宮으로 들어갔다. 부자는 뿌리와 잎 모두 독성이 매우 강한 식물이다. 순우연은 대의大醫가 만든 대환大丸, 보약에 부자를 넣어 아기를 출산한 허 황후에게 먹였다.

이 독약을 먹은 허 황후는 결국 정월 계해일(13일)에 죽었다. 유병이가 황제가 된 지 3년이 지난 시점이었다.

순우연은 곽현과의 약속을 잘 지켜낸 것이다. 그러나 아무리 막강한 권력을 가진 곽광의 처라고 해도 황후를 독살한 사건은 엄청난 범죄였다. 그래서 드러내놓고 순우연에게 감사의 표시를 할 수 없었다. 결국 순우연은 이용만 당한 셈이었다.

 그런데 얼마 후 허 황후의 질병을 시봉하던 사람들에게 문제가 있었다고 고발하는 일이 생겼고, 이로 인해 순우현이 잡혀가는 사건이 벌어졌다. 일이 발각될까 두려워진 곽현은 남편 곽광에게 모든 것을 털어놓았다.

 황후 암살에 자신의 부인이 공모했음을 알게 된 곽광은 처음에는 너무 놀라 스스로 자백하려고 생각했다. 하지만 이 일이 드러날 경우 일어날 파장을 생각하니 차마 입이 떨어지지 않았다.

 결국 곽광은 자신의 권력을 이용하여 형리刑吏에게 순우연을 혹독하게 다루지 않도록 부탁하여 그녀가 자백하는 것을 막는 것으로 이 일을 마무리지었다.

딸을 황후로 만들고 죽은 곽광

이제 황후 자리가 공석이 되었다. 곽광은 작은딸 곽성군을 입궁시켰고, 그 이듬해인 선제 본시 4년(기원전 70년) 3월 을묘일(11일)에 곽성군은 황후가 되었다. 태황태후 상관씨는 이모를 손부로 맞은 것이다. 곽광이 유병이를 황제로 세운 지 4년 만에 자기의 딸을 황후로 앉힌 것이다.

 독살된 허 황후는 미천한 신분에서 시작하여 지존至尊에 올라서도 일천日淺했으므로 시종하는 관리의 거마車馬나 복장이 매우 검소하였다. 그러나 대권력자의 집안에서 자란 곽 황후는 달랐다. 연輦·가駕·시종이 더욱 성대하였고, 관속들에게 상을 내려주는 것도 천만을 헤아릴 정도였다.

 그러나 세월은 한 곳에 머물지 않았다. 다시 2년이 흐른 선제 지절 2년(기원전 68년) 봄에 곽광은 병이 들어 위독하게 되었다. 선제 유병이가 직접 문병을 하고 그를 위해 눈물을 흘렸다. 그리고 그해 3월 경오일(8일)에 결국 곽광이 죽었다.

유병이는 태황태후와 함께 친히 장인 곽광의 영전에 임석하였다. 중이천석中二千石에게 묘墓를 만들게 하고, 재궁梓宮과 장례도구는 모두 황제가 쓰는 것과 같게 하였고, 선성후宣成侯라는 시호를 내렸다. 가능한 한 최고의 대우를 한 것이다.

유병이는 아무런 배경도 없던 자신을 황제 자리에 올려준 곽광의 은덕에 보답하고자 곽광의 바람대로 그의 형 곽거병의 손자인 곽산霍山을 책봉하여 낙평후樂平侯로 삼고, 봉거도위·영領상서사로 삼았다. 그리고 같은 날 곽광의 아들 곽우霍禹를 우右장군으로 삼았다.◆

비록 조강지처 허 황후가 곽광의 부인에게 독살되고, 이를 알고도 묵인했던 곽광이지만 그가 죽었다고 해서 하루아침에 그들의 권력을 회수해 올 수 없었던 것이다.

◆ 곽산과 곽운의 신분 관계

곽산과 곽운의 신분에 관해서는 세 가지의 다른 설이 있다.
하나. 이 두 사람이 모두 곽거병의 아들이라는 설이다. 그렇다면 이들은 곽광의 조카이다.
둘. 두 사람이 모두 곽거병의 손자라는 설이다. 그렇다면 이들은 모두 곽광의 손항(孫行)이다.
셋. 곽산은 곽거병의 아들이고, 곽운은 곽거병의 손자라는 설이다.
정확한 자료가 남아있지 않은 것은 곽씨가 멸문되었기 때문에 나타난 현상이다.

서서히 분 반 곽광의 바람

권력자 곽광은 죽었지만 그가 심어 놓은 뿌리는 곳곳에 스며있었다. 여전히 선제 유병이가 자기의 뜻대로 정치하기 어려운 상황이었다. 유병이는 이를 해결할 방법으로 봉사封事를 생각해 냈다. 봉사는 다른 사람이 볼 수 없도록 쓴 편지를 말하는데, 이는 황제만이 직접 뜯어 볼 수 있는 것이다.

이때 어사대부 위상魏相이 봉사를 올려서 말했다.

"국가는 최근에 대장군[곽광]을 잃었으니, 밝은 공신들을 드러내어 번국藩國이 소요하지 못하도록 진무鎭撫해야 합니다. 그러니 대장군이라는 자리를 공석으로 비워두어서는 아니 됩니다. 만약 막중한 자리를 비워두면 권력을 두고 쟁탈전이 벌어질 수 있습니다. 마땅히 거기장군 장안세를 대장군으로 삼으시고, 광록훈光祿勳, 궁정의 호위를 맡는 책임자에 관한 일은 그의 아들인 장연수張延壽에게 맡기십시오."

대장군 자리에 있던 곽광이 죽었으니 그 대신 장안세를 대장군으로 삼으라는 말이었다. 나라를 안정시키기 위해서 필요한 조치라는 것이다. 선제 유병이는 이를 받아들여 장안세를 대장군은 아니지만, 그에 버금가는 대사마·거기장군·영상서사로 삼았다.

장안세는 유병이가 미천했을 때 허광한의 딸과 유병이가 결혼할 수 있도록 도와준 장하의 동생이다. 장하가 그 딸을 유병이에게 시집보내려 할 때 비록 장안세가 반대를 하기는 했지만, 선제 유병이로서는 신세를 많이 진 집안의 인물이었다. 서서히 권력의 이동이 시작되고 있었다.

어사대부 위상은 다시 한 번 봉사를 올렸다. 이번에는 직접 올리지 않고 곽씨에게 독살된 허 황후의 아버지 허광한을 통해서 올렸다. 위상은 이 봉사에서 《춘추》에서 관직의 세습을 비난했던 것을 열거하였다. 이것은 곽광이 죽은 후에도 곽광의 집안에서 관직을 세습하고 있는 현상을 비판하기 위한 것이었다. 이러한 건의는 곧 곽광이 구축한 권력체계를 정면으로 반대한 것이다. 조심스럽게 새로운 움직임이 일어나고 있었다.

원래 한대漢代에는 황제에게 올리는 편지는 모두 2부씩 만들었다. 그래서 설사 황제가 독자적인 조치를 취하려 해도 상서尙書가 황제에게 올라가는 문서의 내용을 다 알고 있었다. 이 제도는 당시에도 여전했기 때문에 곽광이 상서를 움켜쥐고 있는 상황에서 곽광을 해치는 일은 불가능했다.

그런데 유병이는 이 제도를 고쳐서 황제에게 올라가는 문서에 부본副本을 없애서 상서가 그 내용을 알 수 없게 하였다. 이는 황제가 상주문을 올린 사람과 비밀리에 어떤 조치를 할 수 있는 길을 열어놓은 것이고, 행정을 맡고 있는 상서의 이익을 해칠 수 있는 문서도 상서가 모르는 사이에 황제가 직접 볼 수 있게 되었다.

이러한 위상의 건의를 받아들인 선제 유병이는 위상을 급사중으로 삼고 그가 간언하는 내용을 모두 그대로 좇았다. 비록 곽광의 집안사람들이 조정에서 대권을 가지고 있다 하더라도, 황제에게 전해지는 문건의 내용을 간파할 수 없으니 그들은 점차 정보로부터 고립되었다. 이제는 위상을 중심으로 일이 진행되게 되었고, 서서히 곽씨들에게 반대하는 세력이 움직일 수 있는 제도적 장치가 마련되었다.

정사에 가까워진 선제 유병이

유병이가 황제에 오른 원평 원년(기원전 74년)부터 곽광이 죽은 지절 2년(기원전 68년)까지 6년간 유병이는 그저 자리만 지키는 허수아비 황제였다. 그러나 이제 곽광이 죽었으니 근 20년간 이어졌던 곽씨 시대의 마감이 예고되었다.

선제 유병이는 여염의 가정에서 자랐기 때문에 백성들의 일상 속에 있는 간난艱難을 잘 알았다. 이런 경험은 곽광이 죽고 난 후 스스로 정사를 가까이 하면서 정책에서 나타나기 시작했다. 유병이는 정사에 힘쓰고 정성을 다하여 일을 처리했으며, 닷새에 한 번은 업무에 관한 의견을 들었다.

그러자 승상에서부터 각 기관들은 자기들의 직책을 수행하면서 필요한 일을 상주했다. 선제 유병이는 상주한 내용을 보고 공로와 능력을 평가했고, 그 결과에 따라 후하게 상을 내려 주었다.

이처럼 기구를 관장하는 것이 용의주도하고 면밀하며, 품격과 형식이 잘 갖추어지니 상하가 모두 편안하고 구차한 뜻을 가질 수 없었다. 자사刺史, 태수太守, 상相의 벼슬을 줄 때도 매번 친히 질문하고 그 대답을 관찰했다. 또 관리들이 행한 일에 대해 보고를 받을 때도 만약 말과 실제가 상응하지 않으면 반드시 그렇게 된 까닭을 알아내었다.

선제 유병이는 항상 말하곤 했다.

"서민들은 그들이 살고 있는 전리田里에서 편히 살면서, 탄식하고 근심하며 한탄하는 마음을 갖지 않게 해야 하고, 그렇게 하려면 정치가 고르고 소송이 이치에 맞아야 한다. 나와 더불어 이러한 일을 할 사람은 오직 훌륭한 이천석二千石들뿐이다."

이천석이란 연간 2천 석의 녹질을 받는 고급 관리를 말하는데, 중앙에서는 기관장, 지방에서는 자사나 태수 같은 수장급이 이에 해당된다.

그리고 유병이는 지방관인 태수가 이민吏民의 근본이기 때문에 자주 바뀌면 백성들이 불안해할 것이라고 생각했다. 또한 지방관이 오래도록 근무하는 풍토가 정착되면 백성들도 지방관을 기망할 수 없고, 결국 지방관의 교화에 복종할 것이라고 생각했다.

그래서 이천석 가운데 치적이 훌륭한 사람에게는 새서璽書로 그를 격려하며 녹질을 올려주고 금金을 내려주었다. 혹은 작위를 주어 관내후關內侯에 이르게 했는데, 공경 가운데 결원이 생기면 여러 번 표창 받은 사람 중에서 차례대로 선발하여 임용했다. 이리하여 한대漢代의 훌륭한 관리들은 이 시기에 많이 등장했다.

이렇게 정치를 했기 때문에 보통 문제文帝 유항劉恒과 경제景帝 유계劉啓의 시대를 '지치至治의 시대'라고 하는데 비해, 선제 유병이의 시대는 '중흥中興의 시대'라고 평가하고 있다.

곽씨들의 전횡들

선제 유병이는 지절 3년(기원전 67년) 4월 무신일(22일)에 아들 유석劉奭을 황태자로 삼았다. 그리고 자신을 살려낸 병길을 태부太傅로 하고, 어사대부 소광疏廣을 소부少傅로 삼았다. 태자의 외조부인 허광한에게 은평후恩平侯의 작위를 내렸다.

곽광의 부인 곽현은 유석을 태자로 삼았다는 소식을 듣고 피를 토하며 말했다.

"이 사람[유석]은 민간에 있을 때의 아들인데, 어찌 세울 수 있는가! 이제 황후가 아들을 낳게 되어도 도리어 왕이 되겠구나!"

곽현이 허 황후를 독살하면서까지 딸을 황후로 세운 것은 그녀의 소생을 황제로 만들기 위함이었는데, 죽은 허 황후의 아들을 태자로 세웠다는 것은 곽씨의 종말을 말해주는 것으로 해석한 것이다.

곽현은 이를 막기 위해 곽 황후를 시켜서 태자를 독살하게 하였다. 그래서 곽 황후는 자주 태자를 식사에 초대했는데, 태자의 측근들이 번번이 먼저 맛을 보니, 곽 황후는 독약을 사용할 수가 없었다.

이후 선제 유병이는 직접 태자를 보호하는 조치를 내렸다. 황제인 자신에게 직접 봉사를 보내도록 제도를 바꾸게 한 위상을 승상으로 삼고, 병길을 어사대부로, 소광을 태자태부로, 소광의 형 소수疏受는 소부로 삼았다.

곽현도 이러한 정치적인 조치들이 자기들을 옥죄어 온다는 것을 알고 있었다. 곽현은 선제 유병이가 친정을 시작하며 어사대부 위상을 급사중으로 승진시키자, 자신의 아들과 조카들에게 말했다.

"너희들이 대장군[곽광]이 남겨놓은 기업을 받들지 아니하여, 이제 위상이 어사대부·급사중이 되었다. 그 사람이 한 번 너희들을 이간離間시킨다면 스스로 다시 구원할 수 있겠느냐?"

곽현은 위상의 등장 자체를 꺼려했는데, 이제 위상이 승상의 자리에까지 오른 것이다. 불안한 곽씨에게 한줄기 희망은 황후가 곽씨라는 점뿐이었다.

곽씨들을 옥죄는 일들

한편으로 불안했지만 곽광의 집안사람들은 여전히 교만하고 사치스러웠다. 특히 딸을 황후로 들이고 태부인太夫人이 된 곽현은 자기 집을 넓게 만들고 승여乘輿와 연거輦車에 수를 놓고 황금으로 칠을 하며 바퀴를 솜으로 싸는 등 모든 것을 화려하게 꾸몄다. 다섯 가지 색깔의 실을 수레에 매어 시비들에게 끌게 하는 놀이를 하고, 집안의 노복인 풍자도馮子都와 음란한 짓을 하기도 했다. 곽현과 그의 여러 딸들은 주야로 곽 황후가 있는 장신궁長信宮에 출입하며 분수를 지키지 않았다.

곽광의 아들 곽우霍禹와 조카 곽산霍山 역시 집을 크고 화려하게 지었고, 때때로 황제가 사용하는 평락관平樂館, 상림원에 세운 연회를 하는 건축물에서 말을 달리며 안하무인으로 놀곤 했다.

곽운霍雲은 황제가 조회에 참여하라고 불러도 병이 들었다는 핑계로 자신을 대신해 노복을 조회에 보내기도 했는데, 황제의 부름을 완전히 무시하는 행동인 것이다. 게다가 곽운은 황제만이 사냥할 수 있는 황산원黃山苑, 황산궁에 소속된 황제의 화원의 동물을 잡겠다며 포위망을 설치하고 사냥을 하였다. 그러나 어느 누구도 이런 불경스런 행동을 견책하는 사람이 없었다.

선제 유병이는 민간에 있을 때부터 곽씨들의 전횡이 심각하다는 것을 알고 있었으니 그들을 좋게 볼 수 없었다.

한편 승상 위상이 어사대부이던 시절에 곽씨 집안의 가노와 위상의 가노들이 시비가 붙어서 길에서 싸운 일이 있었다. 이때 곽씨의 가노들이 관부인 어사부御史府까지 들어와서 어사부의 문을 발로 차는 등 행패를 부리기 시작했고, 어사부에 있던 어사 위상이 직접 나와 머리를 조아리며 사과하고 나서야 곽씨의 가노들이 돌아갔다.

이 사건을 듣게 된 곽현 등은 노복들의 지나친 행동이 걱정거리를 불러올 수도 있다는 것을 알게 되었다.

이러한 전력을 가진 위상이 승상이 되었고, 위상은 아주 자연스럽게 선제 유병이를 알현하여 여러 가지 이야기를 했다. 또 은평후 허광한과 금일제의 조카 금안상金安上도 지름길로 성중省中, 금중을 출입하여 황제의 최측근으로 성장했다.

이때 곽산이 영領상서로서 상서의 업무를 총괄했지만 유병이가 봉사로 상주할 수 있도록 제도를 바꿨기 때문에 곽씨들은 선제 유병이의 언행을 감지할 수 없었다. 그 과정에서 선제 유병이는 곽씨들이 허 황후를 독살한 사건이 아직 제대로 조사되지 않았음을 알게 되었다.

이에 유병이는 허 황후의 사건을 조사하는데 방해가 되는 사람들을 지방으로 보내는 등 적당히 인사조치를 하였다. 그리고 장안세를 위장군으로 삼아서 미앙궁과 장락궁의 위위, 그리고 성문과 북문에 있는 병사들을 귀속시켰다.

그리고 우장군이었던 곽우를 그 아버지 곽광과 같은 대사마로 삼았다. 그러나 대사마라는 명칭에 걸맞지 않게 무변武弁의 큰 관冠이 아닌 작은 관을 쓰게 하고 인수印綬도 주지 않는 등 그를 폄하하는 뜻을 보였다. 또한 그의 둔병과 관속을 철폐하니 명목만 대사마로 올리고, 실제로는 곽우의 손발을 끊은 것이다.

또 도요度遼장군 범명우范明友의 인수를 거두고 광록훈光祿勳으로만 삼았다. 범명우는 곽광의 사위로 군사를 거느리고 북방정벌을 했던 무장이다. 유병이는 범명우가 거느린 군사가 정치에 개입할 수 있는 길을 완전히 차단한 것이다.

그리고 유병이는 둔병을 거느리던 산기散騎·기도위騎都尉·광록대부 곽광의 작은사위 조평趙平의 기도위 인수를 거두었다. 또한 여러 호胡와 월越의 기병, 우림군羽林軍 그리고 두 궁궐의 위위 등 둔병을 거느리던 사람들을 처가인 허씨와 외가인 사씨의 자제들◆로 바꾸었다. 이제 세상이 달라진 것이다.

곽씨들의 반격계획

선제 유병이는 지절 3년(기원전 67년)에 외조모 왕온王媼, 왕씨 할멈과 외삼촌 왕무고王無故와 왕무王武를 찾아, 그들에게 관내후關內侯로 작위를 하사하였다. 그리고 그 이듬해에는 외조모 왕온에게 박평군博平君이라는 칭호를 내리고, 외삼촌 왕무고는 평창후平昌侯

◆ **곽광 사위들의 좌천 현황**

관계	이름	좌천 전	좌천 후
사위	범명우(范明友)	도요(度遼)장군 미앙궁 위위(衛尉) 평릉후(平陵侯)	광록훈(光祿勳)
사위	임승(任勝)	제이(諸吏) 중랑장(中郎將) 우림감(羽林監)	안정(安定, 감숙성 고원현) 태수
사위	등광한(鄧廣漢)	장락궁 위위(衛尉)	소부(少府)
사위	조평(趙平)	산기(散騎) 기도위(騎都尉) 광록(光祿)대부	산기(散騎) 광록(光祿)대부
자부 (姉夫)	장삭(張朔)	급사중(給事中) 광록(光祿)대부	촉군(蜀郡, 사천성 성도시) 태수
손녀사위	왕한(王漢)	중랑장(中郎將)	무위(武威, 감숙성 무위현) 태수

로, 왕무는 낙창후樂昌侯로 삼았다.

이러한 일련의 조치가 내려지자 곽씨 일가는 날로 권력이 침삭되는 것을 보고 서로 분해하며 스스로 원망하였다. 그중 조정에서 일어나는 일을 제일 잘 아는 사람은 영상서 곽산이었다.

곽산이 말했다.

"현재 조정의 일은 승상 위상이 하고 있는데, 대장군[곽광] 시절의 법령을 모두 바꾸고, 대장군의 과실을 들추어내고 있습니다. 또한 대부분이 가난한 사람의 아들인 여러 유생儒生들은 거리낌 없이 대장군을 항상 원수처럼 생각하고 있습니다. 이들은 우리 집안 형제들을 교만하다고 말하는데, 그래도 내가 이를 적당히 걸러냈습니다. 그러나 모두 봉사封事로 상주하여 번번이 중서령中書令을 통해 올리고 있습니다. 그래서 내가 관장하는 상서尙書는 상관할 수 없게 되고, 또 사람을 믿지 않고 있습니다."

그리고 곽산이 마지막으로 한마디를 덧붙였다.

"민간에서 여러 사람이 곽씨가 허 황후를 독살하였다고 지껄이는데 진정 이러한 일이 있었습니까?"

이 말을 듣고 두려워진 곽현은 곧바로 모든 것을 고백했다. 이로써 곽씨들은 자신들이 배척당하고 쫓겨난 이유를 짐작했다.

곽씨들은 이제 전혀 퇴로가 보이지 않음을 깨닫고 반격을 위한 음모를 구미기 시작했다. 곽운의 장인 이경李竟에게 그 측근인 장사張赦가 방법을 제시했다.

먼저 현재 권력을 잡고 있는 허 황후의 아버지 허광한과 승상 위상을 죽이고 선제 유병이를 내쫓으라는 것이었다. 황제를 바꿀 수 있는 황실의 최고 어른이 곽광의 외손녀인 상관 태후이니, 허광한과 위상만 죽이면 간단히 해결될 문제라는 이야기였다.

그렇게 해서 선제 유병이를 내쫓는 음모가 시작되었다. 그런데 이 일은 엉뚱한 사람에게 발각되어 버렸다. 그때 마침 장장張章이라는 사람이 곽씨 집안의 마구간에서 기숙하던 중이었다.

장장은 밤중에 마부들이 서로 한담하는 소리를 듣고 곽씨 집안에서 모반을 기도하고 있음을 알게 되었고, 그 다음날 바로 고변하였다.

이 사건은 정위와 집금오에게 내려갔고, 장사 등이 체포되었다. 나중에 조서를 내려 체포를 중지시키긴 했지만, 곽산 등은 더욱 두려워졌다.

게다가 곽운의 장인 이경이 제후왕들과 왕래한 것이 문제가 되었다. 외척이 제후왕들과 왕래하는 것은 오해를 받기에 충분한 이유가 되기 때문이다. 결국 그 불똥은 황제와 궁궐을 숙위하는 곽운과 곽산에게 떨어져 두 사람 모두 면직되었다. 이들은 더 이상 피할 곳이 없어졌다.

"이는 현관縣官, 황제이 태후[상관씨]를 어렵게 하는 것으로 이번에는 끝까지 하지 않았습니다. 그러나 악惡의 실마리가 이미 보였으니, 오래되면 오히려 드러날 것이고 드러나면 바로 족주族誅될 것이니 먼저 나서는 것만 같지 못합니다."

결국 곽씨들이 먼저 거사하자는 쪽으로 의견이 모아졌다.

일망타진된 곽씨 세력들

이때 산양山陽, 산동성 금향현 태수 장창張敞이 봉사를 올렸다.

"바야흐로 그[곽광]가 융성할 때에는 천지를 감동시켰지만, 음양陰陽을 침범하여 핍박했던 것도 사실입니다."

곽광이 한 왕조를 보필하는데 큰 공로를 세웠지만 너무 지나치게 행동했다는 것이다. 음양이란 황제와 황후를 말하는 것이므로 신하로서는 침범할 수 없는 것이었다.

장창은 먼저 춘추시대의 역사사실을 들었다. 노魯의 계씨季氏. 계우가 공로를 세운 것을 내세워 나라에 전권을 휘둘렀고, 진晉에 공로를 세운 조쇠趙衰가 나중에는 진을 나누어 가졌으며, 제齊에서 공로를 세운 전田씨도 결국 나라를 찬탈했다고 말했다.

또한 성왕을 보필한 주공周公도 7년 동안 권좌에 있었을 뿐인데, 대장군 곽광은 20년 동안 권력을 잡고 있어서 해내의 운명은 그의 손에서 달려있었다고 적었다.

그리고 장창이 마지막으로 말했다.

"이제라도 곽씨의 세 후작侯爵은 모두 파직시켜 집에 가게 하시고, 위衛장군 장안세에게는 마땅히 궤장几杖, 노인을 존경하는 의미로 주는 지팡이을 하사하여 귀휴歸休하게 하시다가, 때로 물을 일이 있으면 불러서 보셔서 열후列侯로서 천자의 스승을 삼으십시오."

한편 그즈음 곽우와 곽산의 집에 요사스럽고 괴이한 일들을 자주 벌어졌다. 곽산은 이것에서 힌트를 얻었다. 여 태후 시절에 멋대로 종묘 문제를 토론하면 기시에 처한다는 조령이 있었다. 곽산은 승상 위상이 종묘 제사에 쓰는 양과 토끼, 닭 등의 숫자를 무리하게 줄여서 이런 이상한 일들이 생겼다고 죄를 덮어씌울 작정이었다.

그리하여 곽산은 상관 태후로 하여금 황제의 외조모 박평군博平君을 위해 술자리를 마련하게 하고, 승상 위상과 허 황후의 아버지인 은평후 허광한 등도 초청했다. 그 자리에서 장군 범명우范明友와 등광한鄧廣漢으로 하여금 태후의 제制. 명령를 들어 위상과 허광한의 목을 베고, 선제 유병이를 폐위하고 곽우를 대신 세우려는 계획이었다.

그러나 이 계획은 미처 시작도 해보지도 못하고 발각되었고, 곽운과 곽산, 범명우는 스스로 목숨을 끊었다. 곽우는 체포되어 요참腰斬에 처해졌고, 곽현과 여러 딸들 및 형제들은 모두 기시棄市되었다. 곽씨 집안과 연좌되어 주멸된 사람이 10여 집에 달했다.

그리고 그해(지절 4년, 기원전 66년) 8월에 곽 황후는 폐위되고 소대궁昭臺宮으로 보내졌다. 곽씨의 반란 모의를 고발한 장장張章과 기문期門 동충董忠, 좌조左曹 양운楊惲, 시중 금안상金安上과 사고史高는 모두 열후로 책봉하였다.

미래를 경고한 서복에 대한 대우

곽씨들이 족주族誅된 것에 대해서 여러 가지 평가가 있다. 첫째는 곽광의 집안이 멸망한 것은 유병이가 황제가 되었을 당시부터 곽광 스스로 자초한 일이라는 것이다.

황제가 된 후 유병이는 고조 유방의 사당에 알현하러 곽광과 같은 수레에 타고 간 적이 있었다. 곽광의 존재를 꺼려하던 유병이는 마치 등 뒤에서 칼로 찌르는 것 같은 두려움을 느꼈다고 한다. 반면에 거기장군 장안세가 곽광을 대신하여 참승驂乘했을 때는 편안함을 느꼈다는 것은 곽광이 유병이에게 위협적인 존재라는 뜻이다. 곽광이 너무 많은 권력을 쥐고 있었다는 것이 오히려 멸문의 화를 자초했다는 것이다.

이러한 일반 논리와는 다른 평가로, 곽씨들이 아무리 잘못을 했더라도 미리 그들의 전횡을 막지못한 것도 문제라는 주장이다. 그것이 결국 한 왕조를 보필한 곽광의 공로를 족주로 갚는 비극을 낳게 했다는 것이다. 양비론兩非論인 셈이다.

그렇다면 곽광과 선제 유병이가 다함께 비극을 맞지 않을 수 있는 방법은 없었을까? 무릉茂陵, 섬서성 흥평현 사람 서복徐福은 이 방법에 대해 생각했다.

"곽씨가 사치하면 불손하게 되고, 불손해 지면 황제를 모욕할 것이다. 이것은 도道를 거역하는 것이니, 그렇게 되면 곽씨를 해치려는 사람이 점점 많아져서 결국 곽씨는 망할 것이다."

서복은 이러한 비극을 막을 열쇠는 바로 황제가 쥐고 있다고 생각하고 상소를 올렸다.

"곽씨가 대단히 번성한데, 폐하께서 그들을 두텁게 아끼고 계시지만 마땅히 때에 따라서 그들을 억제하여서 망하는데 이르지 아니하게 하십시오."

서복은 이러한 내용의 편지를 세 번씩이나 올렸지만 번번이 그 소식을 들었다고 회보할 뿐 곽씨에 대한 조치는 취하지 않았다. 이후 결국 곽씨 집안이 주멸되고, 곽씨를 고발한 사람은 모두 후侯에 책봉되었다. 하지만 서복은 아무런 상을 받지 못했다.

서복이 곽씨 문제를 미연에 방지하고자 상주문을 올렸다는 것을 알고 있던 어느 서생이 선제 유병이에게 편지를 올렸다.

"어떤 사람이 어느 집을 지나가다가 그 집 아궁이와 굴뚝이 곧게 나 있고, 그 옆에 땔감이 쌓여 있는 것을 보고 주인에게 굴뚝을 굽게 다시 만들고 땔감을 아궁이에서 멀리 옮기라고 했습니다. 그러나 집주인은 충고를 듣지 않았고, 그러다가 정말로 불이 났습니다.

이웃집 사람들과 함께 불을 껐을 때 집주인은 이웃에게 고맙다며 소를 잡아 각기 수고한 만큼 대접했습니다. 그러나 불이 나기 전에 주인에게 경고한 사람에게는 아무런 보답이 없었습니다. 어떤 이가 먼저 경고한 사람을 거론하자 그제야 집주인은 깨닫고 그 사람을 초청했습니다."

　그 서생은 옛이야기에 비유하여 서복의 경고를 상기시켰다. 편지를 읽은 선제 유병이는 서복에게 비단 10필匹을 내리고 뒤에 낭郎으로 삼았다.

　이러한 정치적 회오리바람을 거쳐서 유병이가 황제권을 회복한 지 5년이 지난 원강 2년(기원전 64년)에 그의 이름을 기휘忌諱하게 될 정도로 권위가 붙었다. 그래서 백성들이 쉽게 기휘할 수 있도록 이름을 유순劉詢◆이라고 고쳤다.

　그리고 곽씨가 모두 주살되고 12년이 흐른 뒤, 곽광의 딸 곽황후는 다시 운림관雲林館으로 옮겨졌다. 권세 있는 집안에 태어나 비극을 맞이한 그녀는 결국 자살로 그 생을 마감했다.

◆ 이름을 유병이에서 유순으로 바꾼 이유

　기휘(忌諱)는 황제나 조상 이름에 쓰인 글자를 사용하지 않는 관습이다. 당시 병이(病已)라는 이름의 글자는 일반적으로 실생활에 많이 사용하는 글자여서 황제의 이름을 기휘하는 전통 때문에 문자와 언어 생활에서 불편한 일이 많아졌다.
　그래서 유병이는 황제에 오르고 8년이 지난 선제 지절 4년(기원전 66년)에 자신의 이름을 순(詢)으로 고쳤다. 그래서 역사에서는 보통 선제 유순으로 불리고 있다.

제2장
후한시대

황태후의 황제 뽑기

시대 설명

후한이 건국되면서 광무제 유수의 부인 음 황후는 전한시대에 왕 태후와 왕망 등 외척이 전횡했던 전례를 들면서 철저하게 정치 참여를 거절했다.

그러나 그 후 이 원칙은 지켜지지 않아서 장제 유달의 부인 두 황후는 외척을 등장시켰고, 다음 황제인 화제 유조가 죽고난 후 두 태후는 황태후가 되어 수렴청정하게 된다. 특히 유조의 뒤를 이은 상제 유륭이 일찍 죽자, 유륭의 사촌 안제 유호가 등극했다.

이렇게 상제 유륭에서 안제 유호, 소제 북향후 유의, 순제 유보를 거쳐서 충제 유병 역시 후사 없이 죽자, 질제 유찬에게로 이어졌다가 환제 유지에서 영제 유굉으로 연결되는 사이, 부자상속으로 이루어진 황위 계승은 오직 충제 유병 한 명뿐이었다.

이렇게 아버지에서 아들로 황제 자리가 계승되지 않는 기간 동안 실제로 후임 황제를 결정하는 결정권은 황태후가 행사하였다. 황태후로는 두 태후를 거쳐서 등 태후, 양 태후, 염 태후를 거쳤는데, 마지막에는 황태후가 통치능력을 갖지 못하게 되자, 궁중에 머물고 있는 환관이 기회를 보아가며 황제 뽑는 일에 가담하기 시작했다.

수렴청정을 하려 한 태후들
나이 어린 사람을 뽑아라

밤중에 황제에 오른 유호

상제 연평 원년(106년) 8월에 2살짜리 어린 상제殤帝 유륭劉隆이 죽었다. 그가 아버지 화제和帝 유조劉肇의 뒤를 이어 강보에 싸인 채로 황제에 등극한 지 겨우 여덟 달 만이었다.

황실에서는 숭덕전崇德殿의 전전前殿에 상제 유륭의 빈소를 설치하였다. 그러나 더욱 급한 것은 후임 황제를 뽑는 일이었다. 이 일은 유륭을 황제로 세우고 조회에 임석臨席하여 정치를 이끌었던 등鄧 태후와 그의 친정 오빠인 거기장군 등즐鄧騭, 그리고 호분중랑장 등괴鄧悝 등이 주관했다.

2살짜리 상제 유륭은 아직 어렸고 몸도 약했다. 그래서 등 태후는 상제 유륭이 즉위했을 때부터 이미 청하왕淸河王 유경劉慶의 아들 유호劉祜를 후임 황제 후보로 염두에 두고 있었다.

등 태후는 연평 원년(106년) 3월에 화제 유조의 장사가 끝나자, 유호의 아버지 청하왕 유경에게 남다른 예를 베풀었다. 그리고 청하왕 유경을 포함한 제북왕濟北王 유수劉壽, 하간왕河間王 유개

劉開, 상산왕常山王 유장劉章은 모두 자신들의 봉국으로 돌아갔지만, 유경의 아들인 유호와 그의 적모嫡母 경희耿姬만은 도읍 낙양성에 있는 청하왕 관저에 남도록 했던 것이다. 경희는 광무제 유수를 도와 천하를 통일했던 공신 경황耿況의 증손녀였다.

이러한 조치로 보아 등 태후는 상제 유륭을 세웠을 때부터 유호를 후임 황제로 생각했던 것으로 볼 수 있다.

그날 밤 등즐은 부절符節을 지니고 청하왕의 아들 유호를 영접하러 갔다. 등즐은 청개거에 유호를 태우고 숭덕전으로 와서 재계했다. 원래 청개거는 황자皇子 혹은 태자太子가 타는 수레이고, 황손은 녹개거綠蓋車를 타는 것이 황실의 법도였다. 유호는 장제章帝 유달劉炟의 손자이므로 녹개거를 타는 것이 법도에 맞지만 바로 태자 대우를 한 것이다.

등 태후가 숭덕전에 오르자 백관들은 모두 길복吉服, 예복을 입고 배석하였다. 등 태후는 먼저 유호에게 장안후長安侯라는 작위를 내렸고, 이어서 유호를 화제 유조의 후사로 삼는다는 책명策命을 내렸다. 유사가 책명을 읽자 태위가 옥새와 인수를 올렸고, 유호는 황제 자리에 나아갔다. 그리고 등 태후는 여전히 조회에 임석하였다.

황제만 바뀌었을 뿐 정치는 여전히 등 태후의 손에서 움직였다. 사실 등 태후가 이렇게 황제를 선택한 것은 우선은 황제의 수명이 짧았다는 것이 그 원인이지만, 이미 이전부터 태후들이 어린 황제를 세우고 수렴청정 했었던 전례에서 비롯된 것이기도 하다.◆

아들 없는 두 황후의 태자 바꾸기

화제 유조에게는 자손이 귀했다. 화제 원흥 원년(105년)에 유조가 장덕전章德殿의 전전에서 죽었을 때 그의 나이는 27살이었다. 유조는 장제 장화 2년(88년)에 10살의 어린 나이로 아버지 장제 유달의 뒤를 이어 황제가 되었다. 이후 재위하던 17년 동안 유조는 10여 명의 아들을 잃었다고 한다.

유조가 이렇게 아들을 많이 낳고도 그 아들들이 죽는 경우가 많자, 유조의 황후 등씨는 아들이 태어나면 이를 궁궐에서 기르지 않고 민간民間에서 기르도록 하였다. 자식을 지키기 위한 일종의 비방秘方이었고, 여러 신하들 가운데도 이를 아는 이가 없었다.

화제 유조가 죽자 등 황후는 민간에서 기르던 황제의 아들을 모두 불러들였다. 이때 유조의 아들로 두 명이 살아 있었는데, 그 중 장남 유승劉勝은 고질병이 있어 황제로 세우기는 어려웠다고 했다. 하는 수 없이 생후 100여 일이 된 차남 유륭을 황태자

◆ 후한시대 단명한 황제 모음

	황제명	즉위	사망
3대	장제 유달	18세	31세
4대	화제 유조	10세	27세
5대	상제 유륭	생후 100일	생후 8개월

장제 유달이 황제가 된 명제 영평 18년(75년)부터 상제 유륭이 죽은 연평 원년(106년)까지 근 30년 동안은 황제가 제대로 정치를 할 수 없었다고 할 수 있다. 이러하니 태후들이 정치의 일선에 나설 수밖에 없었던 것이다.

로 삼았다가 그날 밤으로 황제에 즉위하게 했었다.

그리하여 등 황후는 태후가 되었는데, 이때 등 태후의 나이는 24살이었다. 이렇게 세운 상제 유륭이 2살을 넘기지 못하고 죽자, 이번에는 유호를 후사로 맞이하였다.

물론 장제 유달에게 아들이 없었던 것은 아니었다. 장제의 황후 두씨 소생이 아니었을 뿐이다. 두 황후가 아들을 낳지 못하자, 장제 유달은 양송梁竦의 두 딸과 송양宋楊의 두 딸을 각각 귀인貴人으로 삼았다.

그 결과 먼저 송 귀인이 아들 유경劉慶을 낳았고, 다음으로 양 귀인도 아들 유조劉肇를 낳았다. 그런데 아들이 없었던 두 황후가 양 귀인이 낳은 유조를 자기의 양자로 삼아 직접 기르면서 일이 복잡해졌다. 장자는 유경이었지만, 두 황후가 데려다 기른 사람은 차남 유조였기 때문이다. 누구를 후사♦로 삼을 지가 중요한 정치적 관심사항으로 떠올랐다.

그런데 당시 장제 유달의 모친인 마馬 태후는 송 귀인을 총애했었다. 그래서 마 태후는 장제 건초 4년(79년) 4월에 두 황후가 양자로 삼은 유조를 무시하고, 송 귀인의 아들 유경을 태자로 삼았다. 이렇게 되니 두 황후는 황후이기는 하지만 권력의 핵에서

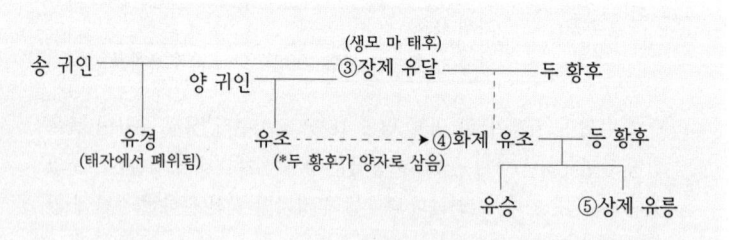

◆ 태자 자리를 둘러싼 궁중 여인들의 암투도

멀어질 수밖에 없었다.

유조를 황태자로 삼아 권력을 장악하려고 했던 두 황후에게 일단은 희망이 사라지는 듯 보였다. 그러나 몇 달 후에 시어머니 마 태후가 죽자, 두 황후는 자신의 친정어머니인 비양泚陽공주와 함께 태자 유경의 생모인 송 귀인을 음해하였다. 비양공주는 동해왕 유강의 딸이다.

그 결과 장제 건초 7년(82년)에 두 황후가 기른 유조를 황태자로 삼기위해 태자 유경을 폐위하는 일이 벌어졌다. 후임 황제를 염두에 둔 궁정 쿠데타였다. 결국 유경은 태자의 자리를 내놓고 청하왕清河王으로 격하되었고, 유경의 생모인 송 귀인도 쫓겨나고 말았다.

두 태후의 전횡과 화제 유조의 친위 쿠데타

장제 유달의 황후 두씨는 비록 스스로 아들을 낳지는 못했지만, 후일에 권력을 장악할 준비를 한 것이다. 그녀는 마 태후가 죽자마자 즉시 자기가 기른 유조를 태자로 세우고 권력을 잡았다. 그리고 10살에 황제 자리에 오른 유조가 너무 어리다는 이유로 태후로서 정치를 주관하였다.

그뿐만 아니라 그녀의 친정 오빠인 두헌竇憲이 시중으로서 조정안에서 기밀사항을 주관하고서 나와 고명誥命을 선포하였다. 또 두독竇篤이 호분중랑장이 되었고, 두경竇景과 두괴竇瓌도 함께 중상시가 되었다. 이렇게 두씨 형제들이 모두 황제 가까이의 중요한 자리에 있었으니, 두씨가 권력을 휘두를 수 있는 최적의 조건이 되었다.

그런데 황제에 오른 지 4년이 지나 14살이 된 화제 유조는 복잡하게 얽힌 권력 투쟁을 보면서 황실의 돌아가는 사정을 알게 되었다. 이렇게 유조가 장성하자 두 태후의 총애를 받던 등원과 곽거가 마침내 화제 유조를 살해하기로 모의하였다.

두 태후의 친아들이 아님에도 불구하고, 두 태후 덕분에 태자가 되고 황제에 오를 수 있었던 화제 유조. 하지만 이제 두 태후 세력이 자신을 위협하고 있다는 것을 유조 자신도 눈치 채고 있었다.

이제 장성한 황제를 두 태후 쪽에서 제거할 것인지, 아니면 반대로 황제 쪽에서 두 태후 일당을 쫓아낼 것인지의 싸움이 시작된 셈이었다.

그러나 당시는 두헌 형제가 권력을 전횡하는 상태였기 때문에 화제 유조는 환관을 제외한 다른 신하들은 만날 수도 없는 상황이었다. 또한 조정의 신하들은 상하를 막론하고 모두 두헌을 따르고 있었기 때문에 황제인 유조가 가까이 할 수 있는 사람은 오로지 환관들뿐이었다. 그 가운데서도 오로지 황실 정원을 관리하는, 권력에서 멀리 벗어나 있는 중상시 구순령鉤旬令 정중鄭衆만이 유조를 도울 수 있었다.

그리하여 화제 유조는 정중과 함께 두헌의 목을 베기로 결정했지만, 바로 친위 쿠데타를 획책하면 양주涼州, 감숙성 일대에 나가 있던 두헌이 경사[낙양] 밖에서 난을 일으킬까 두려워 바로 발동하지는 못했다.

그런데 마침 두헌과 등첩이 모두 경사로 돌아왔다. 그리고 화제 유조의 이복 형으로 두 태후에게 쫓겨나 태자에서 청하왕淸河王으로 강등된 유경劉慶도 금중에 머물고 있던 상황이었다. 유경은 두 태후에 대해 불만을 가지고 있었기 때문에, 유조의 입장에서는 자기의 편으로 끌어들일 수 있는 사람이었다. 기회가 온 것이다.

화제 유조는 친위 쿠데타를 일으키기에 앞서 그 전례를 찾아보고자 《한서漢書》의 〈외척전外戚傳〉을 구해서 읽어보기로 했다. 유조는 믿을 수 있는 또다른 이복 형 천승왕千乘王 유항劉伉을 시켜 이를 구해 오도록 했다. 그리고 정중에게 전한시대 문제 유항이 그의 외삼촌 박소를 제거했던 고사故事를 찾아오게 했다. 그리고 드디어 친위 쿠데타를 실행시켰다.

화제 유조는 6월 경신일(23일)에 북궁으로 행차하여 수도 낙양을 경비하는 총사령관 집금오와 수도를 지키는 북군의 다섯 교위에게 조서를 내려, 남궁과 북궁에 병사들을 주둔하면서 지키게 하였다.

가장 먼저 밖에 있는 군사가 궁궐로 들어오지 못하게 성문을 닫고 곽황, 곽거, 등첩, 등뢰 등을 잡아들여 죽였다. 그리고 알자복야를 파견하여 두헌이 가지고 있는 대장군의 인수를 회수하고 관군후冠軍侯로 삼았으며, 두독과 두경, 두괴와 함께 모두 봉국으로 돌아가게 하였다.

유조는 두 태후 때문에 일단 두헌을 죽이지 않고, 엄격하고 능력 있는 재상을 선발하여 그를 감독하고 살피게 하였다. 하지만 봉국에 도착한 두헌, 두독, 두경은 화제 유조의 압박을 이기지 못하고 모두 자살했다.

이로써 두 태후의 세력은 제거되었다. 유조의 친위 쿠데타가 성공한 것이다. 어떤 점에서는 자기를 황제로 세운 두 태후의 뜻을 어긴 것이었다.

밝혀진 두 태후의 비밀들

화제 유조가 친위 쿠데타에 성공했지만 그것은 절반의 성공이었다. 정치의 중심에는 여전히 두 태후가 있었기 때문이다. 유조는 자기를 길러주고, 황제 자리에 오르게 해준 두 태후를 쫓아낼 수는 없었다.

그래서 유조는 친위 쿠데타를 통하여 두 태후를 믿고 전횡했던 외척만을 몰아냈을 뿐이었다. 그 후 5년이 지나고, 화제 영원 9년(97년) 윤8월 신사일(14일)에 두 태후가 죽고 나서야 화제 유조가 오롯이 정치의 중심이 되었다.

두 태후가 죽고 난 후, 두 태후 시절에 두씨 집안이 권력을 쥐기 위해 벌였던 비밀들이 밝혀졌다.

사실 유조가 황제가 된 데에는 앞서 본 바와 같이 두 태후의 공로가 지대했다. 그래서 당시의 태자였던 유경이 쫓겨나고, 동생인 유조가 태자가 되었고 결국 황제 자리에까지 올랐다.

그런데 유조를 태자로 삼자 문제가 생겼다. 유조의 외척인 양粱씨들이 자신들이 권력을 잡을 기회로 생각한 것이다. 그러나 유조를 아들로 키운 두 황후는 황제 대신 스스로 권력을 장악하려고 이 모든 계획을 세운 것이지, 결코 유조의 생모인 양 귀인 등에게 권력을 넘겨주려고 유조를 세운 것이 아니었다. 이것은 바로 유조를 태자로 세운 두씨들의 이해를 침해하는 일이었다.

그리하여 두 황후는 태자의 외가라는 명칭을 오로지 두씨 집안에서만 차지하기 위해 양 귀인 자매를 멀리 했고, 자주 장제 유달에게 이들에 관한 일을 참소하여 양 귀인 자매에 대한 의심을 갖게 하였다. 그리고 장제 건초 8년(83년)에 양 귀인의 아버지, 즉 유조의 외할아버지인 양송粱竦이 반역을 꾀하고 있다는 내용의 비서飛書, 익명의 편지를 투서하였다.

그래서 양송이 잡혀와 옥중에서 죽었고, 그 가족들은 구진九 眞, 베트남 탄호아시으로 귀양을 가게 되었다. 이때 양 귀인 자매는 이를 걱정하다가 죽고 말았다. 양 귀인은 자기가 낳은 아들이 황제가 될 것이었음에도 단 한마디 못하고 스러져간 것이다.

또 양송梁竦의 진술이 문제가 되어 그의 형 양송梁松의 부인인 무음舞陰공주까지 연좌되었다. 무음공주는 광무제 유수의 딸이었지만 처벌을 피하지 못하고 신성新城, 하남성 낙양시으로 귀양을 갔다.

두 황후는 권력을 독차지하려는 생각으로 태자를 바꾸고, 태자의 생모와 권력을 나누기 싫어서 그 일가친척을 모두 쫓아내거나 죽였다. 그녀의 권력 장악은 자신이 황후로 있었을 때뿐만 아니라, 어린 유조를 황제로 즉위시킨 이후까지도 계속되었다.

두 태후의 뒤를 이어 권력을 잡게 된 화제 유조는 이러한 사실을 알고나자 자신의 생모인 양 귀인 집안의 명예를 회복시켜 주었다.

화제 영원 9년(97년) 9월 갑자일(28일)에 양 귀인을 황태후로 추존하고 시호를 공회恭懷라고 정했으며 상제喪制를 다시 처리했다. 그러나 죽은 다음의 일이었을 뿐이다.

또 양송의 가족을 돌아오게 하고, 그의 아들 양당梁棠과 양옹梁雍, 양적梁翟을 각각 낙평후樂平侯, 승지후乘氏侯, 선보후單父侯로 삼았다. 당시 상으로 내려준 것이 거만巨萬을 헤아렸고, 총애하고 대우하는 것이 빛났다.

황후 자리를 차지하려는 궁궐의 암투

화제 유조가 직접 정치를 하고 있지만 정치란 것이 혼자 할 수 있는 것은 아니었다. 어떤 세력과 힘을 모아 함께 정치를 해 나갈 것인가는 그의 당면 과제였다. 비록 유조가 자신의 외가인 양씨를 복원시켰지만 그들은 전면에 나서서 권력을 장악할 만한 세력이 되기에는 너무 약했다.

이제 두 태후가 죽은 뒤 화제 유조와 정치를 함께할 세력은 황후 밖에 없었다. 유조의 생모인 양 귀인은 이미 죽었기 때문에 황제를 제외하고 제일 권력을 장악할 수 있는 위치는 황후뿐이었다. 물론 황제가 있을 때 황후의 권력은 작은 것이지만, 만약 유조가 일찍 죽기라도 한다면 후임 황제를 결정하는 강력한 권한을 가졌기 때문에 무시할 수는 없는 일인 것이다.

이때 등장한 사람이 바로 앞에서 소개한 등 황후이다. 그녀는 화제 유조가 친위 쿠데타를 일으킨 후 10년이 지난 영원 14년(102년)에 화제 유조의 귀인貴人이 되어 궁궐에 들어온 등수鄧綏(81년~121년)이다.

등수는 후한의 개국공신인 등우鄧禹의 손녀로 16살에 궁궐에 들어왔다. 유조의 귀인을 거쳐 황후가 된 그녀는 이후 남편 화제 유조가 죽은 후 태후로서 20년간 권력을 잡았다. 그러나 역사에는 등수가 황후 자리를 넘보고 궁에 들어왔다는 기록은 전혀 남아있지 않다.

등수가 귀인으로 궁궐에 들어갔을 때 황후는 음陰씨였다. 음씨는 광무제 유수의 부인인 음 황후의 동생 음식陰識의 증손녀였다. 그녀는 어려서부터 서예도 잘하고 총명했다고 한다. 그녀는 유조가 친위 쿠데타를 일으켰던 영원 4년(92년)에 궁궐에 들어와서 귀인이 되었다가 영원 8년(96년)에 황후가 되었다.

음 황후가 비록 광무제 유수의 황후 집안사람이기는 하지만 당시 그녀를 도울 사람은 외조모 등주鄧朱뿐이었다. 게다가 등주에 관해서 별 다른 자료가 없는 것으로 보아 세력을 이룰만한 사람은 아니었던 것으로 보인다.

아무튼 등수가 귀인이 되어 궁궐로 들어갔을 때에는 이미 황후 자리가 결정된 시점이었다. 그런 상황에서 귀인으로 들어가서 황후가 된다는 것은 쉬운 일이 아니었다. 잘못하다가는 목숨을 잃을 수도 있는 것이 궁궐의 암투이기 때문이다. 그러나 그녀는 이러한 상황을 알았는지 무슨 일이든 침착하고 현명하게 처신하였다.

그리고 등수에게는 도움을 받을 수 있는 사람이 음 황후보다 많이 있었다. 우선 할아버지 등우는 광무제 시절의 명신이었다. 그리고 아버지 등훈鄧訓은 강족을 다스리는 호강護羌교위로서 역시 후한에 공로를 세운 인물이다.

특히 등수의 삼촌 등해鄧陔는 일찍이 이런 말을 했다.

"천 명의 사람을 살린 자의 자손은 봉작을 받는다는 말을 들었다. 나의 형님이신 등훈은 알자가 되어 석구하石臼河의 수리를 맡아 해마다 수천 명씩 살렸다. 천도天道는 믿을 만하니 반드시 집안이 복을 받을 것이다."

등해는 등수의 아버지 등훈이 장제 건초 3년(78년)에 석구하의 수리를 맡았던 일을 들면서 가세가 일어날 것을 점친 것이다.

먼저 황후가 된 음씨에게 우군이 별로 없었다면, 나중에 황후가 된 등수에게는 우군이 더 많았다고 할 수 있다. 게다가 이 시기는 무력을 가지고 암투를 벌일 수 있는 시기는 아니었다. 국제적으로 커다란 전쟁이 없었고, 내치는 유교儒敎를 이념으로 하여 덕치德治를 이상으로 하던 비교적 안정된 시기였다. 그러한 만큼 황후 자리를 둘러 싼 암투는 고도의 두뇌 싸움의 방식으로 전개되었다.

이 시대에 암투에서 이기는 방법

등 귀인이 선택한 방법 중 그 첫째는 유가적 교양을 쌓는 것이다. 이는 그 시대정신에 맞았다. 기록을 보면 등수는 성품이 효성스럽고 우애가 있으며 책을 좋아했다고 한다. 낮에는 부녀자로서 할 일을 하고, 밤에는 항상 경전을 외우는 모습을 보며 집안사람들은 그녀를 '제생諸生'이라고 불렀다. 여자인데도 불구하고 제생처럼 공부를 많이 했다는 것이다.

둘째로 그녀는 덕스런 행동을 많이 하였다. 예컨대 등 귀인이 병이 들자 화제 유조는 그녀의 친정 식구들이 자유롭게 궁궐에 드나들면서 의약을 써서 치료를 받을 수 있도록 허락했다. 그러나 등 귀인은 이를 한사코 사양했다.

"궁실은 지극히 중요한 곳이니 밖에 사는 사람들을 궁궐 안에 오래 머물게 한다면, 위로는 폐하께 사사로이 사람을 아낀다는 비난을 받게 할 것이며, 아래로는 천첩賤妾이 알 수 없는 비방을 받게 할 것이므로 진실로 원치 않습니다."

화제 유조는 이 말을 듣고 말했다.

"사람들은 모두 궁궐에 자주 들어오는 것을 영광으로 생각하는데, 귀인은 도리어 이것을 근심하는구려!"

등 귀인은 이미 정치적인 발언을 할 줄 알았고, 눈앞의 이익이 아닌 전체를 보려는 태도를 가지고 있었던 것이다.

셋째로는 겸양한 태도를 보였다. 등 귀인은 자기보다 윗사람인 음 황후를 앞세우고 자기는 한발 물러서는 태도를 가졌다. 연회가 열릴 때마다 여러 희첩姬妾들은 경쟁적으로 자신의 몸치장에 힘썼지만, 등 귀인만은 질박한 옷을 골라 입고, 혹시 자기 옷에 음 황후와 같은 색깔이 있으면 즉시 바꾸어 입었다.

또한 음 황후와 동시에 황제를 알현할 때면 바로 앉거나 나란히 서있는 일이 없었다. 걸어갈 때면 몸을 구부려 스스로를 낮추었고, 황제가 묻는 것이 있어도 절대 황후보다 먼저 대답하지 않았다.

넷째로는 음 황후의 약점을 거론하지 않았다. 사실 음 황후는 키가 작았고, 의례에 맞지 않는 행동을 할 때가 많았다. 그럴 때마다 주변에서는 입을 가리고 비웃었지만, 등 귀인은 마치 자기의 실수인 것처럼 걱정을 하였다. 이를 본 화제 유조는 이렇게 칭찬하기도 했다.

"덕을 닦고자 하는 노력이 마침내 이와 같구나!"

이러한 등 귀인의 태도는 음 태후에게 오히려 점점 불안의 요소가 되었다. 등 귀인의 덕을 칭송하는 일이 날로 많아지자, 음 황후는 이를 심하게 질투했다. 어느 날 유조가 병으로 위독하게 되자, 음 황후는 비밀리에 측근에게 말했다.

"내가 뜻을 얻는 날에는 등씨 집안사람들을 하나도 남기지 않겠다!"

음 황후의 말은 해석하기에 따라서 화제 유조가 병석에서 일어나지 못하고 죽기를 바라는 마음을 가진 것으로도 볼 수 있다. 유조가 죽고 나서 자신이 권력을 잡게 되면 등 귀인과 그 집안사람들을 모두 죽이겠다고 한 음 황후의 발언은 결국 자충수를 둔 셈이 되었다.

황후에 오르는 등수

등 귀인은 음 황후가 자신을 죽이겠다고 한 말을 전해 들었지만, 직접 화제 유조에게 말하지 않았다. 그 대신 눈물을 흘리며 주변 사람들에게 말할 뿐이었다.

"내가 정성을 다하여 황후를 섬겼지만 끝내 도움을 받지 못하게 되었다. 지금 나는 마땅히 황후의 뜻을 좇아 죽어서, 위로는 황제의 은덕에 보답하고, 그 다음으로 우리 집안이 입을 화를 막으며, 마지막으로는 황후로 하여금 '사람돼지人彘'를 만들었다는 비난을 듣지 않게 해야 할 것이다."

이 말은 자기가 사람돼지가 되는 것이 싫다는 것이 아니라, 음 황후가 전한시대 여 태후처럼 사람돼지를 만들었다는 비난을 받게 하느니 차라리 자신이 먼저 죽겠다는 것이다.

이것은 자기 마음을 감춘 거짓말일 수도 있다. 그러나 적어도 자기 윗사람인 황후가 도덕적 흠결을 범하지 않도록 하는 것은, 당시의 이념에서 본다면 가장 적합한 말이라고 할 수 있다.

그리고 진짜로 독약을 마셔 자결하려고 했다. 그때 궁녀 조옥趙玉이 이를 막으며 "마침 사자가 왔는데, 황상[화제 유조]께서 이미 병이 다 나으셨다고 합니다."라고 하자 등 귀인은 독약을 내려놓았다. 사실 등 귀인이 독약을 먹는 것을 막기 위해 조옥이 거짓말을 했던 것뿐인데, 다음날 실제로 화제 유조의 병이 다 나았다.

이러한 등 귀인의 태도와는 달리 장래를 기약할만한 배경이 없었던 음 황후의 행동은 달랐다. 음 황후는 점점 투기가 많아져 유조의 총애가 시들어 갔고, 이에 자주 원망과 한을 품었다. 그리고 화제 영원 14년(102년)에 누군가 황후와 그녀의 외조모 등주가 함께 무고巫蠱의 도道를 시행했다고 투서를 보냈다.

무고의 도란 어떤 사람을 저주하기 위해 인형 따위를 땅에 묻는 행위를 말하는데, 이러한 일은 이미 전한 무제시기에 일어난 적이 있다. 무제시기의 무고의 도에 관해서는 아주 자세히 기록되어 있는 반면, 음 황후와 등주의 무고 사건은 일이 밝혀진 배경뿐만 아니라 무고의 대상이 등 귀인인지 화제 유조였는지조차 확실하지 않다.

결국 이 일은 화제 유조에게 보고되었고, 유조는 중상시 장신張愼과 상서 진포陳褒에게 이 사실을 조사하여 관련자들을 대역무도의 죄로 다스리도록 했다. 등주의 두 아들 등봉鄧奉과 등의鄧毅, 음 황후의 동생 음보陰輔가 모두 고문을 받다가 옥중에서 죽었다.

음 황후는 이 사건에 연루되어 6월 신묘일(23일)에 폐위되어 동궁桐宮으로 옮겨져 근심하다가 죽었다. 그리고 음 황후의 아버지 음강陰綱은 자살했고, 동생 음일陰軼과 음창陰敞, 등주의 가족들은 일남日南, 베트남의 중부 지역에 있는 비경比景, 베트남 해동현으로 귀양을 갔다.

이 사건으로 음 황후가 폐위되자 등 귀인은 유조에게 황후를 구해달라고 청하였다. 유교적 명분을 실천한 등 귀인의 모습은 화제 유조를 감동시켰다. 하지만 유조는 등 귀인의 뜻은 받아주지 않고 오히려 등 귀인을 황후로 삼으려고 하였다. 그러자 등 귀인은 몸이 아프다는 핑계로 스스로 문을 닫고 칩거했다. 이러한 행동이 과연 진심인지, 아니면 속마음을 숨기고 취한 행동인지는 알 수 없다.

그러나 결국 10월 신묘일(24일)에 조서를 내려 등 귀인을 황후로 삼자, 내내 사양하던 등 귀인도 어쩔 수 없이 즉위했다. 그러나 황후가 된 후에도 그녀는 여전히 유가적 도덕성을 유지했다.

등 황후는 여러 군과 봉국에서 바치던 공물을 모두 금지하고, 세시歲時로 종이와 먹만을 공급하게 하였다. 또한 화제 유조가 등씨들에게 관직이나 작위를 주려고 할 때마다 번번이 겸손하게 양보하였다. 그러한 이유로 그녀의 오빠 등즐은 유조가 살아 있을 때에는 호분중랑장에 지나지 않았다.

등 황후의 이러한 행동이 순수하게 유가적 수양에서 나온 결과일 수도 있다. 그러나 안정된 후한시대의 유교적 이념을 배경으로 삼은 등 황후의 행동은 높은 수준의 정쟁이라고 볼 수 있으며, 이로써 결국 승리할 수 있었다.

문모로 칭송되는 등 태후의 진면목

그런데 등수가 황후에 오른 지 3년 만에 화제 유조가 죽었다. 앞에서 말한 대로 등 황후는 화제 유조가 죽자, 생후 100일의 아기 유륭을 황제에 세우고 24살의 나이로 황태후의 자리에 올랐다. 그러나 상제 유륭이 8개월 만에 죽어서 다시 황제를 세워야 했다. 이 문제에 대해 논의한 사람들은 물론 등 태후와 그의 오빠 등즐이었다.

등 태후에 관한 후대의 평가는 칭찬일색이다. 안제 건광 원년

(121년) 2월에 등 태후가 죽고 등즐이 몰락했을 때의 이야기이다.

대사농大司農 주총朱寵은 등즐이 아무 죄도 없이 화를 만난 것을 애통히 여겨서 마침내 육단肉袒하고 여친輿櫬하고서 상소를 올렸다. 육단은 웃옷을 벗는 것이고 여친은 관을 실은 수레를 말하므로 죽기를 각오하고 상소할 때에 사용하는 방법이다.

"화희和熹황후[등 태후]의 성스럽고 훌륭한 품덕品德은 한대漢代의 문모文母라 할 만합니다."

등 태후를 주나라 문왕의 어머니 태임에 비유한 것으로, 이것은 태후에 대한 최고의 평가라고 할 수 있다.

또 안제 유호가 등극했을 때 등 태후는 정사를 주관하면서 남양南陽, 하남성 남양현 태수에게 명령했다.

"지금 거기장군 등즐 등은 비록 공경스럽고 순종하는 마음을 지니고 있으나, 그 종족이 광대할 뿐만 아니라 인척도 적지 않으며, 빈객은 간사하고 교활하여 대부분 법령을 범하고 있으니 분명히 단속하는 칙령을 시행하여 서로 비호하지 못하게 하라."

이는 등 태후 스스로 등씨의 발호를 차단하려는 조치를 내린 것이다. 이전의 다른 태후들에게서는 볼 수 없는 모습이었다.

그러나 등 태후가 권력에 관심 없이 올바른 조치만을 취했다고 보기에 어려운 일들도 있다. 우선 등 태후는 화제 유조가 죽었을 때 평원왕 유승이 고질병에 걸렸다면서 갓난아기인 상제 유륭을 세웠다. 하지만 실상은 등 태후가 어린 유륭을 품에 안고 길러서 아들로 삼고자하는 욕심을 부린 것이다.

그리고 상제 유륭이 죽자 여러 신하들은 유승을 세워야한다고 생각했다. 등 태후의 주장대로 고질병에 걸렸다면 이러한 주장은 나올 수 없는 것이다. 그런데 이러한 주장이 나왔다는 것은 유승이 고질병에 걸리지 않았다는 것을 의미한다. 하지만 등 태후는 유승이 아닌 청하왕 유경의 아들인 유호를 선택했다. 이에 대해 등 태후의 속내를 알 수 있는 기록이 있다.

"이전에 유승을 황제로 등극시키지 않았기 때문에 후에 원한을 살까 두려워하여 마침내 유호를 세웠다."

등 태후는 처음에 주장한대로 유승이 고질병에 걸렸기 때문에 그를 황제로 세우는 것을 반대한 것이 아니라 보복의 가능성이 있음을 염려한 것이다. 이 역시 등 태후의 속내를 드러낸 말이다.

또한 등 태후가 안제 유호를 세우고 조정에 임석할 때에 낭중 두근杜根을 비롯한 몇몇 사람들이 편지를 올렸다.

"황제[안제 유호]의 나이로 보아 이미 장성하셨으니 마땅히 친히 정사를 맡아야만 합니다."

이 말을 듣고 크게 노한 등 태후는 두근 등을 모두 비단주머니에 넣어 궁전에서 때려죽였다. 그리고 시신을 수레에 실어 성 밖으로 내보냈는데, 그때 두근이 시신 속에서 겨우 살아났다는 일화도 있다.

이런 사례들을 보면 등 태후가 어쩔 수 없이 조회에 임석하여 직접 정치를 한 것이 아니라, 근본적으로 안제 유호에게 정치를 돌려주지 않으려는 의도임을 알 수 있다. 따라서 유승을 선택하지 않은 것도 그녀가 직접 정치를 하려는 이유였다. 전체적으로 정리해보면 등 태후 역시 권력지향적인 사람이었던 것이다.

그리고 등 태후가 정치권력을 놓지 않으려는 생각이었음을 드러내는 결정적인 사건이 있다. 화제 유조가 살아 있던 시절에는 등 태후의 오빠 등즐은 호분중랑장에 머물러 있었지만, 유조가 죽은 지 불과 넉 달 만에 거기장군 겸 의동삼사가 되었다.

또 등 태후의 동생인 황문시랑 등괴를 호분중랑장으로 삼고, 등홍과 등창은 모두 시중侍中이 되었다. 등씨들에 대한 파격적인 중용重用인 것이다.

말하자면 화제 유조가 살아 있는 동안에는 장차 권력을 잡고자 은인자중한 것이며, 유조가 죽고 황후 등씨가 태후가 되자 비로소 등씨들을 중용하여 권력의 기반을 다진 것이다.

이러한 여러 가지 정황으로 보아 등 태후는 노련한 정치가였다. 겉으로 드러난 몇 가지 사건만을 가지고 그녀가 정치적 욕심이 없었다고 보아서는 안 된다.

끝까지 권력을 장악하기 위해 선택한 황제

등 태후는 상제 유륭이 2년도 안되어 죽자, 청하왕 유경의 아들 유호를 황제로 삼았다. 형식상으로는 유호로 하여금 화제 유조의 뒤를 잇게 한 것이다. 그리고 과거 태자였다가 두 태후에게 쫓겨나서 청하왕이 된 유경의 아들을 선택했다는 것은 어찌 보면 매우 합리적인 결정처럼 보인다.

그러나 이때 유호의 나이는 겨우 13살이었다. 직접 정치를 담당할 수 있는 나이가 아니었다. 이것은 앞에서도 거론했지만 유조의 장남인 유승을 세우지 않고 굳이 생후 100일 된 유륭을 황제로 세워 아이가 자라는 동안 태후로서 권력을 쥐겠다는 의도와 일치하는 조치로 볼 수 있는 것이다.

만약 장성한 황제로 하여금 직접 정치를 하게 하려고 했다면 그 대상자는 많았다. 고질병이라는 이유로 동생 유륭에게 밀려

났던 유승이 있었고, 또 다른 화제의 조카인 낙안이왕樂安夷王 유
총劉寵, 화제의 이복 동생인 제북왕濟北王 유수劉壽(?~120년)와 하
간왕河間王 유개劉開(?~131년)도 있었다. 이들은 대체적으로 등 태
후가 세운 유호보다 나이가 많았다.◆

그 결과 등 태후는 안제 건광 원년(121년)에 죽을 때까지 조정
에 임석하여 권력을 행사할 수 있었다. 반면에 안제 유호는 등
태후가 죽고 나서야 24살의 나이로 친정親政을 시작하였고, 그
뒤 4년 만에 죽는다.

등 태후는 궁궐에 들어와서 죽을 때까지 권력을 잡으려고 하
였고, 그것을 끝까지 지켜냈던 사람이었다.

◆ 등 태후가 외면한 대상자들

고질병이 있다던 유승은 안제 유호가 등극하고서도 7년이나 더 살다
가 안제 영초 7년(113년) 4월 을미일(29일)에 죽었다. 또한 유총은 장
제 유달의 소생 중 가장 나이가 많았던 유항의 아들로 안제 원광(122
년)까지 살았으니 병약한 사람이 아니었다. 유수와 유개 역시 장성하
여 직접 정치를 할 수 있는 사람들이었다. 이들은 대체로 등 태후가
세운 유호보다 나이가 많았다.

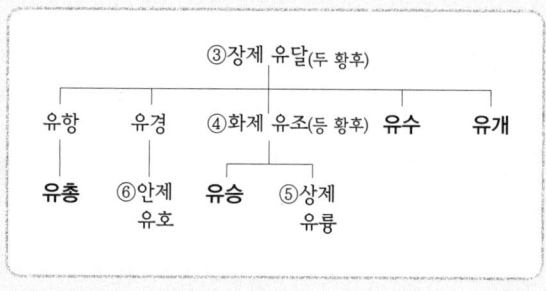

등 태후의 권력 유지법

등 태후 이전에도 태후로써 권력을 장악한 사람이 있었으니 바로 등 태후의 시어머니인 두竇 태후이다. 두 태후는 권력을 잡기 위해 태자 유경을 내쫓고 자기가 기른 유조를 태자로 삼아 황제 자리에 올려놓았다. 그리고 그녀 역시 친정 오빠 두헌 등과 함께 권력을 장악했다.

그러나 자기가 세운 화제 유조는 장성하여 바로 친위 쿠데타를 일으켰다. 결국 두씨 집안은 몰락했고, 두 태후도 그 후 5년간 화제 유조의 친정親政 속에 뒷방에서 보내야 했다. 권력의 계속적인 장악에 실패한 것이다.

하지만 등 태후는 이들과 달리 철저하게 자기 절제로 일관했다. 이것은 부덕婦德을 표현한 것이며, 경쟁자들이 위협을 느끼지 않게 함으로써 절대 권력자인 황제로부터 신임을 얻는 방법이었다.

등 태후는 화제 유조가 죽고 나서야 권력에 대한 본색을 드러내었다. 그것은 자기가 권력을 장악할 수 있도록 조종이 가능한 사람을 골라서 황제로 세우는 것에서 시작했다. 등 태후가 생후 100일짜리를 황제로 세웠다가, 다시 13살짜리를 골라서 황제로 세운 것은 권력에 대한 그녀의 변치 않는 욕심을 보여준다.

비록 등 태후는 두 태후처럼 친정 오빠에게 높은 관직을 주었지만 권력을 남용하는 것은 철저히 막았다. 등즐 역시 이 이치를 잘 알고 있었다.

등즐은 현명한 선비들을 추천하여 벼슬길에 나아가게 했는데, 하희何熙와 이합李郃 등을 추천하여 조정에 참여토록 하였고, 홍농弘農, 하남성 영보현 사람 양진楊震과 파군巴郡, 사천성 중경시 사람

진선陳禪을 벽소하여 그의 막부幕府에 배치하니, 천하 사람들이 이를 칭찬하였다.

또한 아들 등봉鄧鳳이 임상이 보낸 말을 받았다는 것을 알고, 직접 부인과 아들을 곤형棍刑. 곤장형에 처하면서 사죄하는 도덕성을 발휘했다. 이 모든 것이 등 태후가 엄격하게 친정 식구들을 감독한 결과였다.

이에 비해 장제 유달 시절에 두헌은 두 황후의 명성과 세력을 믿고 방자하게 행동했고, 이에 친왕이나 공주에서부터 외척인 음씨와 마씨 집안사람들까지 모두 그를 두려워하고 꺼렸다.

이를 이용하여 두헌은 헐값으로 유달의 누이인 심수沁水공주의 전원田園을 빼앗는 등 횡포를 부렸다. 등 태후는 두 태후가 동생 두헌의 행동을 제대로 통제하지 못한 것과는 사뭇 다른 모습이었다.

이처럼 전임 황후들과 다른 등 태후의 통치술은 그녀가 끝까지 권력을 유지할 수 있게 해준 힘이 되었다. 물론 무난했던 그녀의 치세와는 별개로, 자기가 권력을 장악하겠다는 목표가 바뀐 적은 없었다.

등 태후가 죽은 후에 몰락한 등씨들

권력을 장악하는데 탁월한 능력을 가졌던 등 태후는 문모文母로까지 칭송받았지만 그녀가 세운 유호는 그렇지 못했다. 이 때문에 등 태후가 유호를 마음에 들어 하지 않는다는 것을 유호의 유모 왕성王聖이 알게 되었다.

그리고 왕성은 등 태후가 오랫동안 정사政事를 돌려주지 않는 것을 보며 혹 안제 유호를 폐하고 다른 사람을 추대할까 근심하였다. 그래서 항상 중황문中黃門 이윤李閏, 강경江京과 함께 유호에게 등 태후의 단점을 꼬집고 헐뜯으니 유호는 매번 분노하는 한편, 두려운 마음을 갖게 되었다.

그러던 가운데 등 태후가 죽자, 이전에 등씨들에게 원한을 가졌던 자들이 등괴와 등홍, 등창 등이 황제를 폐위하고 평원왕 유승을 세우기로 모의했다며 무고하였다.

이에 안제 유호는 서평후西平侯 등광종鄧廣宗, 섭후葉侯 등광덕鄧廣德, 서화후西華侯 등충鄧忠, 등창의 아들, 양안후陽安侯 등진鄧珍, 등경의 아들, 도향후都鄉侯 등보덕鄧甫德을 폐하여 모두 서인으로 삼았다. 등씨들을 축출하려는 정치적인 보복을 감행한 것이다.

다만 등즐이 가담한 정황은 포착되지 않아 그 지위를 면직시켜 봉국으로 보내고, 재물과 전답, 주택만 몰수하였다. 다른 종족들도 관직에서 면직되어 고향인 남양군南陽郡, 하남성 남양시으로 돌아갔고, 등방과 가속家屬을 먼 군으로 귀양 보냈는데, 군과 현에서 핍박하자 등광종과 등충은 모두 자살했다.

또한 등즐을 다시 나후羅侯로 책봉했는데, 등즐과 아들 등봉鄧鳳이 나란히 곡기를 끊어 죽음을 택했다. 등즐의 사촌 아우인 하남윤 등표鄧豹와 도요장군인 무양후舞陽侯 등준鄧遵, 장작대장將作大匠 등창鄧暢도 모두 스스로 목숨을 끊었다.

오직 등광덕 형제만이 염 황후와 친자매였던 어머니 덕분에 경사[낙양]에 남을 수 있었다. 권력을 둘러싼 비극이 또다시 일어난 것이다.

능력 없는 염 태후의 욕심
후환이 걱정스런 태자를 축출하다

태후 염씨의 계획

등 태후가 죽은 후에 겨우 친정을 시작한 안제 유호는 4년이 되는 연광 4년(125년) 3월에 직접 전국을 순시하였다. 그런데 완宛, 하남성 남양현에 이르렀을 때 유호의 몸에 문제가 생겼고, 급히 도읍 낙양으로 돌아가던 중에 결국 죽고 말았다. 이때 그의 나이는 32살이었다.

당시 안제 유호는 태자를 세워두지 않았었다. 급히 후사를 세워야했던 황후 염씨閻氏(?~126년)와 염현閻顯 형제, 강경江京, 번풍樊豊 등이 모의했다.

"지금 안가晏駕, 죽은 황제가 길에 있는데, 경사[낙양] 안에 있는 제음왕濟陰王과 공경들이 모의하여 그를 세우게 되면 큰 해가 될 것입니다."

제음왕이란 안제 유호의 아들로, 태자로 세워졌다가 염 황후의 모함으로 폐위된 유보劉保를 말한다. 염 황후의 입장에서는 자기가 태자에서 몰아낸 유보가 황제에 등극하게 그냥 둘 수 없었던 것이다.

이리하여 이들은 안제 유호의 붕어 사실을 숨긴 채, 황제의 병이 심하다며 영구를 와거臥車, 누워 타는 수레로 옮겼다. 그리고 때마다 음식을 올렸고, 예전처럼 문안인사를 드리도록 했다. 마치 진秦 시황제가 천하를 순수巡狩하다가 죽자 조고와 이사 등이 했던 행동과 같았다.

하여간 나흘간 말을 달려서 황궁으로 돌아왔다. 다음날 사도司徒, 삼공의 하나 유희劉憙를 교외의 사당과 사직에 보내 황제의 생명을 달라고 청하는 제사를 하늘에 지냈다. 아직 유호가 살아 있는 것처럼 보이기 위한 조치였다. 그런 다음 그날 저녁에 안제 유호가 죽었다고 발표했다.

황후 염씨는 황태후가 되어 조정에 임석했고, 염 태후는 자신의 동생 염현을 거기장군 겸 의동삼사로 삼았다. 이렇게 조정의 권력을 장악한 염 태후는 앞서 두 태후나 등 태후와 똑같이 오래도록 국정을 전횡하려는 욕심에 어린아이를 황제로 세우고자 했다. 그리하여 제북혜왕濟北惠王 유수劉壽(?~120년)의 아들인 북향후北鄉侯 유의劉懿◆를 후사로 결정했다.

여기까지의 염 태후의 행동은 후한시대의 어느 황태후와 다를 바가 없었다. '되도록 어린 사람을 황제로 세워라. 그리고 태후로서 가능한 오래 권력을 행사하라.'라는 나름의 규칙이 여기에서도 실행된 것이다.

태자에서 쫓겨난 유보

염 태후가 안제 유호의 황후가 된 것은 안제 원초 2년(115년) 4월 병오일(21일)이었다. 그런데 염 황후에게서 아들이 없었다. 이러한 상황에서 안제의 후궁 이李씨가 유보劉保(115년~144년)를 낳은 것이다. 천성적으로 투기심이 강했던 염 황후는 유보의 생모인 후궁 이씨를 짐독鴆毒을 먹여서 죽였다.

어머니를 잃은 유보는 5살이 되던 안제 영녕 원년(120년) 4월에 황제의 아들로서 태자가 되었다. 그리고 다시 4년 후 9살이 된 유보는 태자에서 폐위되어 제음왕으로 강등되었다.

이 모든 것은 염 황후의 묵인과 지휘 아래 유호의 유모였던 왕성王聖과 강경, 번풍 등이 주도하였다. 이들은 등 태후가 실권을 잡고 있을 때 혹시나 유호가 황제에서 쫓겨날까 걱정하며 유호에

◆ 소제 유의의 가계도

제북혜왕 유수는 장제 유달과 신 귀인 사이에서 태어났다. 원래 제북왕이었으나, 죽은 후 시호를 혜왕이라고 하여 이를 합쳐 제북혜왕이라고 부른 것이다.
유수의 아들 유의가 황제에 오를 당시, 유의의 나이는 정확히 알려지지 않고 있으나, 어린아이인 것으로 짐작된다.

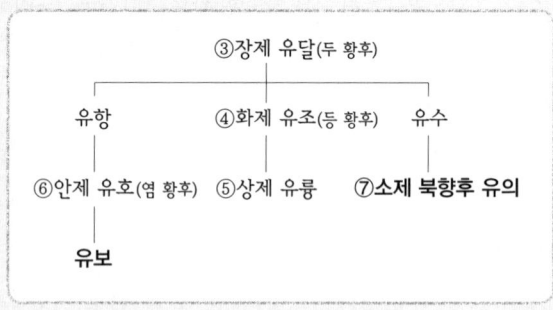

게 등 태후를 참소했던 사람들이다. 그저 안제 유호를 통해 자신들의 이익을 지키려는 인물들이었다.

이들에 의해 측근인 태자 유보의 유모 왕남王男과 주감廚監, 주방 책임자 병길邴吉이 쫓겨나자 어린 유보는 왕남과 병길을 생각하며 자주 탄식했다. 이것을 본 강경과 번풍은 나중에 해를 입을까 두려웠고, 염 황후와 함께 허무맹랑한 일을 꾸미며 이번에는 태자 유보와 동궁의 관원을 참소하였다.

결국 태자 유보는 폐위되어 제음왕으로 강등되었다. 그러나 유보의 나이가 어렸기 때문에 제음으로 보내지는 않고, 덕양전德陽殿 서쪽의 종루 아래에서 살도록 했던 것이다.

판단력 없는 유호의 처사

하여간 안제 유호가 정치를 직접 담당하게 되었지만 유호는 직접 통치할 능력을 갖고 있지 못했다. 그리하여 유호의 유모였던 왕성과 환관 강경 같은 사람이 그 권력을 휘두르고 있었다.

유호는 등 태후에 의해 황제 자리에 올랐지만 여러 기록으로 보아 황제로서 자질이 부족했던 것으로 보인다. 사실 등 태후가 유호를 황제로 세웠던 것은 그가 총명하다는 소리를 들었기 때문이었다. 그러나 황제가 된 유호의 행동 대부분이 덕스럽지 못했고, 이로 인해 점차 등 태후의 눈 밖에 났다. 이때 유호의 유모 왕성이 이것을 눈치챘다.

이 무렵 등 태후는 제북왕 유수와 하간왕 유개의 아들 유익劉翼을 불렀는데, 그 중 하간왕의 아들 유익의 용모가 준수하고 행동에 예의가 있었다. 이를 본 등 태후가 그를 기특하게 여겨 평

원회왕平原懷王의 후사로 삼고 경사[낙양]에 머무르게 하였다. 이를 본 왕성 등은 혹시 등 태후가 유호를 폐위시키려는 전조가 아닌가 생각했다. 그래서 두려운 나머지 등 태후를 유호에게 참소했다.

여기서 중요한 것은 안제 유호가 유모의 이야기를 곧이곧대로 믿었다는 사실이다. 그러한 점에서 황제로서 자질에 문제가 있다고 보인다.

또한 안제 유호는 경耿 귀인의 오빠인 모평후牟平侯 경보耿寶를 감우림좌군거기監羽林左軍車騎로 삼고, 외증조부 송양宋楊의 네 아들을 열후로 책봉했다. 이때 송씨 가운데 경卿, 교校, 시중, 대부, 알자謁者, 낭리郞吏가 된 자가 10여 명이었다. 그리고 염 황후의 형제인 염현閻顯, 염경閻景, 염요閻耀도 나란히 경이나 교가 되어 금병禁兵을 관장했다.

이러한 안제 유호의 조치는 결국 황제 측근에 있는 사람들 즉, 내총內寵이 권력을 휘둘러서 사태를 악화시키는 결과를 가져오게 한 것이다.

유호는 자신이 황제에 등극할 때, 등즐의 명령을 받아 처음으로 그를 맞이했던 환관 강경을 큰 공을 세웠다며 도향후都鄕侯로 임명했던 것을 보아도 알 수 있다.

후에 강경은 대장추大長秋를 겸하였고, 중상시 번풍, 황문령黃門令 유안劉安, 구순령鉤盾令 진달陳達, 왕성, 왕성의 딸 왕백영王伯榮 등 하급직의 사람들이 권세를 얻어서 안팎을 선동하며 사치와 포학한 일을 일삼았다. 특히 왕백영은 궁궐의 문을 드나들며 간사한 뇌물을 전달했다.

이렇게 제대로 된 판단력을 가지지 못한 안제 유호는 태자를 세우고 축출할 때에도 역시 마찬가지였다. 유보가 황제가 되면 불이익을 받을까 두려워했던 염 황후와 하급관료, 특히 환관들이 꾸민 음모를 유호는 전혀 눈치채지 못했던 것이다.

유보의 폐출을 반대했던 사람들

안제 유호는 참소하는 말만 믿고 크게 화를 내며 공경 이하의 관리를 불러서 태자 유보의 폐위에 관해 논의하게 했다. 그러나 태복太僕 내력來歷과 태상太常 환언桓焉, 정위廷尉 장호張晧가 건의했다.

"경전에서 말하기를, 나이가 15세 미만인 경우 허물과 악한 행동도 그 자신에게 있지 않다고 하였습니다. 또 왕남과 병길이 모의한 것을 태자는 몰랐다고 얼굴에도 나타나 있었습니다. 당연히 충성스럽고 좋은 보부保傅, 보호하며 가르치는 스승를 선택하고 예의로 보필해야만 합니다. 폐위하는 일은 중요하므로 이것이 진실로 마땅한 지 깊이 유의해야 합니다."

10살 밖에 안 된 유보의 행동이 잘못되었다면 더 가르치도록 해야지 쫓아내는 것은 옳지 않다는 말이었다. 그러나 안제 유호는 따르지 않았다.

장호는 물러나와 다시 편지를 올렸다.

"옛날 역신逆臣 강충江充이 얽혀서 참소하여 여원戾園, 여태자 유거을 뒤집어엎었는데, 효무제[유철]는 오래 지나서야 마침내 깨달았고, 비록 이전의 과실을 되돌아보았으나 후회한들 어찌 되돌리겠습니까? 현재 황태자가 바야흐로 10살로 보부保傅의 가르침을 습득하지 못했는데 급하게 책임지게 할 수 있습니까?"

참소 때문에 태자가 해를 당한 예로 무제 때 여태자를 들고 있는 것이다. 장호가 이렇게 태자 유보의 폐출을 막으려 했지만 결국 안제 유호는 이를 살피지 않았다. 측근의 전횡을 방기함으로써 결과적으로 조정이 분열되는 결과를 가져 올 수밖에 없었다.

태자 유보가 폐위되어 제음왕으로 봉해진 이후에도 태자의 지위를 회복시키려는 움직임은 계속되었다. 특히 태복 내력은 광록훈 대풍祋諷, 종정宗正 유위劉瑋, 장작대장將作大匠 설호薛晧, 시중 여구홍閭丘弘·진광陳光·조대趙代·시연施延, 태중대부 주창朱倀 등 10여 명을 규합하여 홍도문鴻都門, 황궁의 문에 가서 태자에게 과실이 없음을 증명했다.

그러나 이 모든 것은 소용없는 일이었고, 이들에게 돌아온 것은 위협뿐이었다. 황제의 결정에 반대하는 것은 황제에 대한 예의가 아니라며, 모두 형법조문으로 처리될 것이라는 통보였다. 이런 통보에 대부분의 사람들은 홍도문을 떠났으나, 태복 내력은 계속해서 궁궐문을 지켰고, 결국 그 형제는 면직되었다.

환관들의 쿠데타

결국 염 황후의 계산대로 태자 유보는 폐위되었고 안제 유호가 죽자 그 후임 황제는 제북혜왕 유수의 아들인 나이 어린 북향후 유의로 결정되었다. 말하자면 안제 유호의 아들을 쫓아내고, 유호의 사촌 동생을 데려다가 황제로 앉힌 것이다. 말도 안 되는 황위 계승이었다.

그런데 북향후 유의는 안제 연광 4년(125년)에 황제에 등극하고 얼마 안 가서 병이 들어 위독해졌다. 이를 곁에서 본 중상시 손정孫程이 제음왕이 된 유보의 알자謁者, 손님 접대관 장흥거長興渠에게 말했다.

"제음왕 유보는 적통으로서 본래 덕을 잃어버린 바가 없었는데, 먼저 돌아가신 황제가 참소를 받아들여 결국 폐위되어 쫓겨났습니다. 만약 북향후[유의]가 일어나지 못하고, 우리가 함께 강경과 염현을 잘라버린다면 일은 이루어지지 않을 수 없습니다."

염 태후가 세운 북향후 유의가 일어나지 못하고 죽는다면 태후의 오빠 염현을 죽이자는 말이었다.

장흥거는 손정의 말에 동의했다. 황실에서 근무하는 환관들이 염 태후의 편과 제음왕 유보의 편으로 갈라지게 된 것이다.

또 이전에 태자부의 부사府史, 태자궁의 문서나 재물을 관리하는 직책였다가 중황문中黃門, 궁중에 근무하는 환관이 된 왕강王康과 장락궁의 태관승太官丞, 장락궁의 주방을 관리하는 직책이었던 왕국王國 등이 나란히 손정에게 붙어서 합세하였다. 고관이 일을 계획한 것이 아니라, 환관과 궁정에 근무하는 사람들이 일을 꾸민 것이다.

한편 염 태후와 한통속인 환관 강경 또한 유의의 건강 상태가 걱정되기는 마찬가지였다. 만약에 북향후 유의가 죽는다면 그 뒤에 어떻게 할 것인지 대책이 필요하다고 생각한 것이다.

강경이 염 태후의 오빠 염현에게 말했다.

"북향후[유의]의 병이 나아지지 않으니 나라의 후사는 마땅히 때맞추어 정해야 할 터인데 왜 서둘러 여러 왕자를 소집하여서 간택하지 않습니까?"

이 또한 고관이 일을 계획한 것이 아니었다.

그러나 대책을 마련하기 전인 같은 해(연광 4년, 125년) 10월 신해일(27일)에 북향후 유의가 죽었다. 억지로 세운 황제 유의는 불과 7개월 정도 황제 자리에 있었던 것이다. 염현은 염 태후에게 이를 숨기고 상사喪事를 발표하지 말라고 했다. 그리고 여러 왕자들을 소집하여 궁문을 잠그고 병사를 주둔시켜 스스로 지켰다.

외부에서는 궁궐에서 일어난 일들에 대해 까마득히 모르고 있었지만 환관들은 모든 것을 알고 있었던 것에 반해, 북향후 유의가 죽고 5일이 지난 11월 을묘일(2일)에 손정, 왕강, 왕국, 중황문 황용, 팽개彭愷, 맹숙孟叔, 이건李建, 왕성王成, 장현張賢, 사범史汎, 마국馬國, 왕도王道, 이원李元, 양타楊佗, 진여陳予, 조봉趙封, 이강李剛, 위맹魏猛, 묘광苗光 등이 제음왕 유보가 거처하고 있는 서쪽 종루鍾樓 아래에 모여서 모의를 하고 모두 단의單衣를 자르면서 맹서하였다.

이틀이 지난 정사일(4일)에 경사[낙양]와 16개의 군과 봉국에서 지진이 일어나 흉흉하였다. 그날 밤 염 태후 일당을 반대하는 환관 손정 등이 모두 숭덕전崇德殿 위에 모여 바로 장대문章臺門으로 들어갔다. 이때 염 태후 일당인 강경, 유안劉安, 이윤李閏, 진달陳達 등이 모두 금문禁門 아래에 모여 있었는데 손정과 왕강이 함께 나아가서 강경, 유안, 진달의 목을 베었다.

그 대신 오랫동안 권세를 쌓아온 이윤은 궁성 내에 있는 사람들이 그에게 복종할 것이기에 살려두었다. 손정은 이윤의 목에 칼을 들이대며 말했다.

"지금 당장 제음왕[유보]을 세우고, 움직이지 마시오."

이윤을 협박하며 설득한 것이었다. 그리고 이윤은 이 제안을 받아들였다. 이에 이윤을 부축해 일으켜, 서쪽 종루 아래에서 모두 제음왕 유보를 맞이하여 황제에 즉위하게 하였다. 이때 유보는 11살이었다.

환관들이 태자에서 쫓겨난 유보를 옹립하여 황제로 세운 것이다. 태후로서 권력을 장악하려던 염 태후의 계획은 북향후의 단명과 이에 따른 환관들의 쿠데타를 만나 실패로 끝나고 말았다.

염 태후의 마지막 저항

쿠데타를 일으킨 환관들은 명분상 관리들의 참여가 필요했기 때문에 상서령과 복야 이하의 관리를 불러 가마를 좇아 남궁으로 행차하게 하였다. 그리고 손정 등은 남아서 금문을 굳게 지켜 안과 밖을 차단했다. 새로 황제에 오른 제음왕 유보는 운대雲臺에 올라가 공경과 백관들을 소집하고 호분虎賁과 우림羽林의 무사들에게 남궁과 북궁의 여러 문에 주둔하게 하였다.

염 태후의 오빠인 염현은 이때 궁궐 안에 있었는데, 어찌해야 할지를 몰라 전전긍긍하고 있었다. 이때 소황문小黃門 번등樊登이 염현에게 권하길, 태후의 조서를 가지고 월기越騎교위 풍시馮詩와 호분虎賁중랑장 염숭閻崇을 불러 군사를 거느리고 평삭문平朔門, 북궁의 북문에 주둔하여 손정 등을 막으라고 하였다.

이 말을 듣고 염현은 풍시를 유인하여 궁성으로 들어오게 한 후 그를 설득하기 시작했다.

"제음왕이 선 것은 황태후의 의도가 아니며, 인새와 인수는 여기에 있다. 진실로 힘을 다해 공을 세운다면 후에 책봉될 수 있을 것이다."

염 태후도 풍시에게 작위를 가지고 그를 설득했다.

"능히 제음왕을 잡을 수 있는 사람은 만호후萬戶侯에 책봉될 것이며, 이윤을 잡으면 5천 호의 후에 봉할 것이다."

황태후와 환관들의 대결이 시작된 것이다.

그러나 풍시 등은 모두 소극적인 태도를 보였다.

"급히 부름을 받아서 거느린 무리들이 적습니다."

시간을 끌면서 기회를 엿본 것이다. 이 무렵 손정은 군권을 잡고 있는 염 태후의 동생 염경을 무력화시키기 위해 여러 상서들을 불러 놓고 염경을 잡아들이라고 전했다.

그때 마침 병으로 누워있던 상서 곽진郭鎭이 이 소식을 듣고 숙직하던 우림군을 거느리고 즉시 남지거문南止車門으로 나갔다가 염경을 만났다. 염경의 관리와 군사들이 번득이는 칼을 뽑아 들고 큰소리로 외치며 말했다.

"군사에 관한 일에 간섭하지 마라."

곽진은 바로 수레에서 내려 지절을 가지고 조서를 보였다. 그러자 염경이 물었다.

"무슨 조서냐!"

그러면서 염경은 기회를 틈타 곽진을 찍었다. 곽진은 재빨리 이를 피하고 검을 뽑아 염경을 공격하여 수레에서 떨어뜨렸다. 마침내 곽진은 염경을 사로잡아 정위옥廷尉獄, 궁정 감옥으로 호송하여 그날 밤 죽였다. 염 태후를 뒷받침한 세력의 몰락이었다.

다음날인 안제 연광 4년(125년) 11월 무오일(5일)에 쿠데타를 일으킨 사람들은 사자를 파견하여 궁성으로 들어가 인수와 인새를 탈취하고, 황제에 오른 유보는 가덕전嘉德殿으로 행차하였다.

이들은 다시 시어사侍御史를 파견하여 지절을 가지고 염현과 그의 동생인 성문교위 염요閻耀, 집금오 염안閻晏을 체포하여 나란히 하옥시켜 주살하고, 가족들은 모두 비경比景, 베트남 해동현으로 귀양 보냈다. 염 태후는 이궁離宮, 별궁으로 옮겼다. 집권에 실패한 염 태후의 말로였다.

황제에 오른 유보는 기미일(6일)에 성문을 열고 주둔병을 해산시켰으며, 임술일(9일)에 사예司隸교위에게 조서를 내렸다.

"오직 염현, 강경 같은 근친들만 마땅히 사형에 처하고 그 나머지에게는 관대하게 용서하도록 힘쓰라."

열후가 된 19명의 환관들

손정을 중심으로 한 환관들이 쿠데타를 일으켜 쫓겨났던 태자 유보를 황제로 세운 일이 성공한 것이다. 그리고 이들에 대한 논공행상이 이어졌다. 유보는 쿠데타를 일으킨 환관 모두를 열후로 삼았고, 손정을 발탁하여 기도위騎都尉로 삼았다.

환관이 열후의 작위를 갖고, 다시 기도위까지 오르게 된 것이다. 다만 이윤은 사전 모의에 참여하지 않았기 때문에 열후에 책봉하지 않았다.

이리하여 열후에 오른 환관이 19명이나 되었고, 그들의 공적에 따라 식읍과 거마, 금은, 전백錢帛은 차등을 두어 지급했다.

그런데 이들의 공로를 조사하는 과정에서 허위로 기재된 부분이 있었다. 그것은 묘광의 행적인데, 처음에 손정 등이 장대문으로 들어갈 때 묘광만이 홀로 들어가지 않았었다. 그런데 왕강이 공신을 조사하면서 묘광도 장대문으로 들어갔다고 허위로 보고했다.

이를 안 묘광은 부책符策, 조칙을 받지 않았지만 스스로 마음이 편하지 않아서 황문령黃門令, 환관의 총수에게 가서 고백했다. 유사는 왕강과 묘광이 주상을 기만한 것이라고 상주문을 올렸지만 유보는 조서를 내려 면책하였다. 너그러운 논공행상이었다.

순제 유보는 자신이 태자 자리에서 폐출될 때 이를 반대하는 상소를 올렸던 사람들에 대해서도 상급을 내렸다. 장작대장將作大匠 내력來歷을 위위로 삼았고, 대풍殺諷과 여구홍閭丘弘 등은 이미 죽었으므로 그들의 자식을 모두 낭郞, 금위관으로 삼았다. 또 주창朱倀, 시연施延, 진광陳光, 조대趙代는 모두 발탁되어 공경에까지 이르렀다.

이어서 순제 유보 가까이에 있다가 쫓겨났던 사람들도 불러들였다. 귀양 갔던 왕남과 병길의 가족을 경사[낙양]로 불러들여 후한 상을 내렸다. 그리고 염 태후에게 쫓겨났던 소황문 적건籍建, 중부中傅 고범高梵, 장추장長秋長, 태자궁의 총관 조희趙熹, 승丞, 태자궁의 부총관 양하良賀, 약장藥長, 태자궁의 의무담당 하진夏珍도 모두 발탁하여 중상시로 삼았다.

도와줄 수 없는 사람인 염씨들

애당초 염현은 최인崔駰의 아들 최원崔瑗을 불러서 관리로 삼았다. 최인은 장제 유달 때의 사람으로 태학에서 유학을 공부한 사람이다. 그리고 두헌 시절에도 그는 유학의 기준에 의해 일을 판단했었다.

최인의 아들인 최원은 북향후 유의를 세운 것은 옳지 않은 일이라고 생각했다. 그래서 유의를 폐위시키고 태자에게 쫓겨났던 유보를 세워야 한다고 염현을 설득하려 했다. 그러나 최원의 기도는 성공하지 못했다.

염현은 염 태후로부터 권한을 위임 받았으나, 이를 지켜낼 능력이 없었다. 오히려 염현은 날마다 술에 찌들어 지내기만 했다. 하는 수 없이 최원은 염현의 장사長史 진선陳禪에게 말했다.

"중상시 강경 등이 먼저 돌아가신 황제[안제]를 현혹시켜 해치면서 정통인 자[제음왕 유보]를 폐위시켜 쫓아내고 서자를 도와서 옹립하였습니다. 소제少帝, 유의가 즉위하여 묘당 안에서 병이 나자 주발周勃이 했던 징조가 다시 보이고 있습니다."

주발은 전한시대에 여 태후가 죽자 여 태후의 조카들을 내쫓고 문제 유항을 세운 사람이다. 최원은 현재 상황이 바로 그때와 같다고 판단한 것이다.

이어서 현재 문제를 해결할 방법을 제시했다.

"지금 그대 진선과 더불어 거기장군 염현을 뵙고 설득하여 태후에게 아뢰어서 강경 등을 체포하게 하십시오. 그리하여 소제를 폐위시키고, 제음왕을 끌어서 세운다면 반드시 위로는 하늘의 마음에 합당할 것이고 아래로는 사람들의 소망에 부합하는 것입니다. 그리하면 이윤伊尹, 곽광霍光이 세웠던 공로보다도 낮지 않으니, 장군 형제는 끝없는 복을 전하게 될 것입니다."

이윤이나 곽광 같이 제음왕 유보를 도와서 조정을 안정시키자는 것이었다. 그리고 이를 실천하지 않았을 때의 문제도 짚었다.

"만일 하늘의 뜻을 거역한다면 오랫동안 신기神器, 황제 자리를 소홀히 한 것이 되어, 장차 죄가 없더라도 으뜸가는 죄인과 똑같은 죄를 범하는 것입니다. 지금은 이른바 화와 복이 교차되는 때이며 공을 나누는 시기입니다."

여기서 시기란 화와 복이 교차하는 때를 가리키며, 이는 화를 피해야 한다는 말이었다.

그러나 진선은 미적거리며 감히 따르지 않았다. 그러던 중 염현이 패배하자 최원도 그들에게 연루되어 축출되었다. 이에 최원의 문생門生인 소지蘇祗가 편지를 올려 최원의 억울한 상황을 말하려 하자 최원이 황급히 이를 막았다. 이때 사예교위 진선은 최원을 불러서 말했다.

"소지가 올린 편지를 들어주기만 한다면 저 진선은 당신을 위해 증인이 될 것을 청합니다."

최원이 구제될 수 있는 방법을 제시한 것이다.

그러나 최원은 그 제안을 사양했고, 돌아가서 다시는 주州와 군郡의 명령에 응하지 않았다.

"그것은 비유하자면 마치 여자아이가 병풍 안에서 말하는 것과 같을 뿐입니다. 바라건대 사군使君, 사예교위 진선께서 다시는 입 밖에 내지 말아주십시오."

염 태후와 염현은 권력을 끝까지 유지하기 위해 북향후 소제 유의를 황제로 세웠지만 그들의 욕망은 이루어지지 않았다. 기회가 주어진 것은 분명하지만 장기적으로 이를 지킬 능력은 지니지 못한 것이다. 두 태후, 등 태후, 염 태후가 모두 같은 의도를 가지고 후사를 결정했지만, 각기 누린 권력은 달랐다.

환관의 시대를 열어 준 양 태후
중신들의 의견과 반대로 뽑아라

다시 후사를 정해야 하는 태후

충제 영가 원년(145년) 정월 무술일(6일)에 충제沖帝 유병劉炳이 옥 당玉堂의 전전前殿에서 죽었다. 유병은 순제 건강 원년(144년) 8월에 아버지 순제順帝 유보劉保(115년~144년)의 뒤를 이어서 2살짜리 황제가 되었는데, 10개월 만에 죽은 것이다.

사실 순제 유보가 죽은 것도 그 전해 8월이었다. 앞에서 이미 거론한 대로 유보는 11살 때 환관들의 쿠데타에 힘입어 황제 자리에 올랐다. 그리고 16살이 되던 영건 6년(131년)에 승지후乘氏侯 양상梁商의 딸 양납梁妠을 귀인으로 받아들였고 이듬해 정월에 양씨를 황후로 삼았다.

그런데 순제 유보와 양 황후 사이에는 아이가 없었다. 다만 후 궁인 우虞 미인이 낳은 아들 유병劉炳과 딸 무양舞陽장공주, 그리고 생모를 알 수 없는 관군冠軍장공주와 여양汝陽장공주가 있었을 뿐이었다.

순제 유보가 유병을 얻은 것은 27살 때였고, 유병이 2살 되던 건강 원년(144년) 4월에 그를 태자로 삼았다. 여기까지는 모든 것이 순조로웠으나, 순제 유보가 유병을 태자로 삼은 지 넉 달도 되지 않아 그해 8월 경오일(6일)에 죽은 것이다.

그런데 충제 유병마저 죽어버렸으니, 3살 된 유병에게 후사가 있을 리 없었다. 이때 권력을 쥐고 있는 사람은 순제 유보의 부인인 황태후 양납梁妠과 그녀의 동생 양기梁冀였다.

후한시대에 들어와서 이러한 일은 이미 몇 번이나 있었다. 그때마다 태후가 황실의 최고 어른으로써 후임 황제를 임명하는 일을 해 왔다. 이제 양 태후가 후임 황제를 선택하는 중책을 맡게 된 것이다.

양 태후가 고집하여 세운 유찬

순제 유보와 충제 유병의 연이은 죽음에 양 태후는 이 사태의 중심에 서게 되었다. 그녀는 남편 순제 유보보다 9살이나 많아 당시 38살이었지만, 후임 황제를 결정하는 일은 혼자서 독자적으로 결정하기 어려운 일이었다. 그리하여 양 태후는 충제 유병의 죽음을 공식발표하지 않은 채 우선 가까운 종실들만 불렀다. 그리고 이들이 낙양에 도착하면 그때 국상을 발표하려고 했다.

이때 태위 이고李固가 말했다.

"황제가 비록 어리고 연소하였으나 천하의 군부이셨습니다. 오늘 붕어하셔서 사람과 신이 느껴서 움직였는데 어찌 자식 된 사람이 도리어 이를 숨길 수 있겠습니까? 옛날 진 시황제가 사망한 후 사구沙丘에서 음모를 꾸몄고, 최근의 북향후北鄕候, 소제 유의 사건도 국상國喪이 난 것을 비밀에 부친 데서 일어난 것인데, 이는 천하에서 가장 금기하는 일입니다."

이고는 진秦 시황제가 천하를 순수巡狩하다가 밖에서 죽자, 죽지 않은 것처럼 이를 숨기고 가장했던 일과 후한 화제 유호 역시 전국을 순시巡視하다가 밖에서 죽자, 죽지 않은 척 속이고 낙양으로 돌아온 일을 거론한 것이다.

이렇게 황제의 죽음을 속였던 결과, 진나라에서는 호해가 등장했으며 그로 인해 나라가 망했고, 후한에서는 유호가 죽은 후 북향후 유의가 등극했다가 그가 죽은 다음에 바로 환관들의 쿠데타를 만났다는 것이다.

그런데 지금 다시 충제 유병의 죽음을 속이려고 하는 것은 화란이 일어나게 하는 원인이 된다고 설명한 것이다. 양 태후는 이고의 말을 듣고 즉시 그날 저녁에 충제 유병의 상사喪事를 발표했다.

그리고 후임 황제 후보로 거론되어 양 태후가 경사[낙양]로 부른 사람은 장제 유달의 후손◆인 청하왕淸河王 유산劉蒜(?~149년)과 발해효왕渤海孝王 유홍劉鴻의 아들 유찬劉纘(138년~146년)이었다.

자기 남편의 후사를 결정하는 일이니 이 두 사람 가운데 누구를 후임 황제로 선택할지는 전적으로 양 태후에게 결정권이 있었다. 그리고 그 결정에는 그녀의 오빠인 대장군 양기의 입김이 가장 강할 수밖에 없었다.

이러한 사정을 잘 알고 있던 이고가 양기에게 말했다.

"지금 황제를 세움에 있어 마땅히 나이가 많고, 고명함을 가져서 스스로 정사를 돌볼 수 있는 분을 선택해야 합니다. 바라건대 장군[양기]께서 큰 계책을 상세하게 조사해 보십시오. 주발과 곽광이 문제文帝. 유항와 선제宣帝. 유순를 세운 바를 살피시고,

등鄧씨와 염閻씨가 유약한 자를 세우는 것이 유리하다고 한 것을 경계하십시오!"

이고는 전한시대의 주발과 곽광, 그리고 후한시대의 등 태후와 염 태후의 일을 거론한 것이다. 그가 말하는 황제의 조건이란 일단 나이가 많아 직접 정사를 볼 수 있어야 하고, 두 번째로는 식견이 높고 사리에 밝은 사람이어야 한다는 것이다.

이때 유찬은 8살이었고, 청하왕 유산은 몇 살이었는지 알려지지 않고 있다. 다만 이고가 나이를 거론하는 것을 보면 유찬보다 유산이 나이가 많았던 것으로 짐작된다.

◆ 유찬과 유산의 관계도

유산과 유찬 두 사람은 아버지는 다를 뿐, 할아버지는 낙안이왕(樂安夷王) 유총(劉寵)이고 증조 할아버지는 장제 유달의 맏이인 천승정왕(千乘貞王) 유항(劉伉)이었다. 따라서 두 사람이 모두 죽은 순제 유보의 재종질이었다.

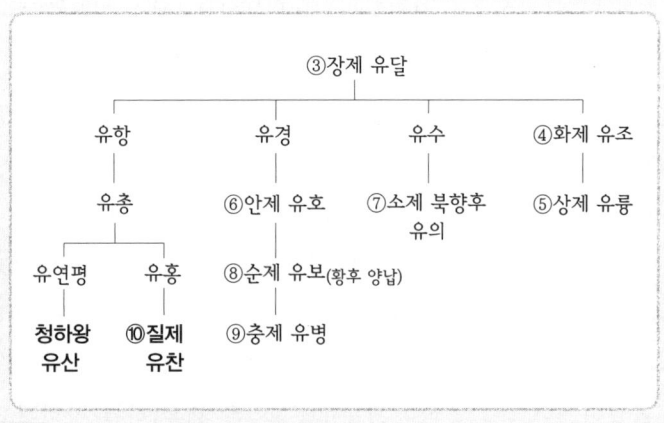

그리고 《자치통감》에 '청하왕은 사람됨이 엄격하고 무거웠고 행동거지가 법도에 맞아서 공경들이 모두 마음을 그에게 돌렸다.'라고 기술된 것을 보면 이고를 비롯한 중신들의 마음은 청하왕 유산 쪽으로 기울었다고 볼 수 있다.

그러나 양기는 중신들의 이러한 의견을 따르지 않고, 양 태후와 함께 궁중에서 후임 황제를 결정했다. 결국 병진일(24일)에 양기는 부절을 지니고 청개거靑蓋車, 왕이 사용하는 푸른 수레를 가지고 나가 유찬劉纘을 영접하여 남궁으로 들어왔다. 정사일(25일)에 우선 유찬을 건평후建平侯로 봉하고, 그날로 황제에 즉위하게 했다. 유산은 유찬이 황제로 즉위하자마자 그의 봉국으로 돌아갔다.

재기한 양씨들의 선택

양 태후의 등장과 양기의 전횡 등 일련의 사태는 사실 양씨 세력의 재기라고 할 수 있다.

양 태후와 양기의 선조인 양자도梁子都는 상인이었다. 그 후손으로 서역사마를 지낸 양연梁延이 있었고, 그 아들 양통梁統은 양기의 고조였다.

유수가 후한을 건설했을 때 하서대장군 두융과 무위武威, 감숙성 무위현 태수 양통이 유수에게 귀순했고, 그래서 이들은 후한의 개국공신이 되었다. 그리고 이들 두 집안은 모두 황실과 인척관계를 맺었다.

그런데 장제 유달의 시기에 두씨 집안의 딸은 황후가 되었고, 양씨 집안의 두 딸은 귀인이 되었다. 당시 아기를 갖지 못했던 두 황후는 아들을 낳은 양 귀인과 양씨들이 권력을 잡을까 두려웠다. 그래서 유조를 데려다 기르며 그 생모인 양 귀인을 죽였던 것이다. 그러한 점에서 본다면 외척 두씨와 양씨 사이의 경쟁은 오래된 것이었다.

그런데 화제 유조가 자기 출생의 비밀을 알게 되는 바람에 두씨는 정치의 전면에서 사라지게 되었고, 다시 양씨가 그 자리에 등장한 것이다. 물론 중간에 등씨와 염씨도 있었지만 지금은 양씨에게로 권력의 중심이 바뀐 상태였다.

돌이켜보면 양씨 집안은 두 태후 시절에는 권력의 핵심에서 멀어졌을 뿐만 아니라, 죽을 수도 있는 위기를 경험했었다. 이러한 상황에서 다시 권력을 잃는다는 것은, 다른 말로는 목숨을 내놓는 것과 같다.

사실 그동안 권력을 잡았던 태후가 권력을 내놓았을 때 그 집안은 여지없이 나락으로 떨어졌었다. 두 태후 시절에 권력을 잡았던 두헌은 화제 유조가 친정을 시작하자마자 모든 권력을 빼앗겨야 했다. 두헌은 간신히 죽음은 면했다지만 그 친척들은 거의 다 죽기에 이르렀다.

그 다음으로 권력을 잡았던 등 태후가 죽자 그녀의 오빠 등즐 역시 많은 소인들로부터 참소를 받아 관직에서 쫓겨나는 등 위기를 맞았었다. 그리고 염 태후와 그녀의 오빠 염현은 환관들의 쿠데타를 만나 체포되어 주살되었고, 그 집안은 멸문에 가까운 참화를 만나게 된다.

다시 말해 태후로서 권력을 잡다가 놓았을 때에는 그녀의 정치가 선정善政인지 폭정暴政인지 중요하지 않다는 것이다. 비교적 선정을 했다고 평가되는 등 태후의 가족도 화를 면하기 어려웠던 것을 보면 알 수 있다. 그러므로 황실을 위해 나이 들고, 똑똑한 사람을 선택하라는 중신들의 요구는 공허한 외침일 뿐이었다.

양 태후와 대장군 양기의 입장에서는 장차 자기들의 적수가 될 수도 있는 장성한 황제보다는 어리고 나약한 사람이 적합했다. 그래야 그만큼 권력을 오래 유지할 수 있기 때문이었다.

이쯤 되면 후한 왕조는 명목상 유씨의 왕조일 뿐, 실제로는 이 외척에서 저 외척으로 그 권력이 이동하고 있는 것 뿐이었다.

녹녹치 않은 8살짜리 황제

이런 생각을 한 양 태후는 8살짜리 유찬을 황제로 세우고 조정에 나와 정치를 관장하고 그의 오빠 양기는 대장군으로서 모든 권력을 행사했다. 그들이 의도한 대로 전임 태후들과 같이 수렴청정을 하게 된 것이다.

그러나 질제 유찬은 어린 나이에 황제가 되었지만 총명하고 지혜로웠다는 기록이 있다. 유찬이 황제에 오른 지 1년 반쯤 되던 어느 날이었다. 어린 유찬은 조회에서 대장군 양기를 쏘아보며 말했다.

"이 사람이 발호跋扈장군이군!"

발호란 원래 강한 사람이 바른길로 가지 않고, 산이 낮거나 크면 이를 뽑아버리거나 넘으려는 것을 가리키는 말이다. 즉 권력이나 권세를 부리며 함부로 날뛰는 사람을 뜻한다.

양기 입장에서는 권력을 오래 유지하려고 유산을 제쳐두고 나이 어린 유찬을 세웠지만, 유찬이 자기를 발호장군이라고 하였으니 이 역시 녹녹치 않다는 것을 깨닫게 되는 순간이었다.

양씨 세력이 예상한대로 어린 황제가 자기들 마음대로 되지 않을 수도 있겠다는 생각이 들자, 양기는 비록 유찬을 황제로 세웠지만 그 황제에 의해 권력에서 쫓겨나게 될까봐 불안해졌다.

결국 이 일이 있은 지 한 달도 되지 않는 윤6월 갑신일(1일)에 양기는 사람을 시켜 독을 넣은 자병煮餠, 떡국을 유찬에게 올리게 하였다. 질제 유찬을 독살시키려는 계획이었다.

자병을 먹고 고통과 답답함이 심해진 유찬은 급히 태위 이고를 불렀다. 이고가 입궁하여 유찬에게 무엇을 먹었냐고 묻자 유찬이 대답했다.

"자병을 먹었소. 지금 뱃속이 아프고 답답한데 물을 마시면 좀 괜찮을 것 같소."

그러나 곁에 있던 양기는 물을 마시면 독이 희석될까 두려워 유찬이 물 먹는 것을 반대했다.

"토할지도 모르니 물을 마셔서는 아니 됩니다."

그러나 양기의 이 말이 채 끝나기도 전에 질제 유찬은 죽고 말았다.

이고가 시신 앞에 엎드려 소리 내 통곡하고 나서 시의를 추궁하고 조사하려고 하자, 양기는 그 일이 누설될까 염려하여 이고를 몹시 증오하였다. 결국 이고는 양기의 서슬에 질제 유찬의 사인을 제대로 조사해 보지도 못했다.

중신회의에서 결정하기를 바란 삼공

질제 유찬이 황제가 된 지 17개월 만에 죽고, 역시 후사를 두지 못했으니 후임 황제를 다시 결정해야 했다. 이번에도 양 태후에게 황제를 뽑는 권한이 있었다. 그리고 양 태후에게 가장 큰 영향을 끼칠 수 있는 사람은 여전히 대장군 양기였다.

양기 이외의 중신들은 양 태후가 이번에는 황제 노릇을 제대로 할 수 있는 사람으로 후사를 선택하기를 바랐다. 유찬을 결정할 때에도 중신들의 의견과 달리 결정되었던 전례를 떠올리며 이번에는 꼭 양기를 설득하기로 하였다.

태위 이고, 사도 호광胡廣, 사공 조계趙戒 등 삼공三公이 함께 후임 황제를 세우는 것과 관련하여 자신들의 의견이 담긴 편지를 양기에게 보냈다. 이들은 먼저 불과 2년 사이에 순제 유보, 충제 유병, 질제 유찬 등 세 황제가 차례로 죽는 비극을 설명했다.

이 말을 먼저 꺼낸 것은 오랫동안 황제 자리에 있을 수 있는 강건한 사람을 세워야 한다는 뜻이 담겨 있었다. 이 조건이라면 적어도 표면적으로는 양기도 반대할 수 없을 것이라는 계산이 깔려 있었다.

그리고 뒤이어서 과거의 '황제 선택 절차'를 소개하였다.

"멀리는 옛날에 황제를 폐위하고 등극하였던 구제도를 살펴보고, 가까이는 국가國家가 천조踐祚, 황제의 등극하였던 예전의 일을 본다면 일찍이 공경들을 찾아 자문을 구하지 아니한 일이 없었으며, 널리 여러 신하들의 의견을 구하여 위로는 하늘의 뜻에 부응하고 아래로는 많은 사람들이 바라는 바에 부합하도록 하였습니다."

이 말은 형식상으로 황태후가 최종 결정을 하겠지만 중론을 모아 결정하여 이를 건의하는 방법을 쓰자는 것이다. 결국 중신들이 모여서 논의할 기회를 달라는 말이었다. 이대로 된다면 양기도 중신회의에 참여하겠지만 공개적인 회의과정을 통해 합당한 논리로써 양기를 제압할 수 있을 것이라는 계산도 있었을 것이다.

 이어서 삼공들은 전한시대에 창읍왕 유하를 황제로 세웠다가 이를 폐위시켰을 때의 일과 다시 선제 유순을 세우는 과정을 주도한 곽광이 근심과 부끄러움으로 뼈를 깎는 후회를 했던 일을 거론했다. 이는 양기 역시 잘못하면 곽광과 같이 후회할 수도 있음을 시사해 주는 말이었다.

 끝으로 중신회의에 대한 기대감을 보이며 이렇게 편지를 마무리하였다.

 "지극히 근심스럽고도 지극히 중요하니 깊이 생각하지 않을 수 있겠습니까? 많고 많은 일 중에 오직 이 일만이 큰 것이니 국가의 흥망성쇠가 이 한 번의 일에 달려 있습니다."

형식만 갖춘 중신회의

삼공이 이러한 편지를 올렸으니 양기는 형식적으로라도 이 편지를 수용할 수밖에 없었다. 마침내 삼공과 중이천석의 관리, 열후를 소집하여 후임 황제를 세우는 일을 대대적으로 논의하게 되었다.

 이고, 호광, 조계 등 삼공과 대홍려 두교杜喬 등은 청하왕 유산을 마음에 두고 있었다. 유산은 충제 유병이 죽었을 때 이미 한 번 황제 후보로 고려되었던 적이 있었다. 그는 밝은 덕을 행한다는 소문이 자자했고 죽은 질제 유찬과는 사촌 간이었으니, 황실 내의 친소관계를 따져 보아도 당시로서는 가장 가까운 존친尊親이었다.

 그래서 중신들은 마땅히 유산을 후사로 삼아야 한다고 주장했고, 조정에서도 그에게 마음을 두지 않은 사람이 없었다.

중신들은 이렇게 현명하고 장성한 사람을 후임 황제로 세워야 한다는 이유로 유산을 추천했지만 양 태후와 양기는 질제 유찬의 경우처럼 똑똑한 황제를 세우면 자기들에게 좋을 것이 없다고 생각했다.

그리고 양기는 자기의 뜻과 다른 중신들의 결론에 분한 마음을 갖게 되었다. 하지만 중신들의 생각을 꺾으려면 대안을 제시해야 했다. 그러지 못하면 아무리 싫어도 중신들이 말하는 청하왕 유산을 황제로 세울 수밖에 없는 상황이었다.

그때 마침 양 태후의 여동생 양여옥梁女瑩의 신랑감으로 여오후蠡五侯 유지劉志(132년~167년)가 낙양성 밖에 있는 하문정夏門亭에 도착해 있었다. 이때까지만 해도 유지를 황제로 세울 계획은 전혀 없었지만 후보자를 내세우지 못하면 유산으로 결정될 상황이 되자 서둘러 여오후 유지를 추천했다. 너무나도 우연히 그리고 즉흥적으로 결정된 것이다.

환관의 꾀로 세운 황제

후임 황제를 뽑는 이런 중요한 시기에 공교롭게도 양 태후의 제부가 될 여오후 유지가 낙양에 온 것이다. 유지는 여오후 유익劉翼의 아들이었다.

하지만 유지를 황제로 뽑는다면 이는 재당숙이 재당질의 뒤를 잇는 것이 된다. 후임 황제를 정하는 기본 원칙에도 맞지 않았다. 또한 유산은 이미 18살의 장성한 청년인데 비해 유지는 그보다 4살이 적은 14살이었다. 그러니 유지를 데려다가 유찬의 뒤를 잇게 하는 것은 명분에 맞지 않는 것이었다.

그러나 양 태후의 입장에서는 유산에 비해 1살이라도 어린 유지가 더 다루기 쉽다고 생각했을 것이다. 그리고 유지는 양 태후의 제부가 될 사람이니 적극적으로 양씨의 편이 될 수 있다고 생각하여 유지를 후임 황제로 삼도록 밀어 붙인 것이다.◆

◆ 양 태후가 천거한 유지의 계보도

여오후(蠡五侯) 유익(劉翼)은 하간왕(河間王) 유개(劉開)의 아들이다. 안제(安帝) 유호(劉祜)는 등 태후가 유익을 평원왕(平原王)으로 삼자, 언젠가 태후가 자신을 축출하고 유익을 황제로 삼으려고 한다고 의심했다. 그래서 등 태후가 죽자 안제 유호는 유익을 도향후(都鄕侯)로 낮춰 하간(河間)으로 축출했다.

이후 순제(順帝) 유보(劉保) 시대에, 유익의 아버지 유개는 자신의 영지에서 여오현(蠡五縣)을 나누어서 유익을 열후로 삼아줄 것을 청했고 순제 유보는 이를 허락했다.

그래서 유익은 여오후가 되었고, 유익이 죽자 그 아들 유지가 그 뒤를 이어받은 것이다.

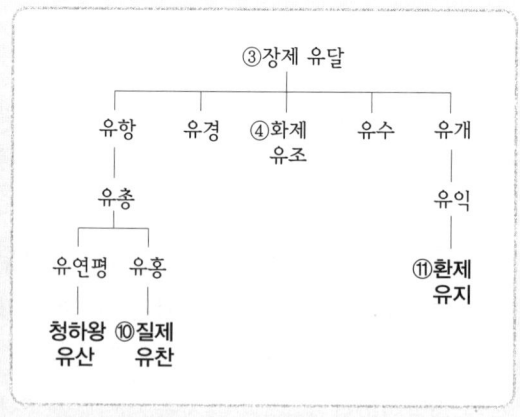

이러한 양씨들의 생각에 적극 찬성한 사람들은 환관들이었다. 환관들은 청하왕 유산이 중상시 조등曹騰을 대할 때 무례한 적이 있었다며 유산이 황제가 되면 자신들이 황제에게 무시를 당할까 걱정한 것이다.

비록 환관이 후임 황제를 결정하는 결정권을 갖고 있지 않는다고 하더라도 그들은 궁궐 안에서 분위기를 잘 파악할 뿐만 아니라, 경우에 따라서는 감언이설로 결정권자들의 마음을 돌려놓을 수도 있는 사람들이었다.

조등은 밤중에 양기를 찾아가 설득했다.

"장군[양기]이 여러 세대 동안 초방椒房, 양 태후의 근친으로 만기萬機, 황제 또는 국가의 업무를 잡고 있었는데, 빈객들이 제멋대로 날뛰어서 많은 허물과 과실이 있었습니다."

조등은 양기의 잘못을 빈객들의 탓으로 돌리며 일단 양기의 환심을 샀다. 그리고 계속하여 말했다.

"청하왕[유산]은 엄숙하고 분명하여 만약 그를 세운다면 결과적으로 장군이 화를 입게 되는 것이 멀지 않습니다. 여오후를 세워 부귀를 오랫동안 보존하는 것만 못합니다."

후임 황제로 청하왕 유산을 세운다면 양기는 화를 입게 될 것이고, 부귀를 오래 유지할 수 없을 것이라는 경고였다. 양기도 그의 말이 맞다고 생각했다.

드디어 양기는 다음날 다시 공경을 모아 회합을 가졌다. 양기는 이미 삼공과 중신들이 유산을 황제로 세우고 싶어 하는 것을 아는지라 자기의 뜻을 관철시키자면 공경들을 강압적으로 몰고 가야한다고 생각했다.

그래서 이날 양기는 흉악하고 격렬한 말씨와 기세를 가지고 회의장을 덮어버렸다. 이러한 상황이 되자 사도 호광과 사공 조계 이하의 관료들이 두려움에 떨며 양기에게 두손을 들고 말았다.

"오직 대장군께서 명령만 내려주십시오."

하지만 태위 이고와 태부 두교만은 오직 원래 건의했던 청하왕 유산을 천거하는 태도를 굳게 지켰다. 그러나 양기는 이를 수용하지 않고, 성난 목소리로 회의를 끝내버렸다.

그러자 이고는 다시 양기에게 편지를 보내 청하왕 유산을 세울 것을 권고하였다. 양기는 더욱 화를 냈고, 결국 양 태후를 설득하여 이고의 관직을 면직시켰다.

질제 유찬이 죽은 지 사흘이 지난 윤6월 정해일(4일)이었다. 그 다음날 양기에게 굴복한 사도 호광을 태위로 삼고, 사공 조계를 사도로 삼아서 자신과 함께 상서의 일에 참여하도록 참록상서사 叅錄尙書事로 삼았다. 양기의 의견에 반대하면 면직되고 찬성하면 승진한다는 것을 만천하에 공개한 셈이다. 다시 이틀이 지난 경인일(7일)에 양기는 부절을 가지고 청개거靑蓋車, 왕이 사용하는 마차로 여오후 유지를 영접하여 그날로 황제에 즉위하게 하였다.

양 태후와 양기가 목표한대로 양 태후가 계속하여 수렴청정할 수 있는 길을 확보한 것이다. 결국 양 태후는 계속하여 조정에 임석하여 정치를 하였다.

양기의 만행

양 태후와 양기에 의해 무리하게 황제에 오른 환제 유지는 그 후 20년간이나 황제 자리를 지켰다. 그러나 그는 황제로서 권력은 전혀 행사하지 못했다. 비록 나이를 먹어도 양 태후와 양기가 힘을 쓰는 상황에서는 허수아비에 불과한 황제였다. 그러한 점에서 양 태후와 양기는 자신들의 목표대로 성공적으로 일을 추진한 셈이었다.

이렇게 양 태후와 양기가 경우에 맞지 않는 사람을 황제로 세운 이유는 말할 것도 없이 권력을 농단하고 자기들이 원하고자 하는 일을 하고자 했기 때문이었다. 그래서 그 후 양기가 저지른 만행은 역사에 많이 기록되어 있다.

우선 많은 양씨들이 출세를 하고 엄청난 식읍을 받게 되었다. 특히 양기에게는 1만 3천 호를 덧붙여 주었고, 양기의 동생 양불의梁不疑를 영양후潁陽侯로, 양몽梁蒙은 서평후西平侯, 양기의 아들 양윤梁胤은 양읍후襄邑侯로 삼았다. 양씨 집안이 도읍이 있는 하남河南 일대 대부분을 차지한 셈이다. 그리고 8월 을미일(18일)에 양 태후와 양기의 여동생인 양녀옥梁女瑩을 황후로 삼았다.

또한 양기의 뜻에 굴복한 호광과 조계, 그리고 환관인 중상시 유광劉廣 등도 모두 열후로 삼아서 자기 사람들로 만들어 나갔다. 반대로 양기의 뜻을 거스른 두교 같은 사람은 경사[낙양]에 지진이 있었던 것을 이유로 면직시켰다.

이러한 양기의 독단에 반기를 든 사람이 없는 것은 아니었다. 청하清河, 하북성 청하현 사람 유문劉文과 유유劉鮪가 청하왕이 천하를 통치해야 한다며 두 번씩이나 황제의 경쟁에서 떨어진 유산을 옹립하고자 하였다.

그러나 이 일은 양기에게 발각되어 유산의 작위는 왕작에서 위지후尉氏侯로 강등되었고 유산은 계양桂陽, 호남성 빈현으로 유배되었다가 결국 자살했다. 또한 양기는 이 사건을 계기로 이고와 두교를 무고하여 체포했다. 그리고 끝내 이들은 옥중에서 죽었다.

양기의 권력이 얼마나 막강했는지 환제 유지는 양기의 저택을 방문할 때에도 예를 차릴 지경이었다. 또한 양기에 반대하는 사람이 없어지게 되자 그의 전횡은 황태후마저 막을 수 없게 되었다. 환제 화평 원년(150년)에 양 태후가 환제 유지에게 정치를 되돌려 주고, 그해 2월 갑인일(22일)에 죽었지만 양기의 권력은 그대로였다.

양기는 자신의 부인 손수孫壽를 양성군襄城君으로 책봉했는데, 그 지위가 장공주와 비슷했다. 게다가 자신이 아끼는 감노監奴 진궁秦宮을 태창령太倉令으로 삼았는데, 자사와 이천석 관리들 조차 모두 진궁을 만나고 싶어 했다.

양기와 손수는 길을 사이에 두고 마주 보고 집을 지었으며, 서로 앞 다투어 대형 토목공사를 일으키고, 금과 옥, 진기한 것을 장실藏室에 가득 쌓아두었다. 또 원포園圃를 넓게 만들며 흙을 파다 산을 만들었는데 10리에 걸쳐 9개의 산등성이를 만들었다. 깊은 숲 산간의 계곡이 마치 자연적으로 생겨난 것 같았으며, 그곳에는 기이한 날짐승이 날고, 길들인 짐승이 달렸다.

양기와 부인 손수가 함께 연거輦車, 손으로 미는 수레를 타고 집안을 유람할 때는 많은 창기가 따랐으며, 술을 마시고 노래하는 자들이 길을 메웠다. 어떤 때는 몇 날 며칠 밤을 지새우며 큰 말을 타고 멋대로 장난하기도 했다. 빈객들이 문에 이르러도 집안으로 들어갈 수 없자, 모두 문지기에게 사례하여 문지기도 천금千金을 축적하였다.

또 많은 임원林苑, 전용 동산을 개척하여 가까운 현에까지 두루 미쳤는데 토원兎苑, 토끼를 방사한 동산이 하남성 서쪽에서 시작하여 그 지름이 수십 리를 뻗었다. 격서檄書를 보내어 살아 있는 토끼를 옮겨와서 그 털을 깎아 표시를 하고, 사람들 중에 이것을 잡는 자가 있으면 그 죄는 사형에까지 이르게 하였다.

한편 양기는 부인 손수의 말을 받아들여 자기 집안사람인 여러 양씨들 가운데 관직에 있는 사람들을 대부분 배척하고 관직을 빼앗았다. 이는 겉으로는 양씨들을 억누르는 것이어서 겸양해 보이지만 실제로 손수의 지위를 높여준 것이었다.

그 대신 손씨 종친 가운데 그의 이름을 내세워서 시중侍中과 경卿, 교校, 군수郡守, 장리長吏가 된 사람이 10여 명이었는데, 모두가 탐욕스럽고 흉악하였다. 각기 사사로이 빈객을 시켜서 속현에 사는 부자들을 조사하여 기록했다가 다른 죄를 뒤집어씌워 하옥시키고 매질한 뒤, 돈을 내고 대속代贖하게 했는데, 재물이 적은 사람은 죽음에 이르게 했다.

양기는 또한 빈객들을 사방에 두루 파견했는데, 멀리는 변방 밖에까지 이상한 물건을 널리 구하였다. 빈객들이 다시 그 권력에 편승하여 횡포를 부리는가 하면 부녀자를 강탈하여 처로 삼고 이졸들을 구타하였다. 안하무인인 그들의 행동으로 사람들의 원망과 고통이 끊이지 않았다.

말하자면 양기는 부인 손수의 행동을 제어하지 못하고 부부가 제멋대로 행동했을 뿐이었다.

양기에 대해 계속되는 비판과 저항

이러한 양기에 대해 비판의 목소리가 점차 높아졌다. 그래서 시어사 주목이 상주문을 써서 양기의 영향력에 대해 역설했다.

"양기가 하루만 선한 일을 행하면 천하 사람들은 그 어짊에 귀의하지만, 아침을 끝낼 때까지 악한 일을 하게 되면 사해四海가 기울어지고 무너집니다."

그리고 정치를 잘할 방안을 제시했다.

"마땅히 때맞추어 재신宰臣과 태수 가운데 적당하지 않은 사람을 교체하시고, 저택과 원지園池에 사용되는 비용을 줄이시며 군과 봉국에서 받들어 보내오는 모든 것을 거절하시어 안으로는 스스로를 밝히시고 밖으로는 사람들의 의혹을 푸십시오.

또한 간사함을 품은 관리에게 가탁假託하지 못하게 하고, 사찰하는 신료가 이목을 집중하도록 하십시오. 법과 제도를 항상 펼쳐놓고 멀고 가까운 곳을 한결같이 깨끗하게 하십시오."

가탁이란 세금을 내지 않으려고 토지를 관리자의 명의로 바꾸는 일을 가리킨다.

그러나 당시 양기는 조정의 업무를 전횡하면서 오히려 주위의 환관들과 왕래하며 결탁했고, 그들의 자제와 빈객들을 주州와 군郡의 요직에 임명하여 자신의 기반을 확실히 하고자 하였다.

주목의 극간極諫을 들은 양기는 이렇게 반문했다.

"이와 같다면, 내가 한 것에는 하나도 옳은 것이 없단 말인가?"

자기가 무엇을 잘못하는지조차 모르고 있었던 것이다.

그러나 일부에서는 미약하나마 저항도 있었다. 양기가 환제 유지의 아들에게 질병이 있는 것을 계기로 사사로이 좋은 약재를 사들이려 하다가 경조윤京兆尹 연독延篤에게 저지된 일이 있었다.

또 군신群臣들의 조회 때 양기가 칼을 차고 대궐로 들어오자

상서 장릉張陵이 큰 소리로 꾸짖으며 나가도록 명령하고, 호분虎賁무사와 우림羽林무사에게 칼을 빼앗도록 하였다.

양기가 무릎을 꿇고 사죄했으나 장릉은 이를 받아들이지 않고, 즉시 양기를 탄핵하는 상소를 올렸으며 정위에게 청하여 죄를 판결하도록 청하였다. 결국 환제 유지는 1년의 녹봉으로 그 죄를 대속하라는 내용의 조서를 내렸고, 이에 모든 신료들이 숙연해 하였다.

결국 양씨들이 오래 전횡하는 가운데 양기와 그의 동생 양불의 사이에 불화가 생겼다. 양불의는 경서를 즐겨 읽고 선비를 접대하는 일을 좋아했는데, 양기는 양불의를 미워하여 하남윤이었던 양불의를 광록훈으로 삼고, 그 대신 그의 아들 양윤梁胤을 하남윤으로 삼았다.

당시 16살이었던 양윤은 얼굴이 못생겼고, 관대를 이기지 못할 정도의 작은 체구로 보는 이마다 비웃었으니, 그를 하남윤으로 삼은 것은 양불의를 조롱하는 일이었다.

양불의는 형제간에 사이가 벌어진 것을 부끄럽게 생각하고 관직을 그만두고 고향으로 돌아가 동생 양몽梁蒙과 함께 문을 닫아 걸고 스스로 분수를 지켰다. 이제 양기의 전횡에 대해 그의 동생들조차 저항하고 있었던 것이다.

그해 환제 유지가 주공周公의 전례에 비추어 양기에게 산천과 토전土田, 부용附庸을 하사하겠다고 하자, 조정에서는 양기에게 하사하는 것을 제한하자는 의견이 나오기까지 하였다.

그리고 태사령 진수陳授는 일식이 일어나자 그 원인이 대장군 양기에게 허물이 있기 때문이라고 하였다. 이 말을 들은 양기는 진수를 잡아다가 고문 끝에 죽였는데, 환제 유지가 이 일로 양기에게 크게 화를 내었다.

또 환제 유지는 양 태후가 죽자, 양 태후의 여동생이자 자신의 부인인 황후 양씨를 조금씩 멀리하기 시작했다. 그러다가 양 황후마저 죽고 말았는데, 그러고 나니 양씨 집안의 기세氣勢는 전과 같지 않았다.

당시 양기의 집안에서는 열후가 7명, 황후가 3명, 귀인이 6명, 대장군이 2명, 부인과 딸로 식읍을 받고 군君으로 불린 사람이 7명, 공주와 결혼한 사람이 3명, 그 나머지 경卿, 장將, 윤尹, 교校가 57명에 달했다.

원宛, 하남성 남양시 현령 오수吳樹는 사람들에게 해를 끼치는 양기의 빈객 수십 명을 죽였고, 요동遼東, 요동성 요양시 태수 후맹侯猛은 처음 관직을 받고도 양기를 찾아가지 않았다. 또 낭중 원저袁著는 양기를 면직시키라는 편지를 올렸고, 탁군涿郡, 하북성 탁현 사람 최기崔琦는 〈외척잠外戚箴〉과 〈백곡부白鵠賦〉◆를 지어 양기의 전횡을 풍자하였다. 이들은 물론 양기에게 해를 입었지만 이는 양기에 대한 노골적인 반대가 두드러지기 시작한 징표였다.

◆ 〈외척잠〉과 〈백곡부〉

최기는 젊어서 경사인 낙양에 와서 공부했는데, 그때 문장을 잘 써서 칭찬이 자자했고. 효렴과로 낭관(郎官)이 되었다. 양기는 하남윤 시절에 그 소문을 듣고, 최기를 불러서 서로 왕래했다. 양기가 법도에 어긋난 짓을 많이 하자 최기는 역사상의 실패한 일과 성공한 사건을 인용하면서 양기를 깨우쳐 주고자 노력했다. 그러나 양기는 이를 받아들일 수 없었다.

그러자 최기는 마침내 〈외척잠〉을 썼다. 여기서 황제를 도운 여러 역사상의 후비(后妃)를 거론했고, 또한 왕조 말년에 나라와 집안에 화(禍)를 만나게 한 사람들을 거론하였다.

성공한 외척으로 순 임금의 영황(英皇), 탕 임금의 신(莘)씨, 주 선왕의 강후(姜后), 제 환공의 위희(衛姬)를 들면서 이들은 모두 예로써 주군을 보필하고 인을 가지고 임금을 도우면서 재주 있는 사람과 선한 사람이 나아가게 했다고 설명했다. 그러나 은나라의 달기(妲己), 조나라 무령왕의 오왜(吳娃), 한 고조의 여(呂) 태후, 한 무제의 진(陳) 황후 같은 사람이 나라를 망치고 자기 집안을 망쳤다고 말했다.

그리고 다음과 같은 잠언을 써서 양기에게 보였다.

[無謂我貴] 내가 귀하다고 말하지 말라.
[天將爾摧] 하늘이 장차 너를 꺾어버릴 것이다.
[無恃常好] 항상 좋을 것이라는 것을 믿지 말라.
[色有歇微] 자색(姿色)도 말라서 보잘 것 없어진다.
[無怙常幸] 항상 행복할 것이라고 믿지 말라.
[愛有陵遲] 사랑하는 것도 서서히 고통을 가져 오느니라.
[無曰我能] 나는 할 수 있을 것이라고 말할 것이 없다.
[天人爾違] 하늘과 사람이 너를 어긋나게 할 것이다.
[患生不德] 걱정거리는 덕(德)스럽지 못한데서 생겨나고,
[福有愼機] 복은 신중한 기미를 잘 보는데 있다.
[日不常中] 해는 항상 중천에 있지 아니하며,
[月盈有虧] 달도 차면 이지러진다.
[履道者固] 도(道)를 실천하는 사람은 굳고,
[仗勢者危] 형세를 잡는 자는 위태로워진다.

하지만 양기는 이 말을 따르지 않았다.

그러자 최기는 다시 〈백곡부〉를 지어 덕을 쌓지 않고 황제에게 총애를 받는 자는 근심과 해로움을 낳게 된다는 뜻으로 양기를 풍자했다. 〈백곡부〉의 전문은 전해지지 않지만 이 글을 보고 양기는 화가 나서 사람을 시켜 최기를 죽였다.

환관에게 쫓겨난 양기

양기가 정권을 잡은 지 거의 20년 동안 안팎으로 위세를 떨치니 환제 유지는 장성한 후에도 어찌할 수 없어서 이를 불평만 하고 있었다. 그런데 앞에서 거론한 대로 양기가 자신을 비판한 태사령 진수마저 죽이자 유지는 더욱 화가 났다.

드디어 환제 유지는 양기를 축출할 방법을 모색하기 시작했다. 이미 유지의 나이는 27살이었다. 하루는 유지가 측간으로 소황문사小黃門史 당형唐衡만을 불러서 물었다.

"주위의 사람 중에 외척 집안과 통하지 않은 자가 누구인가?"

궁중 안에는 온통 외척인 양기의 사람들로 꽉 차있기 때문에 은밀히 양기를 따르지 않는 환관이 누구인지 물은 것이다.

당형이 대답했다.

"중상시 선초單超와 소황문사 좌관左悺은 양불의와 사이가 벌어져 있습니다. 중상시 서황徐璜과 황문령 구원具瑗은 항상 개인적으로 외척 집안의 전횡을 분통해 하였지만 입으로는 감히 말하지 못하였습니다."

이 말을 듣고 유지는 우선 선초와 좌관을 불렀다.

"양 장군 형제가 조정에서 전횡하고 안팎을 협박하여 공경 이하의 사람들은 그가 넌지시 이르는 뜻을 따르고 있다. 지금 그들을 죽이고자 하는데, 상시의 뜻은 어떠한가?"

선초 등이 대답했다.

"진실로 나라의 간사한 도적이니 마땅히 사형시켰어야 함이 오래되었으나 신들이 약하고 용렬하여 아직 성스러운 분의 뜻이 어떤지를 알지 못하였을 뿐입니다."

환제 유지가 말했다.

"자세히 살펴서 진행해야 하니 상시는 비밀리에 도모하라."

그리고 서황과 구원 등 5명을 불러 함께 의견을 결정하고, 환제 유지가 선초의 팔을 물어 피를 내어 맹세했다. 드디어 환관을 이용한 친위 쿠데타를 계획한 것이다.

이때 수상한 낌새를 눈치 챈 양기는 선초 등을 의심하고 중황문 장운張惲에게 성省, 궁궐 안에 있는 관부으로 들어가 숙직하면서 변란에 대비하도록 시켰다. 그러나 중황문 장운의 상급자인 황문령 구원은 "함부로 바깥에서 들어와 반란을 꾀하고자 한다."라고 하면서 장운을 잡아 가두었다.

드디어 환제 유지가 전전으로 나가서 상서들을 불러들여 양기를 쫓아내는 일에 대해 언급했다.

상서령 윤훈尹勳에게 부절符節을 가지고 승丞과 낭郎 이하 사람들을 챙겨 모두 병기를 잡고 대궐을 지키게 하였다. 구원에게는 좌우에 있는 구추廐騶, 말 기르는 사람, 호분虎賁, 천자 호위군, 우림羽林, 천자 숙위군, 도후都候, 야간 순찰기관에 소속된 병사 천여 명을 거느리고 사예교위 장표張彪와 함께 양기의 집을 에워싸게 하였다. 광록훈 원우袁盱에게 부절을 가지고 양기의 대장군 인수를 거두고 비경도향후比景都鄕侯로 책봉했다. 양기가 드디어 쫓겨난 것이다.

양기와 그의 부인 손수는 그날로 모두 자살하고 양불의와 양몽은 이에 앞서 죽었다. 양씨와 손씨 가운데 안팎의 종친을 모두 잡아다 감옥에 보낸 후 나이가 많고 적음을 가리지 않고 모두 목을 베어 시체를 저자에 버려두었다. 그밖에 연루된 공경, 열교, 자사, 이천석 관리 수십 명이 죽었다.

양기 대신 들어선 환관들

친위 쿠데타를 일으킨 환관들은 양기의 재물을 거두어 현관縣官, 관부에서 싼값에 팔았다. 그랬더니 판매금액이 모두 30여 억 전錢으로 왕부王府의 쓰임을 충당하고, 천하 조세의 반을 감할 정도였다. 또한 양기의 원유園囿를 나누어서 곤궁한 백성의 생활터전으로 삼게 하였다.

환제 유지는 양 태후의 여동생 의릉懿陵황후를 추폐追廢, 죽은 뒤에 폐위시킴하여 귀인으로 하여 무덤도 귀인의 무덤으로 바꾸어 만들게 하였고, 양기가 자신의 의붓딸이라 하여 궁궐에 들여보낸 양 귀인을 황후로 삼았다. 그런데 양씨라는 말을 싫어했던 유지는 황후의 성을 박薄씨로 고쳤다가 나중에 황후가 등향鄧香의 딸임을 알고는 성을 등鄧씨로 회복해 주었다.

그리고 환제 유지는 양기를 죽이는데 공로를 세운 환관 선초, 서황, 구원, 좌관, 당형을 모두 현후縣侯로 삼고 많은 식읍을 내려주었다. 사람들은 이들을 5명의 후작이라는 뜻으로 '5후'라고 불렀다. 또 상서령 윤훈 등 7명을 모두 정후亭侯로 책봉했다.

결국 양기가 물러난 자리에는 5후라고 불리는 환관들이 자리를 잡게 되었다. 환관 19명에게 작위를 주었던 순제 유보시절과 마찬가지로 다시 환관들이 정권을 잡게 된 것이다.

이에 대한 비판은 자주 있었다. 이때 재변이 자주 일어나자 백마白馬, 하남성 활현 현령 이운李雲이 노포露布, 봉함하지 않은 편지로 편지를 올리고, 부본副本을 삼부三府로 보내어 환관에게 작위를 준 것을 비판했다.

"양기를 죽인 것은 마치 가신을 불러 목 졸라 죽인 것과 같을 뿐입니다. 환관들에게 너무 큰 상을 주었습니다."

그러나 환제 유지는 이를 보고 진노하여 이운을 체포하여 황문 북시옥北寺獄으로 호송하도록 하였다. 그리고 중상시 관패管覇와 어사, 정위가 함께 그를 고문하라고 하였다. 환관들이 양기를 몰아낸 것은 간단한 일에 지나지 않는데, 너무 큰 상을 주었다고 비판한 이운을 벌 주었으니, 환제 유지는 환관 편이었던 것이다.

이를 본 두중杜衆이 상소문을 올렸다.

"바라건대 이운과 더불어 한 날에 죽겠습니다."

두중 역시 이운이 환관을 비판한 것에 찬동한 것이다. 그러자 환제 유지는 더욱 노하여 두중도 정위에게 내려 보냈다.

이번에는 대홍려 진번陳蕃이 상소문을 올려 말했다.

"이운이 말한 의도는 나라에 충성하려는 것뿐입니다. 오늘 이운을 죽인다면, 가슴을 쪼개 죽였다는 비난이 다시 일어날까 두렵습니다."

또 태상 양병楊秉과 낙양에 있는 저자의 우두머리 목무沐茂, 낭중 상관자上官資도 나란히 상소하여 이운을 용서해주길 청하였다. 환제 유지의 분노가 심해지자 유사는 이들이 큰 불경죄에 해당한다고 상주하였다. 결국 환제 유지는 조서를 내려 진번과 양병을 심하게 질책한 뒤 면직시켜 고향으로 돌려보냈고, 목무와 상관자는 녹질 2등급을 깎아내렸다.

다시 관패管覇가 이운이 초야에 있는 어리석은 유가儒家일 뿐이라고 하면서 죄를 주기에는 부족하다며, 환제 유지를 달래보려고 하였다. 하지만 결국 이운과 두중은 모두 옥중에서 죽었고, 가까이에서 황제의 총애를 받는 환관들은 더욱 횡행하였다.

그러자 태위 황경黃瓊은 자신의 힘으로는 정치를 통제할 수 없다고 판단하고, 병을 이유로 나오지 않은 채 상소문을 올렸다.

소극적으로 환관들의 등장에 반대한 것이다.

그러나 환제 유지는 환관들을 제지할 생각이 없었다. 환관 덕분에 자기가 싫어하는 양씨를 제거했다는 사실만 생각한 것이다. 그리하여 후한은 이제 환관이 다스리는 시대로 접어들고 있었다.

환관의 아첨에 사로잡힌 어린 황태후
환관을 모두 폐출하지 마세요

후사 없이 죽은 환제 유지

환제 영강 원년(167년) 12월에 파란 많았던 환제 유지가 덕양전전 德陽前殿에서 죽었다. 21년간 황제 자리에 있었던 그의 나이는 이때 36살이었다.

환제 유지에게는 3명의 황후가 있었다. 첫 번째 황후는 양 태후의 여동생이었던 양녀옥梁女瑩이었다. 양녀옥이 죽은 후 양기는 등맹녀鄧猛女를 양녀로 삼아서 귀인으로 들여보냈고, 그녀는 두 번째 황후가 되었다. 그러나 등 황후는 환제 유지가 좋아하는 곽 귀인과 다투다가 연희 8년(165년)에 폐위되어 폭실에 갇혔다가 죽었다.

그리고 마지막으로 황후였던 사람은 두묘竇妙였다. 그녀는 등 황후가 폐위되던 해에 후궁으로 들어와 귀인이 되었다가 그해 겨울에 등 황후가 폐위되자 황후가 되었다.

두묘가 황후가 된 것은 그녀의 배경 덕택이었다. 두묘의 증조부는 개국공신으로 사도를 지낸 두융竇融이고, 아버지는 대장군을 지낸 두무竇武였다. 거기에 장제 유달의 부인 두 황후의 사촌 손녀였으니, 그야말로 빵빵한 집안이었다. 두묘는 이러한 배경으로 황후가 되긴 했지만 환제 유지의 환심을 사지는 못하여 실제로는 유명무실한 처지였다.

그러나 환제 유지가 죽고 나자 두 황후는 바로 아들 없이 죽은 환제 유지◆의 후사를 결정할 수 있는 권한을 가지게 된 것이다. 또한 어린 황제를 뽑는다면 두묘가 조회에 임석하여 정치를 주관하게 되었다.

그렇다고 그녀가 큰 뜻을 가지고 있었던 것은 아니었다. 환제 유지가 죽은 후 그녀가 한 일이라고는 개인적인 감정을 표출하여 유지의 애첩이었던 채녀采女, 궁녀 출신인 귀인 전성田聖을 죽이거나, 친정 아버지 두무를 승진시키는 일 따위였다.

어쨌든 환제 유지가 죽은 후 두묘는 먼저 두무를 괴리후槐里侯로 삼고, 성문교위로 승진시켜 궁성의 치안을 책임지게 했다. 그리고 본인이 직접 정치를 할 수 없었으므로 실권은 모두 두무에게 넘겨주었다.

◆**아들 없는 환제 유지의 소생**

환제 유지에게는 생모를 알 수 없는 3명의 공주만 있었다고 전해진다. 첫째 딸 유화(劉華)는 연희 원년(158년)에 양안(陽安)장공주가 되었고, 불기후(不其侯) 보국(輔國)장군 복완(伏完)과 혼인하였다. 둘째 딸 유견(劉堅)과 셋째 딸 유수(劉脩)는 연희 7년(164년)에 각각 영음(穎陰)장공주와 양적(陽翟)장공주가 되었다.

새 황제를 뽑게 된 두무의 성향

이제 황후 두묘의 아버지 두무가 정치를 주도하게 되었고, 그의 선택에 따라 후임 황제가 결정되게 되었다. 황후의 아버지로서 실권을 쥐게 된 두무는 사실 환제 유지가 죽기 1년 전인 환제 연희 9년(166년)에 월기越騎교위에서 성문교위가 되었는데, 그는 다른 외척과는 달랐다.

두무는 재직 중에 명사들을 많이 벽소하였고, 청렴하여 뇌물이 통하지 않았다. 그는 가솔家率들이 먹고 입을 만큼만 재물을 모았고, 환제 유지와 황후 두묘로부터 받은 상도 모두 태학의 학생들과 빈민들에게 나누어 주었다. 이리하여 두무는 많은 사람들의 칭찬을 듣게 되었다.

특히 두무는 당시의 태위 진번이 당고黨錮의 화*로 인해 면직되자 그를 위해 상소문을 올리기도 했었다. 앞에서 말한 대로 당시의 환관들은 매우 부패했고, 이에 태학생은 이를 비판하고 청류淸流운동을 전개했다.

그러자 환관들은 이들 태학생들을 당黨을 만든 사람이라고 하여 체포하고 죽이는, 이른바 당고의 화를 일으켰다. 이러한 시기에 두무는 당인을 두둔했던 것이다.

두무의 상소로 결국 6월에 천하에 사면령을 내리고 연호를 고쳤으며, 감옥에 갇혔던 당인 200여 명을 모두 고향으로 돌려보냈다. 그 대신 그들의 이름을 삼부三府, 태위부, 사도부, 사공부에 기록해 두고 종신토록 관직을 가질 수 없는 금고형에 처했다.

결과적으로 당고의 화를 면하지는 못했어도 죽음에서는 면하게 한 것이다.

◆ 당고와 두무

후한 말기 태학의 제생(諸生)은 3만여 명이었는데, 곽태(郭泰)와 가표(賈彪)가 그들의 우두머리이며, 이응(李膺)과 진번(陳蕃), 왕창(王暢)은 서로 돌아가며 격려하여 그들을 중요하게 여겼다. 환관들은 이들을 당인이라 했고, 이 당인의 대표격인 인물은 진번이었다.

환제 연희 9년(166년)에 환제 유지는 환관들의 말을 듣고 진노하여 군과 봉국에 알려 당인(黨人)을 체포하도록 하고, 천하에 포고하여 그들을 분노하고 미워하도록 했다. 이에 대해서 태위 진번이 이것을 물리치고 다시 글을 올려 극진하게 간하자, 환제 유지는 진번을 면직시켰던 것이다.

진번이 면직되자 두무가 나서서 상소했다.

"폐하께서 즉위하신 이래로 아직까지 정치를 잘했다는 이야기를 들어보지 못했으며, 상시와 황문이 다투어 거짓을 행하니 망령되게도 걸맞지 않는 사람에게 작위를 주었습니다. 지금 대각(臺閣)의 근신들인 상서 주우(朱寓), 순곤(荀緄), 유우(劉祐), 위랑(魏朗), 유구(劉矩), 윤훈(尹勳) 등은 모두가 국가의 곧은 선비들이며 조정의 훌륭한 보좌역들입니다. 상서랑 장릉(張陵), 규호(嬀皓), 원강(苑康), 양교(楊喬), 변소(邊韶), 대회(戴恢) 등은 문질(文質, 재화(才華)와 질박함)을 두루 갖추고 국가법전에 밝고 통달하니, 이처럼 안팎의 관직에는 많은 인재들이 줄지어 서 있습니다."

이는 나라 안에 훌륭한 인재들이 많다는 말이다. 그런데도 정치가 잘못되는 이유를 설명했다.

"그러나 폐하께서는 근습(近習, 가까이 있는 환관 등)한 자들에게 위임하여 오로지 탐욕스런 자만을 세워 밖으로는 주와 군을 관리하고, 안으로는 심려(心膂, 곁에서 보필하는 가장 중요한 신하)를 주간(主幹)하도록 하였으니, 의당 차례에 따라 관직을 깎아내려 내쫓고, 죄상을 조사하고 규명하여 벌을 주어야 합니다."

이와 같은 두무의 상소로 인해 많은 당인들이 죽음은 면하게 되었다.

두무의 황제 뽑기

이러한 두무가 후임 황제를 결정하는 일을 맡게 된 것이다. 그는 이일을 함께 의논하고자 시어사侍御史 유조劉儵를 불러 종실 가운데 똑똑한 사람이 누구인지를 물었다.

두무가 왜 하필 유조에게 후임 황제를 추천하도록 했는지 정확한 이유는 알려지지 않고 있지만, 아마도 그가 황족 내의 인물을 잘 알고 있는 황족 출신이었기 때문인 것 같다. 또 두무와 가장 가까이 근무하고 있었던 시어사였던 것도 그 이유일 것이다.

또 다른 면에서 생각해보면 두무가 예전에 양기 등과 같이 권력을 독점하려는 의도를 가지고 있지 않았기 때문에 유조라면 이해관계 없이 공정하게 후임 황제를 추천할 수 있을 것이라고 판단하여 그에게 의견을 물은 것일 수도 있다.

하여간 시어사 유조는 해독정후解瀆亭侯 유굉劉宏을 칭찬했다. 유굉은 죽은 유지의 당질堂姪이었다. 사실 죽은 환제 유지에게는 동생 유석劉石이 있었지만, 이 당시 살아 있었는지 전해지지 않는다. 만약에 유석이 없다면 유굉이 죽은 유지와 가장 가까운 사람이라고 할 수 있다.

설혹 다른 후보자가 있었다고 해도 나이가 많았다면 황제로 선택되기 어려웠을 것이다. 왜냐하면 이때 황태후가 된 두묘는 후궁으로 궁궐에 들어온 지 겨우 2년밖에 지나지 않은 시점이었기에 그녀의 나이 또한 20살을 넘지 않았을 것으로 예측할 수 있다.

태후보다 나이 많은 사람을 황제로 세우기는 곤란한 일이니 당시 12살이었던 유굉이 황제로 가장 적당했다고 할 수 있다. 그래서 두무는 후임 황제로 유굉◆을 결정했던 것이다.

두무는 즉시 유굉을 황제로 모시는 절차를 진행했다. 조정에서는 유굉을 받들어 영접하고, 영제 건녕 원년(168년) 정월에 성문교위 두무를 대장군으로 삼았다. 또 예전에 태위였던 진번을 태부로 삼아, 대장군 두무, 사도 호광胡廣과 함께 3명이서 상서의 일을 관장하도록 하여, 새로운 정치를 할 체제를 갖추었다.

해독정후 유굉은 경사[낙양]에 도착하고 다음날인 경자일(21일)에 황제에 즉위하였다. 환제 유지가 죽은 지 23일 만에 새로운 황제를 세운 것이다. 그리고 어린 황후 두묘는 황태후가 되었다.

이에 대해 후한시대 유학자 노식盧植(139년~192년)은 가계도家系圖를 쪼개서 보첩譜牒에 의거하여 순서대로 그들을 세운 것에 불

◆ 영제 유굉의 계보도

유굉은 하간효왕(河間孝王) 유개(劉開)의 증손이다. 그리고 환제의 아버지인 유익(劉翼)과 형제간인 해독정후(解瀆亭侯) 유숙(劉淑)의 손자이다. 따라서 유굉의 아버지 유장(劉萇)은 환제 유지와는 사촌 간이고, 유굉은 환제 유지의 당질(堂姪)이다.

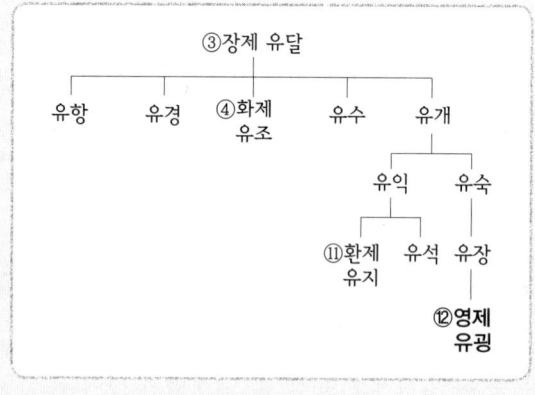

과하다고 비판했다. 이는 황제를 올바로 선택하려는 고민 없이 쉽고 촌수만 따지는 간단한 방법으로 황제를 뽑았다는 말이다.

하지만 후한의 황실에서는 오랫동안 황태후가 수렴청정을 하는 바람에 근친에서는 더 이상 올바른 황제감을 구할 수 없었는지도 모른다. 그렇지 않다면 황제 스스로 권위를 회복할 기회를 갖지 못하고 능력을 갖지 못한 것의 반영일 수도 있다.

어쨌든 새로운 황제를 세운데 대한 논공행상도 실시했다. 영제 건녕 원년(168년) 정월에 두무를 문희후聞喜侯로 삼고, 두무의 아들 두기竇機를 위양후渭陽侯로, 형의 아들 두소竇紹를 호후鄠侯로 삼았다. 그리고 두정竇靖을 서향후西鄕侯로, 중상시 조절曹節을 장안향후長安鄕侯로 삼았는데, 후작에 책봉된 사람이 총 11명이었지만, 그 중에서도 두씨가 공로를 독식한 셈이었다.

환관의 제거를 망설이는 나이 어린 두 태후

두무 중심의 정치가 시작되자 두무와 두 태후는 진번을 중용했다. 진번은 등 황후의 후임으로 귀인이던 두묘를 강력하게 추천했던 사람이다.

당시 환제 유지는 전성田聖을 황후로 삼고자 했으나, 사예교위 응봉應奉이 전한시대 조비연趙飛燕을 황후로 세웠다가 후사가 끊어진 일을 말하며 이를 반대했다. 태위 진번 역시 미천한 출신인 전성보다 훌륭한 집안 출신인 두씨가 황후가 되어야 한다고 완강하게 주장했다. 그래서 환제 유지는 어쩔 수 없이 두 귀인을 황후로 세우고, 두무를 특진 겸 성문교위에 임명하고 괴리후槐里侯에 책봉했었다.

이러한 일로 인해 두 태후와 두무는 진번에게 은혜를 입었다고 생각하고, 두 태후가 조회에 임석하자 대소에 관계없이 모든 정사를 진번에게 위임하였다. 진번은 두무와 더불어 죽을힘을 다해 황실을 보필하였다. 모처럼 만에 정상적인 정치를 기대하게 되었다.

그리하여 천하의 명현인 이응李膺, 두밀杜密, 윤훈尹勳, 유유劉瑜 등을 징소하여 모두 조정의 정사에 참여시켰다. 이에 천하의 선비들은 모두들 태평시대를 바라보게 되었다고 생각했다.

그러나 궁궐 안의 상황은 이와 반대로 진행되고 있었다. 새로 황제가 된 유굉의 유모인 조요趙嬈와 모든 여상서女尙書, 내관들이 아침저녁으로 두 태후 곁에 있었고, 중상시 조절曹節과 왕보王甫 등이 함께 당우黨友를 결성하여 아첨하며 태후를 섬겼다. 그러나 어린 두 태후는 그들의 아첨이 무엇을 의미하는지 간파하지 못하고 그들을 믿고 자주 작위와 관직을 내려주었다.

이로 인해 진번과 두무는 그들을 미워했는데, 일찍이 조당朝堂에서 진번이 두무에게 말했다.

"조절과 왕보 등이 먼저 돌아가신 황제[환제 유지] 때부터 나라의 권력을 잡고 농단하여 온 나라를 혼탁하게 하고 어지럽히니, 지금 그를 죽이지 않는다면 이후에는 반드시 그들을 도모하기가 어려울 것입니다."

후한 조정에서 골칫거리 환관을 제거할 절호의 기회라는 것이다. 두무는 상서령 윤훈尹勳 등을 끌어들여 함께 계책을 확정했다. 때마침 일식의 변고가 있자, 진번이 두무에게 말했다.

"옛날 소망지蕭望之는 석현石顯 한 사람 때문에 곤란을 느꼈는데, 하물며 지금 석현 같은 무리가 수십 명이니 어떠하겠습니까? 저 진번은 팔십 먹은 나이로 장군을 위하여 해로운 자를 제거하고자 하오니, 지금 일식이 일어난 것을 이유로 환관들을 물리쳐 파직시킴으로써 하늘이 내리는 변고를 막읍시다."

일식을 계기로 환관들을 제거하자고 두무에게 건의했고, 두무가 두 태후에게 이 이야기를 전했다. 그리고 덧붙여서 황문과 상시는 예로부터 궁중의 드나드는 곳에서만 일을 해왔는데, 현재는 정사에 관여하고, 중요한 권한을 맡아서 탐욕스럽고 포악한 짓을 일삼고 있다며 환관을 제거해야 할 이유를 들었다. 그리고 이를 해결하는 방안을 제시했다.

"천하가 흉흉한 것은 바로 이러한 연고이니, 마땅히 모두 죽이거나 폐출시켜 조정을 깨끗하게 하셔야 합니다."

그러나 환관들에게 대우를 받고 있던 어린 두 태후는 두무의 이러한 말에 전적으로 찬성하지 않았다.

"한나라 초기 이래의 전례를 보더라도 대대로 환관이 있었는데, 죄 있는 사람만 죽여야 하지 어찌 다 폐출할 수 있겠소?"

결국 이 계획은 최고 권한을 가진 두 태후의 미적지근한 반응으로 즉각적으로 시행할 수 없었다.

어쩔 수 없이 두무는 당시 중상시 관패管覇가 성省 안의 일을 자기 마음대로 처리함을 지적하고, 우선 관패와 중상시 소강 등을 체포하여 연좌시켜 죽이는데 그쳤다.

밤중에 일어난 환관의 공격

두무는 다시 조절 등을 죽여야 한다고 두 태후에게 말했으나, 두 태후는 머뭇거리며 쉽게 결정하지 못했다. 그래서 이 일은 실행되지 못했다.

이에 진번이 상소를 올려 현재 천하를 어지럽히는 사람은 환관 후람侯覽, 조절曹節, 공승흔公乘昕, 왕보王甫, 정삽鄭颯과 유굉의 유모인 조요趙嬈, 그리고 여러 상서들이라고 거명하였다. 그리고 이들을 따르는 자는 승진되고 거슬리는 자는 중상中傷,모략을 받으니, 온 조정의 많은 신하들은 강하江河에 둥둥 떠다니는 나무와 같이 봉록을 탐닉하고 해 입는 것을 두려워한다면서 실정失政을 지적했다. 그리고 경고하여 말했다.

"폐하께서 지금 급히 이 무리들을 죽이지 않는다면 반드시 변란이 일어나 사직이 기울어 위태롭게 될 것이니, 그 화는 헤아리기 어려울 것입니다."

그리고 자기가 올리는 이 상주문을 주위에 널리 알리고, 천하의 여러 간사한 자들에게 자신이 그들을 미워하고 있음을 알리라는 말도 덧붙였다. 그래도 두 태후는 받아들이지 않았다.

그때 마침 8월에 태백성太白星, 금성이 방수房宿의 상장성上將星을 침범하고 태미성太微星으로 들어갔다. 태미성은 천자를 상징하는 별자리이므로 별자리로서는 천자의 자리가 침범되는 것을 의미했다.

평소 천문에 능통하던 시중 유유劉瑜는 이러한 현상이 불길한 기운임을 감지하고 두 태후에게 편지를 올려 말했다.

"《점서占書》를 살펴보면, 궁문이 마땅히 폐쇄되어야 하고 장상將相은 이롭지 못하며 간인들이 주상의 곁에 있는 것이라 하였으니, 바라건대 속히 이들을 막으십시오."

또 유유는 두무와 진번에게 편지를 보내 성신星辰이 뒤섞여 형세가 불리하므로 대신들이 신속히 결단을 내려야한다고 재촉하였다.

이에 두무와 진번이 주우朱寓를 사예교위로 삼고, 유우劉祐를 하남윤으로, 우기虞祁를 낙양雒陽 현령으로 삼았다. 또한 황문령 위표魏彪를 면직시키고, 두무와 친분이 있는 소황문 산빙山冰이 그 직책을 대신하도록 하였다. 그 다음에는 산빙을 시켜 장락궁의 상서 정삽을 체포하여 북시옥으로 압송하게 하였다.

그러나 이러한 조치는 일부 환관을 두무 편으로 바꾸고 정삽을 체포하는데 그쳤을 뿐 총체적인 조치는 아니었다. 두 태후가 환관을 제거하는데 미온적인 태도를 보이는 상황이니 두무가 대대적으로 처리하기는 어려웠다.

진번이 두무에게 말했다.

"이 무리들은 의당 붙잡아 죽여야 하는데, 어찌 다시 고문만 하시오?"

하지만 두무는 진번의 말을 따르지 않고, 산빙과 윤훈, 시어사 축진祝瑨에게 명령하여 정삽도 함께 고문하도록 하였다.

취조 결과, 환관의 총수라고 할 수 있는 조절이 왕보와 연관되어 있음이 밝혀졌다. 윤훈과 산빙은 즉시 유유에게 조절 등을 체포하겠다고 주문을 올리도록 하였다. 이렇게 차근차근 환관을 축출하는 계획이 진행되고 있었다.

두무가 없는 틈에 일으킨 환관들의 쿠데타

두무는 두 태후를 보호하고 궁궐의 문제를 통제하기 위해 그동안 대궐에서 주숙住宿하고 있었다. 그러다가 영제 건녕 원년(168년) 9월 신해일(7일)에 대궐을 나와 대장군부로 돌아갔다. 권력을 쥐고 있는 두무가 두 태후가 거주하는 궁궐을 떠나서 자기의 관부인 대장군부로 갔다는 것은 환관들이 기거하는 궁궐을 떠났다는 의미이다.

군권을 쥐고 있는 두무가 궁궐을 떠났다는 것은 환관들에게는 더할 나위 없는 기회였다. 실제적인 조치를 취하는 것은 두무였지만 그 명령을 내리는 두 태후가 궁궐에 있었고, 환관들이 어린 두 태후를 조종할 수 있기 때문이다. 주장奏章 업무를 관장하는 환관인 중서中書가 우선 장락궁에 있는 여상서女尙書, 내관인 오관사五官史 주우朱瑀에게 이 사실을 보고했다.

두무가 없는 틈에 환관 주우는 두무가 두 태후에게 올린 주문을 훔쳐보던 중에 '마땅히 모두 죽이거나 폐출시켜 조정을 깨끗하게 하셔야 합니다.'라는 대목을 보게 되었다.

이 말을 문자대로 해석하면 모든 환관, 즉 방종한 환관이건 아니건 상관없이 다 죽여야 한다는 뜻이다. 두무의 주문을 훔쳐 본 주우는 욕설을 퍼부었다.

"중관中官, 환관 가운데 방종한 자들이야 죽일 수 있겠지만 우리들이 무슨 죄가 있다고 모두 다 멸족시키려고 한단 말인가!"

환관의 입장에서는 옥석玉石을 가리지 않고 다 죽이겠다고 한다면 억울할 수도 있다. 전횡하지 않는 환관까지 죽이겠다는 말은 문제 있는 환관들의 행태를 못마땅하게 생각하던 환관들조차 돌아서게 하는 결과를 가져왔다.

결국 이 주문의 내용은 궁궐 안에 있는 환관들을 단결하게 만들었다. 드디어 주우가 크게 소리치며 말했다.

"진번과 두무가 태후에게 아뢰어 황제를 폐위시키려고 하였으니, 대역죄가 된다!"

물론 진번과 두무가 황제를 바꾸겠다고 말한 적은 없었다. 즉 주우의 말은 거짓이고 다만 선동하기 위한 것일 뿐이었다.

하지만 누가 보더라도 영제 유굉은 아무런 힘이 없었다. 따라서 구체적인 사실을 모르는 사람이라면 두 태후의 아버지인 두무가 마음만 먹는다면 충분히 황제를 바꿀 수 있을 것으로 이해되던 시기였다. 그러므로 진번과 두무가 황제를 바꾸려 한다는 말은 설득력 있게 들렸다.

먼저 주우는 한밤중에 평소 친하게 지내던 환관인 장락궁의 종관사從官史, 태후궁에서 종관을 관장하는 직책 공보共普와 장량張亮 등 17명을 불러 피를 마시며 두무 등을 죽일 것을 맹약하였다. 그리고 환관의 대표격인 조절이 영제 유굉에게 아뢰었다.

"밖의 정황이 긴박하니, 청컨대 덕양전전德陽前殿으로 납시소서."

정말로 두무가 황제를 갈아 치우려고 한다고 말한 것이다.

이 말을 곧이곧대로 믿은 영제 유굉은 유모 조요에게 좌우를 호위하게 하고는, 궁궐로 통하는 금문禁門을 폐쇄했다. 그리고 상서에 속한 관속들을 불러 번득이는 칼로 위협하여 조판詔板, 조서를 쓰는 나무판을 만들게 하여 왕보를 황문령黃門令으로 삼았다. 한밤중에 환관들에게 황제를 보위할 직책을 내린 것이다.

이렇게 급조된 부절을 소지하고 정삽 등이 갇혀 있는 북시옥으로 가서 북시옥의 책임자 윤훈과 산빙을 체포하게 하였다.

산빙이 그들을 의심하여 조서를 받지 않자, 왕보는 산빙과 윤훈을 죽였다. 그리고 옥에 갇혀있던 환관 정삽을 빼내고 병사들을 이끌고 돌아와 두 태후를 위협하여 인새와 인수를 탈취하였다. 중알자中謁者에게 남궁을 지키도록 하고 성문을 닫고 남궁과 북궁을 연결하는 복도複道를 단절시켰다.

조절은 정삽 등에게 부절을 소지하게 하여, 시어사와 알자로 하여금 두무 등을 체포하도록 하였다. 한밤중에 공격을 받은 두무는 조칙을 받지 않고, 말을 달려 보병군영으로 들어가 그의 조카인 보병교위 두소竇紹와 함께 사자를 죽였다. 그리고 북군오교北軍五校의 군사 수천 명을 불러 모아 도정都亭에 주둔시키고 군사들에게 명령을 내렸다.

"황문과 상시가 반란을 일으켰는데, 힘을 다하는 자는 열후로 책봉하고 상도 후하게 내릴 것이다."

진번도 이 갑작스런 변란의 소식을 들었다. 그가 할 수 있는 일이란 승상부에 속한 관속과 자기의 문생 80여 명을 거느리고 칼을 빼들고 승명문承明門으로 돌진하는 것뿐이었다. 진번은 상서문尚書門에 이르러서 팔을 걷어 올리고 소리쳤다.

"대장군[두무]이 충심으로 나라를 호위하는데 황문이 반역하였으니, 어찌 두씨에게 대역무도하다고 말하는가?"

환관의 손에 죽는 진번과 두무

그때 상서문을 통해 나오던 환관 왕보와 진번이 마주쳤다. 왕보는 두무를 감싸는 진번에게 두무의 죄상을 말했다.

"먼저 돌아가신 황제[환제 유지]께서 최근에 천하를 버리셔서 산릉山陵, 환제 유지의 무덤도 아직 완성되지 않았는데, 두무가 무슨 공적이 있어서 형제와 부자父子를 3명씩이나 열후로 책봉한단 말이오?

또한 음악을 연주하게 하고 술자리를 마련하면서, 대부분 액정披庭의 궁인을 데려다 썼고, 열흘 사이에 거만巨萬의 재산을 모았는데, 이것도 도리라고 할 수 있단 말이오? 공은 재상이 되자 구차하게 아부하는 사람들을 모아 당우를 결성하였으니, 어찌 도적들을 잡을 수 있겠소?"

왕보는 진번 역시 당인黨人이라고 몰아붙인 것이다. 그리고 칼을 차고 있던 무사에게 진번을 체포하도록 하였다. 진번이 칼을 빼들고 저항했으나 결국 잡혀서 북시옥에 송치되었다. 황문종관黃門從官의 하인이 진번을 발로 차고 밟으면서 말했다.

"죽을 늙은 요괴야! 다시 우리 인원과 수효를 줄이거나 우리들의 늠가禀假, 녹미를 대여하는 것를 탈취하겠는가?"

이들은 바로 그날로 진번을 죽였다. 환관을 제거하려 한 재상이 오히려 환관에게 살해당한 것이다.

밤중에 쿠데타를 일으킨 환관들의 조치는 재빨랐다. 그들은 행정 조치를 잘 알고 있었으므로 우선 쿠데타의 중심에 선 조절 등은 황제의 명령을 고쳐서 소부少府 주정周靖을 행行거기장군으로 삼았다. 그리고 부절을 추가하여 장환張奐과 함께 오영의 군사들을 거느리고 두무를 토벌하도록 하였다.

때마침 두무는 얼마 전에 호흉노중랑장 장환을 징소하여 경사[낙양]로 돌아오게 했었는데, 장환은 왜 자기를 불렀고 앞으로 무엇을 해야 할지를 잘 몰랐다. 조절은 이처럼 경사의 사정을 모르는 장환을 이용한 것이다.

환관들도 자체적으로 군사를 모집하려 했지만 원래 군사를 다루지 않았던지라 쉬운 일이 아니었다. 밤이 다 지나서야 환관 왕보는 호분무사와 우림군 등을 합하여 겨우 1천여 명을 거느리고 나가서 주작액문朱雀掖門, 북궁의 남쪽에 있는 액문에 주둔할 수 있었다. 그리고 이들은 이미 준비하고 있던 호흉노중랑장 장환 등과 합세하였다. 이로써 환관이 지휘하는 모든 군사들이 대궐 아래에서 대장군 두무와 대치하는 상황이 되었다.

그리하여 환관 왕보의 병력이 점점 강하고 왕성해졌다. 왕보의 병사들은 두무의 군사들을 향해 크게 소리 질렀다.

"두무가 반란을 일으켰다. 너희는 모두 금병禁兵이니 마땅히 궁성宮省, 궁중을 숙위해야 하는데 무슨 까닭으로 반란자들을 따르는가? 먼저 항복하는 자에게는 상이 있으리라!"

환관들이 두무를 반란의 수괴로 몰아갔고, 그 말은 먹혀들었다.

평소 환관을 두려워했던 영부營府, 오영교위부의 병사들은 모두 환관들에게 굴복했다. 뒤이어 나머지 두무의 군사들도 조금씩 왕보에게 귀부하기 시작하더니 오전 무렵이 되자 대부분의 병사들이 항복했다.

이제 대장군 두무는 반란을 일으킨 두목으로 지목되어 모든 군사를 잃었다. 두무와 두소가 도망가자 모든 군사들이 그들을 추격하여 포위했고, 결국 이들은 모두 자살했다. 환관들은 두무의 목을 베어 낙양에 있는 도정都亭에 효수했다. 환관들은 종친과 빈객, 인척들을 체포하여 다 죽이고, 아울러 시종 유유劉瑜와 둔기교위 풍술馮述에 이르기까지 그의 친족들도 모두 죽였다.

환관들은 평소에 마음에 들지 않았던 사람을 지목하여 두무와 내통했다고 참소하기도 했다. 그래서 호분중랑장 유숙劉淑과 상서였던 위랑魏朗이 자살했다.

환관을 제거하는 일에 미온적이었던 두 태후는 결국 환관들의 쿠데타를 만나서 남궁으로 쫓겨났다. 두무의 가속家屬들을 일남

日南, 베트남 광치현으로 귀양 보냈고, 일찍이 진번과 두무에게 천거 받은 사람들과 문생, 옛 관리들은 모두 면직되고 금고에 처해졌다.

의랑 파숙巴肅은 두무 등과 함께 환관의 제거를 모의했지만 환관들이 미처 이를 알지 못해 다만 금고에 처해졌다. 하지만 파숙이 스스로 현부縣府에 가서 자신도 함께 모의한 사실을 말하니, 현령은 파숙에게 자신도 관직을 사직하겠다며 인수를 풀어놓고 함께 떠나자고 하였다. 그러나 파숙은 결국 죽음을 택했다.

환관의 세상과 후한의 종말

조절은 장락궁의 위위로 승진되고, 육양후育陽侯로 책봉되었다. 왕보는 중상시로 승진되고, 황문령의 관직은 전과 같게 하였다. 주우, 공보, 장량 등 6명은 모두 열후로 삼았으며, 11명은 관내후로 삼았다. 많은 무리의 소인배들은 뜻을 이루었고 반대로 사대부들은 의기를 상실하였다.

이는 두무가 영제 유굉을 세운지 1년도 안 되어 벌어진 일이었다. 이제 외척이 황태후를 앞세워서 정치를 하고 권력을 잡던 일은 환관들에 의해 봉쇄되었다. 황태후 두묘와 그 아버지 두무가 후한시대의 마지막 외척세력이었다.

영제 유굉은 환관들이 권력을 잡은 가운데 황제 자리만은 끝까지 지켰다. 그러나 단지 그뿐이었다. 황제가 직접 매관매직을 하여 이천석의 관직은 2천만 전, 사백석의 관직은 4백만 전에 팔았을 정도였다.

정치는 이른바 10상시十常侍◆에 의해 농단되었다. 영제는 10상시를 비판하는 사람에게 이런 말을 하기도 했다.

"이 자가 정말로 미친 모양이구나. 10상시 가운데 진실로 착한 자가 한 사람도 없단 말인가!"

이러한 혼란 속에서 황건적이라 불리는 반란 세력이 동부 지역에서 일어났다. 이를 막을 수 없자 10상시는 황건적과 내통하기도 했다. 후한이 이를 토벌하는 과정에서 이른바 삼국시대를 열 영웅들이 등장했다. 후한이 더 이상 왕조를 유지할 수 없게 된 것이다.

영제 유굉이 죽고 그의 아들 두 명이 모두 황제 자리에 올랐지만 허울뿐인 자리만 유지했을 뿐이고, 마지막 황제인 헌제獻帝 유협劉協은 나라를 들어 조비曹조에게 선양하는 일로 한 왕조를 마감했다.

◆ 10상시

후한시대 말 영제(靈帝) 때에 정권을 잡아 조정을 농락한 10여 명의 상시를 말한다. 이들 환관은 장양(張讓), 조충(趙忠), 하운(夏惲), 곽승(郭勝), 손장(孫璋), 필남(畢嵐), 율숭(栗嵩), 단규(段珪), 고망(高望), 장공(張恭), 한리(韓悝), 송전(宋典)이다. 따라서 일반적으로 10상시라고 하지만 실제는 12명이다.

《후한서(後漢書)》에는 10상시들이 많은 봉토를 거느리고 그들의 부모형제는 모두 높은 관직에 올라, 그 위세가 가히 대단했다고 쓰여 있다. 특히 그들의 곁에서 훈육된 영제는 10상시의 수장인 장양(張讓)을 아버지, 부수장인 조충(趙忠)을 어머니라 부르며 따랐다.

건녕 원년(168년) 영제 유굉은 어린 나이로 황제가 되어 전혀 통치 능력이 없었으므로 10상시는 영제의 관심을 정치에서 멀어지게 하기 위하여 주색에 빠지게끔 만들고, 하진(何進)의 누이를 바쳤다. 장성한 뒤에도 10상시의 농간에 놀아나 정치를 돌보지 않자, 여러 곳에서 반란이 일어났다.

그 중에서도 장각(張角)이 이끄는 황건적(黃巾賊)의 세력이 가장 컸고 황건적의 난이 평정되자 10상시는 모두 열후(列侯)에 봉해졌다. 10상시가 멋대로 천자의 칙명을 내리자, 하진이 누이의 세력을 빌어 10상시와 권력을 다투게 되고, 하진이 제후(諸侯)들을 불러모아 10상시를 제거하려다 오히려 죽게 되었다.

이에 장수 원소와 조조(曺操) 등이 대궐로 들어가 10상시를 비롯한 환관들을 모두 죽였으나 나라 중추(中樞)가 무너져 큰 혼란에 빠지게 되었다.

우연히 서량(西涼)의 호족(豪族) 동탁(董卓)이 황제 유변(劉辯)을 발견하고 모시고 입성하여 궁정의 세력을 장악하고 횡포를 부리자, 지방 호족들이 분격하고 이에 군웅 할거(割據)의 대전란이 시작되었다.

이른바 삼국시대를 연 것이다.

제3장
삼국에서 진시대

격동하는 시대의 황제 뽑기

시대 설명

후한이 황건적의 등장으로 왕조를 유지할 수 없자 천하는 유비, 조조, 손권으로 대표되는 삼국으로 나뉘어 병존하는 삼국시대가 시작된다.

그리고 삼국 가운데 하나인 위魏에서 쿠데타를 일으켜서 성공한 사마씨의 주도하에 촉한은 멸망했었고, 당시 명목만 남아 있던 위나라는 사마씨의 진晋에 선양한다. 위로부터 선양을 받은 진은 드디어 오까지 멸망시켜서 다시 통일 왕조를 건설했다.

위나라에서 쿠데타를 성공시킨 사마씨는 명목상 남아 있는 위의 황제를 조씨 가운데서 자기들의 목표에 적합한 인물로 뽑는다. 이에 반발하는 위나라의 황제는 살아남을 수가 없었다.

또 오나라는 위와 진의 압박으로 위기를 느낀다. 그러나 여기에서도 황제 자리를 둘러 싼 종족간의 음모와 반발은 계속되었고, 이 혼란 중에 뽑힌 황제는 오나라의 운명을 재촉했을 뿐이다.

진晋은 재통일이라는 위업을 달성하기는 했지만 오랫동안 지속된 갈등으로 인해 효과적으로 북방민족의 남하를 저지할 수가 없었다. 결과적으로 남하하는 북방세력과 전쟁을 해야 했고, 그러는 사이에 진의 황제는 전조前趙, 한에 포로가 된다. 황제가 외국의 포로가 된 상황에서 뒤를 이을 황제를 뽑아야 했다.

　비록 이러한 어려운 시기에 황제란 고통의 연속이기는 하지만 군사 세력을 가지고 있는 사람들은 그래도 후임 황제로 자기 입맛에 맞는 사람을 뽑으려고 하고 있다.

　이 시기에 황제로 뽑힌 사람은 위나라의 황제 조방과 고귀향공 조모였으며, 사마씨가 선양을 받을 수 있는 사람으로 선택된 인물은 원제 조환이었다.

　오나라에서는 손권이 태자로 세웠던 사람을 제쳐두고 손량을 황제로 세우는 바람에 조정은 혼란해져서 그의 형인 경제 손휴가 등장했고, 다시 태자에서 쫓겨났던 손화의 아들 손호가 황제로 등장한다.

　그리고 서진에서는 8왕의 난으로 혼란한 시기를 보낸 혜제 사마충이 죽은 다음에 그의 동생 회제 사마치가 등장했다가 사마치가 전조에 잡혀가자 다시 사마치의 조카 민제 사마업이 등극한다. 그러나 사마업 역시 흉노의 전조에게 포로가 되어 서진은 멸망한다.

쿠데타 세력이 뽑는 위의 황제들
황제 되기를 바라는 사람은 그래도 많다

사마씨를 제거하려다 쫓겨난 황제 조방

위 고귀향공 정원 원년(254년) 9월에 안동安東장군 사마소司馬昭가 병사를 거느리고 들어와서 황제 조방曹芳을 알현하였고, 조방은 평락관平樂觀에 행차하여 군사들을 검열하였다.

주위 사람들은 조방에게 이 기회를 이용하여 사마소를 죽이라고 청했다. 그렇게 한 다음 사마소의 병사들을 챙겨서 사마소의 형인 대장군 사마사司馬師를 물리치라고 하였다. 쿠데타를 일으켰던 사마씨를 제거하라는 주문이었다.

조방은 이 말에 동의하고 이를 위해 다음에 조치할 것까지 준비해서 조서를 다 써놓았다. 하지만 조방은 사마소가 두려워 감히 명령을 발동하지 못했다. 결국 과단성이 없었던 조방은 안동장군 사마소는 물론이고 대장군 사마사도 물리칠 수 없었다.

이 같은 상황을 사마소가 눈치채게 되었는데, 조방은 다시 군사를 돌려서 낙양성으로 돌아왔다. 그러자 사마소는 그의 형인 대장군 사마사를 만났고, 그와 함께 황제 조방을 폐위시킬 것을 모의하였다.

그리하여 사마사는 곽 태후의 명령이라며 여러 신하들을 불러 모아 회의를 열어 주장했다.

"황제 조방은 황음荒淫하고 절도가 없으며, 창우倡優, 배우와 광대들과 외설스럽게 가까이하고 있어서 천자의 자리를 이을 수 없습니다."

이 말을 들은 군신들은 모두 감히 반대 의견을 내지 못했다. 사마사는 황제의 인새와 인수를 거두어들이고 조방을 제齊 지역에 있는 번국藩國으로 돌아가게 하였다.

사실 황제 조방을 폐위시키려고 한 이유는 조방이 사마씨를 죽이려고 했기 때문이지만, 황제가 신하를 죽이려 한 것은 죄로 볼 수 없는 것이므로 공식적으로는 조방의 도덕적인 흠결을 그 이유로 든 것이다.

그렇다고 사마사가 문제 삼은 조방에 대한 평가가 전혀 터무니없는 것은 아니었다. 당시 위魏와 대치하고 있던 오吳의 제갈각諸葛恪은 조방을 이렇게 평가했다.

"조방은 아둔하고 못났으며 정치는 개인의 수중에 들어가 있어서 저들의 신하와 백성들은 진실로 마음이 서로 떨어져 있소."

아무튼 사마사를 중심으로 한 중신회의에서 이같이 황제의 폐위가 결정되었고, 이를 황제 조방과 태후 곽郭씨에게 통지하는 일만이 남았다. 이 일을 맡은 사람은 곽지郭芝였다.

곽지에 대해서 특별한 기록은 없다. 그가 서평西平, 청해 서녕 사람이고 당시 그다지 높지 않은 관리였다는 것뿐이다. 다만 그가 황태후 곽씨와 같은 성씨이면서 출신 지역도 또한 같다는 것으로 보아 곽 태후의 친척으로 짐작된다.

사마사의 입장에서는 과거 왕망이 한나라를 뺏을 때 왕 태후의 친정 조카인 안양후安陽侯 왕순王舜을 보내 전국새傳國璽를 청했던 것처럼 곽 태후의 친척을 보내는 것이 편했을 것이다.

곽지가 황제를 폐출할 수 있는 권한을 가진 곽 태후에게 형식적이지만 이 사실을 알리려고 들어갔다. 이때 마침 황제 조방과 곽 태후가 함께 있었다. 곽지는 조방에게도 함께 말했다.

"대장군[사마사]이 폐하를 폐위시키고, 팽성왕彭城王 조거曹據를 세우고자 합니다."

조거는 무제 조조의 아들이자 문제 조비의 이복 동생이다.

이 말을 들은 조방은 아무 말 없이 일어나서 나갔다. 그가 먼저 사마사와 사마소를 제거하려고 했던 것이 발각되었음을 짐작하고 물러나야 될 때를 안 것이다.

사마의에게 후사를 부탁한 명제 조예

황제 조방을 폐위시킨 대장군 사마사와 안동장군 사마소는 모두 사마의司馬懿(179년~251년)의 아들이다. 사마의는 조조와 함께 위魏를 건설한 사람이라 할 정도로 위나라에 공로가 큰 사람이다. 특히 그는 삼국三國, 촉한·위·오가 쟁패할 때 촉한의 제갈량과 대결했던 사람으로도 유명하다.

조조와 조비의 뒤를 이어 위나라의 3대 황제가 된 명제 조예曹叡(204년~239년)는 등극한 지 12년 만인 명제 경초 3년(239년) 정월에 죽음을 앞두게 되었다. 그때 사마의는 이미 70살이었다. 당시 위나라의 개국공신들은 거의 남아 있지 않았기 때문에 사마의의 권위는 더없이 높았고, 조씨들 사이에서는 그의 권력을 제한하려는 움직임이 생겨났다.

그러던 차에 명제 조예는 병이 나서 자리에 눕게 되자, 후사에 관해 깊이 생각했다. 그래서 무제 조조의 아들 연왕燕王 조우曹宇를 대장군으로 삼고, 영군장군 하후헌夏侯獻, 무위장군 조상曹爽, 둔기교위 조조曹肇, 교기장군 진랑秦朗 등과 더불어 정치를 보필하게 하였다. 사마의를 배제하고 조씨를 중심으로 정치를 수행하도록 한 것이다.

그러나 조우가 이를 감당할 능력이 없다고 판단한 명제 조예는 이번에는 조상을 선택했다. 그러나 조상 역시 혼자서는 일을 감당하기 어렵다고 생각하여 하는 수 없이 사마의를 추가로 넣었다. 사마의의 능력 때문에 마지못해 후계자를 보필하도록 했던 것이다.

당시 사마의는 동쪽의 공손연을 정벌하고 돌아와 급현汲縣, 하남성 급현에 도착해 있었다. 이때 사마의는 명제 조예가 위독하다는 소식을 듣고 경사京師, 낙양에 급히 들어가서 조예를 알현했다.

명제 조예가 사마의의 손을 잡고 말했다.

"나의 후사를 그대에게 부탁하오. 그대는 조상과 함께 어린 아들을 보필하여 주시오. 죽는 것은 참을 만하오. 내가 죽기 전에 그대를 만나고 떠나게 되었으니, 다른 여한이 없소."

명제 조예는 마음에 없는 말을 하며 사마의의 환심을 사려한 것이다. 조예는 원래 3명의 아들◆을 두었다. 그러나 이들 모두는 이미 사망했기에 이때 친생 아들은 없었다. 결국은 양자로 들인 9살 된 조순曹詢(231년~244년)과 의자義子로 들인 8살 된 조방曹芳(232년~274년) 중에 한 명을 후임 황제로 정할 수밖에 없었다.

그리하여 명제 조예는 제왕齊王 조방과 진왕秦王 조순을 불러 곁에 두었다. 조예는 사마의에게 두 아들을 보이고 따로 조방을 가리키며 말했다.

"이 사람이 바로 그이니 그대는 이를 잘 살펴 잘못되게 하지 마시오."

조방을 황제로 삼는다는 말이고, 사마의에게 그 뒷일을 부탁한 것이다.

그리고 명제 조예는 조방에게 사마의의 목을 끌어안게 하여 사마의를 의지하는 모습을 보이게 하였다. 이에 사마의는 머리를 조아리면서 눈물을 흘려 조예의 부탁을 수용하는 뜻을 나타냈다. 이날로 조방을 세워 황태자로 삼았고, 명제 조예는 얼마 지나지 않아 죽었다.

사마의의 쿠데타

명제 조예가 죽고 조방이 황제에 등극했으나, 8살짜리 황제는 황제의 업무를 처리할 수 없었다. 명제 조예의 황후인 명원明元황후 곽씨는 황태후가 되었다. 보통 어린 황제가 들어섰을 경우에는 황태후가 조정에 나와서 정치를 주관하지만 이때 곽 태후는 실제로 정치를 할 힘을 갖고 있지 못한 상태였다.

◆ 명제 조예의 세 아들

· 조경(曹冏, ?~226년) : 226년에 청하왕(淸河王)으로 책봉, 같은해 사망
· 조목(曹穆, ?~229년) : 228년에 번양왕(繁陽王)으로 책봉, 이듬해 사망
· 조은(曹殷, 231~232년) : 태어난 이듬해 사망

사실 곽 태후의 집안이 하서河西 지역의 대족大族이라고는 하지만 그녀의 아버지 곽포郭浦는 별반 세력을 가지지 못했다. 그런 곽씨가 황후가 될 수 있었던 것은 그녀의 아름다운 외모 덕분이었다. 황초 원년(220년)에 곽씨의 고향인 서평西平, 청해 서녕에서 반란이 일어나자 조비는 전성全城 태수를 파견하여 난을 평정하게 하였다. 임무를 마친 전성 태수는 미색美色을 지닌 곽씨를 데리고 황궁으로 들어왔고, 조예의 첩실이 되었던 것이다.

그리고 얼마 후 명제 조예는 황후 모毛씨를 폐위시키고, 곽씨를 황후로 세웠다. 이렇게 황후가 된 것만 해도 곽씨에게는 생각지 못했던 천운이었는데, 이제 그녀는 황태후 자리에까지 오르게 되었다.

그러나 아무리 정치적인 힘을 발휘할 수 있는 자리에 있다고 해도 능력이 없으면 자신의 역량을 발휘하기란 어려운 법. 그래서 실제 정치는 조예로부터 보정輔政을 부탁받은 조상과 사마의에 의해 이루어졌다.

명제 조예가 죽은 후 조상과 사마의는 각기 병사 3천 명을 거느리고 전내殿內에서 묵었다. 이때 조상은 사마의를 아버지처럼 섬겼으며 항상 예를 갖추고 모든 일에 자문을 구하는 등 권력을 전횡하려 하지 않았다.

그렇게 한 달쯤 지나자 이런 상황에 반기를 드는 사람들이 생기기 시작했다. 하안 등이 위나라가 조씨의 왕조이므로 중대한 권한을 다른 사람에게 위탁할 수 없다고 생각한 것이다. 그래서 정밀은 조상을 위해 계획을 세웠다.

정밀은 조상으로 하여금 황제 조방에게 아뢰어 조서를 내려 사마의를 태부로 삼게 하였는데, 이는 외견상으로는 사마의의 직급을 올려 준 것이지만 실제로는 사마의가 현실 정치에 간여할 수 없도록 한 것이다. 그리고 정밀은 상서가 되어 상주하는 모든 일을 자기를 경유하도록 함으로써 조정의 대소사를 통제하려고 했다.

계획대로 2월 정축일(21일)에 조상은 사마의를 태부로 삼았다. 이것으로 사마의는 현실 정치에서 쫓겨난 것이다. 사마의는 위나라의 건국과 삼국의 경쟁 관계 속에서 위나라의 간성干城 역할을 했고, 명제 조예로부터 황제를 보정하라는 고명을 받았지만 결국 정치의 현장에서 쫓겨난 것이다.

그로부터 7년이 지난 소릉여공 정시 8년(247년) 5월에 사마의는 더 이상 정치의 일선에서는 조상과 다툴 수 없게 됨을 깨닫고 병을 이유로 정사에 참여하지 않았다. 그러나 사실 사마의는 철저하게 자기를 위장하면서 기회를 엿보고 있었다.

그 후로부터 다시 2년이 지나고 드디어 사마의에게 일생일대의 기회가 찾아왔다. 소릉여공 가평 원년(249년) 정월 갑오일(6일)에 조방이 고평릉高平陵, 명제 조예의 능으로 배알하러 나섰고, 이때 대장군 조상과 그의 동생인 중령군 조희曹羲, 무위장군 조훈曹訓, 산기상시 조언曹彦이 모두 동행했다. 조씨 집안의 핵심적인 인물들이 모두 도성을 비우고 45킬로미터나 떨어진 먼 곳으로 나간 것이다.

사마의는 몰래 두 아들인 중호군中護軍, 중앙군사총감독 사마사司馬師와 산기상시 사마소司馬昭와 함께 조상을 주살할 것을 모의하였다. 사마의가 철저하게 자기 자신을 숨기고 있던 것을 조상 등은 제대로 파악하지 못한 것이다.

사마의는 이 기회를 놓치지 않고 황태후령皇太后令을 가지고 여러 성문을 닫아걸었다. 황태후 곽씨는 황제 조방의 친생 모친도 아니었고, 정치적인 힘도 없었기 때문에 사마의의 요구를 들어줄 수밖에 없었다.

그리고 군사를 챙겨서 무고武庫를 점거하고, 병사를 낙수洛水의 부교浮橋에 주둔하게 하였다. 사도 고유高柔에게 가절假節로써 대장군의 일을 임시로 수행하게 하여 조상의 군영을 점거하게 했다. 또한 태복 왕관王觀에게는 조상의 동생인 중령군 조희가 맡고 있는 군영을 점거하게 했다. 조씨의 핵심 군사 세력인 대장군 조상과 중령군 조희를 면직시키고 이를 접수하게 한 것이다.

그리고 고평릉에 가 있는 황제 조방에게 조상 등의 죄상을 적어 올렸다. 이를 알게 된 조상은 결국 고민 끝에 자기의 관직을 면직시키는 조서를 내려달라고 말했다. 황제 조방을 받들고 낙양으로 돌아온 조상 형제는 자기 집으로 돌아갔고, 사마의는 낙양에 있는 이졸들을 징발하여 그들을 포위하고 지키게 했다.

그리고 조상을 도왔던 조희, 하안, 등양, 정밀, 필궤, 이승, 환범과 황문黃門 장당張當을 잡아들여서 대역부도의 죄로 탄핵하고, 삼족을 이멸하였다. 사마의의 쿠데타가 성공한 것이다.

사마씨와 황제의 대결

쿠데타에 성공한 사마의는 위나라 정치를 장악하였고, 모든 결정은 그에게서 나왔다. 그러나 2년이 지난 소릉여공 가평 3년(251년) 8월 무인일(5일)에 사마의가 죽었다. 이에 조방은 무양후舞陽侯였던 사마의에게 선문후宣文侯라는 시호를 내렸으며, 그의 아들인 위장군 사마사를 무군撫軍대장군 겸 녹상서사로 삼았다. 아들 사마사에게로 사마의의 권력이 계승된 것이다.

그리고 이듬해 정월 계묘일(2일)에 사마사를 대장군으로 삼았다. 이제 촉한, 오와 각축을 벌이고 있던 위의 주도권은 모두 사마씨가 가지게 되었다.

그동안 위와 경쟁을 벌이던 촉한에서는 조조曹操와 대결하던 유비劉備가 죽고 혼주昏主로 불리는 유선劉禪이 그 뒤를 잇고 있었다. 또 오나라에서도 대제大帝 손권孫權이 태자를 바꾸는 정치적 소용돌이를 거쳤고, 이후 손권도 죽었다.

위나라로서는 촉한과 오를 멸망시킬 수 있는 절호의 기회를 맞은 것이다. 하지만 이러한 상황에서도 조씨들은 사마의의 뒤를 이은 사마사와 사마소를 제거하려는 움직임을 멈추지 않았다.

그 가운데 한 사람이 이풍李豐이었다. 이풍은 17~18살 때에 이미 청아하다는 명성을 얻었고, 많은 사람들로부터 칭찬을 받고 있었다. 그래서 조방은 사마사가 정권을 잡자 그 대항마로서 이풍을 선택하여 중서령으로 삼았다. 사마사도 특별히 이풍을 중서령으로 삼는데 반대할 명분이 없었기 때문에 그냥 넘어갔었다.

그런데 이풍은 사마씨에 반대하는 하후현에게 기울어져 있었을 뿐만 아니라 이풍이 중서령으로 있는 2년 동안 황제 조방은 자주 이풍을 불러서 함께 이야기를 나누는 일이 많아졌다. 하지만 그 내용을 알 수가 없으니 권력을 잡고 있는 사마사에게는 몹시 신경 쓰이는 일이었다.

드디어 사마사는 이풍에게 황제 조방과 나눈 이야기에 관해 힐문하자 이풍은 사마사 몰래 논의한 일을 말했다. 그러자 사마사는 화가 난 나머지 그 자리에서 칼자루로 쳐서 그를 죽였다. 그것은 고귀향공 정원 원년(254년) 2월의 일이었다. 일단 중서령을 죽였으니 황제 조방에게 보고하지 않을 수가 없었다.

"이풍 등이 모의하기를 하후현을 대장군으로 삼고, 장집을 거기장군으로 하기로 하였는데, 하후현과 장집도 모두 그 모의를 알고 있습니다."

그리고 이어서 이풍과 한통속인 장집, 소삭, 낙돈, 유현 모두 삼족을 이멸하였다. 또한 장집의 딸인 황후 장씨 역시 고귀향공 정원 원년(254년) 3월에 폐위시켰다.

조방이 17살 때 쿠데타가 일어난 후 사마씨가 모든 권력을 잡고 있었기 때문에 조방이 마음대로 할 수 있는 일은 별로 없었다. 게다가 은밀히 논의할 수 있었던 이풍마저 죽었으니 이제 22살의 성년이 된 조방은 믿고 이야기를 나눌 사람이 한 명도 없게 되어 그 불만이 커졌다.

이에 조방은 먼저 사마씨의 세력을 분산시킬 필요가 있다고 생각했다. 그래서 허창許昌, 하남성 허창시에서 진수하고 있던 안동장군 사마소에게 촉한의 장수 강유를 공격하라는 조서를 내렸다. 강유는 촉한의 버팀목이라고 할 수 있는 유능한 장수였다. 이는 경사[낙양]와 가까운 허창에 있는 사마소의 군사력을 촉한 지역으로 보내려는 계획◆이었다.

출정 명령을 받은 사마소는 경사에 들어와서 황제 조방을 알현하고 출정신고를 해야 했다. 이때 황제는 평락관에서 군사를 검열하게 되는데, 그때 사마소를 죽이려고 계획했던 것이다. 그리고 조방은 이 여세를 몰아서 대장군 사마사도 물리쳐서 권력을 되찾겠다고 생각했다.

후임 황제를 정해 둔 태후와 사마사의 대결

황제 조방은 사마소를 죽이고 나서 취할 일에 대해서까지 조서를 써놓는 등 나름 준비를 마쳤다. 그러나 막상 사마소가 촉한으로 출정하기 전에 황제를 알현한다는 명목으로 허창에서 병사를 이끌고 낙양성으로 들어오자 조방은 그 위력 때문에 두려워서 감히 명령을 내리지 못했다.

한편 조방의 이러한 계획을 알게 된 대장군 사마사는 병사를 이끌고 온 사마소 함께 황제를 폐위시킬 것을 모의하였다. 갑술일(19일)에 사마사는 황태후의 명령이라며 여러 신하들을 불러 모

◆ 조방이 사마씨를 분산시키려는 계획도

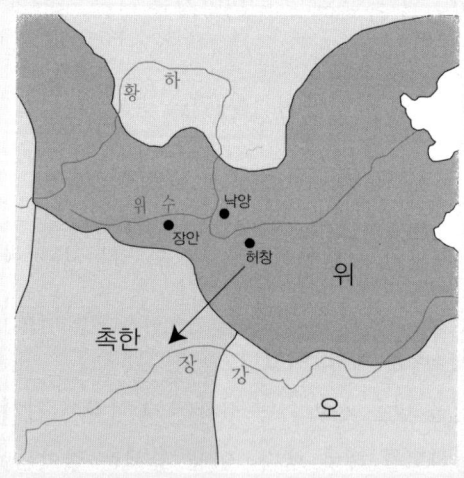

조방은 사마씨의 세력을 분산시키기 위해 낙양과 가까운 허창에서 진수하고 있던 사마소에게 촉한을 공격하라는 명령을 내렸다.

아 회의를 열었다. 앞에서 이미 말한 바와 같이 조방이 황음하고 절도가 없어서 창우倡優들과 외설스럽게 가까이하고 있어서 천자의 자리를 이을 수 없다는 이유를 들었다.

사실 조방이 사마소를 죽이려고 했기 때문에 조방을 폐위시키려는 것이었지만, 원칙적으로 황제가 신하를 죽이는 것은 죄가 되지 않는다. 그래서 에둘러 조방의 도덕적 흠결을 지적하며 폐위의 이유를 삼은 것이다.

자리에 모인 군신들은 감히 사마사의 말에 반박을 하지 못했다. 이에 사마사는 조방의 인새와 인수를 거두어들이고 원래 번국이었던 제로 돌려보내라고 주청을 올렸다. 그리고 조방 대신 팽성왕彭城王 조거曹據를 새 황제로 세우기로 하였다.

그리고 바로 조방이 갖고 있던 황제의 인새와 인수를 곽지에게 빼앗아오게 했다. 그리고 사마사는 사자를 파견하여 조방에게 제왕齊王의 인새와 인수를 주어 서궁西宮으로 보냈다.

조방은 경초 3년(239년)에 황제에 올라서 정원 원년(254년)까지 15년간 황제 자리에 있다가 쿠데타 세력에 의해 쫓겨나 제왕이 되었다. 조방과 곽 태후가 눈물을 흘리면서 이별했고, 조방이 수레를 타고 태극전太極殿의 남쪽으로 나가니 신하 수십 명이 그를 전송했다.

이제 후임 황제를 뽑아야 했다. 이미 사마사는 팽성왕 조거를 후임 황제로 결정했지만, 그래도 형식상으로나마 황태후의 명령으로 시행되어야 하는 일이었다. 곽지가 곽 태후에게 말했다.

"태후께서는 아들을 두시고 제대로 가르칠 수 없었으니, 지금 대장군이 마음으로 이미 결정하였습니다. 또한 군사를 동원하여 밖에서 비상사태를 대비하고 있으니, 다만 그 뜻에 따르셔야지 다시 무슨 말을 하겠습니까?"

대장군 사마사의 결정에 따르라는 협박이자 통보였다. 그러나 곽 태후는 사마사를 직접 만나서 할 이야기가 있다며 인새와 인수를 내주지 않았다. 하는 수 없이 사마사가 다시 사자를 보내 곽 태후에게 인새와 인수를 청하게 하였다.

그제야 곽 태후는 자기가 생각하고 있는 바를 말했다.

"팽성왕[조거]은 나의 삼촌인데, 지금 데려다 세운다면 나는 어떻게 해야 하는가?"

팽성왕 조거는 조조의 아들이자 위를 세운 조비의 동생이다. 따라서 조거는 명제 조예와 곽 태후의 숙부 항렬◆이었다. 곽 태후는 만일 조거가 황제가 된다면 숙부가 황제로 있는 조정에서 황태후로 있을 수 없기 때문에 자신의 신분 문제를 거론한 것이다.

사실 조거의 정확한 생년은 알려지지 않고 있으나 그가 처음 범양후范陽侯라는 후작侯爵을 받은 것은 후한 말기인 건안 16년(211년)이었고, 이때 그는 후작을 받은 지 43년이나 지난 후였다. 갓난아이에게 작위를 내리지 않았을 것임을 감안한다면 그의 나이가 이미 상당히 많았을 것으로 짐작된다.

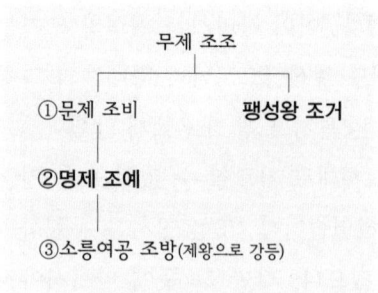

◆ 팽성왕 조거와 명제 조예의 관계도

권력을 쥔 사람이 후임 황제를 세울 때에는 일반적으로 나이가 어리고 정치적인 능력을 발휘할 수 없는 사람을 뽑는다. 그럼에도 불구하고 사마사가 나이 많은 조거를 선택하려 한 이유는 무엇이었을까?

사마사는 이미 조거가 위협적인 인물이 아니라는 것을 알고 있었기 때문이다. 조거는 경초 원년(237년), 즉 명제 조예가 죽기 2년 전에 개인적으로 휘하에 있는 사람에게 주옥珠玉을 싸들고 가서 궁중에 있는 중상방에서 금지된 물건을 만들게 한 일이 있었다. 이곳에 사람을 보내어 공관工官, 기술자들과 왕래하면서 법으로 금지하는 물건을 만들었다는 것은 중대한 범법행위였다. 그뿐만 아니라 가까운 관서에 출입하면서 지나치게 사치하여 명령과 법제를 어겨 법의 처분을 받은 적도 있었다. 그래서 식읍이 2천 호나 삭감되기도 하였다.

조거는 왕작으로 가지고 있으면서도 불법을 저질러 무시당하기도 하고, 나이가 많아도 자기 주장을 하지 못할 위인이었다. 게다가 조비 이후의 제계帝系를 끊어서 위나라의 정통성을 무너트릴 수 있는 인물이었다. 그러니 권력을 잡고 있는 사마사의 입장에서 조거는 후임 황제로서 충분한 조건을 갖추고 있었던 것이다.

황태후 곽씨가 뽑은 조모

곽 태후는 쫓겨가는 조방을 붙잡을 힘은 없었지만, 최소한 자기 의사를 표현할 수는 있었다. 바로 사마사가 논리적으로 반대할 수 없는 인물을 천거하는 것이었다.

곽 태후는 작은 아버지 항렬인 조거가 남편의 뒤를 잇게 되면 자신의 거취문제가 애매해져서 조거를 꺼려했지만, 공식적으로는 조거를 세우면 명제 조예의 후계자가 영원히 끊어진다는 점을 들어 그를 반대했다. 그러면서 그 대안으로 고귀향공高貴鄕公 조모曹髦◆를 들었다.

조모는 명제 조예의 동생인 동해정왕東海定王 조림曹霖의 아들이다. 조림은 문제 조비의 아들◆이자 명제 조예와 이복 형제간이었다. 조예가 조비의 계비인 진甄씨 소생이었던 것에 비해 조림은 소의 구仇씨의 아들이었다. 따라서 문제 조비의 손자이자 명제 조예의 조카를 데려다가 후사를 잇게 하려는 것은 소종小宗이 대종大宗을 잇는다는 예의 뜻에 맞는다는 주장이었다. 이 논리라면 사마사가 반대하기 어려울 것이라고 생각했을 것이다.

곽 태후가 조모를 추천한데는 또 다른 이유가 있었다. 바로 조모가 어리다는 점이었다. 14살이면 사마사도 위협을 느끼지 않고 안심하고 황제 자리에 앉혀줄 것이라고 믿었을 것이다.

그러나 조모는 나이는 어렸지만 그 영특함이 남달랐다고 한다. 곽 태후는 조모가 바르게만 자라준다면 어느 정도 시간이 흐른 뒤 사마씨로부터 권력을 되찾아올 수 있다고 생각한 것이다.

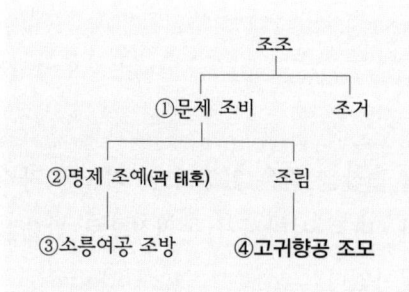

◆곽 태후와 조모의 관계도

이것이 바로 곽 태후의 숨겨진 의도였다.

하여간 사마사로서는 조모를 후임 황제로 세우겠다는 곽 태후의 의견에 특별히 반대할 수가 없었다. 사마사가 아무리 권력을 쥐고 있다고 해도 황태후령에 수용하는 자세를 보여줌으로써 황제 조방을 폐위한 불충한 사람이라는 비난을 피할 수 있기 때문이다. 이는 그만큼 적을 덜 만드는 일이기도 했다.

조방을 쫓아낸 지 사흘이 지난 9월 정축일(22일)에 사마사는 다시 여러 신하들을 소집했다. 그리고 곽 태후가 내린 명령을 보여주었다. 군신들도 당연히 반대할 이유를 찾지 못했고, 드디어 고귀향공 조모를 영접해 오기로 확정했다.

사마사는 황제 영접의 절차를 마치고 곽 태후에게 인새와 인수를 청했다. 그러나 곽 태후는 직접 인새와 인수를 전하고 싶다고 말했고, 이 또한 사마사로서는 거절할 수 없었다. 이제 원성

◆ 조비의 자식들

시호	이름	생졸 연도	생모
위(魏) 명제(明帝)	조예(曹叡)	204년~239년	진(甄)씨
	조개(曹皚)	요절	?
찬애왕(贊哀王)	조협(曹協)	요절	이(李) 귀인
북해도왕(北海悼王)	조유(曹蕤)	?~?	반(潘) 숙원
동무양왕(東武陽王)	조감(曹鑑)	?~224년	주(朱) 숙원
동해정왕(東海定王)	조림(曹霖)	?~249년	구(仇) 소의
원성애왕(元城哀王)	조례(曹禮)	?~229년	서희(徐姬)
감단회왕(邯鄲懷王)	조옹(曹邕)	?~229년	소희(蘇姬)
청하도왕(清河悼王)	조공(曹貢)	?~223년	장희(張姬)
엄평애왕(廣平哀王)	조엄(曹儼)	?~223년	송희(宋姬)
동향(東鄉)공주			진(甄)씨

元城, 하북성 대명현에 있는 조모를 불러와야 했다. 기록에 의하면 조모는 12일이 걸려서 낙양에 도착했다고 한다.

조모가 낙양에 도착하자 여러 신하들은 황궁인 전전에 묵으라고 주청했다. 그러나 조모는 자신은 아직 황제가 되지 않았으니 황제들이 묵었던 곳에 머무는 것은 예의에 맞지 않는다며 서상西廂에 머물렀다. 또한 신하들이 황제가 타는 법가法駕를 가지고 영접하려고 하니 이 역시 거절했다.

다음날인 경인일(5일)에 낙양으로 들어오는 조모에게 여러 신하들이 서액문西掖門의 남쪽에서부터 환영하며 절을 하자, 조모는 수레에서 내려 답례의 절을 하였다. 의례를 담당하는 사람이 조모에게 황제 될 분이니 신하들에게 답례의 절을 하면 된다고 했다. 그러자 조모는 아직은 신하의 신분이고, 그러하니 신하끼리 지켜야 하는 의례를 치러야 한다며 예에 맞는 행동을 했다.

그 후에도 조모는 지거문止車門, 수레가 멈추어야 하는 곳에 이르렀을 때와 수레를 타는 문제에 있어서도 여전히 신하로서의 의례를 지키면서 말했다.

"나는 황태후의 징소를 받았지만, 아직 해야 할 것을 모르오."

곽 태후의 부름에 온 것이지만 아직 왜 불렀는지도 모르고, 자기가 황제에 오를 것이라는 것도 확정된 것이 아니라는 뜻이었다. 이처럼 조모는 철저하게 자기의 신분에 따라 움직였고, 그만큼 현명하고 신중했다고 볼 수 있다.

결국 조모는 곽 태후를 알현한 후 태극전의 전전에서 황제 자리에 올랐다. 그리고 쫓겨난 조방을 위해 하내에 궁궐을 지었다. 자기가 조방을 쫓아낸 것이 아니고 대장군 사마사가 쫓아낸 것이기 때문에 자기가 할 수 있는 한 그를 대우한 것이다.

이를 통해 알 수 있듯이 조모는 나이는 어렸지만 총명했다. 곽태후는 비록 사마사의 말대로 황제 조방을 폐위시켰지만 어찌 보면 조방보다 더 똑똑한 조모를 세운 것이다. 이것은 사마씨들을 제압할 조씨 왕조의 힘을 기르기를 기대한 것이기도 했다.

힘을 기르는 현명한 황제 조모

조모가 즉위한 지 1년이 지난 고귀향공 정원 2년(255년) 정월에 그동안 권력을 쥐고 있던 대장군 사마사는 자신에게 반기를 든 관구검과 문흠을 토벌하는 과정에서 병을 얻었다. 사마사의 병세가 심해지자 위장군 사마소가 낙양을 떠나 형을 찾았다. 이때 사마사는 자신의 동생 사마소를 여러 군대를 통솔하는 총통제군總統諸軍으로 임명하고는 죽었다. 그리하여 이제 사마사의 권력이 사마소에게 넘어갔다.

이때 황제 조모는 사마소에게 특별한 은전을 베푸는 대우를 해 주었다. 조모는 고귀향공 감로 원년(256년) 4월 경술일(4일)에 대장군 사마소에게 곤袞. 용포과 면冕. 면류관 그리고 석舃. 붉은 신발을 내려 주었다. 이것들은 황제만이 사용할 수 있는 9가지 물건, 즉 9석九錫에 속한 것들이다.

그런데 그 가운데 3개를 사마소에게 하사했다는 것은 그만큼 사마소의 권력이 강해졌다는 뜻이 된다. 하지만 한편으로는 조모가 사마소를 안심시키는 조치라고 할 수도 있다.

사마소에게 3석三錫을 내리고 6일 후인 병진일(10일)에 황제 조모는 태학에 가서 여러 유학자들과《서경》,《주역》,《예기》를 가지고 토론하였다. 이때 어린 조모는 여러 유학자들을 뛰어넘는 토론 실력을 선보였는데, 특히 《예기》를 가지고 토론을 하는데 능했다.

《예기》는 한대漢代 이후에 군신 간의 상하질서를 규정하는 중요한 경서이고, 황제의 절대권을 유지시켜주는 이론서라고 할 수 있다. 조모가 《예기》에 밝다고 하는 것은 그 자신이 황제의 권위를 세우려는 의도가 있음을 알 수 있다.

황제의 권위가 바로 선다면 사마소가 아무리 실권을 쥐고 있다고 하더라도 결국은 황제에게 굴복될 가능성이 있다. 그런 까닭에 조모에게 있어서 《예기》는 특별한 의미가 있고, 그 교육기관인 태학이 중요할 수밖에 없다. 그래서 조모는 태학에 직접 가서 예를 가지고 토론을 벌였던 것이다.

그리고 황제 조모는 중호군中護軍 사마망司馬望과 시중 왕침王沈, 산기상시 배수裴秀, 황문시랑 종회鍾會 등과 더불어 동당에서 강론하고 연회를 베풀면서 아울러 문장에 대해서도 토론할 것을 부탁했다. 조모는 특히 사람마다 예우를 달리 표시했는데, 배수를 '유림장인儒林丈人'이라고 하였고, 왕침을 '문적文籍선생'이라고 불렀다. 이는 한대 이후로 황제의 권위를 지켜준 유학을 장려하여 황제의 권위를 회복시키려는 의도로 볼 수 있다.

또한 조모는 자기가 만나고 싶은 사람이 있으면 추봉거追鋒車를 보내서라도 궁궐로 불러왔다. 추봉거란 뻥 뚫린 포장을 달고 있는 수레로 보통 전쟁터에서 사용하는 빨리 달릴 수 있는 수레이다. 특히 중호군 사마망을 빨리 만나보고 싶었던 조모는 이 추봉거와 함께 특별히 호분虎賁 5명까지 내려주었다.

조모는 이처럼 사마소가 눈치채지 못하도록 서서히 자기 사람을 모으고 있었다. 그러한 점에서 곽 태후의 선택은 탁월했다고 할 수 있다. 이제 사마씨가 정상적인 방법으로는 조씨의 위나라로부터 쉽게 왕조를 넘겨받기 어려워졌다.

선양 받기를 준비하는 사마소

그러나 사마소의 권력 강화는 계속되었다. 조모는 황제가 된 지 2년 만인 고귀향공 감로 원년(256년) 8월 경오일(26일)에 사마소에게 조서를 내려서 대도독大都督의 칭호를 덧붙여주었다. 이제 사마소는 상주할 때 자기의 이름을 적지 않아도 되었고, 황제만이 가질 수 있는 황월黃鉞이라는 도끼도 하사받았다.

보통 신하가 상주문을 올릴 때에는 자기의 관직과 이름을 먼저 아뢰도록 되어 있는데, 이름을 쓰지 않도록 한 것은 그야말로 특별한 대우였다. 또한 황월은 벌을 줄 수 있는 권한을 상징하는 도끼로 이는 황제의 권한을 대신할 수 있는 도구였다.

이제 사마소의 지위는 황제와 거의 맞먹게 되었다. 이는 이미 사마소가 조씨로부터 위나라를 선양받을 준비를 하고 있음을 의미하는 것이다.

이듬해 4월에 사마소는 자신의 장사長史 가충賈充에게 참모진을 파견하여 사정四征, 정동, 정남, 정서, 정북 장군들을 위로하면서 또한 그들의 뜻을 살펴보라고 하였다. 이는 사마소가 선양을 받을 경우에 군사력을 가진 이들이 어떤 행동을 할 것인지를 미리 알아보기 위함이었다.

또 사마소는 심복인 가충을 파견하여 회남淮南 지역에 가서 제갈탄을 만나서 당시 관심사였던 선양에 관한 논의를 하도록 하였다. 그런데 이때 제갈탄은 사마소가 선양하는 것에 반대하는 입장을 분명히 했다.

"만약 낙양에서 어려운 일이 벌어지면 나는 마땅히 이를 위하여 죽겠소."

이 이야기를 들은 사마소는 제갈탄을 죽이기 위하여 그를 사공으로 삼는다는 조서를 내려 경사[낙양]로 불러들였다. 이 조서를 받고 두려워진 제갈탄은 무기를 다룰 만한 사람 4만~5만 명과 1년 정도 먹을 수 있는 곡식을 충분히 모은 후, 문을 닫아걸고 스스로 지킬 계책을 세웠다. 반란을 꾸미는 모양새가 된 것이다.

그러자 사마소는 직접 군사를 이끌고 제갈탄을 토벌하였다. 이때 사마소는 자신이 경사를 비운 사이에 조모와 곽 태후가 자신의 관직을 바꿀 것을 염려하여 조모와 곽 태후를 전장戰場에 동행시켰다.

사마소로서는 자기가 선양 받는 것을 반대하는 제갈탄을 토벌해야 하는 동시에, 자기가 없는 사이에 또 경사에서 자신을 내쫓지 못하도록 해야 했기 때문이다. 용의주도한 태도였다.

우물 안 개구리 같은 황제 조모

그러한 일이 있은 2년 뒤인 감로 3년(258년) 5월에는 황제 조모는 사마소에게 조서를 내려서 상국相國. 재상으로 삼고 진공晉公에 봉하며 식읍으로 여덟 군을 주었다. 그리고 거기에다 9석을 얹어 주었다. 비록 사마소가 아홉 차례나 사양하여 그만두기는 했지만 선양의 전단계로 나아가고 있음을 말하는 것이었다.

조모가 아무리 똑똑하고, 또 사마씨를 내쫓고자 힘을 기른다고 해도 이미 사마씨의 세력은 감당할 수 없을 정도로 커져갔던 것이다. 조모는 황제가 되었지만 자기 뜻대로 정치를 할 수가 없었고, 우물 안 개구리와 같은 자신의 처지에 우울한 날을 보낼 수밖에 없었다.

그런데 이듬해인 감로 4년(259년) 정월에 영릉寧陵, 하남성 휴현에 있는 우물에 황룡이 2번 나타났다. 이보다 먼저 돈구頓丘, 하북성 청풍현와 관군冠軍, 하남성 등현, 양하陽夏, 하남성 태강현에 있는 우물에서도 용이 나타난 일이 여러 번 있었는데, 여러 신하들이 이를 길하고 상서로운 징조라고 말했다.

그러나 이러한 보고를 받은 조모는 이 상황을 빗대 자기의 심경을 토로하는 시를 썼는데, 바로 〈잠룡시潛龍詩〉이다.

> [傷哉龍受困] 가슴 아프다! 용龍이 곤욕을 치루니
> [不能越深淵] 깊은 연못을 뛰어넘을 수 없구나.
> [上不飛天漢] 위로는 하늘의 은하수에서 날지 못하고
> [下不見於田] 아래로는 밭에 나타나지 않는구나.
> [蟠居于井底] 똬리를 틀고 우물 밑에 있으니
> [鰍鱔舞其前] 흐느적거리는 미꾸라지가 그 앞에서 춤을 춘다.
> [藏牙伏爪甲] 이빨을 감추고 손톱을 숨기고 있는 것이
> [嗟我亦同然] 아! 나도 역시 똑같이 그러하다.

황제 조모가 〈잠룡시〉를 썼다는 보고를 받은 사마소는 몹시 기분이 언짢았다.

그러한 점에서 이 시는 조모의 심경을 드러내 보인 것이고, 사마소로 하여금 경각심을 갖게 한 일이 되어버렸다. 조모가 속마음을 드러냈다는 점에서 보면 결국 똑똑하지만 아직은 어린아이였음을 보여준 사건이었다.

젊은 혈기의 황제 조모

조모는 주위의 압력 때문에 어쩔 수 없이 사마소에게 9석을 내려 주었지만, 자신의 권위가 날로 쇠퇴하는 것을 보고 분함을 이기지 못하였다.

결국 조모는 결단을 내렸다. 5월 기축일(7일)에 믿을 만한 측근이라 생각되는 시중 왕침王沈, 상서 왕경王經, 산기상시 왕업王業을 불러서 말했다.

"사마소의 마음은 길을 가는 사람도 다 아느니라. 나는 앉아서 폐위되는 욕을 당할 수는 없으니, 오늘 마땅히 경들과 더불어 나아가서 그를 토멸해야겠다."

그러나 상서 왕경은 춘추시대 노나라 소공昭公이 대부 계季씨를 치려다가 오히려 패하고 나라까지 잃었던 예를 들면서 이에 반대했다. 그리고 현재의 조건도 분석해서 말했다.

첫째로 지금 권력이 사마씨 집안에 있게 된 지가 이미 오래되었고, 조정에는 그를 위해 죽을 사람이 많다. 둘째로 사람들은 반역이냐 순응이냐 하는 이치를 돌아보지 않게 되었다. 셋째로 황제가 머무는 황궁에는 숙위들의 숫자도 부족하고, 병기와 갑옷도 적고 약하여 황제가 이용할 물자도 없다는 점을 들었다.

이어서 말했다.

"하루아침에 고질병을 제거하려 하다가 그것을 더 깊게 하지는 않겠습니까? 화란은 아마 헤아릴 수 없을 것이니 마땅히 다시금 자세히 살펴야 할 것입니다."

왕경의 이야기는 객관적인 정세분석에 기초한 신중론이었다. 그러나 젊은 혈기에 차 있는 조모는 이 말을 이성적으로 수용하지 못했다. 오히려 결기를 내어 거사를 시작했다.

조모는 미리 준비한 황소조黃素詔, 황제만이 사용하는 노란 비단에 쓴 조서를 품속에서 꺼내 땅에 던지면서 말했다.

"이를 실행하겠다고 결정하였다. 바로 죽게 된다고 한들 무엇이 두려우랴! 하물며 반드시 죽는 것은 아닐 것인데."

그리고 조모는 바로 곽 태후에게 아뢰었다. 죽음을 걸고 사마소를 치겠다는 것이다.

이제 겨우 20살 먹은 황제인 조모가 젊은 혈기를 이기지 못하고 드디어 칼을 뽑았다. 그러나 황제라고 하여도 부릴 군사가 없었기 때문에 심부름꾼인 창두蒼頭와 관부에서 심부름하는 관동官僮만을 데리고 나갔다. 황제가 직접 칼을 빼들고 직접 처결에 나서는 역사상 초유의 사태가 벌어진 것이다.

사마소의 병사에게 죽은 황제 조모

그러나 황제 조모 옆에 있던 이들은 모두가 사마소의 사람들이었다. 그러니 옆에서 이를 본 왕침과 왕업이 바로 사마소에게 달려가 이를 보고했다. 황제 조모가 믿을 사람이라고 생각한 이들조차도 사마소의 권위에는 도전할 수 없었던 것이다.

하여간 이미 출발한 조모는 직접 칼을 뽑아들고 궁궐 동쪽에 있는 동지거문東止車門에 이르렀다. 그곳에는 사마소의 동생인 둔기屯騎교위 사마주司馬伷가 있었다.

둔기교위는 기병騎兵을 지휘하는 지휘관으로 군사 700명을 지휘하는 직책이다. 원칙상 군대란 황제를 보위하는 책임을 지는데, 당시에는 오히려 황제를 감금하고 감시하는 역할을 하고 있었다고 보아도 무방하다. 그러므로 군사들은 칼을 뽑은 황제에 맞서야 했지만, 그렇다고 전통적인 관념상 황제에 직접 맞설 수는 없었다. 어찌할 바를 모르게 된 상황이었다.

현재의 황제를 감시하는 임무와 전통적으로 절대권자인 황제의 말에 복종해야하는 윤리 사이에서 이러지도 저러지도 못하는 상황이 벌어지자, 둔기교위 휘하의 군사들은 모두 달아나고 말았다. 황제 조모의 결단이 성공하고 사마소가 위기에 몰리는 절체절명의 순간이었다.

이때 사마소의 심복인 중호군 가충이 밖에서 들어왔다. 그는 황제의 행렬을 막아서며 황제 조모와 남쪽 궁궐 아래에서 싸웠다. 그러나 조모가 스스로 칼을 사용하자, 또 많은 사람들이 감히 황제에게 대항하지 못하고 물러나려 하였다.

위기에 몰린 가충은 기독騎督 성졸成倅의 동생이자 태자사인인 성제成濟에게 말했다.

"사마공[사마소]이 너희들을 기른 것은 바로 오늘을 위해서이다. 오늘의 일은 물어볼 것도 없다."

이제는 더 이상 황제와 신하의 관계는 없었고 다만 사마씨를 위한 충성만 있을 뿐이라는 말이었다.

가충의 명령을 들은 성제는 곧바로 창을 뽑아 앞에 있는 황제 조모를 찔렀다. 14살에 황제 자리에 올랐다가 6년이 지난 20살에 생을 마감한 것이다.

사마소도 이 소식을 들었다. 물론 사마소는 선양을 받으려고 일련의 조치를 취하고 있던 중이었다. 그럼에도 불구하고 사마소는 아직 황제인 조모의 신하였다. 황제를 시해한 일은 곧 반역이었다. 이것은 정치적으로 큰 문제가 될 수도 있으니, 어떻게든 문제를 처리해야 했다.

사마소는 이를 만회하고자 재빨리 달려와서 땅에 쓰러지듯 넘어지며 통곡했다. 마치 자기가 시킨 것이 아니고 우발적으로 일어난 일인 것처럼. 하지만 이렇게 통곡을 한다고 황제 시해의 문제가 간단히 끝날 수 있는 것은 아니었다.

사마소가 원래 계획한 대로 일이 진행되지 않은 것은 분명했다. 황제 조모가 갑작스럽게 사건을 일으켰고, 그래서 모든 상황이 바뀌어 버린 것이다. 그렇다고 선양을 받고자 하는 사마소가 이 모든 책임을 질 수도 없는 입장이었다.

일단 사마소가 직접 황제를 시해한 것이 아니므로, 직접 칼로 조모를 찌른 성제만 처벌하기로 했다. 사마소가 조정 안으로 들어와서 군신회의를 소집했다. 사마소에게 원초적인 죄가 있다는 것을 모르는 사람은 없었지만 적극적으로 이 사실을 들어 문제를 제기할 수 있는 사람도 없었다.

결국 사마소의 시퍼런 서슬 아래 곽 태후는 명령을 내려 죽은 조모를 고귀향공으로 강등하고 그의 죄상을 선포하여 서인庶人으로 삼고, 민간 예법으로 장사지내게 하였다. 그러나 다음날인 경인일(8일)에 태부 사마부 등이 편지를 올려서 왕의 예를 가지고 장사를 지낼 수 있도록 청하니 곽 태후가 이를 허락했다.

징검다리로 뽑힌 황제 조환

다시 후임 황제를 뽑기 위한 중신회의를 열었다. 이제 곽 태후도 자기 주장을 내세울 수 있는 처지가 아니었다. 사마소의 의견대로 무제 조조의 손자이자 연왕燕王 조우曹宇의 아들인 상도향공常道鄕公 조황曹璜(246년~302년)을 명제 조예의 후사로 삼았다.

다음날인 갑인일(2일)에 사마소의 아들인 중호군 사마염司馬炎
(236년~290년)이 상도향공 조황을 업鄴, 하북성 임장현에서 모셔와 이
름을 조환曹奐으로 바꾸고, 바로 그날로 황제 자리에 오르게 했
다.◆ 이때 조환의 나이는 15살이었다. 조모를 황제로 세울 때보
다 훨씬 간단하게 일이 진행되었고, 그것은 그만큼 사마소의 권
력이 커졌다는 의미였다.

　사마소에 의해 황제로 세워진 조환은 황제 자리에 올랐지만
이미 꼭두각시에 지나지 않았다. 곽 태후도 사촌 시동생을 황제
로 삼은데서 오는 불편을 면하지 못했다. 이제 위나라에서 문제
조비의 혈통은 끊긴 것이다. 이때 사마소의 나이는 50살이었고,
그의 아들 사마염도 24살의 청년이었다.

　이제 위나라에서 어느 누구도 사마씨를 대적할 세력이 없었
다. 사마소가 중심이 되어 위의 정치는 진행되었다. 조환이 황제
에 오르고 3년이 지난 원제 경원 4년(263년) 10월에 위나라 군대
가 촉한을 공격하여 후주 유선劉禪으로부터 항복을 받아냈다.

　사마소는 이일을 성공시켜 중원 재통일의 기틀을 마련했다.
그리고 그 사이 그동안 황태후로써 버티고 있었던 곽 태후도 죽
었다. 사마소의 공로는 더욱 커지고, 위나라에서 조씨의 위상은
는 점점 낮아졌다.

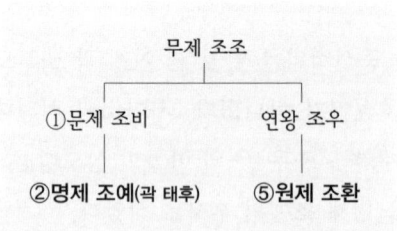

◆ 곽 태후와 조환의 관계도

◆ 조조의 부인표와 옹립된 황제 조환의 출생표

조조의 부인	관직	이름	비고
정(丁) 부인	자녀 없음		본 부인
변(卞) 부인 ↓ 무선변황후 (武宣卞皇后)	위 문제(魏文帝)	**조비(曹丕)**	
	임성왕(任城王)	조창(曹彰)	
	진왕(陳王)	조식(曹植)	
	동평왕(東平王)	조웅(曹熊)	요절
유(劉) 부인	풍민왕(豊愍王)	조앙(曹昂)	전사
	상상왕(相殤王)	조삭(曹鑠)	요절
환(環) 부인	등애왕(鄧哀王)	조충(曹冲)	13세 병사
	팽성왕(彭城王)	조거(曹據)	
	연왕(燕王)	조우(曹宇)	아들 **조환(曹奐)**이 황제가 됨
두(杜) 부인	패왕(沛王)	조림(曹林)	
	중산왕(中山王)	조곤(曹袞)	
진(秦) 부인	환왕(環王)	조현(曹玹)	
	진류왕(陳留王)	조준(曹峻)	
윤(尹) 부인	범양민왕(範陽閔王)	조구(曹矩)	요절
진(陳) 첩	조왕(趙王)	조간(曹干)	
왕(王) 소의		조간(曹幹)	진(陳)씨 소생으로 왕 소의는 양모(養母)
손희(孫姬)	임읍상공자 (臨邑殤公子)	조상(曹上)	요절
	초왕(楚王)	조표(曹彪)	사사됨
	강상공자(剛殤公子)	조근(曹勤)	요절
이희(李姬)	곡성상공자 (谷城殤公子)	조승(曹乘)	요절
	대공(戴公)	조정(曹定)	
	영상공자(靈殤公子)	조경(曹京)	요절
주희(周姬)	안공(安公)	조균(曹均)	
유희(劉姬)	광종상공자 (廣宗殤公子)	조극(曹棘)	요절
송희(宋姬)	동평왕(東平王)	조휘(曹徽)	
조희(趙姬)	악릉왕(樂陵王)	조무(曹茂)	

그리하여 사마소의 직위는 더더욱 올라가게 되었다. 함희 원년(264년) 3월 기묘일(19일)에 진공晉公 사마소를 진급시켜 왕으로 삼고, 식읍으로 10개 군을 덧붙여 책봉했다. 공公에서 왕王으로 승진되고 그 식읍이 늘었다는 것은 이미 위魏가 진晉으로 넘어가고 있다는 반증이었다.

그러나 사마소는 중원 통일을 눈앞에 둔 무제 태시 원년(265년) 8월 신묘일(9일)에 죽었다. 그리고 그의 아들 사마염이 그의 뒤를 이어 상국相國, 재상 겸 진왕晉王이 되었다. 상국이란 위나라의 정무를 전적으로 처리하는 직책이었으므로 사마염은 위나라의 거의 모든 권한을 가지게 된 것이다.

그리고 넉 달이 지난 12월 임술일(13일)에 드디어 위나라 황제 조환은 진왕 사마염에게 황제 자리를 선양했다. 이제 사마소의 아들 사마염이 선양받아 황제 자리에 올랐으므로 정식으로 왕조가 바뀌게 된 것이다. 원제 조환은 위에서 진으로 넘어가는 징검다리로써 사마소에 의해 세워진 허수아비 황제였을 뿐이다. 이렇게 진晉 왕조는 탄생하였다.

권신 종친에게 폐립되는 오나라 조정
손권의 후손이라면 아무라도 좋다

정보가 샌 손침 제거 계획

오 회계왕 영안 원년(258년) 9월 무오일(26일)에 오나라 승상 손침孫綝(231년~258년)이 밤중에 병력을 동원하여 황제 손량孫亮(243년~260년)의 장인인 전상全尙을 습격하여 잡았다.

그리고 손침은 전상의 동생 전은全恩을 움직였다. 전은은 어쩔 수 없이 함께 손침을 공격하기로 했던 장군 유승劉承, 劉丞을 창룡문蒼龍門 밖에서 죽였다. 날이 밝을 때쯤 손침은 궁궐을 포위했다. 손침이 쿠데타를 일으킨 것이다.

손침은 그 2년 전인 회계왕 태평 원년(256년)에 사촌 형 손준이 죽자 권력을 장악하였다. 그런데 황제 손량의 나이가 15살에 이르자 손량이 직접 정사를 살피면서 손침孫綝에게 대답하기 곤란한 질문을 하는 일이 많아졌다. 권력을 잡은 손침은 손량의 이러한 변화가 신경이 쓰였다.

특히 황제 손량은 3년 전에 작은누이 손로육孫魯育, 朱公主이 큰누이 손로반孫魯班의 참소로 손준에게 죽은 일을 조사하고 처리하는 과정에서 둘 사이의 갈등이 더욱 커졌다. 황제 손량의 추궁에 손로반은 손로육과 주거朱據 사이에서 난 아들인 주웅朱熊과 주손朱損이 이 사건을 알고 있다고 대답했고, 이 말을 들은 손량은 바로 주웅과 주손을 죽였다.

이때 손침은 이들을 죽이지 말라는 간언을 올렸었지만 손량은 이를 따르지 않았다. 이러한 일이 생기자 손침은 황제 손량이 더 이상 어린아이가 아님을 알게 되었고, 더욱 손량이 두려워졌다.

그리고 손침의 예상은 적중했다. 손량은 그동안 손침이 전권을 가지고 칙령을 어기고 공신을 주살하고, 표문도 올리지 않고 조현하지도 않은 것 때문에 그를 체포하기로 결심했다. 손량은 전상의 아들인 황문시랑 전기全紀에게 말했다.

"손침이 권세를 전횡하며 고孤, 제왕이 자기 자신을 가리키는 용어를 가볍고 어리게 취급한다."

황제 손량은 큰누이 손로반과 장군 유승과 함께 손침을 죽이기로 모의했고, 앞서 말했듯이 손량의 장인이자 태상 겸 위장군 전상도 이 일에 참여했다.

그리고 손침을 잡아들일 계책을 마련했다. 먼저 중군中軍도독 전상이 병마를 정비하고, 황제 손량은 주작교에 나가서 호기虎騎와 좌우의 무난無難금군을 인솔하여, 일시에 손침이 있는 곳으로 가서 포위하고 판조版詔, 조서를 새긴 나무 판를 만들어 무장해제시키려는 계획이었다.

그런데 이 계획은 미처 실행되기 전에 손침에게 누설되었다. 손침의 사촌 누이인 전상의 부인◆이 이를 알린 것이다. 손량도 자기의 장모가 손침의 사촌 누이라는 것을 알고 전기에게 비밀로 할 것을 당부했다. 하지만 어이없게도 전상이 이를 부인에게 누설하고 말았고, 그것이 손침에게까지 전해진 것이다.

결국 손침은 오히려 이를 기회로 황제를 바꾸기로 결심하고 군대를 발동했다.

폐위되는 황제 손량

손침이 궁궐을 포위했다는 소식을 들은 황제 손량은 화를 내며 활을 잡고 말을 타고 나가려 했다.

"고孤는 대황제[손권]의 적자嫡子이며 황제 자리에 이미 5년이나 있었는데, 누가 감히 좇지 않겠는가?"

그러나 군사력으로 이미 손침을 당할 수 없다는 것을 알고 있는 신하들과 유모가 함께 손량이 말에 오르는 것을 저지했다. 궁 밖으로 나갈 수 없게 된 손량은 비통해 하며 전全 황후에게 욕을 했다.

"그대의 아버지[전상]가 바보 같아서 나의 큰일을 실패하게 하였다."

그러나 원망해도 소용없는 일이었다. 전상의 아들 전기는 결과적으로 자기 집안 때문에 중요한 기밀이 누설되어 손량을 볼

◆ 손권의 큰딸과 전씨 집안과의 관계

손권이 태자 손화를 폐위시키고 손량을 태자로 세우자, 손권의 큰딸 손로반이 전상의 딸 전혜해(全惠解)를 추천하여 손량과 혼인하게 했다. 손량이 황제가 된 이후에 전상은 조정의 일을 총괄했고, 전씨 집안에는 5후가 있을 정도로 그 세력이 막강했다.

면목이 없다며 스스로 목숨을 끊었다.

쿠데타를 일으킨 손침은 여러 신하들을 소집하여 말했다.

"소제少帝, 손량는 황음하고 병들어 아둔하고 어지러워 대위大位, 황위에 있을 수 없어서 종묘의 뜻을 받들어 이미 선제先帝, 죽은 손권에게 고告하고 그를 폐위하였소. 만약 여러분 가운데 같은 의견을 갖지 않은 자가 있으면 이의를 제기하시오."

이것은 회의가 아닌 통보였다. 갑작스러운 통보에 군신들은 모두 놀랐지만, 손침을 두려워하여 반대하는 사람이 없었다. 오로지 상서 환이桓彛만이 동의하는 문서에 서명하지 않으려고 하자, 손침은 그를 죽였다. 손침은 중서랑 이숭李崇을 파견하여 손량에게서 황제의 인새와 인수를 빼앗게 하고, 그의 죄를 널리 알리게 하였다.

결국 황제 손량은 폐위되었고 회계왕會稽王으로 강등되었다. 11살에 황제가 되었던 손량은 5년 만에 권력자에 의해 쫓겨났다. 이어서 손침은 전상을 영릉零陵, 강서성 남창시으로 귀양 보냈다가 죽였으며, 손권의 큰딸 손로반[전공주] 역시 예장豫章, 강서성 남창시으로 귀양 보냄으로써 손량 일파를 제거했다.

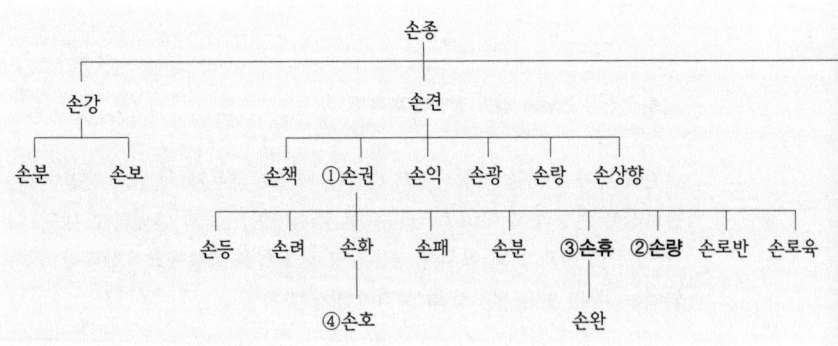

나이 많은 황제를 뽑은 손침

이제 새로이 황제를 뽑아야 했다. 이때 전군典軍 시정施正이 낭야왕琅邪王 손휴孫休(235년~264년)를 추천했고, 손침은 이를 좇았다. 갑작스럽게 쿠데타를 일으켰던지라 시정의 말을 그대로 따른 것이다.

손휴는 손량과 마찬가지로 오나라를 건국한 손권孫權(182년~252년)의 아들이었지만 손량보다 8살이나 많았다. 보통 권력자는 황제를 뽑을 때 나이 어린 사람을 고르는 것이 일반적인데 손침은 23살이나 된 성인成人을 황제로 선택한 것이다.

그러나 어떻게 보면 손침으로서는 다른 대안이 없었던 것 같다. 손침이 쿠데타를 일으킨 시점에 남아있던 손권의 아들은 손분과 손휴 두 사람 뿐이었다.

그 중 손분은 그 어머니가 천출인데다가 여러 가지 말썽을 부려서 태평 3년(258년)에 제왕齊王에서 장안후章安侯로 강등되어 있었다. 게다가 손분은 손휴보다도 나이가 많았고, 그동안 여러 정치투쟁에 참여한 경력을 가진 사람이기 때문에 손침으로서는 그를 선택하는 것이 부담스러웠다.

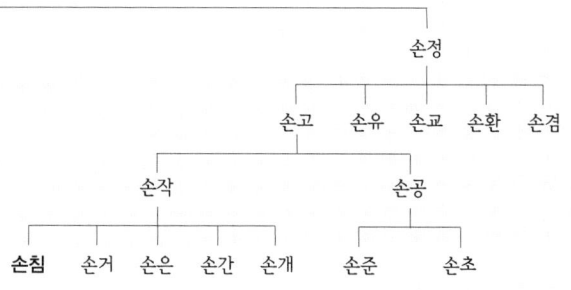

◆ 오나라 손씨의 관계도

그러므로 손권의 아들 가운데 황제를 뽑아야 한다면 사실상 손휴밖에 없는 실정이었다. 그리고 아무리 권력을 전횡하고 있었지만 손침 또한 더 이상 무리하게 자신에게 유리한 사람을 황제로 뽑기는 어려웠다.

똑똑한 황제 손휴의 신중함

새로 뽑힌 황제 손휴는 현명하고 똑똑한 사람이었다. 그리고 이미 23살이 된 성인이어서 권력을 쥐고 있던 손침보다 겨우 4살이 적을 뿐이었다.

손휴가 어떤 사람인지는 단양丹陽, 안휘성 선성현 태수 이형李衡과의 일화를 통해 유추해 볼 수 있다. 이형은 손휴가 황제가 되기 전인 낭야왕 시절에 자주 그를 괴롭혔다. 이형의 부인 습習씨가 말렸지만 소용없었다.

그런데 손휴가 황제가 되자 이형은 과거 자기가 한 일 때문에 보복을 받지 않을까 두려웠다. 그래서 도망가려고 하자 그의 부인 습씨가 말했다.

"낭야왕[손휴]은 평소 선행을 좋아하고 명성을 흠모하였으므로 사사로운 감정으로 그대를 죽이지 않을 것이 분명합니다."

습씨의 말로 보아 손휴는 평소 명성을 흠모하고 선행을 좋아했던 사람인 것 같다. 실제로도 이형이 과거 잘못에 용서를 빌자 손휴는 춘추시대 관중이 환공을 활로 쏘았던 고사를 들어 그를 용서했다. 그뿐만 아니라 이형에게 또한 위원威遠장군을 덧붙여 주고 계극棨戟, 고대에 관리가 사용하던 의전용 나무 창까지 주어 자기 사람으로 만들었다.

손휴에 대한 평가를 찾아볼 수 있는 일화는 더 있다. 손휴가 황제에 즉위하기 위해 회계會稽, 절강성 소흥시를 출발하여 곡아曲阿, 강소성 단양현에 이르자, 어떤 노인이 손휴를 가로막고 머리를 조아리며 말했다.

"일이 진행된 것이 오래되어 변란이 일어날 것인데, 천하의 사람들은 옹옹喁喁하고 있습니다."

옹옹이란 물고기가 입을 위로 향해 물 밖으로 내놓는 모습으로, 많은 사람들이 어떤 사람을 향해 귀의하고 있다는 것을 의미한다. 그만큼 손휴가 많은 사람의 기대를 받았다는 뜻이다.

이뿐만 아니라 손휴는 황제가 되자 태자였다가 쫓겨난 손화孫和의 아들 손호孫皓에게도 오정후烏程侯의 작위를 주어 자기 사람으로 만들었다.

또 손침의 동생 손은孫恩이 백관을 인솔하고 승여와 법가法駕를 가지고 영창정永昌亭에서 손휴를 영접했을 때에도 마찬가지였다. 손은이 새부璽符를 받들어 올리니, 손휴는 3번 사양하고 나서야 그것을 받았다. 그리고 여러 신하들이 차례로 나아가서 받들어 인도하니 그제야 손휴는 승여에 올랐고 백관들이 배석하였다. 철저하게 예법대로 처신했다.

게다가 손휴는 손침에게도 넉넉하게 은혜를 베풀었다. 손침이 형식적으로 자신을 '초망신草莽臣, 재야에 있는 신하'이라고 자칭하며 정치를 맡아하는 자리를 양보할 때에도 손휴는 손침을 이끌어 접견하고 위로하는 말을 하였다. 그리고 조서를 내려 그를 승상 겸 형주목으로 삼았으며, 다섯 현을 덧붙여 주었다.

또한 손침의 동생 손은을 어사대부 겸 위장군 중군독으로 삼고 현후縣侯로 책봉했으며, 다른 세 동생 손거孫據, 손간孫幹, 손개孫

闓도 후에 책봉하고 장군으로 삼았다. 손침과 그의 형제들을 후하게 대우하여 그와 대립하는 모습을 전혀 보이지 않았던 것이다.

그러나 한편으로는 자기가 믿는 장수교위 장포張布를 보의장군으로 삼고 영강후永康侯에 책봉하였다. 손침에 대해 현명하게 대처하면서도 자기사람을 만들어가는 고도의 정치적 역량을 발휘한 셈이었다.

정치력이 없는 경솔한 손침

새로 황제가 된 손휴에 반해 최고 권력자였던 손침은 경솔한 모습을 자주 보였다.

손침은 손휴를 황제로 모셨지만, 손휴가 원래 낭야왕으로 거주하던 회계會稽, 절강성 소흥시를 출발하여 아직 황궁이 있는 건업建業, 강소성 남경시에 도착하지 않았기 때문에 궁궐에 사는 사람이 없자 자기가 궁궐에 들어가서 살고 싶어 했다. 예의상 있을 수 없는 일을 하려고 한 것이며 그런 행동이 정치적으로 어떤 의미를 지니는 지를 고려하지 못한 행동이었다. 그만큼 정치적 안목이 없었다고 할 것이다.

이때 선조랑選曹郎 우사虞汜가 이를 반대하며 말했다.

"지금 왕[손휴]을 영접하여 오고 있습니다. 그런데 왕이 아직 도착하지도 않았는데 궁궐에 들어가시려고 하시면, 아랫사람들이 모두 흔들리며 많은 사람들의 의혹하는 소리를 듣게 될 것입니다. 이는 영원히 충효를 끝내는 것이므로 후세에 이름을 드날리는 방법이 아닙니다."

황제도 아니면서 궁궐에서 살겠다는 것은 분명 분에 넘치는 생각이었다. 큰 뜻을 가졌다면 오히려 자기를 감추고 실력을 키워야 하는데 사사로운 것에 욕심을 부리고 이를 드러낸 것이다.

또 한번은 손침이 소와 술을 받들고 황제 손휴를 찾아갔다. 손휴가 이를 받지 않자 손침은 좌장군 장포를 찾아가 술에 취해 원망 섞인 말을 내뱉었다.

"소제少帝, 손량를 폐위시킬 때 많은 사람들이 나에게 직접 이것[황제]이 되라고 권고하였지만, 나는 폐하[손휴]께서 현명했기 때문에 그를 영입하였다. 황제는 내가 아니면 세워질 수 없었는데 나의 예물을 거절했다는 것은 나를 보통 신하와 다를 것이 없다고 생각하는 것이다. 마땅히 다시 고쳐서 도모해야 하겠다."

이는 황제를 다시 바꿀 수도 있다는 말이다. 장포는 황제 손휴의 측근인데, 이를 파악하지 못하고 자기 속내를 모두 드러내고만 것이다.

손휴는 이 이야기를 듣고 조치를 취했다.

"대장군[손침]은 안팎의 모든 군사를 관장하고 있어서 일을 전체적으로 통어統御하는 것이 번거롭고 많으니, 위장군인 어사대부 손은에게 시중의 직위를 덧붙여주니 대장군과 더불어 여러 가지 일을 나누어서 처리하라."

손은은 손침의 아우이니, 일단 외견상 손침 형제를 더 대우한 것이다.

또 어떤 사람이 손침이 손휴에게 원한을 품고 모욕하고 반란을 도모하려고 한다고 고발하자, 오히려 손휴는 그 사람을 붙잡아서 손침에게 보내, 자신이 손침을 확실히 믿고 있다는 것을 보여주었다. 손침보다는 손휴의 정치력이 한층 돋보이는 행동이었다. 손침을 안심시키기 위한 대단히 전략적인 조치였다.

결국 손휴의 기에 눌린 손침은 경사[건업]을 떠나서 무창武昌, 호북성 악성시으로 가기로 결심했다. 손침이 맹종孟宗을 통해 무창에 주둔하겠다고 청하니 손휴는 이를 허락했다. 그리고 손침이 자기가 감독하는 중영中營, 중군의 정병 1만여 명과 무고武庫에 있는 병기를 가져가려고 할 때도 손휴는 모두 내주었다. 손휴는 황제이면서도 자기의 군대를 손침에게 내 준 것이다.

또한 손침이 중서中書를 맡은 두 명의 낭관을 요구하여 형주荊州, 호북성 북부의 여러 군사의 업무를 관장하게 하였다. 이때 원래 일을 주관하던 사람들이 중서는 밖으로 나갈 수 없다고 주청했지만, 이번에도 손휴는 손침의 요구를 들어주었으니 그가 청구한 것은 하나도 거부한 것이 없었다. 손휴가 고도의 정치를 시행하고 있었다.

삼족이 이멸된 손침 일족

겉으로는 손침이 요구한 것을 다 들어준 손휴. 하지만 이것은 손침을 제거하려는 속셈을 손침이 알아채지 못하게 하려는 것일 뿐이었다. 손침이 무창으로 떠난 후 장군 위막魏邈이 황제 손휴에게 말했다.

"손침이 밖에 살고 있으니 반드시 변란을 일으킬 것입니다."

손침이 경사[건업]를 떠나 무창으로 간 것은 그가 변란을 준비하기 위함이라는 말이었다. 위막만이 아니고 무위사武衛士 시삭施朔 또한 손침이 반란을 모의할 것이라고 고발했다.

이러한 고발이 있자, 손휴는 드디어 손침을 토벌하기로 결심하고 비밀리에 보의장군 장포에게 방법을 물었다. 장포는 좌장군 정봉丁奉을 추천했다.

"좌장군 정봉은 비록 글씨를 쓸 줄 모르지만 계획과 지략은 보통사람을 넘어서 능히 큰일을 결단할 수 있습니다."

손휴가 정봉을 불러서 손침을 토벌하려는 계획을 말하고 그의 의견을 물었다. 이에 정봉이 말했다.

"승상[손침]의 형제와 연결된 무리들이 아주 많은데, 사람들의 마음이 같지 않아서 일시에 제압할 수 없을까 걱정입니다. 납회臘會 날에 폐병陛兵을 이용하여 그의 목을 벨 수 있습니다."

납회란 12월 8일의 모임이다. 예전에는 그날을 납월臘月이라고 불렀는데, 이날 한 해의 마지막으로 여러 신들에게 제사를 지냈다. 오나라에서는 이때 모든 고관들이 이 제사에 참여해야만 했다.

따라서 이날 손침도 올 것이니, 이 기회에 손침을 공격해야 한다는 것이다. 군사력을 가지고 정식으로 토벌할 수 없기 때문에 비밀리에 공격할 계획을 세운 것이다. 정봉은 손침이 궁궐에 들어오면 전각의 계단에 좌우로 서서 숙위하는 폐극지사陛戟之士를 동원하여 무장해제 상태인 손침을 잡자고 했다. 황제 손휴가 이 말을 좇아 그리하기로 하였다.

드디어 납회일이 다가왔다. 12월 정묘일(7일)에 도읍인 건업에서는 다음날 있을 납회에서 변고가 있을 것이라는 이야기가 흘러 다녔다. 이 소식을 들은 손침은 병을 핑계로 납회에 가지 않았다. 그러자 황제 손휴는 손침에게 사자를 10여 차례 보냈고, 어쩔 수가 없어진 손침이 궁궐로 들어가려 하자 주변 사람들이 모두 말렸다.

그러나 손침의 입장에서는 황제의 말을 그렇게 묵살할 수만은 없었다. 그래서 나름의 계책을 세우고 만일을 대비하려고 했다. 손침은 자기가 관장하는 승상부 안에 미리 군사를 준비시켜 두었다가 불을 지르게 하였다. 궁궐에 갔다가 불이 난 것을 보고 바로 궁궐에서 나와 승상부로 오면 아무런 문제가 없을 것이라고 생각한 것이다.

드디어 손침이 궁궐로 들어갔고, 승상부에서는 손침의 명령대로 때맞추어 불을 놓았다. 계획된 각본대로 손침은 궁궐에서 나가 승상부로 가게 해달라고 청하였다. 그러나 황제 손휴는 불이 난 것을 대수롭지 않게 여기면서 말했다.

"밖에 군사들이 자체로도 많으니 승상을 번거롭게 할 것은 못 되오."

화재 진압에 승상이 직접 나설 것까지 없다면서 가지 못하게 한 것이다. 그래도 손침이 일어나서 자리를 떠나려 하자 정봉과 장포가 좌우의 사람들에게 눈짓을 하여 그를 결박하게 하였다. 그제야 사태를 짐작한 손침이 머리를 조아리며 말했다.

"바라건대 교주交州, 광동성 광주시로 귀양 가기를 원합니다."

교주는 남쪽 먼 곳으로 오에서 가장 멀리 위치한 귀양지였다.

그러나 황제 손휴가 손침에게 반문했다.

"경은 어찌하여 등윤과 여거를 교주로 귀양보내지 않았는가?"

손휴는 감로 원년(256년)에 손침을 반대하던 등윤과 여거를 죽였던 일을 들었다.

손침이 다시 말했다.

"바라건대 몰수되어 관노가 되게 하여 주십시오."

몰수란 재산과 사람을 모두 관부로 귀속시키는 것으로 사람은 관노비가 되는 것을 말한다. 죽이지는 말아달라는 간곡한 부탁이었다. 그러나 손휴는 이를 다시 거절했다.

"경은 어찌하여 등윤과 여거를 노비로 삼지 않았는가?"

손침을 죽일 수밖에 없다는 뜻을 보인 것이다. 드디어 정봉이 손침의 목을 베었다. 손휴는 손침의 머리를 가지고서 그의 무리들에게 말했다.

"손침과 함께 모의한 자라도 모두 용서하겠다."

손휴는 손침 한 사람만을 벌함으로써 손침의 세력을 약화시키는 정치력을 발휘했다.

이 말을 듣고 무기를 내려놓은 사람이 5천 명이었다. 손휴는 손침의 삼족을 이멸시키고, 그의 사촌이며 권력자였던 손준孫峻의 관을 파내 그의 인수를 꺼내서 그 나무를 자르고 파묻었다. 손견의 동생인 손정의 증손자 손준과 손침의 세력이 몰락한 것이다. 정치력 없이 일으킨 쿠데타의 마지막 순간이었다.

권력 없는 사람이 뽑는 황제

손침을 제거한 손휴는 이후 대체적으로 정치를 잘했던 것으로 평가받고 있다. 그는 황제 자리에 있는 동안 좋은 제도를 만들고, 백성들에게 은혜를 베풀어 오나라의 번영을 가져왔다. 특히 국학을 세우고 태학太學 박사와 오경五經 박사를 두는 등 문치文治에 힘을 기울였다.

그러한 손휴가 황제가 되어 겨우 5년 만인 영안 7년(264년)에 병이 나서 말을 할 수 없는 지경에 이르렀다. 손휴가 손으로 글씨를 써서 승상 복양흥濮陽興(?~264년)을 불러 들어오게 하고, 아들 손완孫𩅦을 부탁하였다. 그리고 7월 계미일(24일)에 30살의 젊은 나이에 손휴가 죽었다.

　손휴가 후사를 부탁한 복양흥은 손휴가 낭야왕으로 회계에 있을 때 회계 태수로 있던 사람이다. 그때 복양흥은 손휴를 극진히 대우하였고, 그러한 인연으로 영안 5년(262년)에 승상에까지 오르게 되었다.

　당시 손완이 몇 살이었는지는 분명하지 않지만, 손휴가 30살이었다는 점과 굳이 아들에 관한 고명을 내린 것을 보면 어린아이였던 것으로 짐작된다.

　그때는 이미 손휴가 황제가 된 지 5년이나 지난 시점이었고, 미리 태자를 세워놓아야 왕조가 튼튼해진다는 것을 손휴가 모를 리 없었다. 그런데도 아들 손완을 아직 태자로 책봉하지 않았다는 것은 손완이 어렸기 때문이라고 볼 수 있다.

　그런데 이렇게 중대한 부탁을 받은 복양흥은 이 고명을 지키고 추진할 힘이 없었다. 또한 권력을 잡으려는 의지도 별로 없었다. 그래서 자기 주장을 펼쳐 일을 추진하지 못했고, 이 점은 복양흥과 함께 정치를 이끌어 가던 장포도 마찬가지였다.

　복양흥과 장포는 모두 손휴의 총애를 받아 권력을 쥔 사람들이다. 장포는 궁정의 일을 관장했고, 복양흥은 군국軍國, 군사와 국가의 일을 관장하였다.

　말하자면 손휴의 권위를 빌어서 권력을 행사한 것이지 독자적인 세력을 구축했거나 정치적 역량을 가진 사람이 아니었다. 그래서 갑작스런 손휴의 죽음에 어떻게 일을 처리할지 방향을 설정하지 못했다. 그저 손휴가 부탁한 대로 손완을 황제로 세우면 그만이었다.

좌전군의 주장이 먹혀 뽑힌 황제

그러나 이 시기에 오나라는 어려움에 봉착해 있었다. 손휴가 죽기 1년 전인 영안 6년(263년) 5월에 교지交趾, 베트남 하노이시에서 일어난 반란이 여전히 해결되지 않고 있었기 때문이다.

당시 교지 태수 손서孫諝는 탐욕스럽고 포악했으며, 중앙에서 파견 나온 찰전察戰 등순鄧荀 역시 무리하게 백성들에게 차역差役을 시켰다. 그래서 결국 교지의 관리 여흥呂興 등이 손서와 등순을 죽이고 반란을 일으켰던 것이다. 이들은 북쪽에서 오나라를 압박하고 있던 위나라로 사신을 파견하여 태수와 병사를 보내달라며 원조를 요청했다.

만약 위나라에서 여흥 등의 요구를 들어준다면 남쪽과 북쪽에서 동시에 적을 만나게 되는 것이니, 오나라의 입장에서는 큰 위기가 될 수 있는 상황이었다. 또한 이들이 반란을 일으키자 그 주변에 있는 구진九眞, 베트남 탄호아과 일남日南, 베트남 광치현에서도 이들에게 호응하기 시작했다.

이러한 상황에서 황제 손휴가 죽었으니 오나라로서는 걱정이었다. 그래서 많은 사람들은 나이가 많고 어른스러운 사람을 새로운 황제로 세우기를 바랐다. 그렇다면 손휴가 세운 태자 손완은 이러한 희망에 적합하지 않은 사람이었다.

이때 좌전군左典軍 만욱萬彧(?~273년)이 의견을 냈다. 손권의 태자였다가 궁중의 정치투쟁으로 쫓겨난 남양왕南陽王 손화孫和의 아들인 오정후烏程侯 손호孫皓(242년~284년)를 후임 황제로 제안한 것이다. 만욱은 오정 현령을 지내던 시절부터 오정후 손호와 가까이 지내며 돈독한 관계를 맺고 있었다.

"손호는 재주가 있고 아는 것이 영명하며 결단성이 있어서 장사왕長沙王. 손책에 비교될 수 있다. 또한 학문을 좋아하여 법도를 받들어 존중하고 있다."

손책은 손권의 형으로 오나라를 실제로 세웠던 사람인데, 그 손책에 비교한 것은 손호에 대한 대단한 칭찬이었다.

그리고 손호는 손권의 장손자이고, 20살의 장성한 청년이었으니 나이도 적당했다. 만욱이 승상 복양흥과 좌장군 장포에게 여러번 손호를 추천하니 그들은 손휴의 황후로 태후가 된 주씨朱氏(234년~265년)에게 손호를 후계자로 삼자고 유세하였다.

주 태후가 말했다.

"나는 과부된 사람이니 어찌 사직에 관한 염려를 알겠소. 다만 오에 손해될 일이 없고 종묘가 의뢰할 사람이라면 좋습니다."

주 태후는 원론적인 이야기를 하며 자기 아들에 관한 말은 일체 하지 않았다.

주 태후는 그동안 오나라 궁중에서 벌어진 권력 다툼을 잘 알고 있었다. 이모인 손로반에게 자기 형제들이 죽는 것을 보았고, 본인의 생모인 손로육 역시 손로반에 의해 죽었던 것을 경험했었다. 정치에 적극 개입했다가 실패를 할 경우 일어날 결과를 직접 보았던 것이다. 그러한 경험이 그녀로 하여금 정치적 판단을 하지 않게 했을 수도 있다. 그래서 주 태후는 자기의 권리를 포기한 것이다.

결국 오정후 손호가 오나라의 네 번째 황제가 되었다. 정치적으로 권력을 강력하게 행사할 수 있는 사람이 없다보니, 그는 황제로서의 권한을 행사하는데 문제가 없었다.

손호는 즉위 두 달 만인 9월에 자신의 아버지 손화를 추존하여 시호를 문황제文皇帝라 하고, 어머니 하何씨를 태후로 높였다.

그리고 주 태후를 깎아내려서 경황후景皇后로 삼았다. 그 다음달인 10월에 전임 황제 손휴의 태자 손완과 그의 세 동생을 모두 왕으로 책봉했으나, 2년 뒤인 보정 원년(266년)에 손완과 손공을 죽였다. 이는 황권을 강화하기 위한 어쩔 수 없는 조치이기도 했다.

손호가 처음 등극했을 때에는 조서를 내려 사민士民들을 아꼈고, 창고를 열어서 궁핍한 사람들을 구제했다. 또 궁녀들을 내보내어 부인이 없는 사람들과 혼인시켰고, 황제의 동산에서 기르던 금수들을 모두 놓아주었다. 그러자 많은 사람들은 그를 밝은 군주라고 칭송했다.

그러나 손호는 일단 뜻을 이루고 난 후에는 거칠고 포학한 성격을 드러냈고, 점차 교만하게 되었다. 게다가 주색을 좋아하여 어른 아이 할 것 없이 모두 새 황제에게 실망했다.

이러한 상황이 되자 복양흥과 장포는 손호를 황제로 뽑은 것을 후회하였고, 이 이야기가 황제 손호의 귀에까지 들어가게 되었다. 결국 복양흥과 장포는 체포되었고, 광주廣州로 귀양 가는 도중에 살해당했으며 삼족이 이멸되었다.

손호는 자기를 황제로 세운 사람들마저 처단하며 자기 세력을 구축했지만 끝에 가서는 실패했다. 결국 손호는 황제로 즉위한 지 16년 만에 사마씨가 세운 진晉에 멸망하고 말았다.

내부분열 속에서 포로가 된 진나라 황제
독사가 손가락을 물면 팔뚝을 잘라라

기구한 운명의 황후 양헌용

진晉 무제 사마염이 죽고, 그의 아들 사마충司馬衷(259년~307년)이 황제가 된 지 17년이 지난 혜제 광희 원년(306년)의 일이다. 11월 기사일(17일) 밤에 혜제 사마충이 독이 든 떡을 먹고 다음날 현양전顯陽殿에서 죽었다.

누가 사마충에게 독이 들어있는 떡을 먹였는지 정확히 밝혀지진 않았지만 가장 유력한 용의자는 동해왕 사마월司馬越(?~311년)이었다. 당시 사마월은 태부太傅로서 녹상서사를 맡아 조정의 정사를 혼자 관장하고 있었다.

이때 사마충의 나이는 48살이었고, 무려 17년 동안이나 황제 자리에 있었지만, 후사에 대한 어떠한 준비도 없이 죽고 말았다. 숙맥菽麥으로 알려진 혜제 사마충은 과연 자리만 지켰을 뿐 주도적으로 정치를 한 적은 없었다.

그에게는 아들 사마휼司馬遹이 있었지만, 황후 가남풍賈南風에게 살해되었고 딸만 4명 있었다. 그래서 사마충이 죽었을 때 그의 뒤를 이을 아들은 없었다. 그리고 후사에 관한 일을 주관할 사람은 가 황후의 뒤를 이어 황후가 된 양헌용羊獻容(?~322년)이었다.

양 황후◆는 당시 조왕 사마륜이 총애하던 손수와 교류가 많았던 양현지羊玄之의 딸이다. 이때 그녀가 몇 살이었는지는 확실하지 않지만 6년 전에 가 황후가 죽고 나서 황후가 되었으니 아직 젊은 나이였다고 볼 수 있다.

하지만 황후가 된 이후 그녀의 생은 평탄하지 않았다. 이른바 '8왕의 난'을 겪는 와중에 황후가 된 지 4년 만에 폐위되어 금용성에 감금된 것이다. 그 후에도 6년 사이에 4번이나 반복해서 폐위와 복위를 거쳤고, 전조前趙의 유요劉曜에게 납치가 되었다가 결국 유요의 황후가 되었다.

◆ 황후 양헌용의 폐위와 복위 연표

연도	내용
진 혜제 영강 원년(300년)	11월, 양헌용이 가 황후를 이어 황후가 됨
영흥 원년(304년)	2월, 성도왕 사마영이 양헌용을 폐위시켜 서인으로 함
	7월, 좌위장군 진진(陳眕) 등이 양헌용을 복위시킴
	8월, 하간왕 사마옹과 대장 장방 등이 또 양헌용을 폐위시킴
영흥 2년(305년)	4월, 낙양의 유대(留臺)에 있던 순번과 유돈 등이 양헌용을 복위시킴
	4월, 장방이 또 양헌용을 폐위시킴
	11월, 입절장군 주권(周權)이 스스로 평서장군이 되어 양헌용을 복위시킴
	11월, 낙양령 하교가 주권을 공격하고 또 양헌용을 폐위시킴
광희 원년(306년)	6월, 유요(劉曜), 왕미(王彌)가 낙양을 공격하고 회제 사마치와 양헌용을 포로로 잡아 감
진 회제 태흥 원년(318년)	10월, 유요가 조(趙)를 건국하고 양헌용을 황후로 삼음

하여간 양 황후가 진晉에서 마지막으로 황후에 복위된 지 5개월 17일 만에 혜제 사마충이 죽었다. 남편이 죽었으니 응당 아직 살아 있는 황후가 후임 황제를 뽑아야 했다.

뜻대로 후임 황제를 뽑지 못한 양 황후

혜제 사마충이 죽었으니 그 뒤를 이을 황제를 뽑는 공식적인 권한은 황후에게 있었다. 하지만 사마충을 이어 황제에 오를 사람은 이미 정해져 있었다. 바로 태제 사마치司馬熾(284년~313년)였다. 사마치는 무제 사마염司馬炎(236년~290년)의 아들이자 죽은 사마충의 동생이었다.

사마염은 25명의 자녀♦를 두었으나 그 가운데 이때까지 살아 있던 아들은 14남 성도왕成都王 사마영司馬穎(279년~306년)과 15남 오왕吳王 사마안司馬晏, 그리고 17남 사마치뿐이었다. 이때 권력을 빼앗긴 사마영은 도망을 다니는 처지였으니 후계자 대상에 들 수가 없었다. 또 사마치의 형인 사마안도 자질이 용렬하다는 평가를 받고 있어, 결국 겸손하고 소박하며 공부하기를 좋아했던 사마치가 후임 황제에 내정되었던 것이다.

이렇게 태제가 이미 정해져 있고, 양 황후는 자신의 자리조차 제대로 지키기 어려웠던 처지였기 때문에 후계자를 정하는 문제에 관여하기가 어려운 입장이었다. 하지만 막상 혜제 사마충이 죽고 나니, 양 황후는 이 상황을 보고만 있을 수가 없었다. 시동생 사마치가 황제가 되면 자신은 태후가 될 수 없었기 때문이다.

그래서 양 황후는 청하왕淸河王 사마담司馬覃(295년~308년)을 황제로 세우고자 했다.♦ 사마담은 사마염의 아들인 청하왕 사마하

◆무제 사마염의 아들 명단

★혜제 사마충이 죽은 306년까지 살아 있던 사람들

관계	이름	생졸연도	비고
장남	사마궤(司馬軌)	요절	비릉도왕(毗陵悼王)
차남	사마충(司馬衷)	259년~306년	진혜제(晉惠帝)
3남	사마간(司馬柬)	262년~291년	진헌왕(秦獻王)
4남	사마경(司馬景)	?~270년	성양회왕(城陽懷王)
5남	사마헌(司馬憲)	270년~271년	성양상왕(城陽殤王)
6남	사마지(司馬祗)	271년~273년	동해충왕(東海沖王)
7남	사마유(司馬裕)	271년~277년	시평애왕(始平哀王)
8남	사마위(司馬瑋)	271년~291년	초왕(楚王) : 8왕의 하나
9남	사마예(司馬乂)	277년~304년	장사왕(長沙王) : 8왕의 하나
10남	사마윤(司馬允)	272년~300년	회남충장왕(淮南忠壯王)
11남	사마해(司馬該)	272년~283년	신도왕(新都王)
12남	사마하(司馬遐)	272년~300년	청하강왕(清河康王)
13남	사마모(司馬謨)	요절	여음애왕(汝陰哀王)
★14남	사마영(司馬穎)	279년~306년	성도왕(成都王) : 8왕의 하나
★15남	사마안(司馬晏)	281년~311년	오왕(吳王)
16남	사마회(司馬恢)	요절	발해상왕(勃海殤王)
★17남	사마치(司馬熾)	284년~313년	회제(懷帝)
18남	사마연(司馬演)	요절	대애왕(代哀王)

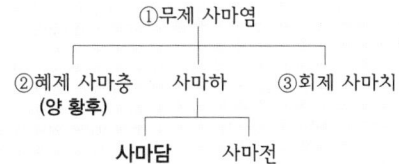

◆양 황후와 사마담의 관계도

司馬遐의 장자로 아버지 사마하의 뒤를 이어서 청하왕이 되었다.

사실 사마담은 진 혜제 태안 원년(302년)에 제왕齊王 사마경司馬冏의 건의로 황태자에 오른 일이 있었다. 그러나 성도왕 사마영이 권력을 잡은 후 그를 태자에서 폐위시켜 다시 청하왕으로 강등시켰던 것이다.

그러한 과정으로 보면 청하왕 사마담은 태자였다가 정치적 이유로 폐위되었으니 다시 후계자로 정하지 못할 것은 없었다. 더욱이 양 황후의 입장에서는 23살의 장성한 시동생 사마치보다는 조카를 후사로 삼는 것이 자연스러웠다. 게다가 사마담은 나이도 11살이었으니 자기가 태후가 되면 영향력을 펼치기에는 안성맞춤이라고 생각했던 것이다.

그러나 이런 주장을 펼치기에 그녀에게는 정치적인 힘이 너무나 부족했다. 양 황후는 줄곧 폐위되었다가 복위되는 과정을 거친 것은 물론이고, 네 번째로 황후에 복위된 지 겨우 5개월 밖에 지나지 않은 상황이었기 때문에 자신만의 정치적 기반을 만들기는 어려웠다. 그래도 그녀는 어떻게든 사마담을 후계로 세우고자 하였고, 그래서 그를 낙양으로 불렀다.

이 소식을 들은 시중 화곤華琨이 양 황후에게 간하였다.

"태제 사마치가 동궁에 살고 있는 것이 오래 되었고, 백성들의 희망이 이미 정해졌는데 어찌 바꿀 수가 있겠습니까?"

그리고 그는 즉시 노판露版을 만들어 태제 사마치를 궁궐로 불러들였다. 노판은 봉함하지 않은 편지이기 때문에 그 내용이 거의 공개된다. 이 편지를 통해 사람들에게 혜제 사마충의 후사로 태제 사마치를 세운다는 내용을 알린 것이고, 이를 확정하려는 의도였다.

당시 권력을 쥐고 있는 사람은 동해왕 사마월이었고, 화곤은 그의 사람이었다. 양 황후의 정치력이나 세력으로는 궁궐에 있는 상서 한 사람도 설득할 수 없었던 것이다.

양 황후의 조서를 받고 청하에서 낙양으로 달려 온 사마담은 사태가 자기에게 불리하다는 것을 눈치챘다. 잘못하다가는 변란이 일어날 수도 있다고 생각한 사마담은 아프다는 핑계를 대고 청하로 돌아가 버렸다.

드디어 혜제 사마충이 죽은 지 나흘 만인 11월 계유일(21일)에 태제 사마치가 황제 자리에 올랐다. 사마치의 부인을 혜황후惠皇后로 삼고 홍훈궁弘訓宮에 거주하게 했으며, 사마치의 어머니 왕王 재인을 높여서 황태후라고 하였다. 양헌용이 우려했던 대로 그녀는 황태후가 되지 못했다.

황제의 뜻을 펼 수 없는 시절

황제 자리에 오른 사마치는 이미 8왕의 난♦을 익히 보아 왔고, 황실의 권위가 바닥에 떨어진 것도 잘 알고 있었다. 그러나 그는 23살이나 되는 장성한 황제였다. 회제 사마치는 직접 정치에 관한 보고를 받고, 매번 연회에 나가서 여러 관리들과 많은 업무를 논의하고 경전과 전적을 상고하였다.

황문시랑 부선傅宣이 감탄하며 말했다.

"오늘에서야 다시 무제시대[진 초대황제 사마염]의 모습을 보게 되었구나!"

그러나 회제 사마치가 독자적으로 황제 중심의 정치를 회복하는데에는 몇 가지 장애물이 있었다. 이미 8왕의 난을 진압한 동

◆ 8왕의 난

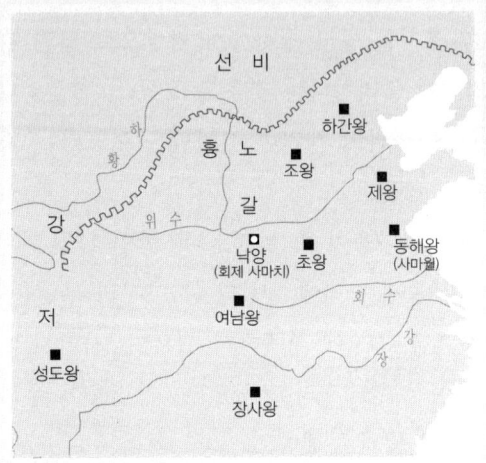

서진의 권력을 잡기 위한 사마씨의 황족 8명의 왕이 차례로 군사를 일으킨다. 무제 사마염이 죽고 혜제 사마충이 즉위하자 무제의 황후 양(楊)씨는 아버지 양준(楊駿)을 재상으로 앉히고 국정을 전단했다. 혜제의 황후 가(賈)씨는 여남왕(汝南王) 사마량(司馬亮)과 초왕(楚王) 사마위(司馬瑋)를 이용하여 양씨 일족을 죽이게 한 후, 구실을 만들어서 사마양, 사마위를 죽이고, 스스로 국정을 맡아서 가씨 일족은 지극히 융성했다.

조왕(趙王) 사마륜(司馬倫)은 가씨 일당을 포살하고 혜제를 폐한 후 스스로 황위에 올랐으나, 제왕(齊王) 사마경(司馬冏)과 성도왕(成都王) 사마영(司馬潁)의 공격을 받아 자살하고 혜제가 복위했다. 이후 장사왕(長沙王) 사마애(司馬乂), 동해왕(東海王) 사마월(司馬越), 하간왕(河間王) 사마옹(司馬顒)도 군사를 일으켜서 정권을 다투었다.

그 후 사마월이 사마영과 사마옹을 죽이고, 혜제 사마충이 죽자 회제 사마치를 즉위시켜서 정권은 사마월에게 돌아오고, 16년에 걸친 내란도 일단 끝이 났다.

해왕 사마월이 권력을 잡고 있었고, 다른 하나는 양 황후가 황제로 세우려고 했던 사마담이 살아 있다는 것이다.

사마치가 황제에 즉위한 이듬해인 회제 영가 원년(307년)에 이부랑吏部郎 주목周穆은 그의 매부인 어사중승 제갈매諸葛玫와 함께 동해왕 사마월에게 유세했다.

"주상主上. 사마치이 태제가 되었던 것은 장방張方의 뜻이었습니다. 청하왕 사마담이 본래의 태자이니 공께서는 의당 그를 세워야 합니다."

장방은 혜제 사마충을 장안으로 데리고 갔던 인물이다. 따라서 그는 장안을 근거로 한 세력으로 황제인 사마충을 끼고 권력을 잡으려 한 사람이다. 그래서 장안 세력에 반대하는 주목은 장방의 뜻에 따라 세워진 사마치를 내쫓고 사마담을 다시 황제로 세워야 한다고 낙양파인 사마월에게 유세한 것이다.

물론 사마월은 이를 허락하지 않고 도리어 그들의 목을 베었지만 언제 다시 이러한 말이 나올지 모르는 일이었다.

아니나 다를까. 그해 2월 경오일(20일)에 낙양 세력이 일어나서 청하왕 사마담의 동생인 예장왕豫章王 사마전司馬詮을 황태자로 삼았다. 결국 그 이듬해인 영가 2년(308년) 2월 신묘일(16일)에 사마월이 사마담을 죽임으로써 이 문제는 해결되었지만, 이 역시 사마치가 직접 해결했던 것은 아니었다.

이렇게 사마월의 힘을 빌려야 했던 사마치가 굵직한 정치적인 문제들을 살펴보면서 일반적인 국정에 대해서도 신경 쓰기 시작했다.

또한 회제 사마치가 태제였을 때 친하게 지냈던 중서자中庶子 무파繆播를 중서감으로 삼고, 무윤繆胤을 태복경太僕卿으로 삼아서 자기 세력을 만들었다. 또한 사마치의 외삼촌인 산기상시 왕연王延이 상서 하수何綏, 태사령 고당충高堂沖과 나란히 국가기밀을 의논하는데 참여하였다.

사마치의 황제다운 모습에 사마월은 위기감을 느낄 수밖에 없었다. 그래서 사마월은 잠시 낙양에서 물러나 낙양과 가까운 허창許昌. 하남성 허창시을 진수鎭守하였다.

그러나 사마월은 조정의 신하들이 자기에게 두 마음을 품고 있다고 생각했고, 유여劉輿. 사마월의 모사와 반도潘滔 등이 사마월에게 무파 등을 모두 죽이라고 권할 정도로 계속해서 낙양의 움직임에 주목하고 있었다. 그러니 그의 눈치를 보아야 하는 황제 사마치는 마음대로 정치를 할 수 없었다.

결국 사마월은 사마치의 측근인 무파가 난을 일으키려고 한다며 무고하고, 병사 3천 명을 인솔하여 궁궐로 들어왔다. 그리고 황제인 사마치가 보는 앞에서 거리낌 없이 무파 등 10여 명을 잡아서 정위에게 보내 그들을 죽였다. 회제 사마치의 정치는 이렇게 속절없이 좌절하고 말았다.

사마월을 토벌하자 닥친 화란

영가 5년(311년) 2월에 그동안 동해왕 사마월과 친분이 깊었던 구희苟晞(?~311년)와의 사이에 틈이 생겼다. 구희는 서진시대의 명장名將으로 병법에 정통하여, 당시에는 그를 전국시대의 백기白起에 비교하기도 했다. 후에 후조의 석륵石勒에게 잡혀 죽었지만, 도백屠伯. 사람을 도륙하는 자사으로 불릴 정도로 잔인하게 전투를 하고 그 명성에 걸맞게 많은 전투에서 승리한 유명한 장수였다.

원래 구희가 연주兗州, 산동성 서부 자사였을 때 태부 사마월은 그와 함께 당堂, 마루에 올라 어머니를 뵙게 할 정도로 가까이 지냈었다. 그러던 중 사마월의 사마 반도가 사마월에게 유세했다.

"구희가 자리 잡고 있는 연주는 조조가 창업을 한 곳이고, 구희가 큰 뜻을 품었으니 더 이상 믿을 수 없습니다."

겉으로는 높은 직위를 주더라도 실제로는 구희의 세력을 줄이라고 권한 것이다.

그래서 사마월이 직접 연주를 관장하기로 하고, 구희를 정동征東대장군·개부의동삼사開府儀同三司로 삼고, 시중·가절·도독청주제군사都督青州諸軍事를 덧붙여주었으며, 청주青州, 산동반도 지역 자사의 직책을 관장하게 하고 동평군공東平郡公으로 책봉하였다.

표면상 구희를 높은 관직으로 대우한 것이지만, 실제로는 구희의 본거지를 뺏은 것이다. 사마월과 구희 사이에는 이때부터 틈이 생겼다.

그 후에도 하남윤 반도, 상서 유망劉望 등이 구희를 참소했다. 화가 난 구희는 회제 사마치에게 표문을 올려 반도의 수급首級을 내놓으라며 강하게 항의했다. 그리고는 여러 주로 자신의 공로를 자랑하고 사마월의 죄상을 늘어놓은 격문을 보냈다.

"사마원초司馬元超, 사마월는 재상이 되어 공평하지 않아 천하를 혼란스럽게 하였는데, 나 구도장苟道將, 구희이 어찌 옳지 않은 사람에게 부림을 받을 수 있을 것인가?"

회제 사마치 역시 사마월이 권력만 믿고 조명詔命을 대부분 어기는 것이 마음에 들지 않았다. 게다가 사마월이 낙양에 남겨놓은 장사將士 하륜何倫 등이 공경들을 약탈하고, 공주들을 다그쳐 능욕하는 것에 분노하고 있었다. 그래서 사마치는 비밀리에 구희에게 수조手詔, 황제가 손수 쓴 조서를 내려서 사마월을 토벌하게 하였다.

이 사실을 알게 된 사마월도 군사를 일으켰고, 구희가 파견한 군사들은 반도를 잡는데 실패했지만 사마월의 측근인 상서 유증劉會과 시중 정연程延을 잡아서 목을 베었다. 사마월은 이 일로 화병이 생겨 3월 병자일(19일)에 항현項顯, 하남성 침구현에서 죽었다. 진晉 왕조를 짓누르던 제왕들의 발호가 끝나는 순간이었다.

그러나 그때 유연劉淵이 세운 전조前趙의 장수 석륵이 군사를 이끌고 신채新蔡, 하남성 신채현를 공격하여 신채장왕新蔡莊王 사마확司馬確을 남돈南頓, 하남성 항돈현에서 죽였다. 그리고 진격하여 허창許昌, 하남성 허창시을 함락시키고, 평동平東장군 왕강王康을 죽였다. 낙양의 코앞까지 흉노족인 전조의 군사가 들이닥친 것이다.

다시 두 달이 지난 4월에 석륵은 경무장한 기병을 인솔하고 항현項顯, 하남성 침구현에서 동해東海, 산동성 담성현로 장사지내려고 가는 사마월의 영구靈柩를 뒤쫓아 고현苦縣, 하남성 녹읍현의 영평성寧平城, 녹읍현의 서남쪽에서 따라잡았다.

석륵은 진나라 군사를 대패시키고, 자기의 기병들을 풀어놓고는 진의 군사들을 포위하고 활을 쏘았다. 장사將士 10여만 명이 서로 밟아 마치 산처럼 되었고, 죽음을 면한 사람이 한 사람도 없었다. 진晉 왕조가 멸망할 위기를 맞은 것이다.◆

흉노의 포로가 된 황제

드디어 전조의 석륵은 진晉을 압박해 들어왔다. 그리고 태위 왕연 등 많은 고관들을 포로로 잡혔다. 석륵은 이들을 잡아다가 장막에 앉혀놓고서 진나라가 이렇게 망하게 된 연고를 물었다. 왕연은 석륵에게 아부하여 죽음을 면하고자 하였다.

"저는 진에 화란이 일어나서 실패한 연유를 진술하였지만, 그 계책을 세우는 책임은 저에게 있지 않았습니다. 그리고 저 자신은 젊어서 관직을 가질 생각을 갖지 않았으며 세상일에 대하여 관심이 없었습니다. 장군[석륵]께서는 황제의 칭호를 가지십시오."

원래 왕연은 노장을 좋아하고, 세속적인 것을 비판했던 사람이다. 그리고 그의 동생 왕징王澄은 인물을 품평하기를 좋아했던 사람으로 자신의 품평이 모든 품평의 표준이 된다고 생각했던 대표적인 인물 가운데 하나였다. 세상을 가장 올바르게 본다고 스

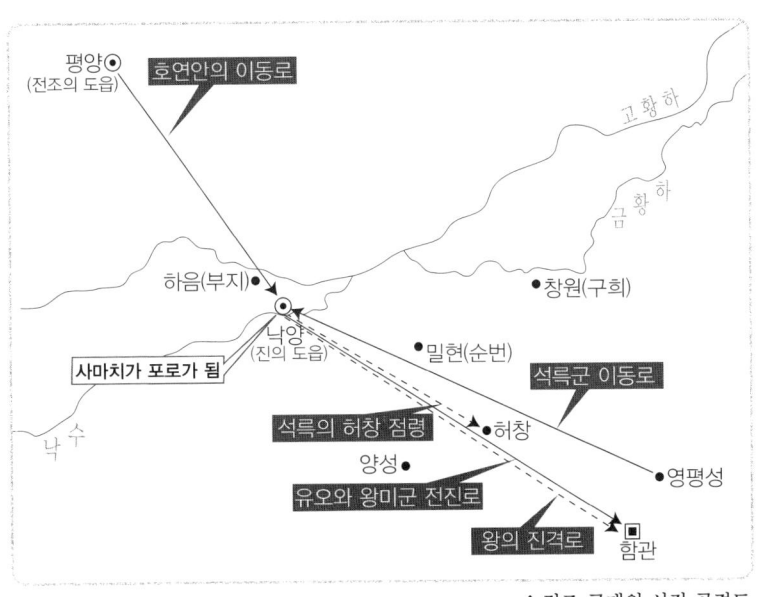

◆ 전조 군대의 서진 공격도

스로 자부했던 그가 태위 자리에까지 올랐었다.

그런데 이제 전조 석륵의 군대에 포로가 되자 자기들에게는 진이 멸망하게 한 책임이 없다고 발뺌한 것이다. 무책임한 진나라 관료의 비겁한 발언이었다.

이들 고관들은 자기 개인의 생사에만 관심이 있을 뿐, 국가와 왕조에 대한 책임감은 없었던 것이다. 이러한 중신重臣들이 모여 있는 진晋 왕조는 더 이상 버티기 어려운 지경이었다.

많은 고관들이 포로로 잡혀간 사이 새로 권력을 잡은 구희는 이처럼 낙양이 풍전등화에 놓이자, 회제 사마치에게 창원倉垣, 하남성 개봉시으로 천도할 것을 청하였다.

그러나 황제를 시위할 사람도, 황제가 탈 거여車輿도 없을 때였다. 황제가 먹을 것이 없어서 탁지度支교위 위준魏浚이 유민들을 겁탈하여 곡식과 보리를 얻어왔는데, 회제 사마치는 그것도 공로하고 생각하며 양위揚威장군과 평양平陽, 산서성 임분현 태수로 삼을 정도였다.

다시 전조의 전군前軍대장군 호연안呼延晏이 2만 7천 명을 거느리고 낙양을 침략하니 사마치는 도망할 길을 찾지 못하고 장안으로 달아나려고 했다. 그러나 전조의 군사들에게 잡혀 단문端門에 유폐幽閉되었다. 진의 황제가 전조에 포로가 된 것이다.

전조의 황제 유총은 포로로 잡아 온 사마치를 특진特進 좌광록대부로 삼고, 평아공平阿公에 책봉하였다. 이렇게 진나라는 역사 속으로 사라지고 있었다. 사마치의 최후도 비참했다. 노비들이 입는 푸른 옷을 입고 전조의 황제 유총에게 술을 따르며 목숨을 연명했던 것이다.

진의 재건을 꿈꾸는 세력들

회제 사마치가 포로로 잡혀간 후 진晉에는 임시로 구성된 조정이 세 군데나 있었다. 부지傅祗가 세운 하음河陰, 낙양의 동북쪽과 순번이 세운 밀현, 그리고 구희가 세운 창원이 그곳이었다.

황제 후보도 각기 달리 선택하였다. 첫 번째는 부지가 추대한 사마예司馬睿(276년~323년)이다. 그는 사마의의 증손이고, 그의 아버지 사마근司馬覲은 진을 창건한 사마염과는 사촌 간이었다.

두 번째 인물은 구희가 추대한 사마단司馬端이다. 사마단은 회제 사마치가 등극할 때에 경쟁관계에 있던 사마담의 아들로, 사마치가 태자로 삼았던 사마전의 동생이다. 사마전이 유요劉曜에게 죽자 그의 동생인 사마단을 세우려고 했었다.

세 번째는 진왕秦王 사마업司馬業(300년~317년)이다. 그는 무제 사마염의 아들인 오왕吳王 사마안司馬晏의 아들이다.

이 세 사람◆ 가운데 누구를 황제로 삼을지 결정하는데 계통系統은 이제 중요한 것이 아니었다. 이미 임명권자라 할 수 있는 회

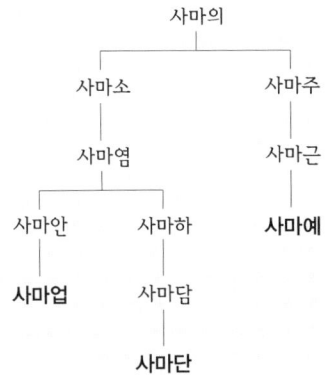

◆ 사마치 이후 구성된 세 조정

제 사마충의 부인 양 황후도 전조의 중산왕中山王 유요에게 붙잡혀 간 상황이었다. 이제 법적으로는 어느 누구도 황제를 임명할 사람이 없었다. 그렇다면 결국 군사력을 가진 사람이 추대하는 사람이 황제가 될 수밖에 없었다.

회제 영가 6년(312년)에 진의 안정 군수 가필賈疋 등은 장안을 몇 달 동안 포위하여 전조의 유요를 공격하여 승리했다. 유요는 결국 병사와 여자 8만여 명을 이끌고 그들의 도읍인 평양으로 달아났다. 비록 도읍인 낙양은 아니었지만 가필이 장안을 회복한 것이다.

가필은 곧 진왕 사마업을 받들어 황태자로 삼았다. 장안에 행대行臺를 세우고, 단에 올라가서 제사를 지내고 종묘와 사직을 세우고 대사면령을 내렸다. 전조에 잡혀간 황제인 사마치가 아직 죽지 않았기 때문에 황제에 오르지 않은 채 황태자가 된 것이다. 형식상으로는 사마치의 조카로 뒤를 잇게 한 것이다.

이후 민제 건흥 원년(313년) 4월에 포로로 잡혀간 사마치가 죽었다는 소식이 전해진 후에야 13살의 사마업이 황제 자리에 올랐다. 회제 사마치가 전조에 잡혀 갔던 2년 동안 진晉에는 황제가 없었는데, 이제 겨우 다시 황제를 다시 세운 것이다.

적을 앞에 둔 진나라 고관들의 분열

사마업이 황제가 되었지만 겨우 13살 먹은 그가 정치를 주도할 수 없었다. 게다가 이때 사마업이 등극한 장안성은 사람들이 떠나버려서 호구수가 1백이 채 되지 못했고, 가시덤불이 숲을 이루고 있었다. 공사公私 간에 수레는 겨우 넉 대 있었고, 백관들도

복장과 인수를 갖지 못하고 오직 뽕나무 판에 관직의 명호를 써 놓았을 뿐이었다.

그래도 진晉 왕조는 조정을 구성했다. 사도에는 위衛장군 양분梁芬을, 옹주雍州, 섬서성 북중부 자사 국윤麴允을 상서좌복야 녹상서사로 삼았다. 경조 태수 색침索綝을 상서우복야·영領이부·경조윤으로 삼았다. 그러나 장안을 회복하는 공로를 세운 가필이 전사하자, 그 뒤에 권력을 잡은 색침을 위장군·영領태위로 삼아 군국軍國, 군사와 국가의 업무를 모두 그에게 위임했다. 결국 정치의 주도권은 색침이 가지게 된 것이다.

이러한 상황에서 전조의 유요는 계속해서 진晉을 공격했다. 건흥 4년(316년) 7월에 유요가 북지北地, 섬서성 요현 태수 국창麴昌을 포위했다. 이때 대도독 국윤이 보병과 기병 3만 명을 거느리고 이를 구원했지만 북지는 결국 유요에게 함락되었다.

이처럼 관중關中, 섬서성 중부이 위험해졌을 때 국윤이 안정安定, 감숙성 진원현 태수 초숭焦嵩에게 급히 도움을 요청했다. 그러나 평소 국윤을 얕잡아 보고 있던 초숭은 국윤이 좀 더 곤란해지기를 기다렸다가 그를 구원하겠다는 생각으로 요청에 응하지 않았다. 초숭의 사사로운 감정 때문에 결국 전략적 요충지인 북지를 유요에게 빼앗긴 것이다.

결국 건흥 4년(316년) 8월에 전조의 유요가 장안을 압박했다. 이때 각 군사 세력이 단결했다면 충분히 전조의 군대를 물리칠 수 있었지만, 모두들 다른 사람이 군공을 세우는 것을 꺼려했다.

이제 이렇게 서로 반목하는 것은 이미 일상적인 것이 되었다. 예를 들면 1년 전인 민제 건흥 3년(315년)에 민제 사마업이 진주秦州, 치소는 감숙성 천수시에 머물러 있는 승상 사마보司馬保에게 누차 군사를 징발해 보내라고 했지만 사마보의 주변에서는 모두 이를 말렸다.

"독사가 손가락을 물면 장사도 팔을 잘라야 합니다. 지금 호족胡族의 침략이 바야흐로 왕성하니, 의당 농산隴山으로 가는 길을 잘라놓고 그 변화 과정을 살펴보아야 합니다."

냉정하게 자기 살길을 찾아야 한다는 말이었다. 어디에도 목숨을 걸고 왕조를 보위하겠다는 의지는 보이지 않았다.

결국 사마보가 마침내 진군鎭軍장군 호숭胡崧을 행전봉行前鋒도독으로 삼고 여러 군사들을 모으자, 국윤은 황제를 받들고서 사마보에게 가려고 하였다. 그러자 색침은 승상 사마보가 군사까지 거느린 상황에서 황제마저 그 수중에 들어가면 사마보가 찬탈하거나 자기를 관직에서 몰아내는 등 딴 짓을 할 것이니 민제 사마업을 절대로 넘겨서는 안 된다고 주장했다.

결국 사마보의 세력과 국윤의 세력은 둘◆로 갈라졌다. 이렇게

◆ 사마보와 국윤 세력의 갈등

장안파	황제 사마업 국윤 색침	▶초숭, 축희, 송철이 장안을 구원 ▶화집이 패상에 주둔 ▶국윤, 황제를 끼고 권력을 독점
서부파	사마보 호숭	▶사마보는 장안의 군사징발에 불응 ▶호숭을 통해 황제를 데려오려 함 　→색침의 반대로 무산 ▶호숭이 영대에서 승리 후 전진하지 않음 　→진나라 군대의 승리는 곧 색침에 도움이 　　될 것으로 판단, 고의로 전조 공격을 중지

되자 장안의 서쪽에서는 조정을 받들지 않게 되었고, 백관들은 주리고 궁핍하여 들의 야생 벼를 캐며 스스로 살아갔다.

그리고 건흥 3년(315년) 9월에 전조의 대사마 유요가 북지를 침략하니 조서를 내려서 국윤을 대도독·표기장군으로 삼아 이를 막게 하였다. 또 10월에 색침을 상서복야·도독궁성제군사로 삼았다. 결국 황제를 끼고 있는 국윤과 색침이 높은 벼슬을 차지한 것이다.

그러한 상태였으니 사마보의 휘하에 있던 호숭이 국윤과 색침을 돕지 않고 돌아간 것이다.

끝까지 개인의 영달만 생각한 색침

결국 전조의 유요가 장안의 외성을 공격하여 함락시켰다. 국윤과 색침은 물러나서 외성外城 안에 있는 작은 성을 보존하면서 스스로 굳게 지켰다. 이제 성의 안팎은 서로 연락을 할 수 없게 되었다.

성 안에서는 기근이 심하여 쌀 한 말 가격이 금 2냥이었고, 사람들이 서로 잡아먹으니 죽은 사람이 반을 넘었다. 또 도망치는 것을 통제할 수 없었다. 오직 양주凉州에서 장궤張軌 부자가 보내온 의병義兵 1천 명만이 죽음을 무릅쓰고 성을 떠나지 않았다. 태창太倉, 국가 창고에는 누룩이 겨우 수십 덩어리가 있었고, 국윤이 이것을 가루로 만들어 죽을 끓여 민제 사마업에게 제공했다. 그러나 이것마저도 이미 다 떨어지고 없었다.

11월에 사마업이 눈물을 흘리면서 국윤에게 말했다.

"지금 어려움이 이와 같고 궁색하기 그지없다. 밖으로는 구원해줄 사람이 없으니 마땅히 수치를 참으면서라도 나가 항복하여 병사들과 백성들을 살려야 할 것이오."

이어서 한탄하며 말했다.

"나의 일을 그르친 사람은 국윤과 색침 두 공公이다."

비록 사마업이 나이 어린 황제이지만, 나라가 위기에 처해있는 와중에도 국윤과 색침이 자기의 관직이나 권한이 줄어드는 것을 걱정하며 반목하는 것을 알고 있었다.

결국 항복하는 길 밖에 없다고 판단한 민제 사마업은 시중 종창宗敞을 시켜 항복의 편지를 유요에게 보내도록 하였다. 그런데 색침이 중간에서 몰래 종창을 가지 못하게 하고 대신 자신의 아들을 유요에게 보내 유세했다.

"지금 성 안에 있는 식량은 1년은 족히 지탱할 수 있을 것이니 쉽게 이기지는 못할 것입니다. 만약에 색침에게 의동삼사·만호군공이라는 직책을 준다면 성을 가지고 항복하겠습니다."

나라가 망하는 마당에도 자기만은 홀로 전조의 벼슬을 받아 살 길을 모색한 것이다.

그러나 유요는 색침의 아들의 목을 베어 돌려보내며 말했다.

"만약 성안에 식량이 넉넉하다면, 그것이 떨어질 때까지 기다릴 것이다. 나 유요는 절대 거래는 하지 않겠다."

색침의 계획은 유요 앞에서 좌절되었다.

유요에게 항복한 사마업

결국 민제 사마업의 항복문서를 지닌 종창이 다시 유요의 진영에 도착했다. 다음날 사마업은 양이 끄는 수레를 타고 어깨를 드러내고 구슬을 입에 물고 관棺을 수레에 싣고 동쪽 문을 나와서 유요에게 항복하였다. 항복하는 군주의 전형적인 모습이었다.

유요가 관을 불태우고 구슬을 받으면서 종창에게 사마업을 받들고 궁으로 돌아가게 하였다. 그 다음에는 사마업과 공경 이하의 관리들을 유요의 군영으로 옮기고, 다시 이들을 전조의 도읍인 평양으로 호송했다. 그리고 전조의 황제 유총이 광극전光極殿에 나가니 사마업이 그 앞에서 머리를 조아렸다. 유총은 사마업을 광록대부로 삼고 회안후懷安侯에 책봉했다.

이를 지켜본 국윤이 땅에 엎어져서 통곡했다. 부축하여 일으켜도 일어나지 못하자 유총이 화가 나서 그를 가두었고, 국윤은 바로 자살하고 말았다.

원제 건무 원년(317년)에 전조의 황제 유총이 사냥을 할 때면 사마업은 행行거기장군이 되어 앞에 서서 길을 인도하였다. 이것을 본 사람들이 민제 사마업에게 손가락질 하면서 말했다.

"이 사람이 옛날 장안에 있던 천자다."

군복차림의 사마업을 본 옛날 노인들 가운데는 눈물을 흘리는 이도 있었다. 전조의 태자 유찬은 유총에게 사마업을 살려두면 장차 그를 내세워 무리를 모으는 사람들이 반드시 생겨날 것이라고 하면서 그를 죽이자고 하였다. 하지만 유총은 좀 더 두고 보자며 미루었다.

이후 12월에 전조 황제 유총은 광극전에서 신하들에게 향연을 베풀고 사마업에게 술을 돌리고 잔을 씻게 하였다. 또한 연회가 끝나고 화장실에 갈 때에는 사마업에게 변기 뚜껑을 잡고 있게 하였다. 진의 신하였던 사람들은 대부분 숨죽이며 눈물을 흘렸다. 상서랑 신빈辛賓이 일어나서 사마업을 붙들고 큰 소리로 곡을 하니 유총은 그를 끌어내서 목을 베라고 명령했다.

이때 진나라의 하남河南, 하남성 낙양시 태수인 조고趙固와 하내河內, 하남성 무척현 태수 곽묵郭默이 전조의 하동河東, 산서성 하현을 침략하여 강현絳縣, 산서성 곡옥현에 이르렀는데, 우사예右司隸에 소속된 백성들 가운데 그에게로 도망한 사람이 3만여 명이었다. 기병騎兵장군 유훈劉勳이 그들을 쫓아가서 1만여 명을 죽였더니 조고와 곽묵이 군사를 이끌고 돌아갔다.

전조의 태자 유찬은 조고와 곽묵의 군사 활동은 모두 사마업이 살아 있기 때문이라고 하였다. 이 말을 받아들인 전조 황제 유총은 무술일(20일)에 사마업을 평양平陽에서 죽였다. 사마업이 황제가 된 지 3년 반 만이고, 이때 그의 나이는 17살이었다.

제4장
남조시대

꼭두각시를 황제로 뽑기

시대 설명

서진이 멸망하고 중원 지역에는 북방민족의 남하하여 북쪽에는 이른바 5호16국이 형성되었다. 남쪽에서 서진 세력이 남하하여 진晉을 재건한 동진東晉이 세워져 남북으로 대치하는 국면을 보인다.

남쪽에서는 동진, 송宋, 제齊, 양梁, 진陳으로 왕조가 이어진다. 삼국시대에 이 지역에 있던 오吳까지 합쳐서 6조六朝라고 부르기도 한다. 이들 다섯 왕조는 기존의 한漢의 질서가 무너진 상황에서 유가적 질서에 의한 황제의 계승은 형식상으로 보존할 뿐, 실제 그것은 무질서하게 이루어진다.

동진에서는 성제 사마연이 죽자 그 동생 강제 사마악이 등장한다. 사마악의 아들 목제 사마담이 죽은 다음에는 그 아들에게로 황제의 자리는 계승되지 않고, 다시 사촌인 애제 사마비, 그리고 그의 형제인 폐제 사마혁에게로 이어졌다.

사마혁이 폐위되고 나서는 그의 조항祖行인 간문제 사마욱이 등장하고, 그의 손자 안제 사마덕종이 죽은 다음에는 그 동생 사마덕문으로 이어져서 부자상속의 전통은 거의 찾기 힘들게 되었다.

동진으로부터 선양을 받은 남조 송에서는 무제 유준이 죽고 전폐제 유자업이 등장했으나, 그의 삼촌인 명제 유욱

이 쿠데타로 황제 자리를 빼앗았다. 그리고 다시 다음 왕조를 일으키는 소도성은 후폐제 유욱을 폐위시키고 잠시 순제 유순을 세웠다가 선양을 받는다. 제 왕조가 세워진 것이다.

남조 제에서는 소색이 죽고 폐제 울림왕이 섰으나, 울림왕을 도왔던 명제 소란이 그를 폐위시켰다가 징검다리 역할을 하도록 해릉왕 소소문을 다시 세운다. 그러나 소도성과 마찬가지로 다음 왕조 양을 세운 소연은 제나라 명제 소란의 아들 동혼후 소보권을 폐위시키고, 징검다리로 소보융을 세웠다가 선양을 받는다.

제로부터 선양을 받은 양은 무제 소연이 북쪽에서 내려온 후경을 받아들이면서 죽자 간문제 소강이 섰다가 다시 그의 동생 원제 소역에게로 이어진다. 그 다음에는 정양후가 1년간 황제로 임명되었다가 다시 소역의 아들 경제 소방지로 이어지지만 당시 군사력을 쥐고 있던 진패선에게 선양하는 징검다리 역할을 할 뿐이었다.

진패선이 세운 진陳은 남북대결 과정에서 아들에게 황제 자리를 물려주지 못하고 조카 문제 진천에게 황위를 내주지만 그의 아들 폐제 진백종은 결국 삼촌인 선제 진욱에 의하여 쫓겨난다.

힘 있는 장군이 뽑는 동진의 황제들
나에게 선양하게 하라

권력을 농단하던 동진의 유씨들

서진이 전조에게 망하자 사마예를 중심으로 하는 진晉의 세력은 건무 원년(317년) 장강長江, 양자강 유역에 나라를 재건했다. 이른바 동진東晉이다.

동진의 세 번째 황제인 사마연司馬衍(321년~342년)이 평소 가지고 있던 지병으로 성제 함강 8년(342년) 6월에 죽었다. 이때 성제 사마연의 나이는 22살이었다.

사마연은 건강建康, 남경에서 진晉을 재건한 원제 사마예司馬睿의 손자이다. 그가 아버지 명제 사마소司馬紹(298년~325년)의 뒤를 이어서 황제가 되었을 때에는 그는 겨우 4살이었다. 그래서 사마소의 황후인 유문군庾文君(296년~328년)이 태후가 되어 조정에 나와서 섭정을 하였으니, 결국 정치는 유庾씨의 손에서 나왔다.

사실 유씨들이 권력을 갖기 시작한 것은 진晉을 재건한 사마예 시절부터였다. 사마예가 아직 동진을 건설하지 않았고 진동대장군이었을 때, 이미 유량庾亮(289년~340년)은 사마예의 서조연으로 사마예에게 주목을 받을 만큼 유능한 사람이었다. 그 후 사마예가 황제가 되면서도 유량은 사마예와 계속하여 관계를 맺었다.

유량은 이러한 사마예와의 관계를 십분 이용하여 자기의 누이동생 유문군을 당시 태자였던 사마소에게 태자비로 들여보내는 데 성공했다. 그래서 사마예가 죽고 사마소가 황제에 올랐을 때 유문군은 자연스럽게 황후가 되었고, 유씨들이 권력을 유지하는 데 큰 힘이 되었다.

그리고 앞서 말한 대로 사마소가 죽고 그 아들 사마연이 4살로 황제가 되었을 때 유문군은 태후가 되어 수렴청정을 했으니, 유씨가 동진을 세운 사마예 시절부터 이때까지 무려 25년간 권력을 잡은 셈이다.

이렇게 유씨가 권력을 오랫동안 전횡하자 군사력을 가진 소준蘇峻과 조약祖約이 유량과 불화하는 일이 생겼고, 함화 3년(328년)에 이들이 반란을 일으켰다. 이 반란으로 소준 세력에게 궁성이 점령당했고 유 태후는 석두성으로 피난했다가 이 때문에 화병을 얻어서 그해 3월에 죽었다. 그런데 성제 사마연마저 죽었다.

유량도 소준의 반란을 진압하는 과정에서 죽었으나, 그의 동생인 유빙庾冰(296년~344년)이 형 유량의 권력을 이어받아서 여전히 권력을 독점했다. 이때 사마연은 사마비司馬丕와 사마혁司馬奕, 두 아들을 두었지만 모두 강보에 싸여 있었다. 게다가 사마연의 황후 두杜씨도 이미 죽었기 때문에 후사를 결정할 권한을 가진 사람이 아무도 없었다.

이때 권력은 여전히 유빙의 손에 있었기 때문에 유빙이 후임 황제를 뽑는 일을 하게 되었다. 후임 황제를 잘 고르지 않으면 언제 그 권력을 빼앗길지 모르는 것이 황제제도 아래서의 권력자인 것을 유빙은 잘 알고 있었다.

황제란 아무리 나이가 어려도 다루기가 쉽지 않다는 사실을 유량은 이미 경험했었고, 유빙도 당연히 그것을 알고 있었다. 사실 유량이 권력을 행사할 때 성제 사마연에게 혼이 난 일이 있었다.

사실 사마연은 나이는 어렸지만 정치가 돌아가는 것을 짐작할 정도로 총명했다. 사마연이 황제에 등극하고 1년 후인 성제 함화 원년(326년)에 유량은 8왕의 난을 처음 일으킨 여남왕 사마량의 아들 남돈왕南頓王 사마종을 죽였다.

이를 몰랐던 성제 사마연은 오랜 뒤에 유량에게 물었다.

"늘 보이던 머리가 흰 늙은이는 어디 있소?"

사마종을 찾은 것이다.

유량이 "사마종이 모반해 죽였다."고 대답하자, 사마연은 눈물을 흘리며 말했다.

"외삼촌은 다른 사람이 역적질을 하여 바로 죽였다고 말하는데, 다른 사람이 외삼촌을 역적질한 사람이라고 말하면 나는 어찌하여야 하겠소?"

모반을 했다고 하여 아무런 보고도 하지 않고 사마종을 죽인 것을 나무란 것인데, 이때 사마연은 겨우 5살이었다. 아무리 오랫동안 권력을 잡고 있었다고 하더라도 황제의 말 한마디면 그 권력은 끝날 수 있다는 것을 알게 한 사건이었다.

이러한 사실을 인지하고 있던 유씨 집안, 특히 유빙의 입장에서는 사마연의 뒤를 이을 황제가 누가 되느냐에 따라서 그 운명이 결정될 수도 있는 상황이었다.

동생에게 뒤를 잇게 한 유빙

성제 사마연이 위독해지자 누군가 거짓으로 상서의 부서符書를 만들어 궁궐 안으로 재상을 들여보내지 말라고 칙령을 내렸다.

이때 정치적인 책임을 지고 있는 재상은 유빙이었다. 이렇게 권력을 쥐고 있던 유빙에게 사전협의를 하지 않고 궁 안으로 재상을 들이지 말게 한 것은 유빙을 제거하려는 정치적 의도가 내포되어 있다고도 볼 수 있다. 유빙은 이 조치를 속임수라고 판단했는데, 추궁해보니 과연 속임수가 맞았다.

이렇게 권력을 잡고 있다고는 하지만 자기를 제거하려는 세력이 엄존한 상황에서 유빙은 후임 황제를 뽑아야 했다. 물론 표면적으로야 종묘와 사직을 들먹이면서 황제를 결정한다고 했겠지만 실제로는 자기 자신의 문제를 가장 먼저 고려했을 것이다.

유빙은 동진이 성립된 이래 자기 형제들이 오랫동안 권력을 잡고 있다고 생각했다. 그렇지만 세상은 바뀔 것이고, 또 세상이 바뀌고 나면 황실의 친척들이 자기를 더욱 소원하게 여길 수도 있고, 또 다른 사람들이 황제와 자기의 중간에 껴서 자기와 황제와의 거리가 멀어지게 할 수도 있을 것이라 걱정했다.

그래서 유빙은 사마연이 살아 있을 때 매번 사마연에게 국가는 강한 적을 갖고 있으니 의당 어른이 된 군주를 세워야 한다고 설명했었다. 명분상으로는 맞는 말이었다. 그렇기 때문에 유빙은 강보에 싸여있는 사마연의 어린 아들 대신에 그의 동복 동생인 낭야왕 사마악司馬岳(322년~344년)을 후계자로 삼자고 청하였다. 그리고 사마연은 고심 끝에 이를 허락했다.

이때 사마악은 이미 20살이었으므로 유빙의 논리에는 적합한 사람이었다. 사마악의 입장에서 황제가 될 수 없던 자신을 황제로 삼자고 해주었으니, 이를 천거한 유빙에게 큰 은혜를 입은 것이었다. 유빙은 이를 통해 사마악이 황제에 오른 다음에도 계속하여 권력을 누릴 수 있을 것을 기대한 것이다.

그런데 중서령 하충何充이 유빙의 의견에 이의를 제기하며, 강력하게 전통적인 부자상속의 원칙을 주장했다.

"아버지에게서 아들로 전해지는 것은 먼저 돌아가신 제왕들의 옛 법전입니다. 이를 바꾸었을 때 혼란을 초래하지 않은 경우가 드뭅니다."

하충은 자기의 주장이 옳다는 증거로 역사적 사실을 예로 들었다. 고대 주周의 무왕武王이 똑똑한 동생 주공 단旦에게 왕의 자리를 물려주지 않고, 어린 성왕成王에게 물려준 것은 무왕이 동생 단을 아끼지 않아서가 아니라 질서를 잡기 위해서였다고 말했다. 이는 사마악을 후계자로 삼는 것을 분명히 반대하는 말이었다. 그러나 권력을 쥐고 있는 사람은 유빙이었고, 유빙은 이 말을 수용하지 않았다.

결국 성제 사마연이 죽기 전날인 임진일(7일)에 유빙과 하충, 무릉왕武陵王 사마희司馬晞, 회계왕會稽王 사마욱司馬昱, 상서령 제갈회諸葛恢가 함께 고명顧命을 받았다. 그 다음날인 계사일(8일)에 성제 사마연이 죽었다. 갑오일(9일)에는 낭야왕 사마악이 황제 자리에 올랐다. 하충의 반대 속에서 유빙의 뜻이 관철된 것이다.

부자상속과 성인 황제 선택의 기로에서

유빙에 의해 황제에 오른 사마악은 황제 자리에 올랐지만 양음亮陰이라는 이유를 들어 복상 기간 중에는 말을 하지 않고 모든 정치를 유빙과 하충에게 위임했다. 강제 사마악은 자기의 힘으로 황제 자리에 오른 것이 아니었기 때문에 양음이란 제도를 이용하여 정치의 일선에서 한 발짝 물어난 것이다.

그리고 7월 병진일(1일)에 성제 사마연을 흥평릉興平陵에 장사지낸 후 사마악은 궁전 앞으로 나와 유빙과 하충에게 말했다.

"짐이 넓고 큰 대업을 이어받은 것은 두 분의 힘이었소."

그러나 하충은 자기가 사마악의 황제 취임을 반대했음을 분명히 밝히며 말했다.

"폐하께서 용[황제의 상징]으로 날게 된 것은 유빙의 힘이었습니다. 만약에 신과 함께 논의하였다면 승평升平의 시대를 보지 못하였을 것입니다."

사마악은 황제가 된 지 2년이 지난 강제 건원 2년(344년)에 위독해졌다. 그러자 이번에는 유빙과 그의 동생 유익이 회계왕 사마욱을 후사로 세우려고 하였다. 사마욱은 24살의 청년으로, 동진을 세운 사마예의 아들이자 명제 사마소의 동생이었다. 조카의 뒤를 삼촌이 잇게 하려는 것이다.

반면 하충은 강제 사마악의 아들 사마담司馬聃(343년~361년)을 세우자고 하였다. 이번에도 역시 부자상속의 원칙을 주장한 것이다. 그러나 사마담은 겨우 2살이었다.

앞서 황위 계승 문제에서 성년成年이 된 사람을 황제로 세우려고 했던 유빙과, 황제의 아들이 있다면 그를 세워야 한다는 하충의 입장이 이번에도 반복되었던 것이다.

그런데 이번에는 강제 사마악이 하충의 편을 들었다. 그래서 2살배기 사마담을 9월 병신일(24일)에 황태자로 세웠고, 이틀 뒤 무술일(26일)에 사마악은 식건전式乾殿에서 죽었다. 다음날인 기해일(27일)에 하충이 강제 사마악의 유지遺늠를 가지고 태자를 받들어서 즉위하게 하고 대사면령을 내렸다.

그리고 사마악의 황후 저산자褚蒜子(324년~384년)는 황태후에 올랐다. 겨우 20살이 된 저 태후가 조정에 나와 황제의 명령을 대신 내렸다.

자신의 주장을 관철시키지 못한 유빙은 급격하게 권력에서 멀어졌다. 그 대신 황제를 세우는데 큰 역할을 한 하충에게는 중서감과 녹상서사를 덧붙여졌다. 이제 하충의 세상이 된 것이다.

사마악이 황제가 되던 강제 함강 8년(342년) 7월 기미일(4일)에 사마악을 황제로 세우는 것에 반대했던 하충은 이때 표기驃騎장군·도독서주都督徐州·양주지진릉제군사揚州之晉陵諸軍事·영령서주徐州, 강소성 서주시 자사가 되어 경구京口, 강소성 진강시에서 진수하면서 여러 유庾씨들을 피해 있었다.

그랬던 하충이 2년 만에 목제 사마담을 황제로 세우는데 공로를 세워 권력자가 되었고, 그로 인해 졸지에 권력에서 소외된 유빙과 유익은 하충을 깊이 한스럽게 생각하였다.

그 후 강주江州, 강서구 구강시 자사로 나가 있던 유빙이 병이 들자 저 태후가 유빙을 징소하여 정치를 보필하게 하였다. 그러나 유빙은 이를 사양했고, 11월 경진일(9일)에 죽었다. 유빙의 동생 유익庾翼(305년~345년)도 정서征西장군에 이르렀지만 결국 이듬해에 죽고 말았다.

황제를 세우는데 기여한 공로에 따라서 권력을 누리기도 하고 정치적으로 실각할 수도 있다는 것을 여실히 보여주는 상황이었다. 어디에서도 그들이 내세우는 공적인 이익을 찾아보기 힘들었다.

황제 대신 정치를 한 저 태후

2살에 황제가 된 사마담은 14살이 되던 승평 원년(357년) 정월에 관례를 치렀고, 8월에 4살 많은 하법예何法倪(339년~404년)를 황후로 맞이하였다. 사마담 다음으로 권력자가 된 하충이 자기의 조카딸 하법예를 추천해 황후로 만든 것이다.

그런데 사마담은 황제에 오른 지 17년 만인 승평 5년(361년) 5월 정사일(22일)에 19살의 나이로 죽었다. 그런데 사마담과 하법예 사이에는 소생이 없이 무후無後한 채 세상을 떠버렸다. 그러나 이미 사마담의 뒤에서 직접 정사를 챙기며 칭제稱制했었던 저 태후는 사마담이 죽자 즉시 전면에 나섰다.

저 태후는 목제 사마담의 뒤를 이을 후임 황제를 뽑아야 했다.

"낭야왕琅邪王 사마비司馬丕(341년~365년)가 중흥한 이후의 정통正統이고, 대의와 성망聲望, 인정과 지위에서 비교할 사람이 없으니, 그가 왕으로서 대통을 받들게 하시오."

사마비는 성제 사마연의 적자이다. 사마연이 죽고 아들에게 황위를 전하지 않고 동생 사마악을 황제로 삼았으니, 사마비는 목제 사마담의 사촌이다. 저 태후의 입장에서 본다면 큰집 조카를 데려다가 대통을 잇게 한 것이고, 이는 목제 사마담의 후사가 끊기는 조치였다. 이때 사마비의 나이는 이미 20살이었다.

백관들이 법가法駕를 준비하여 그의 저택에서 사마비를 영접했고, 경신일(25일)에 낭야왕 사마비가 황제 자리에 올랐다.

그런데 사마비도 황제 자리에 오른 지 4년 만인 애제 흥녕 3년(365년) 2월에 죽고 말았다. 그의 황후 왕목지王穆之도 한 달 전 정월에 죽었고, 소생도 없었다. 다시 강제 사마악의 황후인 저 태후가 전면에 나설 수밖에 없었다.

저 태후는 애제 사마비가 죽은 그 다음날에 조서를 내려 사마비의 한 살 아래 동생인 낭야왕琅邪王 사마혁司馬奕(342년~386년)으로 대통을 계승하게 했다. 저 태후가 세 번째로 황제를 뽑은 것이다.

저 태후는 사마담이 황제가 된 목제 건원 원년(344년)에서부터 15살이 된 사마담에게 정치를 넘기던 승평 원년(357년)까지 12년 동안 직접 정사에 임하여 황제의 명령을 대신 내리는 임정칭제臨政稱制를 하였다.

그리고 목제 사마담이 죽고 사마비를 황제로 세운 후 애제 사마비가 1년 만에 병석에 눕자, 다시 애제 융화 원년(362년)에 다시 칭제하였다. 또 흥녕 3년(365년)에 애제 사마비가 죽고 그 동생 사마혁을 황제로 세우고도 계속하여 정치를 오로지 하였다.◆

선양받을 것을 기대한 쿠데타

저 태후의 임정칭제는 사마혁이 황제로 있는 동안에도 계속되어 근 10년간 지속되었다. 그러므로 저 태후가 임정칭제한 기간은 22년이 넘는다. 하지만 저 태후는 조정 정치의 전면에 나섰지만, 남북조시대라는 어려운 국제적인 관계 속에서 군사문제까지는

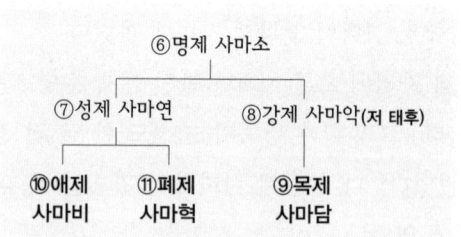

◆ 저 태후가 뽑은 황제들

통제하지 못했다.

이때 북방에 있던 성한成漢을 멸망시키고, 군대를 장악한 사람은 환온桓溫(312년~373년)이었다. 그는 전진前秦을 공격하여 옛 진의 도읍인 낙양을 수복했고, 북방의 동부 지역에 있던 전연前燕까지 공격하는 군사활동으로 급격히 조정 내 세력을 확장하고 있었다.

이렇게 하여 대사마에 오른 환온은 자신의 재주와 지략, 지위와 명망을 믿고서 남몰래 신하가 되지 않을 뜻을 길러왔다. 스스로 황제가 되고자 한 것이다.

환온은 일찍이 베개를 어루만지며 이렇게 탄식했다.

"남자로 태어나 빛나는 이름을 백세百世에 흘러가게 할 수 없다면, 마땅히 냄새나는 것이라도 만 년 동안 남겨야 하겠지!"

즉 옳지 않은 일, 또는 반역을 저질러서라도 후대에 명성을 남기고자 하겠다는 뜻이었다.

그러나 그의 바람은 순조롭게 진행되지 않았다. 환온은 먼저 하삭河朔, 황하 이북에서 공로를 세워 9석九錫을 받으려는 계획을 세웠지만, 방두枋頭의 전투에서 패하게 되어 순조롭게 9석을 받을 수 있는 길이 좌절되었다. 그렇다고 그가 9석을 받고자 하는 욕망이 사라진 것은 아니었다.

이에 참군 치초郗超가 말했다.

"밝으신 공께서는 천하의 무거운 책임을 지고 계시고, 지금은 60세가 되었는데 큰일에서 실패하고 세상에서 가장 뛰어난 공로를 세우지 못하였으니 백성들의 희망을 안정시키고 사로잡기에는 부족합니다."

순리대로 황제가 될 수 없으니 쿠데타를 할 수밖에 없다는 충고였다.

 당시 황제 사마혁에게서 별다른 허물은 없었다. 다만 사마혁은 자신이 위질痿疾이라는 병을 갖고 있어서 아기를 낳을 수가 없다는 것을 이미 알고 있었다.

 그래서 그가 총애하는 상룡相龍, 계호計好, 주령보朱靈寶 등을 침실로 불러, 미인美人 전田씨와 맹孟씨에게 사내아이 셋을 낳게 했다. 말하자면 황제 사마혁은 자기의 부인들과 다른 남자들을 합방시켜 그녀들이 낳은 아들로, 즉 사마씨가 아닌 사람으로 자기의 뒤를 잇게 하려고 한 것이다.

 그러나 이러한 일들은 아무리 비밀리에 진행했다고 해도 소문이 나지 않을 수 없었다. 이 사실을 알게 된 환온이 백성들 사이에 이 소문을 퍼트리니 당시 사람들은 설마 그런 일까지 했을까 싶어 반신반의하였다.

 환온은 이렇게 소문을 퍼뜨린 후 간문제 함안 원년(371년) 11월에 광릉廣陵, 강소성 양주시에서 출발하여, 정미일(13일)에 동진의 도읍인 건강[남경]에 도착했다. 그는 저 태후에게 황제 사마혁을 폐위시키고 승상인 회계왕會稽王 사마욱司馬昱을 황제 자리에 세우도록 넌지시 청함과 동시에 황태후령의 초안까지 만들어서 이를 올렸다.

 저 태후는 불당佛堂에서 향불을 사르고 있었다가 상주문의 몇 줄을 보고는 말했다.

 "나는 본래 스스로 이러한 일이 있을 것이라고 의심했었다."

 저 태후는 상주문을 다 읽지도 않은 채, 붓을 가져오게 하여 그 위에 덧붙여 썼다.

 "아직 죽지 못한 사람이 불행하게도 이러한 백 가지의 걱정거리를 끼치게 되었으니 죽은 사람을 생각하고 마음은 칼로 가르는 듯하다."

아직 죽지 못한 사람이란 미망인인 저 태후 자신을 가리키는 말이다. 22년간 칭제한 저 태후도 군사력을 가진 환온 앞에서는 더 이상 어찌할 수가 없었다. 결국 황제 사마혁의 폐위가 결정되었으며 환온의 쿠데타는 성공하였다.

사마욱에게 막혀서 뜻을 못 이룬 환온

쿠데타에 성공한 환온이 주도하는 황제 바꾸기가 곧바로 진행되었다. 기유일(15일)에 환온은 사마혁을 폐위하기 위해 백관百官들을 조당朝堂에 모았다.

그러나 황제를 폐하고 새로 세우는 일은 밝은 시대에는 없던 일이고, 그 전고典故를 아는 사람이 없었으니, 백관들은 이 상황에 어찌할 줄 몰라서 벌벌 떨었다. 환온 역시 쿠데타를 성사시키기는 했지만 허둥대고 있었다.

이때 환온에게 방법을 제시하는 사람이 나타났다. 그는 상서 복야 왕표지王彪之였다. 왕표지는 이 일이 중단될 수 없음을 알고 환온에게 말했다.

"공公께서는 황실의 아형阿衡. 이윤인데 당연히 먼저 있었던 시대의 경우를 모방하셔야 할 것입니다."

이 건의에 따라서 환온은 《한서漢書》의 〈곽광전霍光傳〉을 가져오게 명령을 내리고 의례儀禮와 절차節次를 잠깐 사이에 결정하였다. 이어서 조복朝服을 입고 계단에 올라가는 왕표지의 정신과 풍채가 의연하고 두려운 기색이 없으며, 문무의 의식儀式 기준에서도 부족함이 없으니 조정 사람 모두 그에게 탄복했다.

그리고 저 태후의 영令을 선포하여 사마혁을 폐위시켜 동해왕東海王으로 강등시키고, 회계왕 사마욱으로 황극皇極을 잇게 했다. 이때 새로 황제가 된 사마욱은 41살이었다.

간문제 사마욱은 목제 영화 원년(345년)에 강제 사마악이 죽고 사마담이 황제가 되었을 때 하충과 더불어 보정輔政했던 사람이다. 그 후 사마욱은 승진하여 승상이 되었고, 비록 사양하기는 했지만 특별한 대우를 주려는 조서를 받기까지 하였다.

환온이 세운 사마욱은 이처럼 정치적으로 노련한 사람이다. 따라서 권력자들의 일반적인 생각이라면 이러한 사람을 황제로 세우지는 않았을 것이다. 하지만 환온이 사마욱을 황제로 세운 데는 다른 뜻이 있었다.

사마욱은 비록 동진을 세운 사마예의 아들이기는 하지만, 이미 그의 손자 항렬이 황제에 올랐으니 현실적으로 그가 황제 자리에 나갈 가능성은 없었다. 즉 그만큼 정통성도 없었던 것이다. 따라서 산전수전을 겪었던 사마욱은 황제 자리가 군사력이 없는 자기의 자리가 아니라는 것을 알 정도의 현실 감각이 있을 것으로 생각했다. 환온은 사마욱이 군사력을 가지고 있는 자신에게 황제 자리를 사양하고 선양할 것을 기대했던 것이다.

환온은 사마욱이 등극하는 날 사마혁을 폐위시키고 사마욱을 세운 본래의 뜻을 진술하고자 하였다. 즉 자기에게 선양해야 한다는 것을 설명하려고 한 것이다. 그러면 사마욱은 현실을 인정하고 바로 환온에게 선양할 것으로 생각했다.

그러나 이미 전후 사정을 눈치 챈 간문제 사마욱은 세상의 풍파를 이겨낸 사람답게 환온을 불러 보면서 바로 수십 줄의 눈물을 흘렸다. 환온은 사마욱의 이런 행동에 다른 말을 할 기회를 잡지 못했다. 사마욱이 환온보다 한 수 높은 정치적인 행동을 한 것이다. 결국 환온은 선양을 받고자 한 뜻을 이루지 못했다.

환씨를 토벌하고 황제를 죽인 유유

일단 간문제 사마욱은 정치적인 술수로 바로 환온에게 황제 자리를 선양하지 않을 수는 있었다. 하지만 환온에 의해 황제 자리에 오른 사마욱은 황제로서의 권위를 갖지 못했고, 권력자 환온은 자기에게 선양해 주기를 기대하고 있었으니, 황제 자리를 지켜야 할지 아니면 선양해야할지 가늠하지 못하고 있었다.

결국 사마욱은 화병이 들었고 황제에 오른 지 2년 만인 간문제 함안 2년(372년)에 죽었다. 이후 그의 아들 사마요司馬曜와 손자 사마덕종司馬德宗이 뒤를 이어 황제가 되었으나, 환온의 전횡은 계속 이어졌다. 이제 진晉 왕조는 사마씨가 황제 자리만 차지하고 있을 뿐 사마씨의 나라는 아니었다.◆

그러는 동안 동진에서 권력을 휘둘러온 환온도 사마요가 황제 자리에 있던 효무제 영강 원년(373년)에 죽었다. 그러나 그의 아들 환현桓玄(369년~404년)이 그의 뒤를 이어 권력을 잡았다.

환현은 안제 원흥 2년(403년) 1월에 당시 상당한 권력을 쥐고 있던 간문제 사마욱의 아들 사마도자司馬道子(364년~402년)를 죽였다. 그나마 권력 가까이에 남아 있던 사마씨까지 제거하고 실제로 동진 왕조를 주재하게 된 것이다. 이어서 환현은 그해 12월에 사마덕종을 축출하여 황제 자리를 찬탈簒奪하고 국호를 초楚로 바꾸었다. 이것을 역사에서는 환초桓楚라고 부른다. 환온의 쿠데타가 그의 아들 환현에 의해서 그 뜻을 이뤘다고 할 수 있다.

　그러나 환현의 찬탈은 명분을 갖지 못했다. 아울러 전국을 장악할 수 있는 힘도 없었다. 누구든지 힘만 있으면 황제를 바꿀 수 있다는 인식이 퍼진 상황이니, 환현은 자기가 이룩한 황제 자리를 지킬 힘을 가지고 있어야 했다.

　이러한 상황에서 원흥 3년(404년) 3월에 유유劉裕(363년~422년)는 군사를 일으켜서 명분 없이 선양을 받은 환현을 공격했다. 유유는 원래 안제 융안 3년(399년)에 손은孫恩과 노순盧循 등 27명이 회계에서 일으킨 반란을 토벌한 유뢰지劉牢之 장군의 참군으로 참여했던 사람이다. 이때부터 두각을 나타내던 유유는 환현이 황위를 찬탈하자 그를 공격한 것이다.

　결국 유유의 기병으로 그해 6월 환현은 피살되었고, 사마덕종은 황제로 복위되었다. 그러나 환현의 장수이자 그의 당질인 환

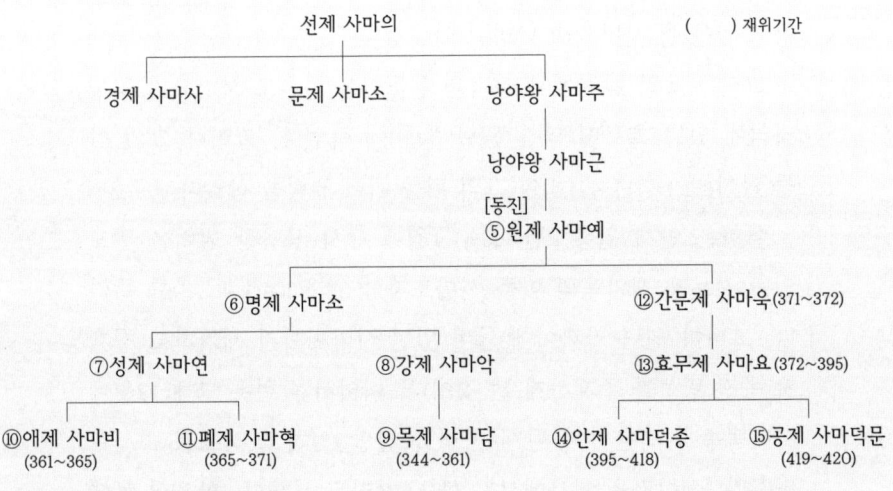

◆동진의 황위 계승 계보도

진桓振(?~405년)이 또다시 동진을 공격하여 사마덕종을 포로로 잡았다. 환씨의 세력은 여전했고, 동진은 스스로 지탱할 세력을 갖지 못했다.

이때 다시 환진의 난을 평정한 것은 유유였다. 그 후 그는 안제 의희 5년(409년)에 환현의 난을 계기로 일어난 많은 할거 세력을 토벌하여 내부혼란을 잠재웠을 뿐 아니라, 북쪽으로 남연을 공격하여 남연왕 모용초를 죽이는 대외적 성과도 올렸다. 그리하여 유유는 의희 11년(415년)에 동진의 경내를 완전히 통일했다.

이제 동진에서는 새롭게 등장한 유유를 제지할 수 있는 사람은 없었다. 그리하여 의희 14년(418년) 6월에 태위 유유는 처음으로 상국相國과 송공宋公, 그리고 9석九錫의 명命을 받았다. 황제와 버금가는 직위를 받은 것이다.

그에 발맞춰서 송공 유유는 신비한 예언서로 여겨지는《참언讖言》에 나오는 '창명昌明 이후에는 오히려 두 명의 황제가 있다.'라는 부분을 자기 나름대로 해석했다. 왜냐하면《참언》에 나오는 창명이 간문제 사마욱의 아들인 효무제 사마요의 자字였기 때문이다.《참언》에 나오는 창명이 간문제 사마욱의 아들 사마요를 가리킨다면 효무제 사마요가 죽은 다음에는 황제가 둘이 된다는 말로 해석할 수 있기 때문이다.

간문제 사마욱은 애초에 이《참언》을 알지 못했던 것으로 보인다. 그래서 그의 부인이 임신했을 때 꿈에 신선이 나타나서 '너는 사내아이를 낳을 것이니 창명昌明을 자字로 삼으라.'라고 하였다. 또 사마요가 태어날 때는 동쪽이 처음 밝아지는 새벽 무렵이었으므로 자연스럽게 이름을 '창명昌明'이라고 지었다.

그런데 후에《참언》에 '창명 이후에는 오히려 두 명의 황제가 있다.'라는 것을 알고 눈물을 흘렸다는 기록이 있다.
 하여간 유유는 사마요가 죽고 사마덕종이 황제로 있는 시점에서 또 다른 황제가 한 명 더 있다고 보고, 그것이 자기라고 생각한 것이다. 그래서 그는 중서시랑 왕소지王韶之에게 황제의 측근과 더불어 몰래 안제 사마덕종을 짐살酖殺하고 그의 동생 낭야왕琅邪王 사마덕문司馬德文을 황제로 세웠다.

선양을 받은 유유

유유가 사마덕문을 황제로 세운지 2년이 지났다. 모든 권력을 장악한 유유였지만, 선양을 받고자 한다는 말은 쉽게 꺼내지 못하고 있었다. 유유는 송 고제 영초 원년(420년)에 마침내 조정의 신하를 모아 잔치를 열고 술을 마시며 조용히 말했다.
 "환현이 자리를 찬탈하였을 때 이제 정명鼎命, 왕조의 운명은 이미 옮겨진 것입니다."
 실제로 동진의 운명은 환현이 안제 사마덕종을 축출하고 환초를 세웠을 때 이미 끊어졌다는 뜻이다. 그리고 유유는 이어서 자신이 그들을 평정하여 9석을 받았지만 이제 이것을 황제에게 돌려주겠다고 말했다. 이것은 선양받겠다는 말을 거꾸로 한 것으로, 여러 사람들이 알아서 처리해달라는 뜻이기도 했다.
 이 사실을 안 공제 사마덕문은 4월에 유유를 경사[건강]로 불러서 자신을 보필하도록 하였다. 유유를 도읍으로 들어오게 한 것이다. 그리고 6월 임술일(9일)에 유유가 건강에 도착했다.
 사실 당시 그 자리에 있던 대부분의 신하들은 이 말의 뜻을 알아채지 못했지만 오직 부량만이 유유의 속내를 눈치채고 조치를 취했다.

부량은 공제 사마덕문에게 가서 넌지시 송왕 유유에게 자리를 선양하라고 말했다. 그러면서 황제 대신에 조서의 초안을 갖추어서 사마덕문에게 바치고, 그것을 베껴 쓰도록 하였다. 사마덕문이 기쁘게 붓을 잡고 좌우의 측근에게 말했다.

"환현시대의 진晉씨는 이미 천하를 갖지 못하였는데 다시 유공劉公이 연장시키게 되어 곧 20년이 되니, 오늘의 일을 본래 달갑게 여기는 바이다."

유유 덕분에 환현에게 망한 동진이 근 20년 더 계속되었으니, 유유에게 기쁘게 내어 주겠다는 말이었다. 실제로 동진 안제 원흥 3년(404년)에 유유가 환현을 토벌한 지 17년이 흐른 시점이었다. 군사력을 가지고 성공적으로 선양을 받은 것이다.

옹립한 황제에게 되잡힌 송의 쿠데타 세력
쿠데타로 실각의 위기를 극복하자

철없이 굴다 쫓겨난 송의 황제 유의부

남조 송 문제 원가 원년(424년) 4월에 유유劉裕를 도와서 송宋을 세웠던 개국공신 서선지徐羨之(364년~426년) 등이 남연주南兗州, 강소성 양주시 자사 단도제檀道濟(?~436년)와 강주江州, 강서성 구강시 자사 왕홍王弘(379년~432년)을 불러 들여 조현하도록 하였다. 그들은 5월에 도읍인 건강에 도착했다.

    단도제는 동진시대부터 명성이 높아 그 위세가 전성殿省, 궁전과 관부를 뒤덮고 있었으며 거느린 군사도 많은 사람이었다. 서선지가 이들을 건강으로 부른 것은 소제 유의부劉義符(406년~424년)를 축출하기 위함이었다.

    유의부는 송을 건국한 유유의 장남으로 2년 전인 송 무제 영초 3년(422년)에 아버지 유유의 뒤를 이어 황제 자리에 올랐다. 그런데 유유와 함께 송 왕조를 건설한 공신들이 유의부를 내쫓고자 한 것이다. 여기서의 송 왕조는 유씨가 세웠다고 해서 유송劉宋이라고 불린다.

물론 이유는 있었다. 유의부는 황제에 오른 후 아버지 유유의 복상기간에도 무례하고 음란한 행동을 서슴지 않았다. 또한 주변에 있는 사람들과 격의 없이 놀곤 했는데, 19살 청년의 모습이었다. 하지만 이러한 행동이 위기를 불러 올 수 있다는 사실을 궁중에 있는 사람이면 다 알고 있었다.

그래서 벼슬을 그만두고 고향으로 물러나 있던 범태范泰는 편지를 밀봉하여 소제 유의부에게 보냈다.

"폐하께서 후원에서 무예를 익히고 말을 타며 두드리는 북 소리가 궁전 밖에까지 울려퍼지고 있습니다. 이는 사직을 위한 계책이나 세상을 다스리는 길이 아닙니다."

그러나 유의부는 범태의 간청을 받아들이지 않았다.

공신들은 이제 공공연하게 소제 유의부를 축출할 움직임을 보였으며, 그 계획은 착착 진행되었다. 원가 원년(424년) 4월 갑신일(24일)에 영군領軍장군 사회謝晦(390년~426년)는 영군장군부의 관부官府가 떨어지고 무너진 곳이 많아 위험하다며 집안사람을 모두 밖으로 나가게 하고, 그 대신 장수와 병사를 관부 안으로 불러 모았다. 군사를 준비한 것이다. 그리고 궁궐에 근무하는 중서사인中書舍人 형안태邢安泰와 반성潘盛으로 하여금 궁궐 안에서 호응하게 하였다.

그날 밤에도 소제 유의부는 화림원華林園에 점포를 늘어놓고 직접 물건을 팔고 있었다. 그리고 좌우의 사람들과 함께 천연지天淵池. 연못에서 놀이를 하고 용주龍舟. 황제가 타는 배에서 잠을 잤다. 쿠데타가 일어나는 날 밤에 황제가 취한 행동으로 너무도 철없는 짓이었다.

다음날 새벽에 단도제가 군사를 이끌고 앞에 섰고, 서선지 등이 그 뒤를 이어서 운룡문雲龍門을 통해 들어갔다. 형안태가 숙위宿衛에게 알아듣도록 타이르니 막는 사람이 없었다. 소제 유의부는 아직 일어나기 전이었고, 단도제의 병사가 나아가 두 명의 시종을 죽였다. 이 과정에서 유의부는 손가락에 상처를 입었지만 병사들은 개의치 않고 잠에서 덜 깬 유의부를 부축하여 동각東閣을 나왔다. 그리고 유의부를 옛날의 태자궁으로 호송하고 그의 옥새와 인수를 거두어들였다. 소제 유의부를 폐위시킨 것이다.

고명을 받은 신하들

남조 송 왕조를 개창한 유유가 동진으로부터 선양을 받은 것은 영초 원년(420년) 6월이었다. 이때 유유의 나이는 이미 57살이었고, 이후 3년 만인 무제 영초 3년(422년)에 병상에 눕게 되었다. 그리고 태위인 장사왕 유도련劉道憐, 사공 서선지, 상서복야 부량, 영군장군 사회와 호군장군 단도제가 나란히 들어와서 의약 시중을 들었다.

이때 황태자 유의부는 소인배들을 가까이 하는 일이 많았는데, 이에 대해 사회는 유의부가 태자에 적당하지 않다는 의견을 피력했다.

"폐하께서는 춘추가 이미 높으시니 의당 만세를 보존할 생각을 하셔야만 하고, 신기神器, 황제 자리는 지극히 중요하니 재주가 없는 사람에게 짊어지도록 해서는 안 됩니다."

무제 유유는 자신의 병이 깊어지고 있다는 것을 알고 태자 유의부를 불러서 훈계했다.

"단도제는 비록 재간과 책략이 있으나 심원한 뜻이 없으니 어려움이 있어도 나가려는 기상을 갖고 있는 형 단소檀韶만 못하다. 서선지와 부량은 당연히 다른 일을 도모함이 없을 것이나 사회는 자주 정벌에 종사하여 자못 임기응변의 책략을 잘 아니, 만약 이변이 있게 된다면 반드시 이 사람일 것이다."

황제 자리를 이어 받을 아들에게 남아 있을 공신들의 향후 행동방향이나 그 성격에 대해 이야기하여 대비하도록 한 것이다. 유유는 한편으로 중신들에게 아들의 보위를 부탁했고, 다른 한편으로는 아들에게 고명 신하를 제압할 방법을 일러준 셈이었다. 그러므로 이 시기는 고명 신하라고 하더라도 그들에게서 유교적 충성심을 기대하기 어려운 시기였음을 알 수 있다.

그리고 황제 자리를 지킬 방법을 손수 강구하여 말했다.

"후세에 만약 어린 군주가 있게 된다면 조정의 일은 모두 재상에게 맡기고, 모후母后가 번거롭게 조정에 나타나게 하지 마라."

이를 보면 무제 유유는 당시의 고명 신하와 자기 후계자의 상황을 짐작한 듯하다. 그래서 자신이 죽기 전 서선지와 단도제, 사회 등에게 고명을 내려 태자를 맡긴 것이다. 하지만 끝내 이들에게 유의부가 축출되는 운명을 피할 수는 없었다.

유의부를 쫓아낸 이유

유의부가 쫓겨난 것은 앞에서 말한 대로 철없는 행동에서 비롯되었다는 것이 공식적인 이유였다. 그러나 아버지의 상중에 음란행위를 했다는 것이 과연 황제에서 쫓아낼 만한 이유가 될 수 있을까?

만일 유교를 국가이념으로 삼았던 시기라면 당연히 그럴 수 있다. 그러나 당시는 유의부의 행동을 특별히 문제가 있다고 보지 않던 위진남북조 시대였다. 따라서 유의부의 행동을 폐위의 결정적 이유라고 말하기는 어렵다.

두 번째로는 쿠데타 세력은 소제 유의부가 주변 사람들과 격의 없이 놀았다는 점을 이유로 들고 있다. 이 역시 황제로서의 권위를 높이지 않았다는 점에서는 흠이 될 수 있지만, 단순히 소인들과 함께 놀았다는 것이 황제의 결격 사유가 되기에는 부족하다.

세 번째는 유의부가 궁중에서 무예를 익혔다는 이유이다. 이때 유의부는 충분히 무예에 관심을 가질 만한 젊은 나이였고, 황제가 궁중에서 무예를 익히는 것은 허물이 아니다. 하지만 당시 군사권을 쥐고 있던 자들에게는 아니꼽게 보였을 수도 있었을 것이다.

소제 유의부가 황제에 걸맞지 않는다는 비난은 모두 유가적 도덕을 기준으로 한 평가일 뿐이다. 더구나 그 유가적 도덕의 기준에서 보더라도 황제를 내쫓고 새 황제를 세우는 것은 가장 불경한 행위이다. 결국 소제 유의부의 허물은 쿠데타 세력의 불충에 비한다면 너무도 미미하다. 유가적 도덕의 입장에서는 쿠데타 그 자체를 용납할 수 없으므로 유의부를 내쫓은 이유는 다른 곳에 있다고 보아야 한다.

이와 같이 어떤 사건에서는 드러난 상황과 감추어진 진실이 상이하게 다를 수 있다. 따라서 이들의 진짜 속내를 걸러낼 수 있는 안목을 길러야 한다.

무제 유유 시절에 서선지는 사공·녹상서사가 되었는데, 그는 이때 양주揚州, 하남성 의양현 자사의 업무까지 맡고 있었다. 양주는 남조에서 가장 중요한 지역이었으니, 서선지는 유유 시절에 이미 막강한 권력을 쥐고 있었다고 할 수 있다. 또한 그런 까닭에 유유가 죽음을 앞두고 고명까지 내렸을 것이다.

그런데 영양왕 경평 원년(423년) 윤4월 정미일(11일)에 당시 송과 대치중이던 북위의 숙손건이 송의 모덕조가 지키는 호뢰虎牢, 하남성 형양현 서북 비수진를 공격하였다. 이 싸움을 통해 송은 북위에게 사주司州, 하남성 중부, 예주豫州, 하남성 동부, 연주兗州, 산동성 서부에 있는 여러 군과 현을 빼앗기는 참패를 당했다.◆

많은 영토를 잃게 된 것은 권력을 잡고 있는 이들에게는 정치적 위기였다. 당시 권력자였던 서선지와 부량, 사회는 그 책임

◆남조 송의 모덕조가 북위에 잃은 영역

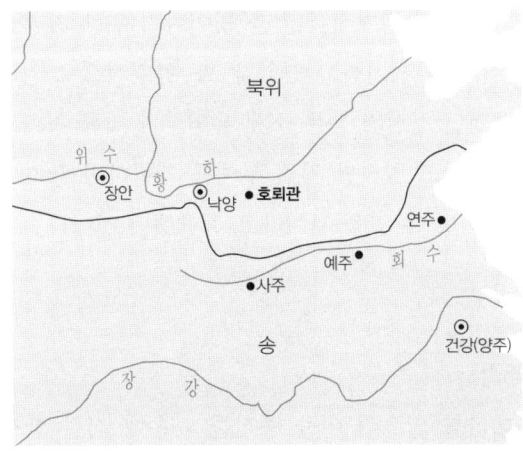

제4장 옹립한 황제에게 되잡힌 송의 쿠데타 세력

을 지겠다며 표문을 올려 스스로를 탄핵하였다. 물론 소제 유의부는 책임을 묻지 말라는 면책의 조서를 내렸지만 이들에게 닥친 위기가 사라진 것은 아니었다.

특히 이 시기에 서선지의 조카인 오군吳郡, 강소성 소주시 태수 서패지徐珮之가 시중 왕소지王韶之와 정도혜程道惠, 중서사인 형안태邢安泰, 반성潘盛과 함께 당우黨友를 결성하여 무제 유유의 고명을 받았던 사회를 죽이려고 한 사건이 있었다. 결국 부량이 반대하여 뜻을 이루지는 못했지만 권력자에 대한 도전이라는 큰 사건이었다.

또한 무제 유유의 둘째 아들인 유의진은 평소 정치를 담당하고 있는 서선지 등에게 불만을 가지고 있었다. 서선지는 이런 유의진이 사령운과 같은 세력과 어울리는 것을 몹시 싫어했다. 이미 유의부를 폐위시키기로 마음먹었던 서선지는 유의부 폐위 이후에 유의진이 들어설 것을 염려하여 유의진을 먼저 서인으로 폐위시켜 귀양을 보냈다.

그들은 자기들의 정치적 위기를 벗어나기 위해 자기들을 공격할 수 있는 사람을 제거하고 있었다. 또 안정적으로 권력을 유지하기를 희망했던 서선지 등은 소제 유의부가 비록 정치적인 일은 자신들에게 맡기고 있지만 직접 무예를 익힌다면 장차 자기들에게 위험요소가 될 수 있을 것이라고 판단했던 것이다.

새 황제의 조건

하지만 쿠데타를 일으킨 이들 중신들 가운데 직접 황제 자리에 오를 만한 인물은 없었다. 그렇다면 유의부를 폐출한 다음에 누구를 황제로 다시 세워야할지 결정해야 했다.

다음에 황제로 올릴 사람은 아무래도 송 왕조를 세운 유유의 아들 중에서 고를 수밖에 없었다. 무제 유유의 아들은 모두 7명이었다. 황제인 장남 유의부劉義符(406년~424년)를 빼고도, 차남 유의진劉義眞(407년~424년), 3남 유의륭劉義隆(407년~453년), 4남 유의강劉義康(409년~451년), 5남 유의공劉義恭(413년~465년), 6남 유의선劉義宣(415년~454년), 7남 유의계劉義季(415년~447년) 등 6명의 아들이 더 있었다.

원래 유유는 장남 유의부를 제외하고 나머지 6명의 아들을 두고 누구를 자기의 황제 자리를 잇게 할 것인지 고민한 적이 있었다. 후계자를 이미 장남 유의부로 확정해 놓은 상태에서 후계자를 바꾸려 했던 것이다.

무제 영초 3년(422년) 3월에 사회가 유의부는 후임 황제로 적당한 인물이 아님을 병든 무제 유유에게 말했을 때, 유유는 먼저 둘째 여릉왕廬陵王 유의진을 후보자로 검토하도록 사회에게 지시했다. 하지만 사회는 유의진과 면담을 마친 후 유유에게 이렇게 보고했다.

"품덕이 재능보다 가벼우니 군주의 재질이 아닙니다."

정말로 유의부와 유의진이 황제감으로 적당하지 않았는지 확인할 방법은 없다. 하지만 쿠데타 세력들이 이후 유의진 역시 사령운 등과 함께 반역을 모의했다며 제거한 것으로 보아 이 두 사람은 권력자들의 의중에 들지 않았던 것만은 사실인 것 같다.

또한 문제 원가 원년(424년) 유의진의 측근인 범안范安은 서선지가 유의진이 사령운 등과의 교류를 싫어한다는 것을 눈치채고 유의진에게 정중하게 훈계했다. 그러자 유의진이 범안에게 사령

운에 대해 이렇게 평가했다.

"사령운은 생각이 공허하고 거칠며, 안연지는 속이 좁고 식견이 얕다."

이 말은 유의진이 이미 사령운의 단점을 잘 알고 있으며, 그다지 대단한 인물로 보고 있지 않는다는 뜻이다.

따라서 서선지 등이 유의진과 사령운을 한 패로 몰아 죽인 것은 사실에 맞지 않는다. 이는 유의진을 정치적으로 제거하기 위해 아무 이유나 가져다 댄 것일 뿐이다.

이러한 여러 상황으로 보건대, 유의부를 내쫓은 중신들은 자기들의 실패를 덮기 위해 오히려 유의부에게서 허물을 찾아 폐위시킨 것이니, 다음에는 전혀 정치적인 활동을 하지 않을 사람을 골라 황제에 세워야 했을 것이다.

반만 성공한 서선지의 쿠데타

어쨌거나 소제 유의부를 쫓아내서 태자궁으로 보냈으니 바로 후임 황제를 뽑아야 했다. 중신들이 모인 자리에서 서선지의 측근인 시중 정도혜程道惠는 유의부의 동생인 남예주南豫州. 안휘성 중남부 자사 유의공을 황제로 세울 것을 건의했다.

유의공은 유유의 다섯째 아들이었고, 당시 11살이었다. 정도혜는 권력자가 황제의 권한을 대신할 수 있는 조건을 만들자는 의미로 어린 유의공을 추천한 것이다. 이는 유의부를 내쫓은 서선지의 뜻에 영합하는 것이었다.

그러나 정도혜의 의견이 서선지의 마음에 들었다고 하더라도, 당시 서선지에게는 자기 마음에 맞는 사람을 황제에 단독으로 세울 만한 힘이 없었다. 결국 후임 황제를 세우는 문제는 여러 사람이 논의할 수밖에 없었고, 그렇다면 누구든지 수긍할 수 있는 합리적인 방향으로 결정해야만 했다.

그렇다면 어린 유의공은 후임 황제가 될 수 없었다. 결국 쫓겨난 유의부의 바로 아래 동생인 유의진이 그 대상이겠지만, 그 역시도 황제 자리를 노렸기에 제척된 사람이었다. 그 다음은 당연히 의도왕 유의륭이었다. 그는 평소 여러 사람들에게 품행이 아름답다는 명망을 갖고 있었기 때문에 충분한 명분도 있었다.

그래서 마침내 황태후령이라고 하면서 의도왕 유의륭으로 대통大統을 잇도록 하였다. 서선지는 소제 유의부를 내쫓는 일에는 성공했지만, 자기의 뜻대로 황제를 세우는 일에서는 실패한 셈이었다.

삼엄한 경계 속에 등장하는 유의륭

비록 마음에 드는 사람을 황제로 세우는 데 실패했다지만 서선지는 그렇게 쉽게 권력을 놓을 사람이 아니었다. 서선지는 자기의 권력을 잃지 않기 위해 해야 될 일을 하나씩 진행시켜 나갔다.

첫 번째는 소제 유의부에 관한 문제였다. 유의부는 이미 폐위되었지만 언제든지 상황이 달라지면 되돌아올 수 있는 사람이었고, 따라서 그가 살아 있는 한 이러한 위험은 계속 존재한다고 볼 수 있다. 그래서 서선지 등은 우선 쫓겨난 유의부를 영양왕으로 삼고 황후 사마무영司馬茂英도 영양왕비로 강등시켰다.

또 황태후령이라며, 옥새와 인수를 반환시키고 유의부를 오吳, 강소성 소주시로 귀양 보냈다. 그리고 유의부는 그곳에서 서선지의 부하 형안태에게 살해당했다. 그리고 황제 자리를 노려 왔던 여릉왕 유의진 역시 제거했다. 서선지 등은 후일을 염려하여 여러 가지 조치를 취한 것이다.

다음으로는 남조 송에서 전략적으로 중요한 지역인 형주荊州, 호북성 강릉현를 장악했다. 서선지 등은 새 황제가 될 유의륭이 먼저 경사[건강]에 도착하여 혹시 별도로 사람을 채용할까 두려웠다.

그래서 재빨리 유의륭이 도착하기 전에 녹상서사의 명령으로 영군장군 사회를 도독형都督荊·상등칠주제군사湘等七州諸軍事·형주 자사로 삼아 경사 밖에 거주하면서 경사에서 무슨 일이 생기면 즉각적으로 후원할 수 있게 한 것이다. 정예의 병사와 옛 장수를 모두 그에게 배속시켰으니 철저하게 준비를 한 셈이었다.

조심스러운 유의륭의 태도

하지만 유의륭도 매사에 조심하며 침착하게 행동했다. 비록 유의륭은 18살의 약관이었지만 이 상황에서 자기가 처해야 할 일을 잘 알았던 것이다. 유의륭은 아직 자신은 정식으로 황제 자리에 오르지 않았다며, 의도왕의 신분으로 교서敎書를 내려 말했다.

"외람되게 부덕한 사람에게 대명이 내려졌는데 자신을 돌아보니 가슴이 두근거려 이것을 어떻게 감당할 수 있겠는가! 잠시 조정으로 돌아가 능침陵寢에서 정성스럽게 애도하고 현명한 사인士人과 더불어 생각한 바를 살펴서 쓰겠다. 바라건대 그 마음을 헤아려서 별도의 일을 하게 하지 마라."

자기가 직접 정치를 주관하지 않겠다는 것이었다.

이때 유의륭은 그의 제장과 보좌하는 사람들을 통해 폐위된 소제 유의부와 여릉왕 유의진이 죽었다는 소문을 들었다. 그래서 그들은 모두 서선지 등을 의심했고, 유의륭에게 도읍 건강으로 내려가면 안 된다고 권고했다. 앞일을 가늠할 수 없는 정국이었기 때문이다.

하지만 유의륭의 사마 왕화王華는 강력하게 건강으로 나아갈 것을 주장했다. 또 장사 왕담수王曇首와 남만南蠻교위 도언지到彦之 역시 유의륭에게 가기를 권했다. 그리하여 유의륭은 황제에 즉위하기 위해 길을 떠났던 것이다.

유의륭이 문제 원가 원년(424년) 7월에 강릉에 도착했는데, 쿠데타를 일으켰던 사람 가운데 부량이 백관을 인솔하고서 문에 가서 표문을 올리고 황제의 새불璽紱을 바쳤는데 의례물이 아주 많았다. 유의륭을 환영하는 뜻이었다.

이때 유의륭이 부량에게 유의진의 죽음과 소제 유의부가 폐위된 경과를 묻고 슬피 곡을 하며 오열하니, 곁에서 시중드는 사람이 쳐다볼 수 없을 정도였다.

이러한 유의륭의 태도를 본 부량은 두려워서 흐르는 땀에 등이 다 젖을 정도였다. 부량은 결국 유의륭의 측근 도언지와 왕화에게 자기 심중에 있는 말을 솔직하게 고백했다.

이 말을 들은 유의륭은 만일의 사태에 대비하여 부府와 주州의 문무백관으로 하여금 병사를 단속시켜 스스로 보위하며, 상서대에서 파견한 문무백관들은 대열에 가까이하지 못하도록 힘으로 제어했다. 쿠데타 세력이 보낸 사람들이 접근할 수 없게 한 것이다. 그리고 중병참군 주용자朱容子가 칼을 쥐고 유의륭이 탄 배의 문 밖에서 서 있었으며, 밤낮으로 호위하기 위해 혁대조차 풀지 않고 잠든 것이 수십 일이었다. 황제로 뽑힌 유의륭의 철저한 대비였다.

드디어 8월 병신일(8일)에 유의륭이 도읍인 건강에 이르렀다. 여러 신하들이 신정新亭, 건강성 서남에서 영접하고 배례하였다. 다음날 유의륭은 초령릉初寧陵을 배알하고 돌아와 중당中堂에 머물렀다. 백관이 옥새와 인수를 바치자 유의륭은 네 차례 사양하다가 마침내 받았고, 중당에서 황제 자리에 올랐다. 법가를 갖추고 궁전에 들어가 태극전전太極前殿에 가서 대사면령을 내렸다. 정식으로 황제에 오른 것이다.

유의륭은 서선지의 의도에 따라 황제 자리에 오른 사람이 아니었고, 또한 이처럼 만만한 사람도 아니었다. 물론 서선지도 권력을 잃지 않으려고 많은 준비를 했지만 이에 못지않게 유의륭도 만반의 대비를 한 것이다. 반만 성공한 쿠데타가 가져온 결과였다.

천천히 실권을 장악하는 황제 유의륭

새로 황제가 된 유의륭은 경자일(12일)에 행行형주 자사였던 사회를 형주 자사로 임용했다. 사회는 쿠데타 세력 가운데 한 사람이며, 유의륭을 세운 사람이라고 할 수 있지만 영전해서 경사[건강]를 떠나면서도 오히려 자기가 쿠데타에 참여한 것 때문에 반역으로 몰려 죽을지 모른다고 걱정했다. 그만큼 신임 황제가 된 유의륭이 확실하게 황제의 권위를 세워가고 있었다.

사회는 도읍 건강을 떠나오면서 석두성石頭城, 건강성 서북을 뒤돌아보고 기뻐하며 말했다.

"이제 벗어날 수 있구나!"

쿠데타를 일으켜 황제를 세웠음에도 마음이 불안했던 것이다. 그것은 유의륭이 주변을 경계하면서 황제에 오르는 모습을 보았기 때문이었다.

또 계묘일(15일)에 서선지의 지위를 사도로, 왕홍을 사공으로 올렸으며, 부량에게는 개부의동삼사開府儀同三司가 덧붙여졌다. 또 사회의 명칭을 위衛장군으로 올렸으며, 단도제를 정북征北장군으로 올렸다. 명목상으로는 쿠데타를 일으키고 유의륭을 황제로 세운 중심인물들에게 상을 준 것이다.

그리고 유사有司가 문제 유의륭에게 전례에 따라 화림원華林園에 가서 소송을 청취하도록 상주하니 유의륭은 일단 겸손한 모습을 보이며 이를 사양했다.

"정치와 형벌은 아직 다 알지 못하는 바가 많으니 이전과 같이 서선지와 왕홍 두 사람이 추리하고 신문하는 것이 좋겠소."

그러나 다른 한편으로 문제 유의륭은 자기가 믿는 왕담수王曇首와 왕화王華를 시중으로 삼았다. 또 왕담수를 영우위領右衛장군, 왕화를 영교기領驍騎장군, 주용자를 우군右軍장군으로 삼았다. 이것은 중요한 인사 조치였다. 겉으로는 겸손함을 보이면서 안으로는 자기 사람에게 경사[건강]의 중요한 군사지휘를 맡도록 한 것이다.

서선지 등은 황제의 측근을 밖으로 내보내려는 생각으로 문제 유의륭의 사람인 도언지를 옹주雍州. 호북성 북부 자사에 임명하려고 하였다. 그러나 유의륭은 이를 허락하지 않고 도리어 그를 중령군中領軍으로 삼아서 군사업무를 맡겼다.

인사문제를 두고 쿠데타 세력과 신임 황제 사이에 의견 차이를 보인 것이며, 절대권을 쥔 유의륭이 조금씩 서선지의 뜻을 거부하기 시작한 것이다.

해가 바뀌어 원가 2년(425년) 정월에 서선지와 부량은 정치를 돌려보내겠다는 표문을 올렸다. 황제에게 직접 정치를 하라는 것이었다. 서선지 등이 비록 쿠데타를 일으켜서 유의부를 내쫓고 유의륭을 세웠지만, 자기들의 뜻이 새 황제 유의륭에게 수용되지 않을 뿐더러 명분상으로도 성년인 황제에게 정치의 일선에서 물러나 있게 하는 것도 어려운 상황이 된 것이다. 쿠데타를 일으킨 지 1년 만에 영속적으로 권력을 유지하려던 꿈이 점차 사라지고 있었다.

이를 허락한 문제 유의륭은 형식적인 절차를 거친 후 마침내 병인일(10일)에 비로소 만기萬機, 국정 전체를 가까이 하였다. 이제 유의륭이 직접 정치를 장악한 것이다.

유의륭의 의도를 파악하지 못한 사회

한편 문제 유의륭의 주변에 있던 공녕자孔甯子는 시중 왕화와 더불어 권력을 쥐고 있는 서선지와 부량을 쫓아내고 부귀함을 얻고자 하였다. 그래서 그들은 유의륭에게 서선지 등을 얽어매는 모함했다.

마침 형주에 나가있던 사회가 자기의 두 딸을 유의강과 유의빈에게 시집보내면서 자신의 아들과 부인으로 하여금 두 딸을 호송하여 건강에 이르게 하였다.

한편 문제 유의륭은 서선지와 부량을 죽이고 아울러 군사를 발동하여 사회까지 토벌하려는 계획을 세웠는데 겉으로는 북위를 정벌해야만 하기 때문에 군사를 동원한다고 선언했다. 또 필요한 함선을 준비하면서도 경릉京陵, 호북성 종양시으로 자신의 할머니를 배알한다고 하였다.

쿠데타를 일으켰던 부량 등은 이러한 유의륭의 조치에 의심을 가졌다. 유의륭의 조치는 액면 그대로 받아들일 수 없었던 것이다. 그리하여 그 내용을 사회에게 편지로 써 보냈다.

이 편지에서 부량은 유의륭이 북벌하겠다고 했지만 군대를 동원하게 되면 자기들이 위태로워질 수도 있다는 생각을 피력했다. 그러면서 이어 말했다.

"조정에 있는 인사들이 대부분 북방 정벌을 간언하였으나 황상[문제 유의륭]께서는 외감外監, 무기와 병역을 관장하는 환관 만유종萬幼宗을 파견하여 자문을 받도록 할 것입니다."

다시 원가 3년(426년) 정월에 사회의 동생인 황문시랑 사작謝㵩이 사자를 보내 사회에게 문제 유의륭의 의도를 알렸다.

그러나 정작 사회가 이를 믿지 않자 자의참군諮議叅軍 하승천何承天을 통해 부량의 편지를 사회에게 보였다. 이 편지를 본다면 위기를 알 것으로 여겼지만 사회는 오히려 허망한 생각이라고 여겼다.

이어서 서선지의 사람인 강하江夏, 호북성 안륙시 내사內史 정도혜程道惠가 보국輔國장군부의 중병참군中兵叅軍 악경樂冏을 시켜 문제 유의륭의 행동을 보고한 편지를 밀봉하여 사회에게 보여주도록 하였다. 그러나 형주를 가지고 있던 사회는 미적미적한 반응을 보였다.

사회는 부량 등의 편지가 허망한 생각이라고 판단하긴 했지만 일단 이런 소식이 계속 전해지자, 결국 사회도 얼마간의 대비를 하기로 했다. 주초를 사마司馬로 임명하고 남의양南義陽, 호남성 안향현 태수의 업무를 관장하도록 하였다. 또 유등지를 돌려서 장사長史로 삼고, 남군南郡, 호북성 강릉현 태수의 업무는 이전과 같게 하였다.

유의륭에게 토벌되는 사회

준비를 마친 문제 유의륭은 쿠데타 세력 가운데 적극적으로 가담하지 않았던 왕홍과 단도제를 불러서 사회를 토벌하게 했다. 그러나 왕화 등이 모두 이 위험한 일을 맡기를 꺼려했다.

이에 유의륭이 말했다.

"단도제는 위협을 받고 따르는데 그쳤고, 원래 처음부터 모의를 만든 것은 아니며 살해하는 일에는 관여하지 않았으니, 내가 그를 다독거려 일을 시키면 장차 염려할 것이 없을 것이다."

유의륭은 쿠데타 세력을 하나하나 분석해 놓고 있었고 쿠데타에 소극적이던 왕홍과 단도제를 동원하여 적극적으로 참여한 사회를 치려는 계획을 세웠던 것이다.

결국 을축일(15일)에 단도제가 건강에 도착했다. 그리고 유의륭은 병인일(16일)에 조서를 내려서 서선지, 부량, 사회가 영양왕 유의부와 여릉왕 유의진을 살해한 죄를 드러내고, 유사에게 그들을 죽이도록 명령했다.

그리고 이날 조서를 내려서 서선지와 부량을 불렀다. 서선지가 서명문西明門 밖에 도착했다. 사회의 동생 사작은 당직으로 궁궐에 있다가 궁궐 내 이상한 조치가 있다는 비보飛報를 부량에게 보냈다.

비보를 받은 부량이 형수의 병을 핑계대고 잠시 돌아가서 서선지에게 사자를 보내 이를 알렸다. 이 말을 들은 서선지는 자기 근거지인 서주西州. 양주 대성의 서쪽로 돌아가려 했다.

그러나 탈 것이 없었던 서선지는 궁정 사람이 가져 온 수레를 타고 겨우 성곽을 빠져나와 신림新林. 강소성 강녕현 서부에 이르렀다가 도자기 만드는 토굴 안에서 스스로 목을 매고 죽었다. 부량은 성곽 문을 나와 형 부적傅迪의 묘로 달아났는데, 둔기屯騎교위 곽홍郭泓이 그를 체포하였고, 광막문廣莫門에서 죽었다.

악경이 다시 사자를 파견하여 사회에게 서선지, 부량, 사작 등이 이미 주살되었음을 알렸다. 사회는 자기들은 권력을 쥐려고 하지 않았기 때문에 성년이 된 유의륭을 황제로 세운 것이라며 억울해 하면서 군사를 일으켰다.

"지금 마땅히 군사를 일으켜 군주 곁에 있는 악한 사람을 제거해야 합니다."

사회가 군사를 일으켜 반란을 꾀한 것이므로 문제 유의륭은 단도제에게 사회를 토벌하라는 명령을 내렸다.

쿠데타 당시 서선지와 부량은 중앙을 장악하고 있었고, 사회는 장강[양자강]의 상류를, 단도제는 광릉廣陵. 강소성 양주시에 주둔하면서 각각 강한 군사를 소유했기 때문에 조정을 제압하기에 충분하다고 생각했었다.

그런데 지금 광릉에 주둔한 단도제의 군사와 장강의 상류에 있는 사회가 맞붙은 것이고, 사회는 패배하였다. 결국 사회는 사작과 사둔, 그리고 그 형제의 아들과 같은 무리인 공연수, 주초와 함께 죽었다.

황제 자리를 둘러싼 숙질 간의 싸움
잠재적 위험인물은 다 죽여라

황위를 둔 피비린내 나는 싸움

남조 송의 전폐제 유자업劉子業(449년~465년)은 대명 8년(464년) 5월에 효무제 유준劉駿(430년~464년)의 뒤를 이어 황제가 되었다.

유자업의 할아버지 문제 유의륭은 서선지 등의 쿠데타를 통해 황제가 되었지만, 원가 29년(453년)에 그가 세운 태자 유소劉劭에게 피살되었다. 이때 유자업의 아버지 효무제 유준은 신속하게 군사를 일으켜 아버지를 죽인 형 유소를 죽이고 황제 자리에 올랐었다.

이처럼 남조 송의 황제 계승 문제는 부자간, 형제간의 피비린내 나는 싸움의 역사를 가지고 있었다. 이 시기에도 그런 분위기는 여전한 상태였다. 특히 유준은 시기함이 많고 성격이 포악하여 왕공王公과 대신들은 모두 다리를 포개고 숨을 죽였으며 감히 망령된 행동을 하지 못했다. 그래서 효무제 유준이 죽었을 때 태재 유의공 등은 서로 축하하며 이렇게 말하기도 했다.

"오늘에야 비로소 횡사橫死를 면하였다."

이러한 유준이 황제 자리에 오른 지 12년 만에 죽고, 그의 장자인 유자업이 15살의 나이로 황제가 되었다.

살벌한 분위기 속에서 살다가 황제가 된 유자업이 제일 먼저 고려한 것은 자신의 자리를 어떻게 유지하느냐의 문제였을 것이다. 그래서 그는 제일 먼저 이복 동생인 신안왕新安王 유자란劉子鸞과 남해왕南海王 유자사劉子師 그리고 여동생 현縣공주를 죽였다. 모두 아버지 효무제 유준이 아꼈던 은殷 귀비의 소생이었다.◆

그리고 효무제 유준에게 미움을 받았던 의양왕義陽王 유창劉昶(436년~497년)이 반란을 일으킬 것이라는 유언비어가 나돌자, 유자업은 직접 군사를 이끌고 유창을 공격했다. 의양왕 유창은 효무제 유준의 이복 형이자 황제 유자업의 삼촌이다. 반란을 일으킬 생각이 전혀 없었던 유창이지만 유자업의 공격에 대항하여 군사를 일으킬 수밖에 없었고, 결국 유자업에게 패하고 북위로 망명했다.

포악한 태도로 다스리기

황제 유자업은 자기의 황위를 지키려는 생각이었는지, 대부분의 정치가 포악했던 것으로 악명이 높았다. 그는 어떤 해괴한 일도 서슴없이 자행했다.

하루는 유자업이 여러 비妃와 공주를 불러서 한 줄로 세워놓고는 서로를 욕보이도록 시켰다. 이때 숙모인 남평왕南平王 유삭劉鑠의 비妃 강씨江氏, 강담의 누이동생가 따르지 않자, 화가 난 유자업은 사촌인 강비의 세 아들 남평왕南平王 유경유劉敬猷, 여릉왕廬

◆ 유자업의 형제자매들

차례	이름	사망 이유	차례	이름	사망 이유
장남	황제 본인 유자업(劉子業)	삼촌 명제 유욱 에게 피살	차남	예장왕(豫章王) 유자상(劉子尚)	삼촌 명제 유욱 에게 피살
3남	진안왕(晉安王) 유자훈(劉子勛)	삼촌 명제 유욱 에게 피살	4남	안륙왕(安陸王) 유자수(劉子綏)	
5남	유자심(劉子深)	요절	6남	심양왕(尋陽王) 유자방(劉子房)	
7남	임해왕(臨海王) 유자욱(劉子頊)		8남	신안효경왕 (始平孝敬王) 유자란(劉子鸞)	형 유자업에게 피살
9남	영가왕(永嘉王) 유자인(劉子仁)	삼촌 명제 유욱 에게 피살	10남	유자봉(劉子鳳)	요절
11남	시안왕(始安王) 유자진(劉子真)	삼촌 명제 유욱 에게 피살	12남	유자현(劉子玄)	요절
13남	소릉왕(邵陵王) 유자원(劉子元)	삼촌 명제 유욱 에게 피살	14남	제경왕(齊敬王) 유자우(劉子羽)	요절
15남	유자형(劉子衡)	요절	16남	회남왕(淮南王) 유자맹(劉子孟)	삼촌 명제 유욱 에게 피살
17남	유자황(劉子況)	요절	18남	남평왕(南平王) 유자산(劉子產)	
19남	진릉효왕(晉陵孝王) 유자운(劉子雲)	요절	20남	유자문(劉子文)	요절
21남	여릉왕(廬陵王) 유자여(劉子輿)		22남	남해애왕(南海哀王) 유자사(劉子師)	형 유자업에게 피살
23남	회양사왕(淮陽思王) 유자소(劉子霄)	요절	24남	유자옹(劉子雍)	요절
25남	유자추(劉子趨)	삼촌 명제 유욱 에게 피살	26남	유자기(劉子期)	삼촌 명제 유욱 에게 피살
27남	동평왕(東平王) 유자사(劉子嗣)	삼촌 명제 유욱 에게 피살	28남	유자열(劉子悅)	삼촌 명제 유욱 에게 피살
장녀	산음(山陰)공주 유초옥(劉楚玉)	삼촌 명제 유욱 에게 피살	차녀	안고(安固)공주	
3녀	임여(臨汝)공주		4녀	안길(安吉)공주	
5녀	임회(臨淮)공주 유초패(劉楚珮)		6녀	황녀(皇女) 유초수(劉楚琇)	
7녀	강악(康樂)공주 유수명(劉修明)		8녀	현(縣)공주	오빠 유자업 에게 피살

陵王 유경선劉敬先, 안남후安南侯 유경연劉敬淵을 죽이고 강비에게 채찍 100대를 때리게 했다.

또한 유자업은 자기 동생인 강주江州 자사 진안왕晉安王 유자훈劉子勛 역시 아버지 유준의 셋째 아들◆이라는 이유로 죽이려고 했다. 이러한 유자업의 생각을 알게 된 하매何邁가 유자훈을 죽일 꾀를 내자, 유자업은 주경운朱景雲을 시켜 유자훈에게 독약을 보내 죽음을 내리도록 했다.

그러나 주경운은 명령을 받고 유자훈에게 가던 중 분구湓口, 강서성 구강시에서 길을 멈췄다. 그러자 이 소식을 들은 유자훈의 전첨 사도매謝道邁와 주수主帥 반흔지潘欣之, 시서侍書 저령사褚靈嗣가 말을 달려서 유자훈의 장사長史 등완鄧琬에게 알렸고, 눈물을 흘리며 계책을 청했다.

이렇게 되자 황제 유자업에 반발하는 사람들이 모여서 등완과 장열 등을 앞세워 군사를 일으키기도 했으니, 유자업의 무리한 폭압 정치가 공연한 반발을 불러일으킨 것이다.

또 유자업은 자기에게 가장 위협이 될 수 있는 사람이 아버지

◆ **유자업의 셋째 아들 콤플렉스**

남조 송 왕조에서 황제가 된 사람을 보면 우선 유자업의 할아버지인 문제 유의륭은 남조 송의 창업주 유유의 셋째 아들이다. 또 유자업의 아버지인 유준도 유의륭의 셋째 아들로 황제에 올랐다.
그런데 유자업은 유의륭의 첫째 아들이기 때문에 할아버지와 아버지 시대처럼 자기의 셋째 동생인 유자훈이 황제의 자리를 잇게 될지도 모른다고 생각한 것이다. 그래서 동생 유자훈을 죽이려고 했다.

유준의 형제들이라고 생각하고 삼촌들을 제압하려고 했다. 유자업이 황제가 되었을 때 살아 있던 삼촌은 모두 7명이었는데◆ 그 가운데 유창은 북위로 망명했고, 가장 나이가 많은 동해왕 유의는 못생긴 외모 때문에 '여왕驢王, 노새왕'이라 부르며 크게 개의치 않았다. 그리고 계양왕桂陽王 유휴범劉休範과 파릉왕巴陵王 유휴약劉休若은 나이가 어려서 그나마 유자업에게 별다른 해를 입지 않았다.

결국 이들을 제외한 상동왕湘東王 유욱劉彧과 건안왕建安王 유휴인劉休仁, 산양왕山陽王 유휴우劉休祐 등 3명의 삼촌이 유자업의 경계 대상이었다. 그래서 유자업은 명제 태시 원년(465년) 7월에 유휴인을 옹주雍州, 호북성 북부 자사로 삼고, 유욱을 남예주南豫州, 안휘성 중남부 자사로 삼았지만, 이들이 지방에서 반란을 일으킬까 봐 두려워 임지任地, 부임하는 곳로 보내지 않고 모두 경사[건강]에 머무르게 하였다.

황제 유자업은 이들의 나이가 많았기 때문에 더욱 그들을 미워했고, 삼촌들을 항상 궁전 내에 가두어놓고 때리거나 채찍질하는 것도 서슴지 않았다.

또한 건강하고 살이 찐 체구였던 삼촌들을 대나무 바구니를 이용해 저울질 해보고는 가장 살찐 유욱에게는 '저왕豬王, 돼지왕', 유휴인을 '살왕殺王', 유휴우를 '적왕賊王'이라고 부르며 놀리기도 했다.

특히 상동왕 유욱의 경우 옷을 모두 벌거벗겨 돼지우리 안으로 밀어 넣고 돼지처럼 구유통의 돼지 밥을 먹도록 하는 등 웃음거리로 삼기도 했다. 삼촌들의 굴욕은 끝이 보이지 않았다.

◆ 유자업 당시(464년) 살아 있던 아버지 유준의 형제들

● 살아 있는 사람
★ 경계대상

순위	이름	죽은해	생모	순위	이름	죽은해	생모
장남	유소(劉劭)	453년	원제규(袁齊嬀)	차남	시흥왕(始興王) 유준(劉濬)	453년	반(潘) 숙비
3남	효무제(孝武帝) 유준(劉駿)	464년	노혜남(路惠男)	4남	남평목왕(南平穆王) 유삭(劉鑠)	453년	오(吳) 숙의
5남	여릉소왕(廬陵昭王) 유소(劉紹)	452년	고(高) 수의	6남	경릉왕(竟陵王) 유탄(劉誕)	459년	은(殷) 수화
7남	건평선간왕(建平宣簡王) 유굉(劉宏)	458년	조(曹) 첩여	● 8남	동해왕(東海王) 유의(劉禕)	470년	진수용(陳修容)
● 9남	의양왕(義陽王) 유창(劉昶)	497년	사용화(謝容華)	10남	무창왕(武昌王) 유혼(劉渾)	455년	강(江) 수의
●★ 11남	상동왕(湘東王) 유욱(劉彧)	472년	침용희(沈容姬)	●★ 12남	건안왕(建安王) 유휴인(劉休仁)	471년	양(楊) 수의
●★ 13남	산양왕(山陽王) 유휴우(劉休佑)	471년	형(邢) 미인	14남	해릉왕(海陵王) 유휴무(劉休茂)	461년	채(蔡) 미인
15남	파양애왕(鄱陽哀王) 유휴업(劉休業)	456년	동(董) 미인	16남	임경충왕(臨慶沖王) 유휴천(劉休倩)	454년	안(顔) 미인
17남	신야회왕(新野懷王) 유이부(劉夷父)	452년	진(陳) 미인	● 18남	계양왕(桂陽王) 유휴범(劉休範)	474년	순(荀) 미인
● 19남	파릉애왕(巴陵哀王) 유휴약(劉休若)	471년	라(羅) 미인				

죽음에 직면한 상동왕 유욱

그러던 어느 날 유욱이 유자업의 뜻을 거스르는 사건이 발생했다. 화가 난 황제 유자업은 그를 발가벗기고 손과 발을 묶고 막대기로 꿰어서 태관太官에 보내라면서 말했다.

"오늘 멧돼지를 잡는다!"

태관은 궁중에서 음식을 만드는 부서이니, 이 말은 유욱을 돼지처럼 잡아서 요리를 하라는 뜻이다. 놀이를 가장해 유욱을 죽일 수도 있는 분위기가 조성되었다.

이때 유휴인이 나섰다. 그 무렵 유자업은 소부少府 유몽劉曚의 첩을 후궁으로 맞이했었다. 당시 그녀는 이미 유몽의 아이를 임신한 상태였는데, 유자업은 그녀가 아들을 낳기를 기다렸다가 그 아이를 태자로 삼을 계획을 가지고 있었다. 이 사실을 알고 있던 유휴인이 웃으며 말했다.

"돼지는 아직 죽여서는 안 됩니다. 황제의 아들이 태어나기를 기다렸다가 돼지를 잡고 그 간과 폐를 꺼내야 합니다."

돼지 잡는 일은 경사스러운 잔칫날에 하는 일이라는 말로 오늘은 잔칫날이 아니니 지금 당장 유욱을 죽이지 말고, 황제의 아들이 태어나는 날에는 전치를 열어야 하니 그때 돼지를 잡자는 말이었다.

유휴인이 이 위급한 상황을 지혜롭게 놀이로 받은 것이다. 이 말을 듣고 유자업의 분노도 마침내 누그러졌다.

"그러면 정위廷尉에게 보내라."

결국 유욱은 궁정의 감옥에서 하룻밤을 보낸 후 석방되었다. 하지만 황제 유자업이 유욱을 죽일 생각을 버린 것은 아니었다.

당시 백성들 사이에서는 상湘. 호남성에서 천자가 나온다는 유언비어가 돌고 있었다. 이 소문에 신경을 쓴 유자업은 남쪽으로 가서 형주荊州와 상주湘州를 순찰하여 그 소문을 막고자 했다. 유욱은 상동왕이었으므로 상에서 천자가 난다는 유언비어와 상관 있는 것으로 볼 수 있는 것이다. 그래서 이때 유자업은 남쪽으로 떠나기 전 상동왕 유욱을 죽이려고 했다.

황제 유자업의 이러한 행동은 폭거였지만 한편으로는 살아 있는 삼촌 가운데 제일 나이가 많은 유욱을 잠재적으로 황제 자리를 넘볼 수 있는 사람이라 생각하고 이를 제압했던 것이다. 즉, 그 나름대로 황제 자리를 지키는 방법이었다.

황제 유자업에 반발하는 사람들

그뿐만 아니라 황제 유자업은 자신이 죽인 사람이 많았기 때문에 이에 대한 복수심으로 아랫사람들이 자기를 모반할까 두려웠다. 그래서 직합直閤장군인 종월宗越과 담금譚金, 동태일童太一, 심유지沈攸之 등을 측근의 조아爪牙로 삼고, 미녀와 금, 비단을 상으로 내려서 그들의 집을 채워주었다. 완전히 자기사람으로 만들려는 것이었다.

종월 등은 오랫동안 궁성에 있었던 까닭에 그들에게 복종하고 두려워하는 무리가 많았다. 그런 이들이 모두 유자업을 위해 힘을 다하자 유자업은 그것을 믿고서 더욱 방자하고 부도不道한 짓을 행하니 안팎이 소란하였다. 이로 인해 좌우에서 숙위하는 병사들까지 서서히 유자업에게 등을 돌리게 되었다.

이때 상동왕 유욱의 의복 관리를 책임지는 주의主衣 완전부阮佃夫(427년~477년)와 내감內監 왕도륭王道隆, 학관령學官令 이도아李

道兒는 직합장군 유광세柳光世와 유자업의 측근인 순우문조淳于文祖 등과 함께 유자업을 시해할 것을 모의했다. 유욱의 사람뿐만 아니라 황제 유자업의 측근조차도 반란에 가담한 것이다.

여기에 유욱의 환관 전람생錢藍生에게 유자업의 거동을 관찰하며 정보를 수집하는 역할을 맡겼다. 유자업이 황후를 세우기 위해 여러 왕들이 데리고 있던 환관을 빌렸었고, 환관들 가운데 제왕齊王 편을 드는 사람이 있었기에 가능한 일이었다.

강압책으로 위협 세력의 발호를 막아 보려 했던 유자업은 정작 자신의 주변에서 자기를 배반하고 있음을 알지 못한 것이다.

측근에게 인심을 잃은 황제 유자업의 최후

또 황제 유자업은 화림원華林園에 있는 죽림당竹林堂에서 궁인宮人들을 발가벗긴 후 서로 쫓도록 하는 놀이를 종종했었다. 그런데 어느 날 한 궁인이 이를 따르지 않자 그녀를 죽였는데, 그날 밤 꿈속에서 그 궁인이 나타나 유자업에게 욕을 했다.

"황제[유자업]는 패악 무도하니 내년 곡식이 익을 때까지 그 자리에 있지 못할 것이다!"

황제에서 쫓겨난다는 말이었다. 이러한 악몽을 꾼 다음날 유자업은 온 궁중을 뒤져 꿈속에 나타난 사람과 비슷한 모습의 궁인을 찾아 그녀의 목을 베었다.

그랬더니 이번에는 억울하게 죽은 궁인이 또 꿈에 나와 욕을 했다.

"나는 이미 상제上帝에게 고소하였다!"

다시 악몽을 꾼 유자업은 이 이야기를 무격巫覡, 무당과 박수에게 말했고, 무격은 죽림당에 귀신이 있다고 말했다. 그리고 귀신을 퇴치해야 한다고 하니 유자업은 11월 무오일(29일) 포시哺時, 오후 3~5시에 화림원에 있는 귀신을 퇴치하는 행사를 하기로 했다.

이때 건안왕 유휴인, 산양왕 유휴우와 회계공주는 나란히 이 행사에 참석했으나 상동왕 유욱은 홀로 비서성祕書省에 남아있었다. 황제의 부름을 받지 못한 유욱은 그만큼 유자업이 자기를 멀리하고 있기 때문이라 생각하며 두려워하고 있었다.

한편 황제 유자업은 평소 자기 옷을 관리하던 주의主衣 수적지壽寂之를 미워했는데, 이 사정을 알고 있던 유욱의 주의 완전부는 수적지에게 함께 유자업을 죽일 것을 제안했다. 그리고 외감전사外監典事 주유朱幼, 세개주細鎧主 강산지姜産之, 세개장細鎧將 왕경칙王敬則, 중서사인中書舍人 대명보戴明寶에게 알리니 그들 모두가 기꺼이 호응했다.

주유는 미리 안팎의 사람들을 챙기고, 환관 전람생을 시켜 비밀리에 유휴인과 유휴우에게 이 사실을 알리도록 했다. 이때 유자업은 남쪽 형주와 상주로 순찰하기 위한 순행을 앞두고 있었기 때문에 심복 종월 등은 모두 밖에 나가서 순행을 위한 여장을 꾸리던 중이었다. 즉 황제인 유자업을 가까이서 보호할 가장 중요한 사람이 부재중이었던 것이다.

오직 대주隊主 번승정樊僧整이 화림합華林閤을 막고 있었다. 그러나 유광세와 번승정은 동향同鄕 사람이었다. 이 때문에 직합장군 유광세는 몰래 번승정을 포섭했고, 번승정도 곧 동조하기로 하였다. 이로 인해 유자업을 죽이기로 모의한 사람이 10여 명이 되었다.

완전부는 모의한 사람이 적어 성공하지 못할까 두려워 다른 사람들을 더 불러 모아 힘을 합치려고 하니, 수적지가 반대하며 말했다.

"모의하는 것이 많아지면 혹시 누설될까 염려되니 많은 사람을 번거롭게 할 필요는 없다."

단 10명에서, 그것도 궁중의 하급직들이 중심이 되어 황제 시해 계획을 세운 것이다.

하여간 그날 저녁에 황제 유자업은 시종을 다 물리치고 여러 무당들과 화려한 의상을 입은 여자 수백 명과 더불어 죽림당에서 귀신을 화살로 쏘는 의식을 진행했다. 마침내 행사가 끝나고 음악이 연주되자 수적지가 칼을 뽑아서 대열의 선두에 섰고, 나머지가 그 뒤를 따랐다. 거사가 시작된 것이다.

유휴인은 빠른 걸음걸이 소리에 위기를 직감하고 행사에 같이 참석했던 유휴우와 함께 화림원 뒤쪽 경양산景陽山으로 달아났다.

황제 유자업은 칼을 들고 달려오는 수적지를 보고 화살을 쏘았지만 맞추지 못했다. 유자업과 귀신퇴치 행사를 하던 여자들은 모두 달아나고, 유자업 역시 도망치기 시작했다.

이때 유자업은 크게 '적적寂寂'이라고 소리쳤는데, 수적지가 칼을 들고 온다는 말을 미처 하지 못하고 그의 이름 가운데 있는 '적寂'이라는 말을 한 것이다.

유자업이 '적'이라는 말만 되풀이 하는 사이에 수적지는 유자업을 쫓아가서 죽였다. 이때 유자업은 17살이었다. 황제 자리를 지키기 위해 측근에게까지 폭력적인 방법을 썼지만 정작 자신을 지켜줄 사람조차 없애버린 결과였다.

얼떨결에 황제가 된 유욱

하지만 수적지는 일개 주의主衣였다. 자기가 독자적으로 황세를 죽였다고 사람들에게 말할 수는 없었다. 이 사건이 단순한 황제 시해 사건으로 판단된다면 수적지는 위기에 처해질 것이다.

보통의 쿠데타는 병력을 동원하고 그 위협 속에 진행하는 것인데 반해, 이 경우는 아무런 군사적 준비가 없었다. 또한 주의 이상의 어떤 고관이나 왕작을 가진 사람은 참여하지도 않았다. 물론 황실의 최고 어른이라 할 황태후도 알 리 없는 상황이었다.

이 상황을 유리하게 진행시키려면 황제 시해 사건에 정당성을 부여하여 중요한 정치적 결단에 의한 것으로 포장해야만 했다. 그래서 수적지는 황제를 호위하는 숙위에게 명령을 선포했다.

"상동왕[유욱]이 태황태후의 명령을 받아서 광폭한 군주[유자업]를 제거하고 지금 이미 평정하였다."

이때 태황태후는 유의륭의 황후◆였던 노혜남路惠男이었다.

태황태후도 유욱도 모르는 명령이 그들의 이름으로 내려진 것

◆ **문제 유의륭의 황후 일람표**

황후	생졸년도	비고
문원(文元)황후 원제규(袁齊嬀)	405년~440년	▶문제 유의륭보다 먼저 사망 ▶황후로 추봉
반(潘) 숙비	? ~453년	
효무소(孝武昭)태후 노혜남(路惠男)	412년~466년	▶문원황후 원제규가 죽은 후, 황후가 됨 ▶유자업이 황제에 오른 후 태황태후가 됨
명선(明宣)태후 심용희(沈容姬)	413년~453년	▶유욱의 생모

이다. 오히려 유욱은 황제 유자업이 벌인 행사에 초대를 받지 못하여 위기를 느끼고 있었던 참이었는데, 자기도 알지 못하는 사이에 태황태후의 명령을 받아 유자업을 제거하는 대임大任을 맡아서 처리한 사람이 된 것이다.

하지만 이 말은 듣는 사람들에게는 그럴 듯하게 들렸다. 유욱은 유자업에게 자주 괴롭힘을 당했고, 죽을 고비도 여러 번 넘긴 사람이었다. 태후 노혜남은 비록 유욱의 생모는 아니었지만, 유욱의 생모인 심용희沈容姬가 일찍 죽는 바람에 유욱은 노 태후 밑에서 자랐다. 따라서 유욱을 황제로 삼겠다는 노 태후의 생각은 충분히 가능성이 있는 것이었다.

정작 궁궐에서는 당황하여 어찌할 바를 몰르고 있었다. 하지만 일은 수적지의 계획대로 진행되었다. 우선 건안왕 유휴인이 유자업에게 초대받지 못하여 불안에 떨고 있는 상동왕 유욱을 만나러 비서성으로 갔다.

유욱을 위기에서 여러 차례 구해줬던 유휴인이 유욱에게 스스로를 신하라고 자칭하였다. 유욱을 황제로 대우하는 말이었다. 그리고 유욱을 이끌고 서당西堂으로 데리고 와 어좌에 올라 앉게 하고서 여러 대신을 접견하게 하였다.

이때 이 모든 일들이 갑자기 일어나는 바람에 상동왕 유욱은 버선발 채로 서당에 도착했으며 그때까지도 검은 깁으로 만든 오모烏帽를 착용하고 있었다. 남조시대에는 연회 때 황제는 하얀 깁의 백사모白紗帽를 쓰게 되어 있는데, 유욱은 백사모로 바꾸어 쓸 경황조차 없어서 평소 쓰고 있었던 오모를 쓰고 있던 것이다.

유욱이 좌정坐定하자 유휴인이 주의를 불러 백사모를 가져오게 하여 오모와 바꾸어 쓰게 하였다. 또 의식에서 장식으로 사용되는 새의 깃인 우의羽儀를 준비시켰다.

유욱은 아직 정식으로 즉위하지 않았으나, 모든 일은 다 명령이라는 용어를 사용하고 글로 써서 시행했다. 그리고 태황태후의 명령을 선포했는데, 거기에는 죽은 유자업을 폐제라고 일컬으며 유자업의 죄악이 일일이 헤아려져 있었다. 그리고 상동왕 유욱에게 황제의 지위를 이어받도록 명하였다.

날이 밝아 11월 기미일(30일)이 되었다. 지난밤에 아무 일도 없었더라면, 이날 새벽에 유자업은 남쪽 순행길을 떠나면서 유욱을 죽였을 것이다. 그런데 상황이 정반대로 진행되어 유자업은 죽어버렸고, 유욱이 황제 자리에 오른 것이다.

다음날 아침 유욱은 유자업과 가까웠던 사람들을 죽이고, 필요한 조치를 취하였다. 그러나 유욱은 예상과 달리 죽은 유자업을 가까이에서 호위하며 조아爪牙 역할을 담당했던 종월 등을 후하게 대우하고 위로하며 맞이하였다. 사실 종월의 포악함을 믿고 유자업이 갖은 만행을 저질렀던 것인데 유욱이 그를 포용한 것이다.

드디어 명제 태시 원년(465년) 12월 병인일(7일)에 유욱이 황제 자리에 올랐고 대사면령을 내렸으며 연호를 고쳤다. 또 유자업이 내렸던 명령과 잘못되었다고 판단되는 책봉을 삭제했다.

유욱의 등극에 반발하는 사람들

이렇게 유자업은 완전부와 수적지라는 일개 하급 관리인 주의가 주도한 쿠데타를 통해 살해당했다. 유욱은 자신이 황제가 되는 데 결정적인 공로를 세운 이들에 대한 상을 내렸다. 논공행상이다. 그래서 완전부를 건성현후建城縣侯에 책봉하고 식읍도 800호로 하였으며, 지위는 남대南臺시어사로 삼았다. 주군의 옷을 담당하던 하급관리가 고관이 된 것이다.

또 명제 유욱은 즉위 후, 좌우에 두고 있던 보잘 것 없던 사람들을 모두 기용했다. 그래서 유격游擊장군이 된 완전부와 중서통사사인 왕도륭王道隆, 원외산기랑 양운장楊運長 등이 함께 정사政事에 참여했는데, 그 권력이 황제와 버금갔으며 소상지와 대법흥 같은 고관들조차 이에 미칠 수가 없었다.

완전부는 같이 모의했던 사람들과 함께 조정의 대권을 장악하고 기회가 될 때마다 뇌물을 받았다. 모든 일은 뇌물이 아니면 시행되지 않았고 관작을 주는 것이 모두 그의 손에서 나왔다. 그 결과 완전부의 집에는 주옥珠玉과 비단이 넘쳐나 궁정보다 부유했고, 그 저택은 왕부王府보다 컸으며, 집에는 수십 명의 기생이 살았다.

한편 유욱의 등장에 반대하는 사람도 있었다. 그것은 유자업이 황제로 있을 때 이미 반란을 계획하던 사람들이었다. 그 대표적인 인물이 등완鄧琬(407년~466년)이었다.

명제 유욱이 유자업을 죽이고 황제에 올랐다는 소식에 진안왕 유자훈劉子勛(456년~466년)이 자사로 있던 강주江州 사람 대부분은 반가워했다. 유자훈 역시 자기를 재상급인 개부의동삼사로 승진시켜준 조치에 기뻐했다.

그러나 진군鎭軍장군 유자훈의 장사長史이며, 심양尋陽, 강서성 구강시 내사이자 강주江州, 강서성 구강시의 업무를 대행하고 있는 등완은 그렇지 않았다. 등완은 유자훈을 모시고 있었지만 이때 유자훈의 나이는 겨우 9살이었다. 그러므로 실제 유자훈의 직위를 대신해서 정치를 하는 사람은 등완이었다.

등완은 이미 유자훈을 앞세운 반란을 계획하고 있었는데, 예상치 못하게 유자업이 죽고 유욱이 등극하는 바람에 자기의 계획에 차질이 생겼다고 생각했다. 그래서 그는 유욱이 등극하자 노골적으로 불만을 표시했다.

등완은 아버지 유의륭을 죽인 태자 유소를 죽이고 황제가 된 효무제 유준과 자기들의 현 처지가 같다고 생각했다. 왜냐하면 유준이 문제 유의륭의 셋째 아들로써 심양에서 군사를 일으켰던 것처럼, 자기가 모시는 유자훈 역시 유준의 셋째 아들이며 자기들의 근거지가 심양이었기 때문이다.

등완은 심양에서 군사를 일으키면 마치 유준의 경우처럼 성공하리라 굳게 믿고 있었다. 그래서 등완은 유욱이 등극하고 내린 조치가 담겨있는 영서令書, 명령서를 땅에 던지며 말했다.

"전하[진안왕 유자훈]께서는 응당 단문端門을 열어야만 하고, 황합黃閤은 우리들의 일일 뿐이다!"

여기서 단문은 황제만이 열 수 있는 문이며, 황합이란 노란 대문으로 재상이 있는 관부의 문이다. 즉 유자훈이 황제가 되어야 하며, 바로 군사행동을 하겠다는 말이었다.

조카를 등에 업은 심양에서의 기병

등완이 유자업 시절에 군사를 일으키려고 한 것은 앞에서 말한 대로 유자업이 동생 유자훈을 죽이려고 했던 것에서 발단한다.

원래 등완은 남조 송 왕조에는 셋째 아들이 황제가 되는 일이 많았다는 것에 착안하여 유준의 셋째 아들이자 강주 자사인 진안왕 유자훈이 황제 자리에 올라야 된다고 생각했었다. 그리고 황제가 된 유자업 역시 유자훈이 셋째 아들이라는 이유 때문에 그를 미워했었다.

그래서 앞서 말한 바처럼 유자업은 유자훈을 죽이려고 사람을 보냈고, 이 소식을 들은 유자훈의 측근들은 급히 장사 등완에게 알리며 눈물을 흘리며 계책을 청하였다.

이를 들은 등완은 군사를 일으킬 것을 결심했었다.

"지금 곧 문관과 무관을 통솔하여 곧바로 경읍京邑, 도읍 건강으로 가서 공경, 사인들과 더불어 혼미한 군주를 폐하고 현명한 사람을 추대할 따름이다."

마침 전군장군부의 장사長史이자 형주荊州, 호북성 강릉현 행사 장열張悅이 유자업의 명령으로 체포되어 호송되는 중이었다. 그가 분구湓口, 강서성 구강시에 도착하자 등완은 그를 석방시켜서 우군으로 삼았다.

그리고 사자를 파견해서 여러 군郡의 민정民丁을 올려 보내도록 하고 무기를 거둬들였는데, 열흘 동안에 갑옷 입은 병사 5천 명을 얻게 되었다. 등완은 대뢰大雷, 안휘성 망강현에 머무르면서 양쪽 언덕에 보루를 쌓았다. 또 파동巴東, 사천성 봉절현 동부과 건평建

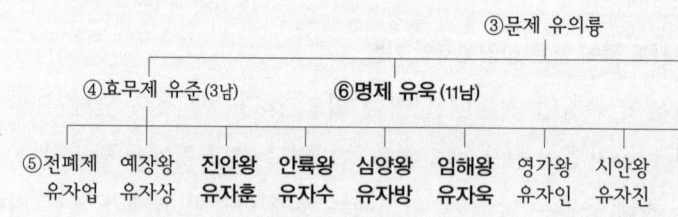

쭈, 사천성 무산현 두 군郡의 태수 손충지遜沖之를 자의참군으로 삼아 중병中兵을 관장하고 도량陶亮과 나란히 선봉군을 통솔하도록 하였다. 그리고 격문을 원근遠近에 돌려 반란을 공식화했다.

이렇게 유자업을 내쫓으려고 군사를 준비하던 상황에서 갑자기 유자업이 죽고, 유욱이 등극했으니 등완으로서는 자기가 획책한 일이 수포로 돌아가게 된 것이다.

특히 영주郢州, 호북성 무한시 자사인 안륙왕安陸王 유자수劉子綏는 유자훈의 격문을 처음 받았을 때 유자업을 공격하려고 하였다. 그러나 유자업이 죽었다는 소식을 듣고서 곧 갑옷을 벗고 기치를 내렸다. 유자훈의 입장에서는 우군이 사라진 것이다.

게다가 12월 신사일(22일)에 산양왕 유휴우를 강주 자사로 삼고, 형주 자사인 임해왕 유자욱을 형주에 남겨두어 곧 본래의 직무를 맡게 했으니 강주 자사인 유자훈이 면직된 것이다.

이에 등완이 수백 명을 파견하여 이러한 조치에 맞섰다. 그리고 유자훈으로 하여금 상미桑尾, 강서성 구강시 동북에서 아기牙旗, 출정군대의 본부를 세우도록 하고 격문을 건강에 전했다. 형 유자업을 쫓아내려고 준비한 군대였지만 상황이 바뀌자 삼촌 유욱을 쫓아내는 군대로 전환한 것이다.

건안왕 유휴인(12남)			산양왕 유휴우(13남)			
소릉왕 유자원	회남왕 유자맹	여릉왕 유자여	전애왕 유자추	중대왕 유자기	동평왕 유자사	말왕 유자일

◆ 명제 유욱의 형제와 조카들의 계보도

하여간 그 내용은 현명한 사람인 유자훈을 황제로 추천하겠다는 것인데, 그 이유는 두 가지였다. 하나는 유욱이 태황태후의 명령이라 사칭하며 황제 자리를 빼앗았다는 것이며, 다른 하나는 무제 유준의 아들 가운데 그때까지 살아 있던 사람이 13명이나 있는데 유준의 동생이 황제가 되었으니, 유준의 제사는 단절되었다는 내용이었다. 결국 삼촌과 조카의 싸움이 된 것이다.

이렇게 군사를 일으키는 이유를 내세우자 유자훈을 돕겠다고 나섰다가 기치를 내린 안륙왕 유자수도 다시 군사를 동원하고 군량을 운송하였다. 유자수도 유준의 아들이므로 삼촌 유욱을 치는데 합류한 것이다.

또 형주 행사 공도존孔道存은 형주 자사인 임해왕 유자욱을 받들고, 회계會稽, 절강성 소흥시의 장수와 보좌 관리는 태수인 심양왕尋陽王 유자방劉子房을 받들어서 모두 군사를 일으켜 유자훈에게 호응하였다. 본격적으로 삼촌 유욱에 반대하는 조카들의 군사가 일어난 것이다. 그 중심은 심양이었다. 결국 싸움은 조카와 삼촌의 싸움이 되고, 지역으로는 심양과 건강의 싸움이 되었다.

조카와 삼촌 간의 싸움

얼떨결에 황제에 오른 유욱은 애초에 아무런 군사적 준비가 없었다. 그런데 심양에서 오랫동안 군사준비를 해 온 등완과 유자훈이 기병했으니 당황할 수밖에 없었다.

또 황제 임명의 권한을 가진 노 태후의 입장에서 보면 비록 포악한 일을 저질렀다지만 그래도 유자업은 자신의 친손자였다. 반면 유욱은 자기가 기르기는 했지만 친아들은 아니었다. 그런데 이제 노 태후의 친손자인 유자훈이 군사를 일으켰으니 그녀는 마음속으로 유자훈을 지원했을 것이다.

그리하여 유욱은 황제가 되자마자 위기를 맞게 되었지만 명제 태시 2년(466년) 정월에 노 태후가 죽었다.◆ 유욱으로서는 천만다행인 셈이었다.

하여간 경사[건강]와 심양, 이렇게 장강[양자강]을 사이에 두고 동서로 대결하는 구도의 상황이 되자 그동안 여러 번 유욱을 도왔던 유휴인이 이번에도 적극적으로 대처했다. 유휴인도 결국 같은 항렬인 유욱을 돕는 형국이 되었다.

명제 유욱은 정월 갑오일(6일)에 안팎의 경계를 삼엄히 하였다. 사도인 건안왕 유휴인을 도독정토제군사都督征討諸軍事로 하고, 거기車騎장군이며 강주 자사인 왕현모王玄謨를 부도독으로 삼았다. 유휴인은 남주南州, 안휘성 당도현에서 진을 치고, 심유지沈攸之를 심양 태수로 삼아 군대를 거느리게 하여 호함虎檻, 안휘성 무호

◆ 태후 노혜남의 죽음에 관한 비화

이 사건에 관해 《자치통감》에는 언급한 바가 없으나 《남사(南史)》에는 다음과 같은 비사(秘史)가 적혀 있다.

"노혜남은 자기의 친손자가 황제가 된다는 소식을 듣고 아주 기뻐하여서 새로 황제가 된 유욱을 독살하려고 독주(毒酒)를 준비했다. 그런데 황제 유욱의 시종이 이를 알고 황제 유욱의 옷자락을 잡아당겨서 경고하자 유욱이 이를 알고, 독주가 담긴 술을 먼저 태황태후 노혜남에게 권하였고, 이를 거절할 수 없었던 노혜남은 자기가 타 놓은 독주를 먹고 죽었다."

그녀가 유욱을 독살하려다가 실패했다는 것이다.

시의 장강 안에 있는 작은 섬에 주둔하도록 하였다.

이러한 대치 속에서 건강에 근거를 둔 명제 유욱의 소속인 심유지가 수전水戰에서 크게 승리하였다. 그 후 등완은 노 태후의 이름을 빌어 유자훈을 황제로 명했지만, 그것이 큰 영향을 미치지는 못했다. 결국 명제 태시 2년(466년) 8월에 등완은 기병한 지 2년 만에 궁지에 몰렸고, 함께 기병하자고 끌어들였던 장열에게 죽고 말았다.

심양에 도착한 심유지는 유자훈의 목을 베어서 그것을 건강에 전했는데, 그때 유자훈의 나이는 겨우 11살이었다. 자기의 참군 등완에게 업혀서 황권투쟁의 중심에 섰다가 등완의 실패로 하릴없이 어린 나이에 죽은 것이다.

이때까지도 명제 유욱은 유준의 여러 아들들을 평상시와 같이 대하였다. 그런데 심양에서 돌아온 사도 유휴인이 이들을 다 죽여야 한다고 건의했다. 이 건의에 따라서 명제 유욱은 태시 2년(466년) 10월 당시까지 살아 있던 유준의 아들이자 자신의 조카들을 모두 죽였다.

또 명제 유욱을 독살하려 했던 노 태후의 조카들도 죽였다. 진북진北장군부의 자의참군 노휴지路休之와 사도부의 종사중랑 노무지路茂之를 죽였고, 그 외에 연주兗州, 산동성 연주시 자사 유의흔劉義欣의 아들 유지劉祇와 중서사인 엄룡嚴龍도 죽였다.

이리하여 무제 유준의 아들 28명 가운데 남아 있는 사람들은 아무도 없게 되었다. 결과적으로 삼촌과 조카들의 싸움은 삼촌의 승리로 끝났다.

왕조를 넘겨줄 사람을 뽑은 소도성
선양할 사람을 찾아라

칠석날 측근 심부름꾼에게 목이 잘린 황제

순제 승명 원년(477년) 7월 칠석날 저녁에 남조 송의 황제 유욱劉昱(463년~477년)이 깊이 잠든 것을 살핀 후 양옥부楊玉夫와 양만년楊萬年이 함께 황제의 방신도防身刀를 꺼내 황제 유욱을 죽였다. 이때 죽은 유욱劉昱은 10여년 전에 전폐제 유자업을 죽이고 황제에 올랐던 명제 유욱劉彧의 아들이다. 이때 유욱은 14살이었으며, 황제 자리에 오른 지 5년이 되는 해였다.

남조 송의 후폐제라고 불리는 유욱을 죽인 양옥부는 유욱의 측근에서 심부름을 하던 사람이었다.

이날 낮에 유욱은 노거露車, 뚜껑 없는 수레를 타고 주위의 언덕 위에서 경치를 구경하며 배회하였다. 그리고 이어서 비구니比丘尼, 여승들이 있는 청원니사靑園尼寺로 갔고, 다시 저녁 늦게 효무제 유준이 총애하던 은 귀비를 위해 세운 신안사新安寺에 도착하였다.

그리고 그 절에 있던 개를 훔쳐 가지고 담도도인曇度道人에게 가서 그 개를 삶아 먹은 후, 술을 마시고 취해서 인수전仁壽殿에 돌아와 잠을 잤다.

그런데 이날 황제 유욱이 양옥부를 대하는 태도가 평소와 달랐다. 양옥부는 평상시처럼 유욱의 뜻에 맞게 행동했는데, 유욱은 양옥부를 볼 때마다 번번이 이를 갈면서 말했다.

"내일 마땅히 이 보잘 것 없는 녀석을 죽이고 폐와 간을 꺼낼 것이다."

양옥부는 평소 유욱이 거리낌 없이 사람을 죽이는 등 기상천외한 행동을 했던 것을 자주 보아왔다. 그래서 유욱이 자기를 죽이겠다는 말도 그대로 실행에 옮겨 질 수 있다고 생각했다.

어쨌든 유욱은 죽던 날 밤, 양옥부에게 직녀성織女星이 은하銀河를 건너는지 살피게 하였다.

"직녀성이 보이면 마땅히 나에게 보고하라. 보이지 않으면 곧 너를 죽일 것이다."

보통 칠석날 직녀가 은하수를 건너서 견우를 보러 간다는 전설이 있었고, 이날이 칠석이므로 유욱은 그것이 사실인지 확인하려고 한 것이다. 그러나 설화 속의 이야기가 실제로 일어날리 만무하니, 이는 불가능한 일을 양옥부에게 시킨 것이다.

황제 유욱이 터무니없는 일을 빌미로 자신을 죽이려고 한 것이고, 여기까지 생각이 미치자 양옥부는 그대로 허무하게 죽을 수만은 없다고 생각했다.

당시 유욱은 들어가고 나가는 것이 일정하지 않았다. 그래서 궁성 안의 여러 협문은 밤에도 모두 닫지 않았다. 게다가 상廂. 회랑 아래에서 황제 유욱과 마주쳤다가는 죽을 수도 있기 때문에 감히 돌아다니는 사람이 없었다. 그래서 황제의 숙위宿衛들은 하나같이 도피해서 안팎으로 단속하는 사람이 없었다.

이러한 상황이었기 때문에 양옥부는 양만년과 단둘이서 황제 유욱의 목을 자를 수 있었다.

죽음에 처하게 된 영군장군 소도성

황제 유욱이 살아 있을 때 소도성蕭道成(427년~482년)은 영군領軍장군이었다. 그 역시 언제든지 유욱에게 살해될 수도 있는 상황에 몰려 있었다.

예컨대 순제 승명 원년(477년) 6월에 황제 유욱은 불시에 소도성이 있는 영군장군부에 들어갔던 일이 있었다. 당시 소도성은 무더운 날씨 때문에 옷을 벗은 채 누워 있었는데, 유욱이 들어와서 소도성을 벽에 세우더니 배에다 과녁을 그려놓고는 활을 쏘려고 하였다.

소도성이 수판手版을 거두고서 말했다. 수판은 황제를 만날 때 메모용으로 들고 있는 홀笏을 말한다.

"노신老臣, 소도성에게는 죄가 없습니다."

유욱이 이렇게 정중한 말을 들을 리가 없었다. 이 사실을 알고 있던 유욱의 측근 왕천은王天恩이 재치있게 이 위기를 모면할 말을 했다.

"영군領軍, 소도성의 배는 커서 좋은 살받이 터입니다. 한 개의 화살로 쏘아서 죽인다면 뒤에 다시 쏠 곳이 없어지니 뼈살촉 화살을 가지고 그에게 쏘는 것만 못합니다."

진짜 화살을 사용하면 소도성이 죽을 것이고 그러면 다시는 활을 쏠 화살받이가 없어지는 것이 안타깝다는 투로 왕천은은 농담을 가장하여 뼈살촉 화살로 바꾸어 쏘라는 기지를 발휘하였다. 이 말을 들은 유욱은 뼈살촉 화살로 소도성을 쏘았고, 그의 배꼽에 적중했다. 그리고는 활을 내던지며 크게 웃으면서 말했다.

"이 솜씨 어떠하냐!"

소도성으로서는 가까스로 죽음을 모면한 것이다.

또 한번은 소도성의 위엄과 명성이 높아지자, 황제 유욱이 이를 시기하여 창을 갈면서 말했다.

"내일은 소도성을 죽일 것이다."

이를 본 유욱의 생모인 진陳 태비가 유욱에게 욕설을 퍼부으면서 말했다.

"소도성은 나라에 공로가 있는데, 만약 그를 해친다면 누가 다시 너를 위하여 힘을 다하겠는가?"

이처럼 그의 생모인 진 태비가 강하게 저지한 다음에야 비로소 유욱은 소도성을 죽이는 일을 중지했다. 이때에도 소도성은 겨우 죽음을 면했다.

이렇게 위험한 나날들을 보내고 있던 소도성은 은밀히 상서령 원찬과 중서감 저연과 함께 황제 폐위를 모의했다. 그러나 모두 소도성의 말에 동의하지는 않았다.

소도성의 말을 듣고 원찬이 말했다.

"주상主上, 유욱은 나이가 어려서 경미한 과실은 고치기가 쉽습니다. 이윤伊尹과 곽광霍光의 일은 계세季世, 말세에 행한 일이 아니고, 설령 성공한다고 해도 또한 끝내는 안전할 수 있는 곳은 없을 것입니다."

황제를 폐립하는 일을 할 만한 때가 아니라는 것이다. 저연도 잠자코 있었다. 결국 소도성은 공식적으로 황제를 폐위시키기는 어렵다고 판단했다. 그러나 소도성에게 황제를 폐위시켜야 한다고 강력하게 주장하는 사람도 있었다. 영군장군부의 공조功曹 기승진紀僧眞이었다.

기승진이 소도성에게 말했다.

"지금의 조정[황제 유욱]은 미쳐 날뛰니, 사람은 스스로 목숨을 보전할 수 없고, 천하 사람들의 희망은 원찬과 저연에 있는 것도 아닙니다. 그런데도 밝으신 공公께서는 어찌하여 앉아서 멸망을 당하려고 합니까?"

높은 관직을 가진 저연이나 원찬을 믿을 수 없으니, 소도성이 직접 나서야 한다는 뜻이었다.

또 어떤 사람은 소도성에게 광릉廣陵, 강소성 양주시으로 도망가서 군사를 일으킬 것을 권고했다. 그러나 소도성은 도성都城을 빠져나가는 것이 어렵고, 그래서는 안 된다면서 이를 반대했다. 그리고 동중랑東中郎 사마司馬이자 행회계군사行會稽郡事인 이안민李安民이 강하왕江夏王 유제劉躋를 받들어 동부 지역에서 군사를 일으키려고 하자 소도성은 이것 또한 찬성하지 않았다.

소도성은 쿠데타를 반대하는 사람들 때문에 그에게 적극적으로 쿠데타를 권하는 사람들의 행동을 중지시킨 것이다. 그만큼 신중한 태도로 사태를 관망했다고 볼 수 있다.

황제 유욱의 측근과의 결탁

정식으로 황제를 폐립하는 일이 어렵다고 판단한 소도성은 황제의 측근들과 결탁하기로 했다. 마침 월기越騎교위 왕경칙王敬則이 몰래 소도성과 교분을 맺었다. 그리고 그는 소도성을 위해 밤중에 푸른 옷을 입고 길가를 포복하면서 유욱이 왕래하는 것을 정찰했다.

황제 유욱의 주변에 있는 사람과 그 행동 양식을 알게 된 소도성은 왕경칙에게 은밀히 황제 좌우에 있는 사람과 결탁하라고 지시하였다. 이에 왕경칙은 양옥부와 양만년, 진봉백陳奉柏 등 궁전 안에 있는 사람 15명과 결탁하고 기회를 엿보았다.

그런데 칠석 바로 전날에 유욱은 미행하여 영군장군부의 문에 도착했다. 소도성이 있는 관부였다. 유욱의 측근은 평소와 달리 담을 넘지 않는 유욱을 보고 말했다.

"이 관부에 있는 사람들은 모두 잠들어 있는데 어찌 담장으로 넘어 들어가지 않습니까?"

이 말을 듣고 황제 유욱이 말했다.

"나는 오늘 저녁에 한 곳에서 장난을 하려고 했지만, 마땅히 내일 저녁까지 기다려야 되겠다."

여기서 한 곳이란 소도성이 있는 영군장군부를 말하는 것이며, 장난이란 사람을 죽이는 일을 말한 것이었다. 오늘 저녁에 소도성을 죽이려고 했지만 다음날인 칠석날 저녁까지 기다리겠다는 말이었다. 소도성은 다시 죽음의 위기에 놓인 것이다.

관부의 안에 있던 원외랑 환강桓康 등이 영군장군부의 문을 사이에 두고 그 소리를 들었다. 소도성의 목숨이 겨우 하루 밖에 남지 않은 것으로 밝혀졌으니 그로서는 이제 더 이상 갈 곳이 없었다. 그리하여 칠석날 저녁에 양옥부 등으로 하여금 황제 유욱의 목을 베게 한 것이다.

황제의 업무를 주관한 소도성

양옥부는 황제 유욱의 머리를 베고 나서 상廂, 회랑 아래에 있는 사람에게 마치 아무 일도 없다는 듯이 음악을 연주하도록 명령했다. 그리고 미리 소도성과 결탁했던 진봉백이 유욱의 수급首級을 소매에 넣었고, 평상시에 다니던 방법대로 칙령이라고 칭하며 승명문承明門, 궁성의 북문을 열고 나와서 유욱의 머리를 왕경칙에게 주었다.

왕경칙은 영군장군부로 말을 달렸고, 도착하여 문을 두드리며 크게 소리쳤다. 그러나 안에 있던 소도성은 황제 유욱이 하는 짓이라고 생각하여 문을 열어주지 않았다.

왕경칙은 하는 수 없이 담장 위로 유욱의 머리를 던졌다. 그것을 깨끗이 닦아 확인해보니 유욱의 머리임이 틀림없었다. 소도성이 곧바로 융복戎服, 무관복장을 입고 말을 타고 나오자 왕경칙과 환강 등이 모두 좇았다. 승명문에 이르러 황제의 행차가 돌아왔다고 거짓으로 알렸다.

황제 유욱은 평소 밤중에 궁궐을 자주 드나들었고, 그가 죽은 것이 알려지지 않았기 때문에 이때에도 유욱이 드나드는 것으로 착각하고 문을 열어 주었으므로 황궁 출입이 가능했다.

왕경칙은 안에 있던 사람들이 엿볼까봐 두려워 칼을 휘두르며 규공窐孔, 문옆의 출입구을 막고, 급박히 소리쳤다. 안에서는 이 사실을 알지 못했기에 문을 열어 주었고 그들은 무사히 궁안으로 들어갈 수 있었다.

사실 평소에 유욱이 궁궐 문을 열 때마다 문자門者, 문지기들이 두려워 떨며 감히 우러러보지도 못했기 때문에 소도성이 궁궐에 들어갈 때에도 문지기들은 이를 의심하지 않았다. 그리하여 소도성은 대전大殿에 들어갈 수 있었다. 대전으로 들어온 소도성을 보고 대전 안의 사람들은 모두 크게 놀랐다. 그러나 황제 유욱이 죽었다는 소식을 전하자 모두 만세를 불렀다.

다음날이 되었다. 황제인 유욱이 이미 지난밤에 죽었기 때문에 후임 황제를 뽑는 일을 논의해야 했다. 아침에 융복을 입은 소도성이 태후령을 가지고 궁전 뜰의 홰나무 아래로 삼공인 원찬과 저연, 유병劉秉을 불러 회의를 하였다.

이때 태후는 왕정풍王貞風(436년~479년)이었다. 유욱의 생모는 진 태비였지만 명제 유욱劉彧의 황후였던 왕정풍이 황태후로 있었던 것이다.

사실 왕 태후도 황제 유욱에게 죽을 뻔했던 일이 있었다. 얼마 전 왕 태후가 단오端午를 축하하기 위해 유욱에게 모선毛扇, 새깃으로 만든 부채을 선물했었다. 그런데 유욱은 그것이 화려하지 않다며 싫어했고 오히려 왕 태후를 짐독으로 죽이려고 했다.

그러자 주위의 사람들이 유욱을 말리며 말했다.

"만약 이 일이 실행되면 관官, 황제께서는 곧 응당 효자가 되어야 하는데, 어찌 다시 장난치면서 출입할 수 있겠습니까?"

왕 태후가 죽으면 삼년상을 치러야 하기 때문에 고생스러우니 죽이지 말라는 이야기였다. 유욱은 이 말을 듣고 왕 태후를 죽이는 것을 중지했었다. 이러하니 왕 태후의 입장에서도 유욱을 두둔할 이유가 전혀 없었다.

당시 상서령은 원찬이고, 중서감은 저연, 중서령은 유병이었다. 이들은 소도성과 함께 서로 돌아가며 당직을 서고 정사를 결정했기 때문에 사람들은 이들을 '4귀四貴'라고 불렀다.

소도성은 이 가운데 유병에게 먼저 말했다. 유병은 황실의 종친으로 그의 할아버지는 장사왕 유도린劉道鄰이었고, 아버지는 신유혜후新洀惠侯 유의종劉義宗이었다.

"이것은 사군使君, 유병의 집안일이니, 어떻게 이것을 처단하였으면 좋겠소?"

종실인 유병에게 후임 황제를 뽑는 문제를 먼저 물은 것이다. 그러나 이러한 상황에서 유병이 마음대로 대답할 수 없었다.

"상서대의 많은 업무는 맡겨주시고, 군려軍旅에 대한 처분은 한결같이 영군장군께 맡깁니다."

소도성이 일을 지시하면 따르겠다는 대답이었다. 이어서 소도성은 원찬에게 뜻을 물었으나, 원찬 또한 감히 이 난국을 처리하는 일을 감당하지 못했다. 이때 소도성의 오른팔인 왕경칙이 평상 옆에서 칼을 빼들고 펄쩍뛰며 말했다.

"천하의 일은 모두 응당 소공蕭公, 소도성께서 관여할 것이오! 감히 한 마디라도 입을 여는 사람이 있으면 피가 이 왕경칙의 칼을 더럽힐 것이오."

칼을 들고 협박한 것이다.

이 말을 끝내고 왕경칙은 손수 백사모白紗帽를 가져다가 소도성의 머리에 올리고 즉위하게 하면서 말했다.

"오늘 누가 감히 다시 움직이겠습니까? 일은 반드시 뜨거울 때에 이루소서!"

황제의 업무를 집행하라는 말이었다. 그러나 소도성은 짐짓 정색하며 왕경칙을 꾸짖었다. 최소한도의 예의를 지킨 것이다.

이러한 상황을 본 중서감 저연이 말했다.

"소공蕭公, 소도성이 아니면 이 일은 마무리 하지 못할 것이오."

이어서 저연은 황제가 처리해야 할 업무를 소도성에게 주었더니, 소도성이 말했다.

"서로에게 주었지만 받으려 하지 않았으니, 내 어찌 사양할 수 있겠소?"

소도성은 유병과 원찬에게 처리할 것을 주문했던 말을 상기시키고 이들이 하지 못했기 때문에 마지못해 이 난국을 처리하겠다는 뜻으로 말한 것이다. 이리하여 정식으로 소도성이 황제가 처리할 일을 맡게 되었다.

소도성이 뽑은 후임 황제

아무튼 소도성은 후임 황제로 안성왕安成王 유준劉準(469년~479년)을 맞이하여 옹립했다. 안성왕은 공식기록상으로는 명제 유욱劉彧의 셋째 아들로 되어 있고, 그의 어머니는 소화昭華 진법용陳法容으로 되어 있다. 그러나 유준은 실제로는 계양왕桂陽王 유휴범劉休範의 아들이다. 왜냐하면 명제 유욱은 아기를 낳을 수 없는 사람♦이었기 때문이다. 이때 유준의 나이는 10살이었다.

후임 황제가 결정된 직후 유병이 궁에서 나가다 사촌 동생 유온劉韞과 마주쳤다. 유온이 수레의 문을 열고 맞이하며 물었다.

"오늘의 일은 당연히 형님에게 돌아가야지요?"

유병이 대답했다.

"우리들은 이미 영군장군에게 양보하였네."

이에 유온이 가슴을 치며 말했다.

"형님 몸속에 어찌 핏기가 있는지요? 올해에는 족멸族滅되겠소!"

◆ 유욱의 자녀와 이들의 진짜 아버지

명제 유욱에게는 12명의 아들이 있지만, 원래 그는 불임이어서 친생 자식은 하나도 없는 것으로 알려져 있다.

차례	관직명	이름	생모	비고
장남	후폐제(後廢帝)	유욱(劉昱)	귀비 진묘등(陳妙登)	
차남	덕치왕(德治王))	유법량(劉法良)	사(謝) 수의	요절
3남	순제(順帝, 안성왕)	유준(劉準)	소화 진법용(陳法容)	소도성에게 선양
4남	이름없음		서(徐) 첩여	요절
5남	동평왕(東平王)	유지정(劉智井)	정(鄭) 수용	
6남	진희왕(晉熙王)	유섭(劉燮)	사(謝) 수의	
7남	소릉상왕(邵陵殤王)	유우(劉友)	천(泉) 미인	
8남	강하왕(江夏王)	유제(劉躋)	서(徐) 첩여	
9남	무릉왕(武陵王)	유찬(劉贊)	서(徐) 양인	본명 유지수
10남	수양왕(随陽王)	유해(劉翽)	두(杜) 수화	
11남	신흥왕(新興王)	유숭(劉嵩)	서(徐) 양인	
12남	시건왕(始建王)	유희(劉禧)	천(泉) 미인	

명제 유욱의 장남으로 되어 있는 유욱(劉昱)의 생모 귀비 진묘등(陳妙登)도 이도아(李道兒)의 시첩이었는데, 그녀가 임신하자 명제 유욱이 그녀를 받아들여 귀비로 삼고 아들을 낳자 자기의 아들로 삼았던 것이다.

그래서 유욱(劉昱)이 황제가 된 후 미행할 때 자기를 천하를 통치하는 유씨라는 의미로 '유통(劉統)'이라고 하거나 '이(李) 장군'이라고 소개하여 자기기 이도아의 아들임을 간접적으로 말한 일이 있다.

또 셋째 아들로 되어 있는 유준(劉準)의 어머니는 소화(昭華) 진법용(陳法容)으로 되어 있지만, 실제로는 명제 유욱의 동생 유휴범의 아들이다. 명제 유욱은 유준의 생모를 죽이고 진법용으로 하여금 그를 기르게 했다.

이 두 사람은 황제가 된 사람이기에 그 생부가 밝혀졌지만, 그 외의 아들들 역시 명제 유욱의 여러 동생이 아들을 낳으면 그 생모를 죽이고는 아이를 데려다가 명제 유욱이 아끼는 후궁으로 하여금 이들을 기르게 했다.

이날 태후령에서는 창오왕蒼梧王으로 강등된 죽은 황제 유욱의 죄악이 언급되었다.

"나는 은밀히 소영군蕭領軍, 소도성으로 하여금 몰래 밝은 지략을 운용하게 하였소. 안성왕 유준이 마땅히 만국의 자리에 임하여야 하오."

왕 태후도 소도성의 위세 앞에서 소도성의 뜻대로 말한 것뿐이다.

소도성이 이제 겨우 10살 된 유준을 황제로 세운 이유는 2년 뒤에 소도성이 순제 유준으로부터 선양을 받아서 제齊 왕조를 열게 되는 것으로 알 수 있다. 유준은 꼭두각시 황제로 2년간 자리를 지키다가 소도성에게 선양했다.

이때 순제 유준은 마지막으로 비극적인 말 한마디를 남겼다.

"세세생생世世生生 다시는 황제의 집안에서 태어나지 않기를 바란다."

징검다리를 건너 제의 황제가 된 사람들
황실의 뿌리를 다 잘라라

위위에게 죽은 황제 소소업

남조 제齊의 서창후西昌侯 소란蕭鸞(452년~498년)은 무제 소색蕭賾(440년~493년)이 죽자 그 뒤를 이으려던 소자량蕭子良을 물리치고, 황태손 소소업蕭昭業을 황제로 세웠던 사람이다. 그런 그가 명제 건무 원년(494년) 7월에 다시 쿠데타를 일으켰다.

그동안 황제 소소업은 중서사인中書舍人 기무진지綦毋珍之와 주륭지朱隆之, 직합直閤장군 조도강曹道剛과 주봉숙周奉叔, 환관 서룡구徐龍駒 등을 총애하였다. 특히 주봉숙과 조도강은 평소 궁전 내의 숙직과 호위를 감독하고 있었다.

소란은 먼저 소심蕭諶으로 하여금 궁궐에 들어가도록 하였는데, 조도강과 주륭지와 마주치자 그들을 모두 죽였다. 소심은 황제 소소업을 호위하는 핵심 인물들을 만나자마자 바로 제거한 것이다.

사실 이때 소심의 직책은 위위衛尉였다. 황제를 호위하는 책임을 지고 있는 위위가 오히려 황제를 호위하던 사람들을 죽인 것이다.

소소업은 할아버지 무제 소색과 아버지 소장무蕭長懋 시절부터 소심을 잘 알고 지냈고, 황제가 된 뒤에도 그를 가까이 하고 믿었다. 소소업이 얼마나 소심에게 의지했던지, 소심이 곁에 없으면 잠을 자지 못하고 그가 돌아와야만 비로소 편안히 잠을 청할 정도였다.

소심 외에 황제 소소업은 또 소탄지蕭坦之를 가까이 했는데 소탄지는 후궁後宮에까지 출입할 수 있었고, 소소업이 외설적인 연회를 열며 놀 때에도 소탄지는 항상 소소업의 옆에 있었다.

그러나 소심과 소탄지는 황제 소소업이 미친 듯 멋대로 하는 것이 나날이 심해지고 나아질 기미가 보이지 않자 이대로 있다가는 쿠데타가 일어났을 때 소소업과 가까이 지냈다는 이유로 자신들에게도 화禍가 미칠까 두려워졌다.

그래서 그들은 마음을 돌려서 소란에게 황제를 폐위시키고 다시 옹립하는 일을 권하고, 몰래 소란의 귀와 눈이 되었던 것이다. 일이 그렇게 되어 가는 그때까지도 소소업은 전혀 눈치 채지 못하고 있었다.

소심이 이렇게 황제 소소업의 측근들을 살해한 후, 소란은 군대를 인솔하여 상서대에서 운룡문으로 들어갔다. 소란이 얼마나 긴장했는지 신고 있던 신발을 세 번씩이나 잃어버릴 정도였다. 그 뒤를 왕안王晏과 서효사徐孝嗣, 소탄지, 진현달陳顯達, 왕광지王廣之, 심문계沈文季 등 쿠데타 주동자들이 모두 따랐다.

이때 소소업은 수창전壽昌殿, 일상생활을 하는 전각에 있었다. 그는 밖에서 변고가 발생했다는 소식을 들었으나, 몰래 소심을 불러서는 손짓으로 내전內殿에 있는 방문들을 닫도록 칙령을 내렸다.

이는 소심이 창을 거꾸로 든 것을 몰랐던 때문이었다.

그런데 잠깐 사이에 소심이 군대를 거느리고 수창전의 합문으로 들어왔다. 평상시와 다른 소심의 모습을 보고나서야 소소업은 상황이 바뀐 것을 파악하고 검을 꺼내 자결하려 했으나 칼이 들어가지 않았다. 그러자 수레를 타고 연덕전延德殿을 나갔다.

소심이 처음에 전각에 들어가니 숙위하고 있던 장교와 병사들이 모두 활과 방패를 쥐고 항거하며 싸우려고 하였다. 소심이 그들에게 말했다.

"잡고자 하는 사람은 따로 있다. 그대들은 모름지기 움직이지 마라."

숙위하는 병사들은 본래 위위 소심에게 예속되어 복종하고 있었기 때문에 모두 그를 믿었다. 그런데 황제 소소업이 나가는 것을 보게 되자 병사들은 스스로 분발하여 소소업을 위해 싸우려고 했으나, 소소업은 끝내 한마디의 말도 하지 않았다.

소소업은 서쪽 작은 골목으로 도망을 갔고 결국 뒤쫓아오던 병사들이 그를 시해했다. 이때 소소업은 22살이었고, 할아버지 무제 소색의 뒤를 이어 황제에 오른 지 1년 만이었다.

소란과 황제 소소업의 대립

서창후 소란은 이미 6개월 전인 명제 건무 원년(494년) 정월에 황제 소소업을 폐위하고 새로 황제를 세우는 일을 계획했다. 이때 진서鎭西장군부의 자의참군諮議叅軍이었던 소연蕭衍을 끌어들여 함께 모의했다. 그 외에도 형주荊州, 호북성 강릉현 자사인 수왕隨王 소자륭蕭子隆, 사마 원력생垣歷生, 무릉武陵, 호남성 상덕시 태수 변백

롱卜白龍, 최혜경崔慧景을 끌어들여 세력을 규합했다. 이렇게 쿠데타를 위한 결집이 이루어진 것은 소소업이 황제에 오른 지 겨우 다섯 달 만의 일이었다.

사실 소소업이 황태손으로 황제가 될 수 있었던 것은 소란의 공로가 컸다. 무제 소색이 죽을 때 태자로 세웠던 소장무는 이미 죽었기 때문에 소소업의 삼촌인 소자량이 태자 자리를 차지하기 위한 준비를 거의 마친 상태였다. 그런데 소란이 황태손 소소업이 황제에 오를 수 있도록 군사적인 조치를 취했던 것이다.

그래서 소소업은 황제가 된 이후 크고 작은 조정의 일 대부분을 소란에게 맡겼다.◆ 하지만 소소업의 사생활은 후대에 비난받을 만한 일들이 자주 있었다.

예컨대, 주의主衣의 창고에 들어가서 황후 하何씨와 총애하는 비빈妃嬪들에게 여러 진귀한 보물寶物 그릇을 서로 던져 부수는 놀이를 시키면서 재물을 낭비했다. 또 무제 소색이 아끼던 곽霍씨를 증蒸, 항렬이 위인 여자를 간음하는 일하고 그 성姓을 서徐씨로 고쳐서 부르는 등 부도덕한 짓도 저질렀다.

이러한 일로 소란이 자주 간언했으나 소소업은 대부분 따르지 않았고, 점점 소란이 불편해진 소소업은 파양왕鄱陽王 소장蕭鏘에게 소란이 자기에 대해 어떻게 말했는지를 묻기도 하였다. 그만큼 소란을 경계하게 되었던 것이다.

이 문제에 대해 소장이 적극적으로 처리하겠다고 대답하지 않자 소소업은 환관 서룡구에게 소장과 함께 소란을 사로잡을 것을 지시했는데, 이때에도 소장이 찬성하지 않는 바람에 잠시 더 미루고 있던 상태였다.

다시 황제 소소업은 하 황후의 당숙인 중서령 하윤과 함께 소란을 죽일 것을 모의하고, 하윤에게 일을 맡기려 하였다. 하지만 하윤 역시 감당하지 못하여 마음이 결정되지 않았다고 간언하자, 소소업은 이를 다시 중지했다.

그 대신 소란을 서주西州, 양주 대성의 서쪽로 내보내기로 모의하고, 다시는 궁중에서 칙령으로 처리하는 일을 소란에게 관여시키거나 자문하지 않았다. 소란에게 정치적으로 치명적인 처분이 내려진 것이다.

소소업이 황제가 되는데 적극적으로 도움을 준 소란이었지만, 다섯 달 만에 그들은 돌이키기 힘든 대립각을 세우게 된 것이다. 황제 소소업은 소란을 죽이려 하였고, 소란은 쿠데타를 일으켜서 황제를 바꾸고자 한 것이다.

소란이 쿠데타를 한 뜻

여러 역사적인 자료를 보면 황제 소소업의 상식을 뛰어넘는 행동들이 많이 기록되어 있다.

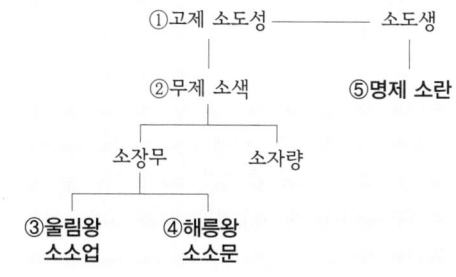

◆ 소란과 소소업의 관계도

소소업은 무제 소색의 산릉山陵에 가서 참배를 마친 다음에 즉시 좌우의 사람들과 미복微服 차림으로 시가를 쏘다니기도 하고, 또 아버지 소장무의 숭안릉崇安陵으로 가는 터널 안에서 척도擲塗나 도도睹跳 등의 놀이를 하기 좋아했다. 이렇게 비천한 놀이를 하다가 기쁨이 최고조에 이르면 좌우의 사람들에게 상을 내려주었는데, 그것이 한번에 수백 수십만 냥兩에 이르렀다.◆

소란은 새로 즉위한 어린 황제 소소업이 철없이 낭비하는 것을 막기 위해 끊임없이 간언했다. 하지만 소소업이 이를 무시했기 때문에 정치를 담당하던 소란과의 충돌은 불가피했고, 이것이 곧 쿠데타로 이어진 것이라고 볼 수 있다. 그러한 점에서 소란의 쿠데타는 정당성이 있는 것으로 보인다.

그러나 소란은 무제 소색의 사촌 동생이기도 하지만, 제齊를 건국한 고제高帝 소도성蕭道成(427년~482년)의 조카였다. 소도성은 소란이 어려서 아버지를 잃자 그를 데려다 길렀는데, 아들 이상으로 잘 대해 주었었다.

그래서 소란은 무제 소색의 시절부터 황실 가까이에 있을 수 있었고, 무제 소색은 소란에게 인사권을 주려고 하기도 했다. 그

◆ 황제 소소업의 낭비벽

소소업의 씀씀이에 대해 《남사南史》에는 이렇게 기록되어 있다.
"무제 소색이 돈을 모아서 상고(上庫, 황제 창고)에 5억만 냥이 있었고, 재고(齋庫, 황실 창고)에도 역시 3억만 냥 이상이 있었으며, 금·은·베·비단은 헤아릴 수도 없었는데, 소소업이 황제에 즉위한 지 1년도 되지 않아서 거의 다 써버렸다."

러나 소색의 아들인 태자 소장무는 소란을 싫어했다. 소장무는 가까운 동생 소자량에게 이런 말을 한 적이 있다.

"나는 마음속으로 이 사람[소란]을 특별히 좋아하지 않는데, 그 연고를 이해하지 못하겠다. 아마 그의 복福이 박하기 때문일 것이다."

후에 쿠데타에 성공한 소란이 소장무의 자손을 다 죽인 것은 단순히 소소업의 실정失政 때문에 일으킨 쿠데타가 아니라는 반증이었다. 또 하나는 황제가 된 소소업에게 뒤늦은 비난을 했다는 점이다. 사실 소소업은 황제 자리에 오르기 전부터 이미 보통을 넘는 행동을 하고 있었다.

하지만 무제 소색은 그 사실을 모른 채, 소소업의 성품이 분명하고 지혜로우며 용모와 거동이 아름답고 대응을 잘한다며 그를 아꼈다. 하지만 소소업은 몰래 비루하고 사악한 생각을 품어서 주위에 있는 여러 소인배와 의식衣食을 함께 하였다. 말하자면 표리가 부동했던 것이다.

그래서 아버지 소장무는 소소업의 행동거지를 금하고 그의 용도用度를 조절했다. 하지만 소소업은 아버지 몰래 부자에게 가서 돈을 요구하기도 하고, 별도로 자물쇠와 열쇠를 만들어서 밤에 서주西州의 뒤편 협문夾門을 열고서 자기 주변에 있는 사람들과 여러 영서營署. 군영과 관서에 가서 음탕한 연회를 즐겼다.

이러한 소소업의 돌출행동 때문에 그의 사부師傅 사인조史仁祖와 시서侍書 호천익胡天翼은 훗날 소소업을 제대로 가르치지 못했다는 벌을 받을까 두려워서 자살하기도 했다.

그러나 황제가 되기 이전의 소소업은 이런 주변의 걱정에도 아랑곳하지 않고 패륜적인 행동을 계속했다. 소소업은 병환중인 아버지를 모시면서 항상 여자 무당 양楊씨를 시켜 속히 천자의 자리를 갖게 해달라고 기도하며 제사를 지내게 했다. 즉 태자인 아버지 소장무의 다음 차례가 자기라고 생각하고 아버지가 빨리 죽기를 바란 것이다.

그래놓고는 아버지 소장무가 죽자 그 거상居喪 기간에는 근심스런 얼굴로 울부짖으며 쓰러지니 보는 사람이 다 목이 메일 정도였다. 그러나 소소업은 사택으로 돌아와서는 돌변하여 기뻐하고 웃으면서 술을 마셨다. 아버지가 죽었으니 자신이 할아버지 다음으로 황제가 될 황태손이 될 것이라는 생각 때문이었다.

자신의 바람대로 황태손이 된 소소업은 할아버지 무제 소색의 병이 위독해지자, 이번에도 무당 양씨에게 무제 소색이 빨리 죽기를 기도하고 제사를 지내도록 시켰다.

그리고 그때까지 서주西州에 있던 그의 정비正妃 하何씨에게 편지를 보냈는데, 종이 중앙에 크게 '기쁠 희喜'라는 글자를 쓰고 그 주변에 36개의 작은 '희喜'자를 둘러 썼다. 할아버지가 죽게 되어 기쁘다는 뜻이었다.

이렇게 소소업은 황제가 되기 전부터 문제 행동을 많이 저질렀기에 앞으로도 그러할 것이라는 것은 충분히 예상할 수 있었다. 그럼에도 불구하고 소란은 무제 소색의 아들 소자량 대신에 소자업을 황제에 오르게 했다.

소소업의 만행이 황제로서 문제가 있다면 오히려 소자량이 소색의 뒤를 잇는 일에 찬성했어야 했다. 그런데 문제가 많은 소소업을 황제로 세웠다가 그것을 빌미로 쿠데타를 일으킨 것은 핑계이며 의도적이라 볼 수도 있다.

숨겨진 속내를 드러낸 일들

어쨌거나 평소 소소업이 가까이 했던 환관 서룡구는 황제 소소업의 시체를 자신의 집으로 모셔와 빈소殯所를 설치했고, 왕의 예로서 장례를 거행하였다.

쿠데타를 일으킨 소란♦은 그 외에 무제 소색과 소소업이 아꼈던 서희徐姬와 총애하던 신하들을 모두 죽였다. 이제는 황태후령을 만들 차례였다. 황제를 폐위시키고 세우는 일은 규정상 태후에게 있으므로 추후라도 태후의 승인을 받아야 했다. 이때 서효사徐孝嗣가 미리 황태후령의 초안을 만들어 소매 안에서 그것을 꺼내어 바쳤다. 서효사는 당시 도읍의 치안을 책임지는 단양윤丹陽尹이었는데, 이미 소란과 뜻을 함께 하기로 한 사람이다.

소란이 이를 보고 크게 기뻐했다. 이때 황태후는 소소업의 생모이자, 소장무의 정비였던 왕보명王寶明(455년~512년)이었다.

태후의 명령의 사실 여부는 중요하지 않았으니 형식만 갖추면 되는 것이다. 다음날인 명제 건무 원년(494년) 7월 계사일(21일)에 소란은 태후의 명령이라며 소소업을 폐위하여 울림왕鬱林王으로

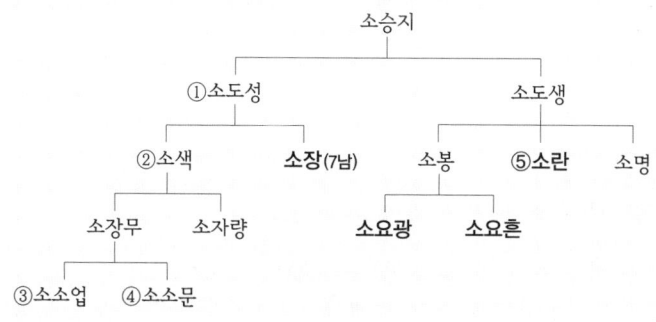

◆ 소란을 도운 사람들

하고, 소소업의 황후 하씨를 울림왕비로 삼았다. 그리고 신안왕 新安王 소소문蕭昭文(480년~494년)을 맞이하여 황제로 세우게 했다.

그리고 나흘 후인 정유일(25일)에 소소문이 황제에 즉위하니, 이때 그의 나이 15살이었다. 소란은 표기驃騎대장군·녹상서사錄尙書事·양주揚州, 하남성 의양현 자사·선성군공宣城郡公이 되어 모든 전권을 쥐었다.

다음달인 8월 갑진일(2일)에 사공 왕경칙王敬則을 태위로 삼고, 파양왕鄱陽王 소장蕭鏘을 사도로, 거기대장군 진현달을 사공으로, 상서좌복야 왕안王晏을 상서령으로 삼았다. 그리고 소란의 조카인 시안왕始安王 소요광蕭遙光을 남군南郡, 호북성 강릉현 태수로 삼았으나, 관부로 보내지는 않았다.

이어서 무신일(6일)에 소요광의 동생인 중서랑 소요흔蕭遙欣을 연주兗州, 강소성 회음시 자사로 삼았다. 소란은 자기와 가까운 사람을 한패로 키우고 싶어서 그를 등용한 것이다.

소란에 반대하는 움직임

9월까지만 해도 소도성의 아들인 파양왕 소장은 그의 사촌인 소란의 뜻을 알지 못했다. 그래서 소장은 앞서 소소업이 소란을 죽이고자 했을 때 이를 반대했었다. 하지만 소란의 권세가 더욱 무거워지게 되자, 안팎에 있는 사람들 모두 소란이 신하 노릇을 하지 않으려 함을 알게 되었다.

이전에는 소장이 소란에게 갈 때마다, 소란은 항상 신발도 제대로 신지 못하고 반갑게 수레까지 나와 반갑게 그를 맞이했다. 또 가문과 나라에 관한 이야기를 할 때면 눈물을 쏟던 소란을 소장은 철석같이 믿고 있었던 것이다. 소장은 그러한 소란의 연기에 깜박 속아 넘어간 것이다.

이 시기에 궁대宮臺, 궁궐과 상서대 안에 있는 사람들은 소란의 속마음을 알고, 소장에게 군대를 동원하여 궁궐에 들어와 정사를 보좌하도록 권했다. 그들은 소장에게 마음을 두고 있었던 것이다.

제국감制局監, 무기제조 사찬謝粲이 소장과 수왕隨王 소자륭蕭子隆에게 말했다.

"두 분 왕[소장과 소자륭]께서는 단지 유벽거油壁車, 푸른 방수천으로 덮개를 한 수레를 타고 궁궐에 들어와서, 천자를 모시고 나와 조당朝堂에 앉게 하시고, 황제를 끼고서 호령號令하도록 보필하십시오. 저 사찬 등이 성문을 막고 무기를 들어 올리면 누가 감히 같이하지 아니하겠습니까? 동성東城, 재상부의 사람들이 바로 함께 소령蕭令, 소란을 붙잡아 보내어 올 따름입니다."

소자륭은 계획을 결정하고 싶었다. 그러나 그의 삼촌인 소장의 생각은 조금 달랐다. 우선 상대上臺의 병력이 소란이 장악하고 있는 동부東府, 재상부로 벌써 넘어갔고, 승리를 장담할 수 없다고 생각했기 때문에 결단을 내리지 못했다.

그리고 무제 소색 때부터 있던 기병을 주관하는 마대주馬隊主 유거劉巨 역시 소장을 찾아와 머리를 조아리면서 거사를 실행하라고 요청하였다. 그러자 소장은 수레를 준비하도록 명령을 내리고, 집안으로 들어가서 어머니 육陸 태비와 만일을 위한 이별 인사까지 해 두었다. 하지만 소장은 해가 질 때까지 일을 시행하지 않았다.

결국 소자륭과 소장은 공격할 기회를 잃고 도리어 소란에 의해 죽는다. 결국 제 왕조를 세운 소도성의 후손이 소도성이 길러 준 조카 소란[소도생의 아들]에게 황제 자리를 빼앗기는 순간이었다. 설상가상으로 이 모의도 발각되어 무제 소색의 후손이 모두 죽게 되는 빌미가 되었다.◆

소란의 역공

소장과 소자륭이 소란을 제거하려고 모의하면서 미적거리는 동안 이 계획을 전첨典籤이 알아내어 고발하였다. 이에 소란은 9월 계유일(2일)에 병사 2천 명을 보내 그의 사촌 소장의 집을 포위하여 소장을 죽이고는 뒤이어서 바로 소자륭과 사찬 등을 죽였다.

평소 소란은 무제 소색의 여러 아들 중에서 가장 체격이 장대壯大하고 재능이 있던 소자량을 가장 싫어했다. 결국 소란에 의

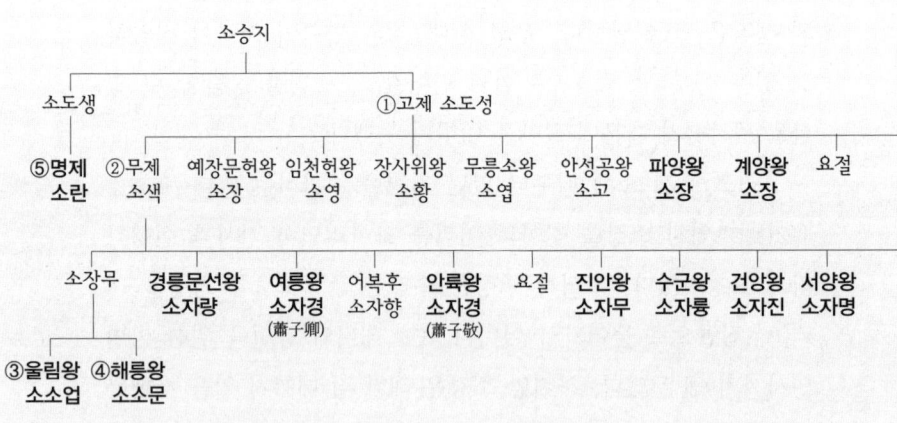

해 무제 소색의 아들 23명 가운데 그때까지 살아 있던 사람 모두를 죽였을 때 소자량도 함께 죽었다.

소란은 9월에 고제 소도성의 손자이자 자신의 당질인 여릉왕 소자경蕭子卿을 사도로 삼았었는데, 얼마 지나지 않아서 죽였다. 또한 남연주南兗州, 강소성 양주시 자사였던 안륙왕 소자경蕭子敬은 소란이 보낸 평서장군 왕광지王廣之와 진백지陳伯之에 의해 목이 베였다. 소란에게 압박을 받자 군사를 일으킨 소자무는 결국 분성溢城, 강서성 구강시에서 서현경徐玄慶에게 죽었다.

또 9월 무술일(27일)에는 소도성의 아들이며 소란의 사촌 계양왕桂陽王 소삭蕭鑠과 형양왕衡陽王 소균蕭鈞, 강하왕江夏王 소봉蕭鋒, 무제 소색의 아들이며 소란의 당질인 건안왕建安王 소자진蕭子眞, 파릉왕巴陵王 소자륜蕭子倫을 죽였다. 말하자면 소도생의 아들인 소란이 큰아버지이자 제를 세운 소도성의 아들과 손자 가운

시흥간왕 소감	형양왕 소균	강하왕 소봉	요절	요절	남평왕 소예	요절	의도왕 소갱	진희왕 소구	하동왕 소현
남해왕 소자한	요절	파릉왕 소자륜	소릉왕 소자정	요절	임하왕 소자악	서양왕 소자문	형양왕 소자준	영양왕 소자민	상동왕 소자건	요절	남군왕 소자하

*소란의 쿠데타(494년) 전에 병사하거나 요절한 사람을 제외한 나머지는 소란이 쿠데타를 일으킨 해부터 3년 안에 모두 소란에게 살해당했다.

◆ 명제 소란이 죽인 황족

데 힘 있는 사람을 모두 죽인 것이다.

그 중 소자진은 소란이 보낸 전첨 가령손柯令孫에 의해 죽었다. 이때 가령손은 침상 아래로 달아난 소자진을 끌어냈고, 소자진은 머리를 조아리며 노복이 되겠다고 빌었지만 결국 죽음을 피하지 못했다.

또 소란은 중서사인 여법량茹法亮에게 파릉왕 소자륜을 죽이라고 명령했다. 소자륜은 품성이 영명하고 과단성이 있다는 평가를 받았다. 그는 당시 남난릉南蘭陵, 강소성 상주시의 서북쪽 태수가 되어 낭야琅邪, 건강성의 북쪽를 진수하고 있어서 수비병이 지키고 있었다.

소란은 전첨 화백무華伯茂를 보내 짐독鴆毒으로 소자륜을 압박했다. 그러자 소자륜은 의관을 바르게 하고 나와서 소란의 명령으로 그를 죽이러 온 중서사인 여법량을 맞아서 의연하게 독을 마시고 죽었다.

징검다리를 건너간 소란

소란은 무제 소색의 아들 가운데 나이가 많은 사람은 다 죽였다. 이때 소란이 죽인 사람 중 가장 나이가 어린 사람은 16살의 소자륜이었다. 소란은 소자륜보다 어린 소색의 아들들은 살려두었는데, 정치적으로 영향력이 없는 사람들만 남긴 셈이었다.

건무 원년(494년) 10월에 소소문은 선성공 소란을 태부太傅·영領대장군·양주목揚州牧·도독중외제군사都督中外諸軍事로 삼고, 작위를 올려서 왕으로 삼았다. 드디어 소란은 왕王의 칭호를 받고, 황제가 누릴 수 있는 특별한 예의도 받았다. 제 왕조의 혈통에서 보면 소란은 방계였고, 절대로 황제가 될 수 없는 위치였다. 그러나 이제 남은 것은 언제 황제 자리에 오르느냐 하는 문제뿐이었다.

사실 이때 황제가 된 소소문을 모시는 사람들은 잠자는 것이나 먹는 것까지도 모두 소란에게 물어본 후에 실행하곤 했다. 어느 날은 소소문이 생선찜 요리를 먹고 싶어 했으나, 주방을 관리하는 태관령太官令은 소란의 명령이 없다며 끝내 음식을 내어주지 않았다.

이러한 상황에서 신해일(10일)에 왕 태후가 소소문을 폐위시키고 소란을 황제로 삼는다는 조서를 내렸다.

"계승한 주군主君. 소소문이 너무나 어리기 때문에 여러 정사를 처리함에 있어서 대부분 모르고, 또 갓난아기 때부터 병약하여 짐을 지는 것을 이겨낼 수가 없다."

당시 15살의 소소문으로는 황제 자리를 계승하기에 너무 어리고, 그 업무를 감당하기 힘들 정도로 병약하다는 이유를 들고 있지만, 이제껏 그보다 더 어린 나이에 황제가 된 경우도 무수히 많았다. 더구나 별안간에 병이 든 것이 아니라면 불과 넉 달 전의 상황과 별 차이가 없을 텐데, 억지로 병약함을 폐위 이유로 내세운 것이다.

뒤이어 왕 태후는 후임 황제로 선성왕 소란을 지목했다.

"태부 선성왕[소란]은 선황宣皇의 후예이며, 태조太祖로부터 깊이 사랑을 받았으니, 의당 들어가서 보배스런 천명을 이어나가야 한다. 황제[소소문]를 해릉왕海陵王으로 작위를 낮추어 책봉하는 것이 좋을 것이며, 나도 마땅히 별관別館으로 귀로歸老해야 할 것이다."

여기에서 선황은 후에 선황제宣皇帝로 추존된 소승지蕭承之로서 소란의 할아버지이다. 그리고 태조는 소승지의 아들이자 제나라의 1대 황제인 고조 소도성을 가리킨다. 소란이 자랄 때 소도성이 그를 아꼈다는 이유를 들어서 손자 항렬인 소소문의 뒤를 잇게 한다는 말이었다.

태후 왕보명은 소장무의 비妃였다가 아들 소소업이 황제에 오르는 바람이 황태후가 되었다. 그러나 소란이 황제가 되면 소란의 당질부堂姪婦인 자신은 황태후가 될 수 없기 때문에 궁궐에서 물러나겠다는 것이었다.

이로서 소란은 길고 긴 징검다리를 모두 건넜다. 사촌 형 무제 소색이 죽었을 때 그 뒤를 이으려는 소자량을 제압하여 황제가 되는 길을 막고, 황태손 소소업을 황제로 삼았던 소란의 조치는 충분한 명분을 가지고 있었다. 그러나 그것은 자신이 황제가 되기 위한 징검다리로 삼고자 취했던 한 술수였을 수도 있다.

소란은 소소업이 황제에 오른 지 겨우 1년 만에 그를 황제에서 쫓아냈다. 소소업의 행동이 파격적이고 비도덕적이라는 이유 때문이었다. 그러나 소소업의 그런 행동은 이미 황제가 되기 전에 감지되던 것들로, 말하자면 나무에 올려놓은 다음에 흔들어 떨어뜨린 격이다. 그리고 소소업의 동생 소소문을 세웠다가 다시 내쫓았다.

그 사이에 소색의 자손들을 전부 죽였기 때문에 소도성에서 소색으로 이어졌던 황제 계보는 완전히 끊어졌다. 그리고 소란 자신이 소색의 사촌으로서 황제 자리에 오른 것이다. 새로운 왕조를 개창하지 않았을 뿐 거의 새로운 황실을 만든 셈이었다.

일은 계획대로 진행되었다. 왕 태후의 명령이 있은 지 12일 만인 계해일(22일)에 소란이 황제에 즉위하여 대사면령을 내리고 연호를 바꾸었다.

그리고 그의 쿠데타를 뒷받침한 사람들은 요직要職으로 나아갔다. 태위 왕경칙을 대사마로 삼고, 사공 진현달을 태위로 삼았다. 상서령 왕안에게는 표기驃騎대장군을, 좌복야 서효사徐孝嗣에게는 중군中軍대장군을 더해 주었다. 중령군中領軍 소심을 영군領軍장군으로 삼았다.

소소업의 재판인 소란의 아들 소보권

소란은 두 개의 징검다리를 건너 끝내 황제 자리에 올랐지만 그 후 4년 만에 죽음을 맞았다. 명제 소란의 뒤를 이어 그의 아들 소보권蕭寶卷(483년~501년)이 16살의 나이로 황제에 올랐다.

소란에게는 장남 소보의蕭寶義(?~509년)가 있었지만 폐질廢疾 때문에 사람들 사이에서 활동하기가 어려웠기에 둘째 아들 소보권이 뒤를 이은 것이다. 그러나 황제 소보권은 마치 소란이 내쫓은 옛 황제 소소업과 판박이 같은 행동을 하였다.

소란은 죽기 전 소보권이 소소업을 내쫓고 쿠데타를 일으킨 일에 관해 묻자 권력을 유지하는 방법에 대해 이렇게 대답했다.

"일을 만들 때에는 다른 사람보다 뒤에 해서는 안 된다."

기선을 제압하라는 말이었다. 이러한 교훈을 받아서인지 소보권은 황제가 된 후 자주 측근들과 함께 힘 있는 대신들을 죽일 것을 모의하였다. 그리고 뜻이 결정되면 주저하지 않고 일사천리로 모든 일을 진행했다. 그래서 대신들은 모두 스스로를 보전할 수 없는 상황이 되었다.

게다가 그는 사치하기가 그지없어서 호화로운 궁전을 짓고, 금을 깎아 연꽃을 만들어서 땅에 펼쳐놓고 그가 아끼는 반비潘妃, 반옥노에게 그 위를 걷게 했다.

"이 걸음걸음마다 연화蓮花가 피는구나."

또 황제 소보권은 애첩 반 귀비의 아버지 반보경潘寶慶과 여법진茹法珍을 아장阿丈, 장인어른이라고 부르고, 매충아梅蟲兒와 유령운兪靈韻을 아형阿兄, 형님이라고 불렀다. 그리고 소보권은 여법진 등과 함께 반보경의 집으로 가서 직접 물을 긷거나 요리를 만들었다. 황제의 신분으로 상상조차 할 수 없는 일이었다.

반보경은 권세를 믿고 간악한 짓을 많이 저질렀는데, 특히 부유한 사람들의 재산을 빼앗으려고 모두 무고로 죄를 뒤집어 씌웠다. 또 전지田地와 주택의 재물도 달라고 요구하지 않는 것이 없었다. 이들에게 한 집안이 모함을 받으면 가까운 이웃에게까지도 화가 미쳤는데, 반보경은 모함한 것이 탄로나서 뒷날의 재앙이 될 것을 생각하여 그 집안의 남자들까지 모두 살해했다.

이 무렵 최혜경의 반란을 진압하고 공로를 세워 상서령이 된 소연蕭衍의 형 소의蕭懿가 황제 소보권의 사약을 받고 죽었다. 소연과 소의의 아버지 소순지蕭順之는 제를 세운 소도성의 친척동생이었다.

하여간 소연이 이 소식을 듣고 밤에 장홍책張弘策과 여승진呂僧珍, 장사長史 왕무王茂, 별가別駕 유경원柳慶遠, 공조功曹 길사첨吉士瞻 등을 불러 논의를 확정했다. 동혼후 영원 2년(500년) 11월 을사일(9일)에 소연은 보좌하는 관료들을 모아놓고 말했다.

"어리석은 주군主君, 소보권이 사납고 잔인하여 죄악이 주왕紂王을 뛰어 넘으니 마땅히 경들과 더불어 이를 없애려고 한다."

징검다리가 된 소란의 아들들

결국 소연은 이듬해인 화제 중원 원년(501년)에 명제 소란의 또다른 아들인 남강왕南康王 소보융蕭寶融(488년~502년)과 연합하여 군사를 일으켰다. 소연은 3월 을사일(11일)에 강릉江陵, 호북성 강릉현에서 소보융을 황제로 추대하고, 건강에 있는 황제 소보권을 부릉왕涪陵王에 봉하였다. 수도 건강에는 아직도 소보권이 황제 자리에 있었으므로 제나라에는 형과 아우가 각기 건강과 강릉에서 황제로 있게 된 것이다.

12월 병인일(6일) 밤에 뒷문을 책임진 전강錢强이 몰래 운룡문을 열도록 했다. 왕진국과 장직이 병사를 이끌고 궁전으로 들어갔고, 어도御刀 풍용지豐勇之가 안에서 호응했다. 소보권은 함덕전含德殿에서 생가笙歌 연주를 들으며 잠을 청하고 있었는데, 병사가 들어오는 소리를 듣고 북쪽 창문으로 달려 나가 후궁으로 빠져나가려고 했으나, 이미 닫혀져 있었다.

환관 황태평黃泰平이 칼로 소보권의 무릎에 부상을 입혔고, 장제가 땅에 엎어진 소보권의 목을 베었다. 장직이 궁전 앞 서쪽에 있는 종루로 상서좌복야 왕량王亮 등 백관들을 불러 전소牋疏, 상소문을 쓴 종이에 서명하도록 했다.

이어서 누런 기름을 먹인 비단으로 소보권의 머리를 싸 국자박사 범운范雲 등을 파견하여 소연의 군대가 있는 석두石頭, 건강성 서북쪽로 보냈다. 소연은 선덕궁宣德宮에 머물러 있던 왕 태후를 이용하여 소보권을 부릉왕에서 다시 폐하여 동혼후로 삼을 것을 명령했다.

아울러 소연을 중서감·대사마·녹상서사·표기대장군·양주揚州, 하남성 의양현 자사로 삼아 건안군공建安郡公으로 봉했다. 새로 세운 황제 자리에 소보융이 있지만 이미 권력은 모두 소연에게 넘어간 것이다.

해가 바뀌어 양 무제 원감 원년(502년)에 소연은 양공梁公이 되고, 9석을 받았다. 2월에 양왕이 된 소연은 이때 북위로 달아난 소보인을 제외한 소란의 아들◆인 소릉왕邵陵王 소보유蕭寶攸와 진희왕晉熙王 소보숭蕭寶嵩, 계양왕桂陽王 소보정蕭寶貞을 죽였다.

◆ 소란의 아들들

차례	시호	이름	생모	비고
장남	파릉은왕 (巴陵隱王)	소보의 (蕭寶義)	은(殷) 귀비	병사
차남	동혼후 (東昏侯)	소보권 (蕭寶卷)	경(敬) 황후	무제 소연에게 폐위 왕진국과 장직에게 살해
3남	강하왕(江 夏王)	소보현 (蕭寶玄)	경(敬) 황후	사형
4남	이름없음			요절
5남	여릉왕 (廬陵王)	소보원 (蕭寶源)	원(袁) 귀비	병사
6남	파양왕(鄱 陽王)	소보인 (蕭寶夤)	경(敬) 황후	북위에 투항
7남	이름없음			요절
8남	화제(和帝)	소보융 (蕭寶融)	경(敬) 황후	무제 소연에게 선양 무제 소연에게 살해
9남	소릉왕 (邵陵王)	소보유 (蕭寶攸)	관(管) 숙비	무제 소연에게 살해
10남	진희왕 (晉熙王)	소보숭 (蕭寶嵩)	은(殷) 귀비	무제 소연에게 살해
11남	계양왕 (桂陽王)	소보정 (蕭寶貞)	허(許) 숙원	무제 소연에게 살해

이러한 상황에서 강릉에서 즉위했던 소보융은 도읍 건강으로 돌아왔고, 고숙姑孰, 안휘성 당도현에 도착한 3월 병진일(28일)에 소보융은 조서를 내려서 양왕 소연에게 황제 자리를 선양하였다.

그 후 5일 만인 4월 신유일(3일)에 왕 태후가 명령하였다.

"서쪽에서 조서가 도착하였는데, 황제는 이전의 시대를 법도로 삼아서 신기神器를 양梁에게 공손히 선양한 것이니 내일 아침에 임헌臨軒, 임금이 대(臺)에 나와 앉던 일하고 사신을 파견하여 옥새와 인수를 공손히 주고, 미망인인 나는 별궁으로 돌아가겠다."

서쪽 강릉에 있던 소보융이 조서를 보냈으니 그 뜻에 따라서 소연에게 선양하며, 자기도 다시 별궁으로 돌아가겠다는 뜻이었다.

다음날인 임술일(4일)에 왕 태후는 책서策書를 내려서 겸태보兼太保인 상서령 왕량王亮 등에게 황제의 옥새와 인수를 받들고 양梁의 궁전에 가도록 하였다. 그리고 다시 나흘 후인 병인일(8일)에 양왕 소연이 남교南郊에서 황제 자리에 올랐다.

소란이 징검다리 두 황제를 거쳐서 황제가 된 것처럼 소연 역시 두 명의 황제를 거쳐 새로운 왕조인 양梁을 세운 것이다.

외국 세력에 의해 세워진 양의 황제들
황족이라면 누구라도 상관없다

귀순 장수 후경에게 통제된 황제

양 간문제 대보 2년(551년) 8월 무오일(17일)에 후경은 위위경衛尉卿 팽준彭儁 등을 파견하여 군사를 인솔하고 전각에 들어가 양나라 황제 소강蕭綱를 폐하여 진안왕晉安王으로 삼았다.

그리고 그를 영복성永福省에 가두고 안팎의 시위侍衛를 모두 물리치도록 하였다. 또한 돌격 기병에게 가까이에서 소강을 지키도록 하고 담장에는 탱자나무와 가시나무를 둘러치도록 하였다. 양의 황제 간문제 소강이 후경에 의해 폐위된 것이다.

간문제 소강이 황제가 된 것은 2년 전인 무제 태청 3년(549년) 5월이었다. 당시 소강의 아버지 무제 소연 또한 후경의 통제를 받고 있었다. 소연이 이를 불평하니 후경은 소연이 바라는 것 대부분을 뜻대로 하지 못하게 하였고 음식까지 줄이니 소연은 화병으로 자리에 누웠다.

그리고 5월 병진일(20일)에 정거전淨居殿에 누워 마지막으로 꿀을 요구했다가 그 마저도 얻지 못하고 마침내 죽고 말았다. 이때 소연의 나이는 66살이었다.

　무제 소연이 죽고 5일 후 태자 소강이 황제 자리에 올랐다. 후경에 의해 굶어 죽은 아버지의 뒤를 이어 황제가 되었고, 후경의 지배 하에서 황제 노릇을 하게 되었으니 소강은 말로만 황제일 뿐 권위는 전혀 없었다. 그리고 2년 만에 다시 폐위된 것이다.

　후경은 양의 도읍인 건강을 함락시킨 후 항상 이렇게 말했다.

　"오吳에 있는 녀석들은 겁이 많고 나약하여 기습하여 빼앗기 쉬우니 당연히 중원을 꺾고 평정되기를 기다렸다가 황제가 되어야 한다."

　오란 남조 즉, 오 지역에 있는 양梁을 말하는 것이고, 자신은 천천히 황제가 되겠다는 말이다. 그런데 사건이 이렇게 빨리 진행된 것에는 후경의 책사라 할 왕위王偉의 꼬드김 때문이었다.

　후경은 간문제 소강이 황제가 된 그 이듬해에 소강의 딸 율양溧陽공주를 맞아 혼인하였다. 후경이 율양공주를 퍽 총애하여 그녀에게 푹 빠지자 정치를 하는데 방해가 되었고, 이 때문에 왕위가 후경에게 그리하지 말라고 말렸다.

　그런데 후경이 왕위가 말한 내용을 간문제 소강에게 전하니, 소강은 왕위를 싫어하게 되었다. 이 때문에 실각될 것이 두려웠던 왕위가 후경에게 소강을 없애라고 권고했던 것이다.

　게다가 당시 후경은 파릉巴陵, 호남성 악양시에서의 전투에서 패배하여 거느리던 용맹한 장수 대부분을 잃었다. 그로 인해 전력에 손실을 가져왔고, 이 때문에 후경은 자기의 자리를 오랫동안 유지하지 못할까 두려워했다. 그래서 간문제 소강을 폐위시키고, 후경은 바로 황제가 되고자 했다.

　그때 왕위가 말했다.

"옛날부터 정鼎을 옮길 때에는 반드시 황제를 폐위시키고 세워야 하였으니, 나의 위세와 권력을 보이고 그 백성들이 가지고 있는 희망을 끊었습니다."

정을 옮긴다는 말은 왕조를 바꾼다는 말이다. 왕위는 소씨의 양 왕조를 후경의 왕조로 만들려면, 백성들로 하여금 소씨에게서 희망을 찾을 수 없게 해야 한다며 후경을 설득했다. 후경은 그 말을 좇아서 간문제 소강을 폐위시켰던 것이다.

징검다리로 끌어들인 예장왕

소씨에게 희망을 갖지 못하게 하려면 양梁을 세운 소연蕭衍과 직접적인 혈연관계가 없는 사람을 우선 황제로 세워야 했다. 그러면 백성들은 양의 건국자 소연의 혈연적 후손이 반드시 황제가 될 필요는 없다고 생각할 것이고, 그래야 그 다음에 후경이 나설 수 있다는 뜻이다.

그리고 소강을 폐위시키는 정당성이 필요했다. 그래서 후경은 예전에 수광전壽光殿의 학사였던 사호謝昊에게 조서를 만들도록 시켜서 황제인 소강이 자기의 허물을 말하게 했다.

"동생과 조카가 서로 등극하겠다고 다투고, 별이 질서를 잃은 것은 모두 짐朕, 황제 소강이 적통嫡統이 아니어서 혼란을 부르고 재앙에 오도록 한 것이다."

동생이란 상동왕湘東王 소역蕭繹과 무릉왕武陵王 소기蕭紀를 말하며, 조카란 예장왕豫章王 소환蕭歡과 악양왕岳陽王 소찰蕭詧, 하동왕河東王 소예蕭譽를 가리킨다.

이 이야기는 중대통 3년(531년)으로 거슬러 올라간다. 무제 소연은 천감 원년(502년)에 소통蕭統(501년~531년)을 태자로 삼고 관례를 치른 후 소통에게 조정의 정사를 살피고 관장하도록 시켰다. 그리고 문제가 있으면 개정하도록 명령했더니, 그는 송사를 평등하게 결단하여 대부분 온전히 방면했다. 항상 너그럽게 용서하여 무리를 화합시켰으며, 기뻐하고 화내는 것을 겉으로 드러내지 않았다. 또한 소통은 책을 읽고 문장 짓기를 좋아했으며, 훌륭한 인재를 가까이하고 상을 주는데 아낌이 없었다.

그렇게 촉망받던 태자 소통이 4월 을사일(6일)에 병이 들어 죽게 되자 조정과 재야가 놀라고 건강에 거주하던 백성들이 궁문으로 달려 나와 길가에서 소리 높여 울었다.

이제 황태자 선정이 중요한 문제로 떠올랐다. 무제 소연의 다른 아들을 태자로 삼을지, 아니면 태자 소통의 아들을 황태손으로 삼을지 고심했다. 고심 끝에 소연은 소통이 죽은 지 한 달 만

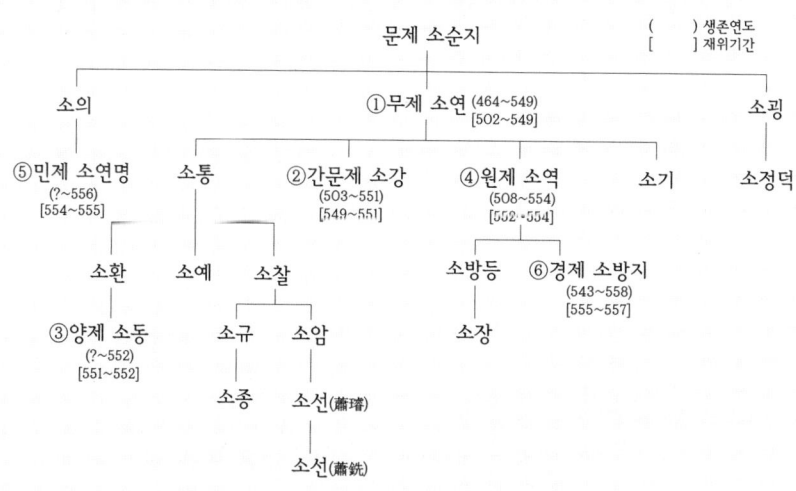

◆ 남조 양의 황제 계승도

인 5월 병신일(27일)에 소통의 동복同腹 동생인 진안왕晉安王 소강 蕭綱을 황태자로 삼았다. 그러나 조야朝野에서는 황태손 소환蕭歡 (?~534년)을 세우지 않고 소강을 세우는 조치가 순서에 맞지 않는 다고 여겼다. 결국 소강과 소환, 즉 숙질 간의 다툼이 되었던 것 이다.

후경은 이러한 과거사를 끄집어내어 소강이 조카와 더불어 황제 자리를 두고 다툼을 벌였던 일을 문제로 삼았다. 그리고 이것이 간문제 소강을 폐위시키는 명분이 되었다.

이어서 말했다.

"의당 황위를 예장왕豫章王 소동蕭棟(?~552년)에게 선양하여야 할 것이다."

마땅히 황제가 될 사람은 소동이라면서 황제 자리를 선양하라고 한 것이다.

소동은 소명태자 소통의 손자이다. 소통이 죽었을 때 황태손으로 고려되었던 소통의 장자인 소환이 이미 죽었기 때문에 그 아들인 소동에게 선양해야 한다는 주장이었다.

후경은 이 내용을 결정한 후 여계략呂季略을 소강에게 보내 문서에 서명하도록 했다. 그런 다음 8월에 후경은 위위경衛尉卿 팽준彭雋 등을 파견하여 소강을 폐하여 진안왕晉安王으로 삼았다. 그리고 경신일(19일)에 조서를 내려서 예장왕 소동을 맞이했다.

후경의 귀순을 받아들인 양 무제

이렇게 양 왕조의 황제를 제멋대로 바꾼 후경은 원래 회삭진懷朔鎭, 내몽골 고양현에 살던 갈족羯族으로, 북위에 들어온 후 북위 왕조를 세운 선비족이 된 사람이다.

말타기와 활쏘기를 잘했던 후경은 회삭진의 병사가 되었다가 조금씩 승급하였고, 북위 말년에 변방의 여러 부족들이 선비족의 북위에 반란을 일으켰을 때 공훈을 세웠다. 갈족 출신으로 선비족을 위해 공로를 세운 것이다.

그 후 북위는 동위와 서위로 갈라졌고, 그때 후경은 동위의 승상 고환高歡을 따라갔다. 그러나 동위의 권력자인 고환의 장남 고징高澄과 틈이 생겼던 후경은 양 무제 대청 원년(547년) 정월에 동위에서 반란을 일으켰다. 이에 동위에서는 사공 한궤韓軌를 파견하여 후경을 토벌하도록 하였다.

이렇게 되자 후경은 2월 경진일(13일)에 그의 행대行臺인 낭중郎中 정화丁和를 양나라로 파견하여 무제 소연에게 자신과 동위의 승상인 고징과 뜻이 맞지 않으니 자신이 관장하고 있는 함곡관函谷關, 하남성 신안현 동쪽에서 하구瑕丘, 산동성 연주시의 서쪽에 이르는 13개 주州를 들어서 내부內附하겠다는 뜻을 전했다.♦ 그밖에도 몇 가지 조건을 덧붙였다.

무제 소연이 대신들을 불러 후경을 받아들일지 의견을 물으니 모두가 동위와 화목하게 잘 지내고 있음을 들어 동위를 배반한 후경을 받아들이지 말자고 하였다.

그러나 양의 황제 소연은 후경을 받아들이면 북쪽 변경에서 북위와 싸우는 걱정거리가 없어질 것으로 생각했다. 이러한 소연의 마음을 알아차린 주이朱异는 소연의 비위를 맞추어 강력하게 주장했다.

후경을 받아들이면 첫째로 많은 사람들이 양나라가 훌륭하여 후경 같은 사람이 귀부한다고 생각할 것이고, 둘째로 후경이 항복해 오겠다는 것은 하늘이 후경의 마음을 움직여서 항복하도록 유인한 것이라는 말이었다. 셋째로 이러한 좋은 기회를 받지 않는다면 앞으로 양으로 귀부하려는 사람이 없어질 것이라는 의견을 냈다.

황제에 오른 지 45년이 된 무제 소연은 이미 13년 전에 강북을 통일했던 북위가 내부 분열로 동위와 서위로 갈라졌음을 주목했다. 이제 남조를 중심으로 다시 중원을 통일할 수 있는 기회라고

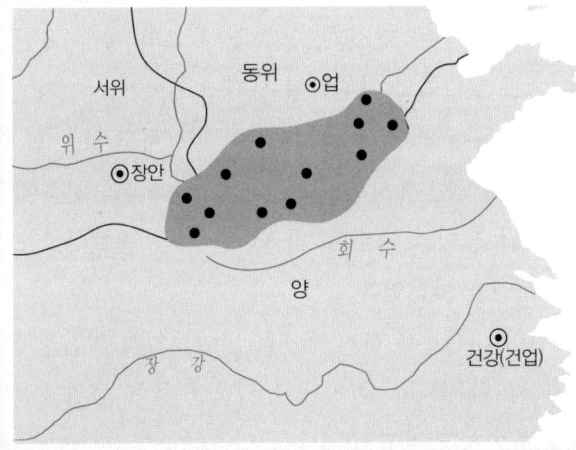

◆ 후경이 양에 바친다는 13주

후경이 관장하고 있는 함곡관(函谷關, 하남성)과 하구(瑕丘, 산동성), 그리고 예주(豫州, 하남성), 광주(廣州, 하남성), 영주(郢州, 하남성), 형주(荊州, 하남성), 양주(襄州, 하남성), 연주(兗州, 산동성), 남연주(南兗州, 안휘성), 제주(濟州, 산동성), 동예주(東豫州, 하남성), 낙주(洛州, 하남성), 양주(陽州, 하남성), 북형주(北荊州, 하남성), 북양주(北揚州, 하남성) 등

판단하였고, 게다가 후경이 많은 땅을 가지고 귀순의사를 밝혔으니 이 기회를 잃지 않으려는 것이었다.

후경이 사자를 보낸 지 이틀이 지난 임오일(15일)에 소연은 후경을 대장군으로 삼고 하남왕河南王으로 봉했는데, 도독하남북제군사都督河南北諸軍事·대행대大行臺로 하고 승제承制하는 일은 후한 시대 공신인 등우鄧禹가 했던 것과 같도록 하였다. 큰 권한을 준 것이다.

이렇게 양에 귀부했던 후경이 바로 이듬해에 양에 반란을 일으킨 것이다. 그리고 양의 도읍인 건강을 점령하고, 앞서 말한대로 무제 소연을 굶겨 죽였으며, 그 아들 소강을 세웠다가 이마저 폐위시켰다.

잠시 황제에 등극한 소동

이때 예장왕 소동은 후경에게 유폐되어 갇혀 있었다. 공급되는 식량의 양도 매우 적어서 소동은 부인 장張씨와 함께 직접 채소밭을 가꿀 정도였다. 그런데 갑자기 법가法駕, 황제가 타는 가마가 도착하였고, 소동은 놀라서 어찌할 바를 모르며 가마에 올랐다.

한편 후경은 간문제 소강의 적장자인 태자太子 소대기蕭大器 등과 왕후王侯 가운데 건강에 있는 사람 20여 명을 죽였다.◆ 적어도 도읍인 건강에는 소강의 자제子弟가 없게 한 것이다.

이러한 일을 처리하고 나흘 뒤인 임술일(21일)에 소동이 황제 자리에 올랐다. 소동은 후경이 세운 꼭두각시 황제가 된 것이다.

이어서 후경은 8월 을축일(24일)에 남해왕南海王 소대림蕭大臨 등을 죽였다. 그리고 석 달이 지난 간문제 대보 2년(551년) 11월 기묘일(9일)에 소동은 후경에게 9석九錫을 덧붙여주고 후경의 채읍인 한국漢國에 승상 이하의 관리를 두었다. 이미 후경은 황제만큼 특별한 대우를 받고 있었던 것이다.

그 후 열흘이 지난 기축일(19일)에 황제 소동이 후경에게 자리를 선양하였다. 후경이 남교南郊에서 황제 자리에 올라 돌아와서

◆ 후경에게 죽은 소강의 아들들

● 건강에 있다가 후경에게 죽은 사람
◆ 8월에 후경에게 죽은 사람

차례	작위	이름	차례	작위	이름
장남	애태자 (哀太子)	●소대기 (蕭大器)	차남	심양왕 (潯陽王)	●소대심 (蕭大心)
3남	임천왕 (臨川王)	소대관 (蕭大款)	4남	남해왕 (南海王)	◆소대림 (蕭大臨)
5남	남군왕 (南郡王)	◆소대연 (蕭大連)	6남	안육왕 (安陸王)	◆소대춘 (蕭大春)
7남	-	-	8남	계양왕 (桂陽王)	소대성 (蕭大成)
9남	여남왕 (汝南王)	소대봉 (蕭大封)	10남	-	-
11남	-	-	12남	유양공 (瀏陽公)	소대아 (蕭大雅)
13남	신흥왕 (新興王)	◆소대장 (蕭大壯)	14남	서양왕 (西陽王)	◆소대균 (蕭大鈞)
15남	무녕왕 (武寧王)	소대위 (蕭大威)	16남	황자 (皇子)	소대훈 (蕭大訓)
17남	건평왕 (建平王)	●소대구 (蕭大球)	18남	의안왕 (義安王)	●소대흔 (蕭大昕)
19남	수건왕 (綏建王)	소대지 (蕭大摯)	20남	낙량왕 (樂良王)	소대환 (蕭大圜)

태극전에 오르니 후경의 무리 수만 명이 모두 휘파람을 불고 큰 소리로 떠들었다.

모두 예정된 수순이었다. 소동은 3개월 동안 후경이 황제가 되는 과정에서 징검다리 역할을 마치고 다시 회음왕淮陰王이 되었다.

황제에 오른 후경의 최후

후경은 황제가 되었지만 소강이 살아 있는 것을 잠재적인 위험요소로 보고, 결국 그를 죽였다. 간문제 대보 2년(551년) 10월 임인일(2일) 밤에 후경의 모사인 왕위는 좌위左衛장군 팽준彭儁, 왕수찬王脩纂과 함께 폐위된 간문제 소강에게 술을 올렸다.

소강은 "생각지도 않게 즐거움이 이 정도에 이르렀구나!"라고 하면서 술에 취해 잠이 들었다. 왕위는 그 자리에서 나왔고, 왕수찬이 소강의 얼굴 위에 흙주머니를 올려놓아 그를 죽였다.

후경은 소강까지 완전히 제거한 후 원하던 황제 자리에 올랐으나, 황제 노릇하는 것이 쉽지만은 않았다. 우선 황제가 되자 참모 왕위가 칠묘七廟, 황제 집안에 설치하는 사당를 세우기를 청했는데, 후경은 그것이 무엇인지도 몰랐다.

또한 그가 황제가 되어 금중禁中, 궁궐에 살게 되자 옛 친구가 아니면 접견할 수 없으니, 이로 말미암아 제장들 대부분이 원망하는 마음을 가졌다.

게다가 혼자 작은 말을 타고 새 사냥을 즐기던 취미마저 매번 왕위에게 금지 당했으니, 후경은 울적하고 즐겁지 않았다. 더 나아가 의욕까지 잃어버려 한탄했다.

"나는 하릴없이 황제가 되었지만 주고받고 배척되는 것이 달라지지 않았구나."

한편, 후경이 건강을 점령한 후 무제 소연의 아들인 상동왕 소역은 후경에 대한 대항對抗을 지휘하고 있었다. 그리고 간문제 대보 2년(551년) 3월 기미일(15일)에 동위를 이어받은 북제에서는 자기들을 배반하고 양으로 도망간 후경을 토벌하기 위해 소역을 양의 상국相國, 재상으로 삼고, 양의 대臺, 상서대를 세우고 백관을 거느려 승제承制하게 하였다. 왕조의 기틀을 만든 것이다. 결국 소역은 본의 아니게 북제의 도움을 받게 되었다.

소역이 후경에 반대하는 전선을 구축하는 임무를 맡겼던 왕승변 등은 소강이 죽었다는 소식을 듣고 10월 병진일(16일)에 소역에게 계문을 올려 소역에게 존호尊號를 올리게 해달라고 청했다. 그러나 소역은 이를 허락하지 않다가 결국 원제 승성 원년(552년) 2월에 후경의 군대에 승리한 후 건강[남경]을 도읍으로 하였다.

건강에서 패배하여 쫓기게 된 후경은 4월에 바닷길로 몽산蒙山, 산동성 몽음현으로 향했는데, 기묘일(18일)에 후경이 낮잠을 자고 있는 사이에 부하 양곤이 그를 공격했다.

"우리들은 왕을 위하여 많은 힘을 썼으나 이제 이 지경에 이르렀고 끝내는 이룬 것이 없으니, 머리를 빌어서 부귀를 얻고 싶습니다."

양곤은 자고 있던 후경을 번득이는 칼날로 번갈아 내리쳤다.

화들짝 잠에서 깨어난 후경이 양곤의 칼을 피해 바닷물로 뛰어들고자 했지만 이미 양곤의 칼이 후경을 찍은 후였다. 후경은 포기하지 않고 차고 있던 칼로 배의 바닥을 부수기 시작했으나, 양곤은 창으로 그를 찔러 죽였다.

양 왕조에 귀순하여 황제 자리에까지 오르는 등 파란만장한 삶을 살았던 후경의 최후의 모습이었다.

또다시 서위에 의해 세워지는 황제 소찰

후경의 죽음으로 모든 사태는 일단락되는 것처럼 보였다. 하지만 익주益州, 사천성 중남부 자사 무릉왕武陵王 소기蕭紀는 황제에 등극한 소역을 인정하지 않고 여전히 죽은 간문제의 연호를 사용했다.

그리하여 간문제 대보 3년(552년) 4월 을사일(8일)에 무릉왕 소기는 촉蜀, 사천성에서 황제 자리에 오르고 연호를 천정天正으로 고쳤다. 양에는 익주와 건강 두 곳에 각기 황제가 있게 되었다.

무제 소연의 아들 소기는 17년 동안 촉에 있으면서 남쪽으로는 영주寧州, 운남성 곡정시와 월수越嶲, 사천성 서창시를 개척하고, 서쪽으로는 자릉資陵, 토욕혼土谷渾, 청해성과 왕래했다.

안으로는 경상耕桑, 뽕나무 농사과 염철鹽鐵, 소금과 철에 관한 정치를 잘 하고, 밖으로는 먼 변방까지 상인들이 왕래하여 이익을 거두니 재화와 곡식은 나날이 늘어갔으며, 무기 창고에는 각종 무기와 갑옷, 말들이 가득 쌓여 있었다.

그런 소기가 장강[양자강]을 타고 동쪽으로 내려온다는 소식에 그의 형 원제 소역은 서위에 편지를 보내어 소기를 토벌해 달라고 부탁했다. 이에 서위의 태사 우문태가 승락하여 대답했다.

"촉을 빼앗고 양을 제압하는 것은 이 한 번의 거사에 있다."

결국 서위의 군대가 파견되었다. 촉으로 돌아갈 수 없게 된 소기는 계속하여 장강을 타고 건강으로 내려왔지만 결국 소역의 군사에게 잡혀 죽었다.

이러한 상황에서 9월 을사일(22일)에 서위에서 파견한 상산공常山公 우근于謹과 중산공中山公 우문호宇文護, 대장군 양충楊忠이 군사 5만을 거느리고 건강으로 들어와 노략질을 하였다.

10월 계해일(10일)에 무녕武寧, 호북성 형문시 북부 태수 종균宗均이 서위의 군사가 도착했다고 알리니 원제 소역은 공경들을 불러서 이를 논의했다. 양과 서위 두 나라가 서로 우호적이니 반드시 침구侵寇하지 않을 것이라는 의견도 있었다.

그러나 서위 군사는 해자를 넘어서 원제 소역을 붙잡았다. 서위 군사와 함께 내려온 소통의 아들 양왕梁王 소찰蕭詧이 철갑 기병으로 하여금 소역을 데리고 군영 안으로 들어가게 했다. 소역은 소찰의 삼촌이었다. 검은 장막 속에 갇힌 소역은 조카 소찰로부터 심한 힐난과 모욕을 받았다.

간문제 대보 원년(550년) 6월 소찰은 이미 서위 사람들로 악양왕岳陽王에서 양왕梁王으로 책명을 받았다. 소찰이 또 서위에 의해 왕이 된 것이다. 그리하여 행대를 세우고 백관을 두게 했으며, 7월 신유일(13일)에 서위에 들어가서 조현하였다.

결국 원제 소역은 원제 승성 3년(554년) 12월 신미일(19일)에 서위 병사에게 죽임을 당했다. 소찰은 죽은 소역의 시신을 무명휘장으로 싸고 왕골자리[蒲席]로 염을 하고 백모白茅로 묶고는 진양문津陽門 밖에서 소역의 장례를 지냈다.

아울러 소찰이 원제 소역의 아들인 민회愍懷태자 소원량蕭元良과 시안왕始安王 소방략蕭方略과 간문제 소강의 아들인 계양왕桂陽王 소대성蕭大成 등도 죽였다. 왕조는 망해 가는데 황족들은 외국의 힘을 빌려 서로 다툰 것이다.

서위는 양왕 소찰을 황제로 세우고 형주荊州의 땅을 밑천으로 삼게 하니 길이가 300리였다. 또 서위는 옹주雍州의 땅을 빼앗아 갔다.

소찰은 강릉의 동성東城에 살았는데, 서위는 서쪽 성에 방주防主를 두어서 군사를 거느리고 거주했다. 그리고 그것을 조방助防이라고 하였다. 이 방주는 겉으로는 소찰의 방비를 돕는 것으로 보였으나 실제로는 그를 감시하는 역할이었다.

북조에 의해 세워진 양의 황제들

서위의 군대가 강릉에 있을 때 소찰의 장수인 윤덕의尹德毅가 소찰에게 유세했다.

"서위의 오랑캐가 탐욕스럽고 그 잔인함을 제멋대로 휘둘러서 사민士民을 죽이고 약탈함이 이루다 헤아릴 수 없습니다. 강동江東에 있는 사람들이 도탄에 빠져서 여기에 이르렀는데, 모두 전하께서 그렇게 만들었다고 생각합니다."

윤덕의는 이어서 말하길, 기회를 만들어 서위의 정예병을 다 죽인 후 조복朝服차림으로 장강[양자강]을 건너서 건강으로 들어가 황제 자리를 밟으면 단기간 내에 큰 공적을 세울 수 있다고 하였다. 그러나 소찰은 서위 사람들이 자기에게 후하게 대해 주었던 은덕을 등질 수 없다면서 실행하지 않았다.

이듬해인 경제 소태 원년(555년) 정월에 양왕 소찰이 강릉에서 황제 자리에 올라 연호를 대정大定이라고 고쳤다. 서위에 의해 황제가 세워진 것이다.

한편 왕승변과 진패선 등은 함께 강주江州. 강서성 구강시 자사인 진안왕晉安王 소방지蕭方智를 받들어 태재太宰로 삼고 승제承制, 임시로 황제의 명령을 내리는 것하게 하였다. 그리고 2월 계축일(2일)에 소방지가 심양尋陽, 강서성 구강시에서 도착하여 조당朝堂에 들어가 살면서 양왕梁王에 즉위하니, 이때 나이가 13살이었다.

그런데 이번에는 동위를 이어 받은 북제의 문선제 고양高洋이 전중상서殿中尙書 형자재邢子才를 통해 치전馳傳으로 건강에 있던 왕승변에게 편지를 보내 소방지가 너무 어리니 정양후貞陽侯 소연명蕭淵明(?~556년)◆을 황제로 세우라고 하였다.

소연명은 무제 소연의 조카로 그의 아버지는 장사왕長沙王 소의蕭懿였다.

이 소식을 알게 된 소연명 또한 을묘일(4일)에 왕승변에게 편지를 보내 자기를 건강에서 영접해줄 것을 요구했다. 북제의 위력을 빌린 요구였다.

하지만 왕승변은 소연명이 무제 소연의 조카에 불과하지만 지

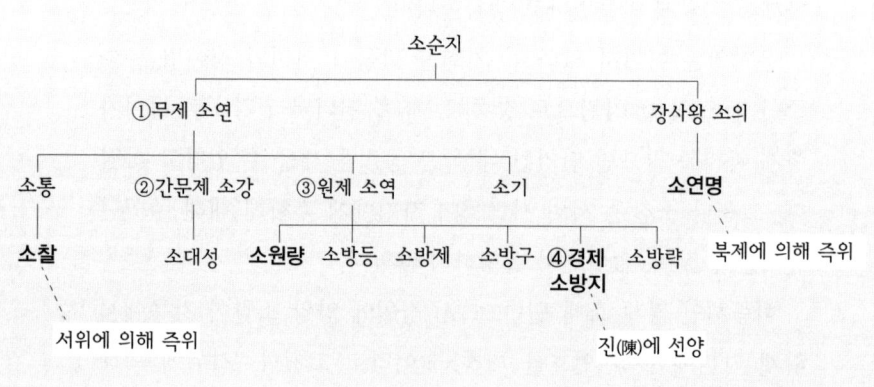

◆ 양 왕조 후손의 말로

금 황제로 세우려는 소방지는 소연의 손자라는 점을 들면서 그 요구를 거절했다. 그러자 북제에서는 군사적으로 압박했는데, 그럼에도 불구하고 왕승변은 이를 거절했다.

3월에 소연명이 동관東關, 안휘성 함산현에 도착하자, 양에서는 산기상시 배지횡裵之橫이 나가 그를 방어하였다. 그러나 북제의 군사들이 동관에서 승리하여 배지횡의 목을 베고 포로 수천 명을 잡으니, 크게 두려워진 왕승변은 고숙姑孰, 안휘성 당도현에 주둔하면서 소연명을 받아들일 것을 모의했다.

결국 왕승변은 사자를 파견하여 소연명에게 계문啓文를 받들고 군신의 예를 확정했다. 또한 별도의 사자를 파견하여 북제에 표문을 올려 자신의 아들인 왕현王顯과 부인 유씨, 조카 왕세진王世珍을 소연명에게 인질로 삼게 하고, 진안왕 소방지를 황태자로 삼을 것을 요구하자 소연명은 그것을 허락했다.

왕승변 등이 황제로 세우려 했던 소방지는 졸지에 황태자가 된 것이다. 소연명은 자기를 호위할 병사 3천을 헤아려 줄 것을 요구했으나 왕승변은 산졸散卒 1천 명만을 받아들였.

소연명은 북제의 상당왕上黨王 고환高歡과 장강 북쪽에서 맹약을 맺었고, 신축일(22일)에 채석采石, 안휘성 마안산시에서부터 장강을 건넜다. 이때 왕승변이 북제를 의심하여 강 중간에서 배로 막으니, 감히 서쪽 연안으로 나아가지 못했다. 북제의 시중 배영기裵英起가 소연명을 호송하여 왕승변과 강녕江寧, 강소성 강녕현에서 만났다. 여기에서 양의 수레는 남쪽으로 건넜고, 북제의 군사는 북쪽으로 돌아갔다.

계묘일(24일)에 소연명이 건강으로 들어와서 주작문朱雀門을 바라보면서 통곡하자, 맞이하러 나온 사람들도 통곡하며 응대하였

다. 병오일(27일)에 황제 자리에 올라 연호를 천성天成으로 고쳤
다. 진안왕 소방지를 황태자로 삼고, 왕승변을 대사마로, 진패선
을 시중으로 삼았다.
 그래서 이때 다시 양에는 두 명의 황제가 있게 되었는데, 서위
에 의해 세우진 소찰과 북제에 의해 세워진 소연명이다.

후경을 친 왕승변과 진패선의 갈등

세조 승성 원년(552년)에 양의 왕승변은 진패선과 더불어 후경을
함께 멸망시켰다. 그리하여 진패선과 가까워진 왕승변은 진패선
의 딸과 아들 왕외王頠를 혼인시키고자 했는데, 마침 왕승변에게
모친상이 있어 혼사를 이루지 못했다.
 왕승변이 소연명을 받아들여서 황제로 세울 때에도 그러했다.
진패선이 여러 번 사자를 보내 소연명을 반대했지만 왕승변은 진
패선의 말을 듣지 않았다.
 이에 진패선이 친한 사람에게 몰래 한탄했다.
 "무제武帝, 소연의 자손들이 아주 많았으나 오직 효원孝元, 3대 황
제 소역만이 원수를 갚고 수치를 씻을 수 있었는데, 그 자식이 무
슨 죄를 지었다고 그[소역]를 홀연히 폐위시킨단 말인가? 나는 왕
공王公, 왕승변과 더불어 고아[소방지]를 의탁 받은 지경에 함께 처
하였으나 왕공이 하루아침에 고칠 것을 도모하였다. 겉으로는
융적戎狄, 북제에 의지하여 차례가 아닌 사람을 도와서 세우니, 그
생각은 무엇을 하려고 하는 것인가?"
 진패선은 왕승변과 다른 생각을 가지고 있었던 것이다. 그리
고 독자적인 세력을 구축하기 위해 마침내 은밀히 상으로 내려줄

도포 수천 벌과 금채錦綵, 금은金銀을 구비했다.

때마침 북제의 군사가 대규모로 수춘壽春, 안휘성 수현을 침략하려는 기미가 보였다. 왕승변이 기실記室 강간江旰을 파견하여 진패선에게 이를 보고하고 대비하도록 하였다. 하지만 진패선은 이 기회를 이용해 강간을 경구京口, 강소성 진강시에 머물게 하고 군사를 일으켜 왕승변을 습격할 계획을 세웠다.

왕승변을 죽이고 권력을 독점한 진패선

진패선은 장수와 사졸들을 부서별로 나눠 금백金帛을 하사하고 조카인 저작랑著作郎 진담랑陳曇朗을 지류부사知留府事로 삼고 경구에서 진수하게 하였다.

또한 서도와 후안도에게 수군을 인솔하게 하여 석두로 보내고, 자신은 기병과 보병을 인솔하고 강승江乘, 강소성 남경시의 나락羅落, 나락교에서부터 출발하여 그들과 석두에서 만나기로 하였다. 이날 밤에 모두 출발했으며 두릉도 함께 길을 떠났다.

이 사실을 알고 있는 사람은 오직 후안도 등 4명의 장수뿐이었으며, 나머지 사람들은 모두 강간이 군사를 징발하여 북제를 방어하려는 것으로 생각했기 때문에 아무도 의심하지 않았다.

갑진일(27일)에 후안도가 주함舟艦을 이끌고 곧 석두로 향하려는데 진패선이 말의 고삐를 당기고 나아가지 않았다. 몹시 두려워하는 진패선을 보고 후안도가 쫓아가 다그치자 진패선은 마침내 전진하였다.

석두성 북쪽에 도착한 후안도는 배를 버리고 언덕을 올랐다. 그곳은 작은 산에 인접해 있었지만 험준하지 않았다. 후안도가 갑옷을 입고 긴 칼을 들자 무리들도 따라서 들어가서 왕승변의 와실臥室까지 진입했다. 또 진패선의 군사들 또한 남문으로 진입했다.

이때 사무를 보고 있던 왕승변은 밖에서 군사들이 쳐들어오고 있다는 보고를 들었다. 왕승변은 급히 도주하면서 아들 왕외와 함께 좌우의 군사 수십 명과 청사應事 앞에서 힘들게 저항했다. 결국 힘으로 대적하지 못하자 다시 남문루南門樓에 올라 절하며 불쌍하게 여겨줄 것을 요청했다. 이날 밤 진패선은 왕승변 부자를 목매달아 죽였다.

병오일(29일)에 북제에 의해 세워진 소연명은 소방지에게 황제 자리를 물려주고 사저로 돌아갔다. 북제 군사력을 배경으로 즉위했던 소연명의 일장춘몽이었다. 이에 백료들은 진안왕 소방지에게 표문을 올려 제위에 다시 오를 것을 권고하였다.

10월 기유일(2일)에 소방지가 다시 황제로 즉위했고, 소연명을 사도로 삼고 건안공建安公에 책봉하였다. 소방지는 황제에서 태자가 되었다가 다시 황제가 된 것이다. 소연명은 황제가 되었다가 태자였던 소방지의 신하가 되었다.

진패선은 북제가 세웠던 소연명을 폐위시킨 것에 대해 왕승변이 몰래 찬역簒逆을 도모했기 때문이라는 말로 변명했다. 그러면서도 여전히 북제에게 칭신하기를 요청하고 영원히 번국이 되게 해달라고 청했다. 북제는 이에 대해 행대 사마공司馬恭을 파견하여 양나라 사람들과 역양歷陽, 안휘성 화현에서 맹약을 맺었다.

이렇게 진패선에 의해 다시 세워진 소방지는 13살이었다. 진패선은 상서령·도독중외제군사·거기장군·양남서이주揚南徐二州 자사를 겸직하며 모든 권력을 독차지하였다.

그로부터 2년이 지난 진무제 영정 원년(557년) 10월 무진일(3일)에 소방지는 진공 진패선의 작위를 올려 왕으로 삼았다. 그리고 신미일(6일)에 경제 소방지는 황제 자리를 진陳에 선양하였다.

왕승변이 북제가 미는 소연명을 세우고 소역의 아들 소방지를 세우려 하지 않았다고 비판했던 진패선의 논리는 다만 왕승변을 공격하기 위한 빌미였을 뿐이다. 결국 스스로 소방지를 세우고 선양을 받은 것이다.

황제 자리를 빼앗겼다는 진욱의 억지
주지 않으면 빼앗는다

안성왕 진욱의 쿠데타

진陳의 안성왕安成王 진욱陳頊(528년~582년)이 쿠데타를 일으켰다. 그는 현재 황제인 진백종陳伯宗(554년~570년)의 삼촌이었다. 임해왕 광대 2년(568년) 11월에 진욱이 진陳 왕조를 세운 진패선陳覇先(503년~559년)의 황후이자 당시 태황태후인 장요아章要兒의 명령이라며 쿠데타를 일으킨 것이다.

진욱에 따르면 진백종은 황제가 될 수 있는 사람이 아니었는데, 유사지劉師知, 화교華皎 등이 진백종의 아버지이자 자신의 동복형 문제 진천陳蒨(522년~566년)의 뜻을 조작하여 황제 자리에 오른 것이라고 주장했다.

즉 문제 진천이 아들 진백종은 제대로 황제 노릇을 할 수 없다고 판단하여 동생 진욱에게 황제 자리를 전해 주려고 했는데 현임 황제 진백종이 모의해서 황제 자리를 가로챘다는 말이다.

이것이 쿠데타의 이유였다. 문제 진천이 죽고 태자 진백종이 그 뒤를 이어 황제가 된 지 2년이나 지난 마당에 황위 계승 자체를 부정하는 말이었다.

진욱은 이어서 말했다.

"지금 이전에 가졌던 뜻으로 돌려펼쳐서 현명한 군주를 받들어 세워야 합니다."

이미 권력을 독점하고 있던 진욱의 이 말에 항거할 사람은 아무도 없었다. 드디어 진백종을 폐위하여 임해왕臨海王으로 삼고, 진백종의 동생 진백무는 쫓아내어 온마후溫麻侯로 삼아 별관에 거처하게 하였다. 그러고 나서 안성왕 진욱은 수레를 타고 가던 진백종을 강도의 습격으로 위장하여 죽였다.

그리고 이듬해인 선제 태건 원년(569년) 정월 갑오일(4일)에 진욱은 황제에 즉위하여 연호를 고치고 크게 사면하였다. 태황태후를 복위시켜 황태후라고 하고, 황태후를 문文황후라고 했으며, 자신의 비妃 유柳씨를 황후로 세웠다.

세자 진숙보陳叔寶를 태자로 삼고, 또 다른 아들 진숙릉陳叔陵을 시흥왕始興王으로 삼아서 소열왕昭烈王, 진도담의 제사를 받게 하였다. 조카의 자리를 삼촌이 빼앗았기 때문에 호칭을 모두 바꾼 것이다.

후사를 걱정하고 죽은 진천

전임 황제인 문제 진천은 진陳을 건국한 진패선의 조카였다. 진패선에게는 진극陳克, 진립陳立, 진권陳權, 진창陳昌이라는 4명의 아들이 있었다. 그러나 진패선이 죽던 영정 3년(559년)에는 진창만이 살아 있었지만, 그 마저도 북주의 수도인 장안에 인질로 억류되어 있는 상황이었다.

이때 진창을 기다리기에는 국제정세에 여유가 없었기 때문에 진패선의 조카인 진천이 황제 자리에 올랐던 것이다.

천강 원년(566년) 4월에 문제 진천은 자신의 몸이 불편해지자 대각臺閣의 많은 일들을 모두 상서복야 도중거到中擧와 오병五兵 상서 공환孔奐이 공동으로 결정하도록 하였다. 공환과 도중거 두 사람은 문제 진천이 아끼는 사람이었다. 도중거는 처음에 진천의 장사長史였는데, 진천이 오랜 투병생활로 황제의 업무를 직접 볼 수 없게 되자 도중거에게 일을 맡겼다. 공환은 청렴결백한 사람으로 도중거와 더불어 늘 진천의 곁에 있었다.

그리고 점차 병이 위독해지자 문제 진천은 후사를 고민하게 되었다. 당시 태자 진백종은 13살에 불과한 어린 나이였고 성격도 나약했다. 비록 진백종이 자기의 아들이긴 하지만, 진천은 진백종이 황제 자리를 지킬 수 있을지 근심했다. 그래서 진천은 동생 진욱에게 말했다.

"나는 태백太伯의 사례를 따르고자 한다."

이는 춘추시대 오吳나라에서 동생에게 황제 자리를 내주었던 상황을 말하는 것이었다. 물론 진욱은 이를 사양했다.

그래도 진천은 여러 가지 상황을 이야기하면서 형제상속의 주장을 굽히지 않았다. 진천은 도중거와 공환 등에게도 말했다.

"지금 3국이 대립하고 있어서 천하의 일이 막중하니 의당 장성한 군왕을 기다려야 한다. 짐은 가까이로는 진晉의 성제成帝요, 멀리로는 은殷의 법을 일으키고자 하니, 경들은 마땅히 이 뜻을 준수하라."

당시 진陳은 북쪽의 북주, 북제와 대결하고 있었고, 진이 양梁으로부터 선양을 받은 것에 반발한 소장이 북제의 도움을 받아 세운 후량後梁까지 합하면 사실상 네 나라◆가 대립하고 있는 상황이었다. 진천은 후량을 무시하여 언급조차 하지 않았지만 엄연히 국제적으로 어려운 상황이었다. 그렇기 때문에 나약한 아들이 아닌 장성한 동생 진욱을 황제로 삼겠으니 자신의 뜻을 따르라고 당부한 것이다.

그러나 이들은 진천의 말을 그대로 받아들일 수 없었다. 나약한 후계자를 둔 제왕이 죽을 때 일반적으로 권력을 가진 사람을 떠보는 것처럼, 장성한 동생을 떠보기 위한 것인지 아니면 진심으로 하는 말인지 알 수가 없었기 때문이다.

예컨대 진천의 말은 유비가 죽으면서 제갈량에게 아들 유선이 황제감이 아니라면 유선 대신 황제가 되라고 한 말과 같은 것이

◆ **북제·북주·후량·진의 대치도**

다. 그러니 황제의 말을 곧이곧대로 받아들이기는 어려웠다.
　공환은 문제 진천에게 병이 곧 나을 것이니 그런 나약한 소리는 하지 말라고 하면서, 진욱이 삼촌으로서 조카를 보좌해 치세를 이룬 주공과 같을 것이니 걱정 말라고 안심시키며 진천의 말을 거절했다.
　이 말을 듣고 진천은 공환을 '유직遺直'이라고 말했다. 유직이란 곧은 도道를 가리켜 나아가는 것으로 옛 사람의 유풍을 가진 사람을 일컫는 말이다. 이는 진천이 공환을 도를 지키는 사람으로 인식한 것이고, 결국 아들 진백종에게 황제 자리를 물려주겠다는 간접적인 표현이었다.
　이것으로 보아 진천이 왕조를 위해 장성한 황제를 세우겠다고 한 것은 원론적인 생각일 뿐이었고, 속내는 아들 진백종에게 황제 자리를 양보시키려는 마음은 없었던 것이다. 이는 문제 진천이 그 즉시 공환을 태자를 보좌하는 태자첨사로 삼은 것만으로도 알 수 있다.
　정말로 동생 진욱에게 황위를 물려주고 싶었다면 태자를 폐위시키고 동생을 태제로 삼았어야 했다. 진천이 진욱에게 다음을 맡아 달라고 한 것은 오히려 진백종을 내치지 말라는 뜻의 다른 표현이었던 것이다.

유조를 받은 사람들의 내분

앞에서 거론한대로 문제 진천의 말은 그 자리에 있던 어느 누구도 액면 그대로 받아들이지 않았다. 진욱도 눈물까지 흘리면서 사양했고, 진천이 믿은 도중거와 공환도 마찬가지 반응이었다.

막강한 권력을 가진 황제가 그저 자신들을 떠보고 있음을 모두 알고 있었다.

그런데 진욱은 진백종이 황제가 된 지 2년이나 지난 시점에서 이 문제를 거론했다. 문제 진천의 뜻은 자신에게 황제 자리를 넘겨주려는 것이었는데 진백종이 유사지, 화교와 모의하여 문제 진천의 뜻을 왜곡시켰다고 주장한 것이다.

진욱이 먼저 거론한 유사지는 제일 먼저 진욱을 제거하려고 움직였던 사람이다. 유사지는 진陳의 건국자 진패선과 가까웠고, 다음 황제인 진천 시절에도 중요한 업무를 담당했다. 그래서 진천이 죽을 때 진욱, 도중거와 더불어 유조遺詔를 함께 받았다.

진천이 죽은 후 유사지와 도중거가 항상 금중禁中에 거주하면서 많은 일에 참여하고 결정했지만, 진욱도 좌우에 있는 300명의 사람들과 더불어 상서성에서 거주했다.

그런데 유사지는 지위와 명망이 높은 진욱을 시기하여, 상서좌승 왕섬王暹과 함께 그를 내칠 것을 모의했다. 문제 진천으로부터 유조를 받은 사람들 사이에 내분이 일어난 것이다.

드디어 진욱을 내쫓으려는 움직임이 본격화되었다. 임해왕 광대 원년(567년) 2월에 동궁東宮의 통사사인通事舍人 은불녕殷不佞이 칙령을 고친 후 상부相府, 재상부, 상서성에 있던 진욱에게 말했다.

"지금 사방에는 아무 일 없으니, 왕께서는 동부東府, 건강성 남쪽로 돌아가서 주州, 양주의 업무를 처리하시오."

이 말은 진욱을 상서성에 거주하지 못하게 함으로써 그의 힘을 빼앗겠다는 뜻이었다. 진욱의 입장에서는 여기에서 밀리면 자기를 기다리는 것은 죽음뿐이었다. 이제 어쩔 수 없이 피 말리는 혈투가 시작되었다.

유사지를 반격한 안성왕 진욱

일단 칙령을 받은 진욱은 그 말을 따르지 않을 수가 없었다. 그래서 상서성을 나가려고 하는데 진욱에게 중기실中記室 모희毛喜가 달려 들어와 말했다.

"지금 진陳이 건국한 지 얼마 되지 않았고, 국내외 관계가 복잡하여 어렵습니다. 그러한 이유로 태후가 전하[안성왕 진욱]로 하여금 상서성에서 공동으로 여러 가지 업무를 처리하게 하였습니다. 그런데 별안간 상서성을 떠나서 양주의 업무를 처리하라는 것은 태후의 뜻이 아닐 것입니다.

또한 무엇보다도 종묘와 사직이 중요하므로 다시 주문奏文으로 보고하여 간사한 사람들로 하여금 그런 모의를 자행할 수 없게 하십시오. 그리고 지금 밖으로 나가시면 즉시 사람들에게 제압을 당하게 되어 있으니, 비유하건대 조상曹爽과 같이 부잣집 영감 노릇이나 하려고 해도 이미 그렇게 될 수 없습니다."

조상은 위魏에서 권력을 잡고 있다가 사마의의 쿠데타로 목숨을 잃었던 사람이다. 모희는 조상처럼 앉아서 당하지 말고 현명하게 잘 판단하라고 건의한 것이다.

모희의 말을 들은 진욱은 사실 관계를 알아보기 위해 신속히 움직였다. 가장 중요한 것은 태후의 의중이었기 때문이다. 당시 태후는 황제 진백종의 모친인 심묘용沈妙容(?~605년)이었다.

그리고 그보다 먼저 모희를 영군장군 오명철吳明徹에 보냈다. 오명철이 의견을 내었다.

"계승한 군주가 복상 기간 중이어서 만기萬機가 대부분 소홀하니 마땅히 사직을 편안히 보필해야 합니다. 그러므로 금중禁中에 남아 있어야 합니다."

오명철의 의견을 확인한 진욱은 병을 핑계로 유사지를 불러 이야기를 나누었다. 그 사이에 모희를 심 태후에게 보내 그 뜻을 살피게 하였다.

"지금 백종伯宗이 어리고 약하여 정사는 모두 두 낭郎, 진욱에게 맡겼소. 이것은 나의 뜻이 아니오."

사실 심 태후가 진욱의 편을 들 이유는 없었다. 일설에 의하면 심 태후는 진욱이 권력을 행사하자 그를 상대하기 위해 환관 장유를 회유하여 장안국에게 반란을 일으키도록 모의했다가 실패했다고 한다.

어쨌든 심 태후가 직접 진욱을 나가라고 한 것은 자기의 뜻이 아니라고 말했으니, 이 말은 진욱을 위해서 한 말이 아니라 사실 그대로를 말한 것 뿐이었다. 진욱에게 내려진 칙령은 허위였던 것이다. 그러자 모희는 다시 황제 진백종에게 물었고, 결국 유사지가 거짓으로 칙령을 위조한 것으로 밝혀졌다.

모희는 진욱에게 칙령이 허위라는 사실을 보고했고, 진욱은 유사지를 옥에 가두고 심 태후와 진백종에게 유사지의 죄상을 극력極力으로 진술했다. 이어서 직접 조칙의 초안을 만들어 진백종에게 서명해줄 것을 요청했고, 유사지를 정위廷尉에 넘겼다. 그날 밤 유사지는 감옥 안에서 죽었다.

도중거와 모의한 사람의 제거

또 진욱을 제거하려고 모의한 사람은 한자고韓子高와 도중거였다. 한자고는 우위右衛장군으로 영군부領軍府, 영군장군부를 장악하고 있었는데, 건강建康의 제장들 가운데 군사와 군마가 가장 성대하였다.

도중거와 한자고가 내통하여 모의한 것은 발설되지 않았지만, 암암리에 이들의 모의 사실을 알고 있던 모희가 군사와 군마를 간택하여 한자고에게 배치하고 아울러 철과 탄을 하사하여 무기와 갑옷을 수리하도록 청했다.

진욱이 놀라면서 물었다.

"한자고가 반란을 모의하고 있어 체포하려고 하는데, 어찌하여 다시 이와 같이 하는 것이오?"

모희가 답했다.

"산릉山陵, 진천의 장례을 비로소 모두 마쳤지만 변방의 도적은 여전히 많고, 한자고는 이전 조정에서 위임을 받았으니 명목상으로라도 의지하며 따라야 합니다. 만약 그를 체포한다면 즉시 죄를 자복하지 않아서 혹 후환이 될 수도 있을까 걱정입니다. 의당 마음을 미루어 편안하도록 유도하여 스스로 의심하지 않게 하고 빈틈을 살펴서 그를 도모하게 하면 한 명의 장사壯士의 힘으로도 될 뿐입니다."

우선 진욱이 다른 생각이 없다는 것을 보여 한자고를 안심시키자는 것이다.

일단 급한 사태는 모면하기는 했지만 한자고 역시 위협을 느끼고 있었다. 그는 외직인 형주衡州, 광동성 영덕시와 광주廣州, 광동성 광주시의 여러 진장鎭將이 되게 해달라고 요구하였다. 도중거의 아들 도욱은 매번 작은 수레를 타고 다니며 부인婦人의 옷을 입고 한자고와 더불어 모의했다.

상우上虞, 절강성 상우시 현령을 지낸 육방陸昉과 한자고의 군주軍主가 이를 알아채고 그들의 모반을 고발했다. 결국 그들의 모의가 공식적으로 진욱에게 들통난 것이다.

진욱은 조정의 문무신료들을 소집하여 황태자를 세우는 문제를 논의했다. 이 결과로 새벽에 도중거와 한자고를 불러들여 모두 체포했다. 아울러 도욱을 정위에게 압송하여 조서를 내려 감옥에서 죽게 하였다. 진욱에 대항하려던 세력이 하나씩 제거된 것이다.

이 모의에는 황제 진백종의 동복 동생 진백무陳伯茂가 포함되어 있었다. 하지만 진백무를 바로 죽일 수 없었던 진욱은 동양주東揚州, 하남성 의양현 자사였던 진백무를 중위中衛대장군·개부의동삼사로 삼았다.

표면상으로는 높이 대우한 것 같지만 실제로는 그가 갖고 있는 동양주의 군사권을 회수한 조치였다. 또한 이것은 진백무가 안팎에 있는 사람을 선동하는 길을 사전에 차단해 버린 것이다. 진백무는 이제 금중禁中에 거주하며 황제 진백종과 함께 지낼 뿐이었다. 사실상 유폐한 것이다.

화교의 반란을 이용한 진욱

이러한 궁중 내의 사건을 보고 불안해진 사람은 상주湘州, 호남성 장사시 자사 화교華皎였다. 원래 화교는 유사지, 한자고와 더불어 문제 진천에게서 신임을 받았는데, 두 사람이 차례로 죽자 불안해진 것이다.

화교는 우선 자기부터 살아나갈 궁리를 하였다. 우선 그는 갑옷을 수선하고 무리를 모아서 부하들을 위무하고 순종하게 했다. 또한 광주 자사를 요구하는 계문啓文을 올려 조정의 뜻을 점치려고 하였다. 진욱은 그것을 구두로만 허락하고는 조서는 내려보내지 않았다.

화교는 이에 그치지 않고 사자를 파견하여 몰래 북주의 군사를 끌어오도록 하며, 그 자신은 후량後梁에 귀부하고 아들 화현향華玄響을 인질로 삼게 하였다. 북쪽의 북주와 진陳의 건국에 반대한 세력인 후량과도 연락을 취한 것이다. 진의 입장에서는 중대한 배반 행위였다. 진욱은 5월 갑오일(24일)에 대대적으로 군사를 동원하여 화교를 습격했다.

한편 6월에 화교의 사자가 북주의 도읍인 장안에 도착했다. 북주의 지원을 받는 후량의 양왕梁王 소규蕭巋 또한 편지를 올려 상황을 말하고 또 군사를 빌려달라고 요청했다. 북주 사람들은 논의 끝에 그에게 호응하기로 하였다. 이대로만 진행된다면 진욱은 위기를 만난 것이다.

하지만 화교의 이러한 노력에도 불구하고 아무런 성과가 없었다. 결국 9월 을사일(7일)에 화교의 가속家屬들이 모두 죽게 되었고, 화교는 진나라의 공격을 받고 대승삭戴僧朔과 함께 배를 타고 후량의 도읍인 강릉江陵. 호북성 강릉현까지 도주했다. 진욱은 화교의 무리인 조경曹慶 등 40여 명을 나란히 죽였다.

화교의 무리를 토벌한 진욱은 화교가 도중거, 유사지 등과 함께 논의를 했다고 보고했다. 화교가 문제 진천 시절의 구신舊臣인 것은 분명하지만 유사지 등과 모의한 것은 아니었다.

그러나 진욱은 이미 진백종을 폐위시키고 자기가 등극하려고 결심했기 때문에 화교를 도중거나 유사지와 함께 공모한 사람으로 몰아가야 했다. 누가 보더라도 화교는 진나라에 반역한 사람이고, 그런 반역자와 함께 했다면 유사지와 도중거뿐만 아니라 황제 진백종의 동생 진백무까지도 반역 세력으로 몰아갈 수 있었기 때문이다.

자연스런 수순의 과정

진 임해왕 광대 원년(567년)에 진욱은 자신에 반대하는 세력을 모두 평정하였다. 그러자 그 이듬해인 임해왕 광대 2년(568년) 정월에 진백종은 진욱의 직위는 태부로 높이고 사도의 직책을 관장하게 했으며, 9석을 더해 주었다. 이미 황제에 버금가는 대우를 받게 된 것이다.

그러나 황제 진백종의 동생 진백문은 이미 진욱에게 권력이 기울어진 이러한 정세를 판단하지 못했다. 진욱이 정사를 오로지 하는 것에 불만을 품고 철없이 여러 차례 악담을 지껄였던 것이다. 이것은 진욱에게 움직일 수 있는 절호의 계기가 되었다.

결국 모든 전권을 가지고 있던 진욱은 진 왕조◆의 최고 어른인 태황태후 장요아의 명령을 가지고 진백종을 폐위시켰다. 그리고 이듬해인 선제 태건 원년(569년) 정월 갑오일(4일)에 황제에 즉위하여 쿠데타를 완성하였다.

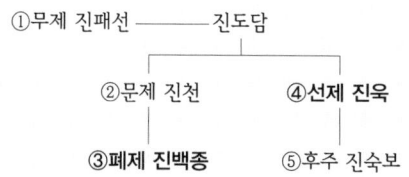

◆ 진의 황제 세계표

제4장 황제 자리를 빼앗겼다는 진욱의 억지

그 후 13년간 황제 자리를 지킨 선제 진욱의 뒤를 이은 사람은 그의 아들 진숙보陳叔寶였다. 이번에는 부자상속이 제대로 된 셈이었다. 그러나 진숙보는 즉위한 지 7년 만에 북주의 선양을 받은 수隋 문제文帝 양견楊堅(541년~604년)에게 나라를 빼앗겼고, 진 왕조는 멸망하였다.

제5장
북조시대

무장 세력의 황제 뽑기

시대 설명

 한편 중원 지역에 들어온 북방족들은 중원식의 황제제도를 채택했다. 특히 북위에서는 화화華化하고자 하는 열망에서 자기들의 성姓조차 중국식으로 바꾸어 탁발拓拔씨를 원元씨로 고쳤다. 농경문화를 수용하겠다는 뜻이다.
 그러나 황위 계승에서는 그들이 원래 가지고 있던 형제상속의 관습과 중원 지역의 농경문화가 갖는 부자상속 사이에서 혼란이 야기되면서 황제 자리를 둘러싼 황제 뽑기가 진행된다.
 북위에서는 효명제 원후가 죽으면서 그의 조항祖行인 효장제 원자유에게 황제 자리가 간다. 그 다음에는 장광왕 원엽, 절민제 원공, 후폐제 원랑을 거쳐서 효문제 원수에 이른다. 그 후 북위는 동위와 서위로 갈라졌고 황제가 권력자에 의하여 세워진다.
 동위를 이어 받은 북제에서는 삼촌이 조카를 죽이고 황제에 오르는 일이 두 번이나 일어났고, 서위를 이어받은 북주에서는 우문호가 3명의 황제를 죽이면서 자기에게 필요한 사람을 황제로 세우는 일이 벌어진다.

북위의 군벌 이주씨들의 황제 뽑기
말 안들으면 죽여라

아들 효명제를 독살한 어머니 호 태후

북위 효명제 효창 4년(528년) 2월에 북위의 효명제 원후元詡(510년~528년)는 황태후가 아끼는 정엄鄭儼과 서흘徐紇 등을 미워하여 이들을 제거하고자 태후를 압박했지만 뜻대로 할 수가 없었다.

당시 황태후는 황제 원후의 생모 호胡씨로 선무제 원각元恪이 죽은 후 황태후 자리에 올랐다. 호 태후는 아들 원후가 5살의 나이로 황제에 오르자 자연스럽게 조정에 나가서 정치를 주관했다. 호 태후는 영靈 태후로 불리기도 한다.

호 태후는 권력을 장악하면서 궁중에 정부情夫를 두었는데, 청하왕 원역元懌, 정엄 등이 그들이다. 또 뛰어난 임기응변으로 정엄을 돕던 서흘은 호 태후의 권력에 의지하여 정치를 농단했다.

호 태후는 북위 선무제 연창 4년(515년) 9월에 처음으로 임조청정臨朝聽政을 시작했지만, 북위 효명제 천광 원년(520년) 7월에 원차元乂의 쿠데타로 유폐되었었다. 임조청정이란 황제를 대신하여 조정에 나가서 직접 정치를 처리하는 것을 말한다. 그리고 그

5년 뒤 효창 원년(525년)에 호 태후가 권력을 다시 잡고 원차를 죽였다.

호 태후는 우여곡절 끝에 권력을 되찾았지만, 이번에는 총애하는 신하들이 제멋대로 정치를 뒤흔드니, 정사政事는 어지럽게 풀어지고 은덕과 권위가 서지 않아 도적들이 벌떼처럼 일어나고 영토가 나날이 줄어들었다.

한편 효명제 원후가 성장하여 나이가 들어가자 호 태후는 자신의 행동을 삼가야겠다는 생각보다, 원후의 신하들이 자신에게 불리한 사실을 황제인 원후에게 보고할까 두려워졌다. 그래서 호 태후는 원후가 총애하며 믿는 사람이면 번번이 꼬투리를 잡아 제거하여 원후가 밖의 일을 제대로 알지 못하게 하였다. 황제를 고립시키고 정치를 오로지 하려는 생각에서였다.

예컨대 통직산기상시通直散騎常侍 곡사회谷士恢는 원후의 총애를 받으면서 좌우에 있는 사람들을 다스렸다. 그러자 호 태후는 그를 원후에게서 떼어 놓고자 여러 차례 그에게 지방의 주州 자사로 나갈 것을 강요했다. 그러나 곡사회는 경사[낙양] 밖으로 나가지 않으려고 하였고, 이에 호 태후는 곡사회를 무고하여 결국 그를 죽였다.

또 선비족의 호어胡語를 할 줄 알던 밀다도인蜜多道人 역시 효명제 원후가 항상 곁에 두고 아끼던 사람이었다. 그러나 이번에도 호 태후는 사람을 시켜서 그를 죽이게 하고 겉으로는 밀다도인을 죽인 범인을 찾는다는 현상금을 내거는 표리부동한 일을 했다. 이러한 일이 쌓이자 호 태후와 원후, 모자간의 불신이 날로 깊어졌다.

상황이 이렇게 되자 원후는 혼자 힘으로 호 태후의 측근들을 제거할 수 없다고 생각했다. 그래서 그는 거기장군 이주영爾朱榮 (493년~530년)에게 몰래 조서를 내려서 군사를 일으켜 호 태후를 위협하려는 계획을 세웠다. 이주영은 강한 군사력을 가지고 있어서 북위 조정에서도 두려워하는 사람이었기 때문이다.

그런데 이러한 계획을 알게 된 정엄과 서흘은 자기들에게 재앙이 미칠까 두려워 호 태후와 함께 원후를 짐독酖毒할 것을 모의했고, 2월 계축일(25일)에 효명제 원후가 갑자기 죽었다. 호 태후가 자기의 권력을 해친 친아들 원후를 독살한 것이다.

호 태후의 황제 뽑기

효명제 원후가 호 태후에게 독살되었지만 그것은 당장에 밝혀질 사안은 아니었다. 다만 호 태후가 다시 후임 황제를 뽑는 일만 생긴 것이다.

이때 겨우 19살이었던 원후의 혈육은 원고랑元姑娘으로 불리는 딸 하나뿐이었다. 원고랑은 원후와 반충화潘充華 사이에서 태어났고, 당시 50일도 채 되지 않은 갓난아기였다. 그런데 호 태후는 이 아이를 대외적으로 사내아이라고 발표했다.

그리고 원후가 죽은 바로 다음날인 갑인일(26일)에 그녀를 원후의 후계자로 세우고 대사면령까지 내렸다. 태어난 지 50일도 안 된 여자아이를 사내아이로 속이고 황제로 세운 것이다. 권력을 잡으려는 목적을 위해서 저지른 거짓말이었다.

그런데 어쩐 일인지 호 태후가 다시 조서를 내렸다.

"반충화는 본래 여자아이를 낳았다. 그러므로 임조왕臨洮王 원보휘元寶暉의 세자世子인 원소元釗(526년~528년)가 고조高祖, 효문제 원굉의 후손이니 마땅히 대보大寶, 황제 자리를 받아야 한다. 문무백관에게는 2계급을 올리고 숙위宿衛에게는 3계급을 올린다."

여자를 남자로 속이는 것은 오래 지속될 수 없음을 알고 조서를 통해 황제 원고랑의 성별을 여자라고 번복하여 발표하고 원소를 황제로 세울 것을 천명한 것이다. 원소는 혈통으로 따지면 효문제 원굉元宏의 증손자로, 효명제 원후의 당질◆이었다.

호 태후의 발표 다음날인 을묘일(27일)에 원소가 즉위했는데, 이때 원소는 겨우 3살이었다. 오랫동안 정권을 오로지 하고자 여자아이를 황제로 세웠던 호 태후는 자신이 생각하기에도 너무 지나친 거짓말이라 이를 바꾸었던 것이고, 권력을 오래 잡고자 하는 마음은 변함이 없었기 때문에 어린아이인 원소를 세운 것이다.

무장 세력 이주영의 반발

효명제 원후의 친위 쿠데타 모의에 참여했던 이주영은 이 소식을 듣고 크게 화를 내며 원천목元天穆(?~530년)에게 말했다.

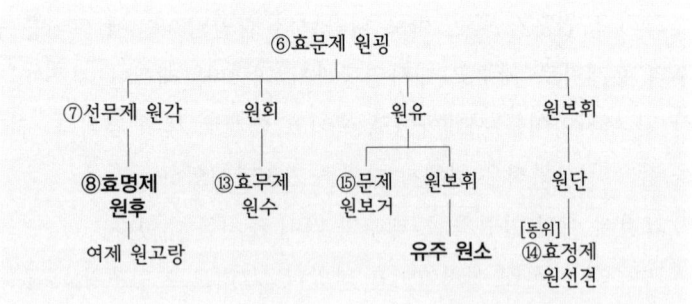

◆ 효명제 원후와 원소의 관계

"주상[효명제 원후]이 안가晏駕, 황제의 주검한 것이 나이가 19살이었지만, 해내에서는 오히려 어린 군주라고 생각하였는데, 하물며 아직 말도 못하는 아이를 받들고서 천하에 군림하여 정치의 안정을 구하고자 하니, 그것이 할 수 있는 일인가! 나는 철기병鐵騎兵의 이끌고 산릉山陵, 황제의 무덤에서 애도哀悼를 한 후 간사하고 요망한 무리들을 잘라 없애고 다시 어른인 군주를 세우고자 하는데, 어떠한가!"

거기장군 이주영이 어린 황제가 즉위하면 정치를 안정시킬 수 없다는 명분을 가지고 군사를 동원하여 조정에 들어가 나이 많은 군주를 세우겠다는 뜻을 밝힌 것이다.

이때 원천목이 이주영의 말에 대답했다. 원천목은 선비족으로, 하남에서 내려온 다른 탁발씨들과 마찬가지로 성을 원元씨로 바꾼 북위 황실 사람이다.

"이는 이윤伊尹과 곽광霍光을 오늘날에 다시 보게 되는 것입니다."

이윤은 은殷나라 재상으로 태갑太甲을 동궁桐宮으로 내쫓아 악행惡行을 고치게 했고, 곽광은 전한시대 창읍왕 유하를 황제에서 폐하고 효선제 유순을 영립했던 사람이다. 원천목은 황제를 폐립하여 훌륭한 신하로 일컬어지는 이윤과 곽광의 예를 들면서 이주영의 의견에 동의했다.

원천목이 동의하자 이주영은 마침내 호 태후의 결정에 항의하는 상소를 올렸다. 첫 번째는 효명제 원후가 죽은 것이 짐독 때문이라는 소문의 진상을 밝혀야 한다는 내용이었다. 그리고 이어서 원후가 위급했을 때 어찌하여 재빨리 의원을 부르지 않았는지, 또 그때 친척 대신들은 왜 원후를 곁에서 모시지 않았는지를 물었다.

　두 번째로 원후의 딸을 태자로 삼고는 헛되이 사면한 것은 위로는 하늘과 땅을 속인 것이며, 아래로는 조정과 백성들을 현혹시킨 것이라고 지적했다.

　또한 다시 3살 된 원소를 군주로 뽑은 것은 간사한 녀석들로 하여금 조정을 오로지하고 기강을 무너뜨리며 어지럽히게 하는 것이라고 주장했다. 그래서 도적떼가 들끓고 남쪽의 후량이 틈을 엿보는 지금의 상태에서는 천하를 안정시키기 어렵다고 말했다.

　마지막으로 이주영은 자신이 대궐로 가서 황제를 새로 옹립하는 일을 논의하는데 참여할 수 있도록 허락해 달라고 청했다.

　그 다음에는 원후가 죽은 상황에 대해서는 항상 황제 곁에서 모시는 시신侍臣들이 제일 잘 알 것이므로 원후를 모시던 시신에게 황제가 붕어한 이유를 묻겠다고 했다. 만약 시위가 알지 못한 상황이었다면 궁궐에서 항상 호 태후를 모시던 서흘과 정엄의 무리를 체포하여 사패司敗에게 보내겠다고 하였다. 사패란 춘추시대 진陳과 초楚에 두었던 형벌을 맡은 관직을 말하는 것으로 이들에게 형벌을 주겠다는 말이다. 호 태후를 정조준 한 것이다.

　그리고 말했다.

　"군부君父의 원수와 같은 하늘에 산다는 것 자체가 수치스러운 일인데, 그들을 죽여서 이러한 수치스러움을 깨끗이 씻겠습니다. 또한 멀고 가까운 곳에 있는 사람들의 원한을 사죄하겠습니다."

　그런 다음 마지막으로 말했다.

　"다시 종친宗親을 택하여 보배로운 자리를 잇게 하겠습니다."

이는 상소문이라는 형식을 빌려 호 태후에 대해 선전포고를 한 것이고, 호 태후는 강한 군사력을 가진 이주영으로부터 도전을 받은 것이다. 이에 호 태후는 당시 금위군이었던 이주영의 사촌 동생 이주세륭爾朱世隆을 진양晉陽, 산서성 태원시으로 파견하여 이주영을 달래 보려고 하였다.

이주세륭이 진양에 도착하자 이주영은 그에게 진양에 남아 자기와 함께 하기를 바랐다. 그러나 이주세륭이 말했다.

"조정에서 형님을 의심하여 저 이주세륭을 이곳에 보냈는데, 지금 제가 이곳에 남게 되면 조정에서는 미리 대비할 것이니 이는 올바른 계책이 아닙니다."

이주세륭은 자기가 궁궐로 돌아가지 않으면 조정에서 이주영이 상소문대로 효명제 원후의 사인死因을 가린다는 범위를 넘어서 반란할 뜻으로 금위군까지 포섭한다고 알려지게 되고, 그러면 철저히 대비할 것이라는 말이었다.

이 말을 들은 이주영은 자기의 반란 계획이 일찍 조정에 전달되지 않기를 바라는 마음에 결국 이주세륭을 돌려보냈다.

이주영이 뽑은 황제

북위 효장제 무태 원년(528년) 2월에 이주영은 원천목과 논의하여 장락왕長樂王 원자유元子攸(507년~530년)를 황제로 세우기로 결정했다. 원자유의 아버지인 팽성왕 원협이 그의 형인 효문제 원굉이 병들었을 때 옆에서 시중을 들었던 공훈을 세웠고, 당사자인 원자유는 원래 좋은 명망을 가지고 있다는 이유였다.

하지만 이러한 이유 때문에 원자유를 선택한 것은 자의적인 판단이었다. 병든 황제를 옆에서 모셨다는 것이 그 아들을 황제로 세울 만한 공로는 아니었고, 좋은 명성 역시 막연한 수식어일 뿐이었다. 게다가 원자유는 효명제 원후에게는 당숙◆이므로 원후의 뒤를 잇게 하기에는 무리가 있었다. 오로지 당시 원자유가 21살의 성년成年이라는 것만이 이주영이 반발하면서 내세운 이유와 맞아떨어졌다.

이주영은 결심이 서자, 조카 이주천광爾朱天光을 보내어 측근 해의奚毅, 창두倉頭, 노복 왕상王相과 더불어 낙양洛陽, 하남성 낙양시으로 들어가서 사촌 동생 이주세륭과 함께 모의하도록 했다. 그러자 이주천광은 원자유를 알현하여 이주영의 계획을 전했고, 원자유는 이를 허락했다.

그러나 이주영은 원자유를 황제로 세우는 것이 과연 맞는 일인지 확신을 가지지 못했다. 당시 북방 사람들은 황제를 세울 때면 의래 황제 후보자의 모습을 주조鑄造해 보는 것으로 점을 쳐보곤 했다. 만약 황제에 적합한 인물이라면 제대로 주조되고, 그렇지 않은 경우에는 잘 깨진다는 속설이 있었다.

그래서 이주영은 원자유가 적당한 인물인지 알아보려고, 이

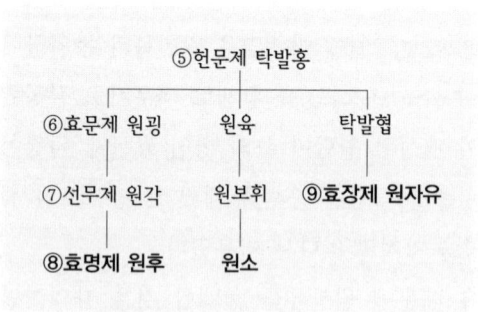

◆ 효명제 원후와 효장제 원자유의 관계도

주천광 등이 진양으로 돌아왔을 때 구리로 헌문제 탁발홍의 여러 자손들의 모습을 주조해 보았다. 그런데 다른 사람들은 제대로 주조되지 않았지만, 오로지 장락왕 원자유의 모습만이 제대로 완성되었다. 이 결과를 보고 이주영은 원자유를 황제로 세우기로 확정하고 마침내 병사를 일으켜 진양을 출발했다. 낙양에 있던 이주세륭도 상당上黨, 산서성 장치시에서 합세했다.

이 소식을 들은 호 태후는 왕공 등을 불러 논의하도록 하였다. 하지만 종실宗室의 대신들은 그동안 호 태후의 행동을 미워했던 까닭에 대책을 세우려고 하지 않았다. 호 태후가 종실들에게 인심을 잃은 것이다.

하내河內, 하남성 심양시에 도착한 이주영은 왕상 등을 몰래 낙양에 파견하여 원자유를 맞이하게 하였다. 그리고 4월 병신일(9일)에 원자유는 형 팽성왕彭城王 원소元劭와 동생 패성공霸城公 원자정元子正과 더불어 은밀히 고저高渚, 황하 가운데 있는 조그만 섬에서 황하를 건넜다.

다음날인 정유일(10일)에 하양河陽, 하남성 맹현에서 이주영을 만나니, 장군과 병사들이 소리를 지르면서 만세를 불렀다. 무술일(11일)에 원자유가 추대되어 황제 자리에 올랐다. 결국 북위에는 호 태후가 세운 원소와 이주영이 세운 원자유 두 사람이 황제 자리에 있게 되었다.

한편 호 태후의 명령을 받고 황하의 길목을 지키고 있었지만 원래부터 이주영과 사이가 좋았던 정선호鄭先護는 원자유가 황제에 즉위했다는 소식을 듣고 정계명鄭季明과 함께 성문을 열어 그를 받아들였다. 호 태후의 방어벽은 무너진 것이고, 이주영의 쿠데타는 성공한 것이다. 물론 이주영의 성공으로 원자유는 유일

한 황제가 되었지만, 이주영의 꼭두각시에 지나지 않았다.

드디어 황제가 된 원자유가 이주영을 시중·도독중외제군사都
督中外諸軍事·대장군·상서령·영군領軍장군·영좌우領左右로 삼고
태원왕太原王으로 책봉하니, 이제 이주영은 북위 조정에서 전권
을 쥐게 되었다.

호 태후는 효명제 원후의 모든 후궁들을 불러서 출가出家하도
록 하였고, 스스로도 머리를 자르고 불가에 귀의하였다. 끝까지
권력을 놓지 않으려고 아들까지 독살했지만 끝내 허무하게 권력
을 내놓은 것이다.

이주영은 4월 기해일(12일)에 백관들을 보내 옥새와 인수를 받
들고 법가法駕를 준비하여 하교에서 원자유를 영접하게 하였다.
그리고 경자일(13일)에 이주영이 기병을 파견하여 호 태후와 호
태후에 의해 황제가 되었던 유주 원소를 사로잡아 하음河陰, 하남
성 맹진현으로 호송하였다.

호 태후는 이주영을 마주하고 간곡하게 선처를 호소했지만,
이주영은 옷을 털고 일어나서 호 태후와 어린 원소를 황하에 빠
뜨려 죽였다.

낙양 정부의 고관을 모두 죽인 이주영

앞서 말한대로 이주영은 군사력을 내세워 원자유를 황제로 세웠
다. 그는 호 태후가 세운 원소가 어리다는 이유로 반기를 들었
고, 그에 걸맞는 당시 21살의 청년 원자유를 세운 것이다.

성년의 황제를 세운다는 것은 황제 중심의 정치를 하겠다는
전제인 것이지만, 당시 원자유가 이주영을 제치고 독자적인 정

치를 하기는 어려웠다. 그러므로 성년 황제를 세우겠다는 이주영의 구호는 한낱 권력을 잡기 위해 내세운 것일 뿐이었다. 그러나 이주영 역시 호 태후를 쫓아내고 죽이는 데는 성공했지만 전국을 제압하기에는 부족한 군사력이었다.

이것은 비목費穆이 이주영에게 한 말로 알 수 있다.

"공公의 병사와 말은 1만이 넘지 않은데, 지금 멀리 달려서 낙양洛陽을 향하였고, 앞에는 가로막는 군진이 없어서 이미 전투하여 승리하였던 위엄이 없으니, 많은 사람들은 마음으로 본디 눌려 복종하지 않습니다."

비목은 이를 극복하기 위해 원래 경사[낙양]에 있던 많은 사람과 백관들을 모두 주살하고 처벌한 뒤 가까운 사람들로 그 자리를 채워 넣어야 한다고 주장했다. 조정을 이주영과 가까운 사람으로 채워야 안전하다는 말이었다. 이런 비목의 의견에 반대한 사람도 있었으나 이주영은 비목의 건의를 받아들였다.

그래서 이주영은 황하의 서쪽을 돌아보자며 원자유를 불러서 함께 도저淘渚, 하음에서 서북쪽의 제방을 쌓은 곳에 이르렀다. 이때 원자유는 아직 궁궐에 들어가기 전이므로 신임 황제를 맞으려는 승상인 고양왕高陽王 원옹元雍과 사공 원흠元欽, 의동삼사인 의양왕義陽王 원략元略을 포함한 백관 2천여 명이 나왔다.

그런데 이주영은 권위를 세운다며 이들을 모두 죽였다. 전투를 통해 강한 무력을 가졌다는 것을 보여야 하는데, 엉뚱하게 무장 없이 나온 힘없는 백관들을 죽인 것이다.

뒤이어 또 조정의 선비 100여 명도 도저에 도착했는데, 이때 이주영은 한걸음 더 나아가서 황제가 되고자 하는 자기의 속마음을 드러냈다. 그리고 즉시 그들을 호족 기병으로 에워싸고 영숙을 내렸다.

"선양하는 글을 지을 수 있는 사람은 죽음을 면하게 해준다."

시어사 조원칙趙元則이 나아가서 이에 응모하자 그것을 쓰게 하였다.

성년 황제를 세우겠다는 쿠데타의 명문은 어느새 사라지고, 스스로 황제가 되려는 수순을 밟고 있었다. 이주영은 이어서 그의 군사들에게 영을 내렸다.

"원元씨가 이미 멸망하였고, 이주爾朱씨가 일어섰다."

이를 들은 사람들은 모두 만세를 불렀다. 이제 중원 왕조가 되기 위해 탁발씨에서 원씨로 성까지 바꿨던 북위 왕조는 이주영에 의해 멸망할 처지에 놓였다.

황제되기를 그만둔 이주영

이주영이 이렇게 돌변했지만 새로 황제에 옹립된 원자유는 할 수 있는 일이 아무것도 없었다. 이주영이 다시 수십 명을 원자유가 머물고 있는 행궁으로 파견하자 원자유는 형 원소와 동생 원자정과 함께 장막 밖으로 나갔다. 황제 자리에서 물러나겠다는 뜻이었다.

그러자 이주영은 먼저 곽라찰郭羅刹과 질열살귀叱列殺鬼를 보내 원자유를 데리고 다시 장막으로 들어가게 하였다. 그러고나서 원소와 원자정을 살해하고, 원자유를 하교河橋로 옮기고 장막 아래에 두었다. 감금한 것이다.

원자유는 두렵고 분했지만 달리 방도가 없었다. 하는 수 없이 이주영에게 사람을 보내 자기의 뜻을 알렸다. 이주영의 말대로 왕조가 바뀌게 되었으니 자기는 황제 자리에서 물러날 것이고, 이주영이 직접 제왕이 되든가 아니면 다른 사람을 황제로 세우라는 말이었다.

그러나 현실적으로 독자적으로 황제 자리에 오르는 것이 어렵다고 판단한 이주영은 칭제稱帝의 계획을 접고 대신 자기의 딸을 황후로 삼아서 권력을 계속 장악하려고 했다. 그래서 효명제 원후의 빈嬪이었던 딸 이주영아爾朱英娥(?~556년)◆를 새로 황제가 된 원자유의 황후로 받아들이게 하였다. 항렬로 따지면 원자유에게 당질부堂姪婦였던 이주영아를 황후로 맞게 한 것이다.

하여간 이러한 우여곡절 끝에 신축일(14일)에 이주영은 효장제 원자유를 받들며 성으로 들어갔다. 이주영의 뜻이기는 하지만 원자유는 태극전太極殿으로 나아가 조서를 내려 크게 사면하고, 연호를 건의建義로 고쳤다. 이주영을 따르는 장군과 사졸들은 널리 5계급을, 경사京師의 문관들은 2계급을, 무관들은 3계급을 올려주었다. 백성들에게는 조세와 부역을 3년 동안 면제하게 하였다.

당시 백관들은 이주영의 군사들에게 거의 제거되었고 열에 한

◆ **이수영의 딸 이주영아**

이주영의 장녀인 이주영아는 자색을 가졌으며 무예도 남달랐다고 한다. 그녀는 세 번의 결혼을 했는데, 첫 번째는 북위 효명제 원후의 빈(嬪)이 되었다가 두 번째로는 효장제 원자유의 황후가 되었으며, 다시 세 번째는 그녀의 아버지 이주영이 실패한 후에 새로운 권력자 고환의 눈에 띄어 그와의 사이에 아들 고유(高攸)를 낳았다.

둘밖에 남아 있지 않았다. 당직하는 위사도 텅 비어 있었고, 관리들은 아무도 없이 버려진 청사를 지키고 있었다.

이렇게 도읍이 쓸쓸하니 이주영은 자신의 본거지인 북쪽 진양晉陽, 산서성 태원시으로 도읍을 옮기려고 시도했다. 하지만 이주영이 실제로 모든 권력을 행사했다고 해도 천도가 말처럼 그리 쉬운 일은 아니었다.

그래서 자기의 심복인 원천목을 시중·녹상서사·경기대도독京畿大都督 겸 영군領軍장군을 덧붙여주고, 행대行臺인 낭중郎中 주서朱瑞를 황문시랑 겸 중서사인으로 삼았다. 이처럼 이주영은 경사[낙양]에 있는 조정의 중요한 관직은 모두 자신의 심복으로 채워놓은 후 진양으로 돌아갔다.

전국을 장악하지 못한 쿠데타

하지만 이주영은 쿠데타로 조정에서의 권력은 규합에 성공했으나, 아직 전국의 권력을 모두 장악하지 못했다. 그래서 이주영에 반대하는 사람들이 군사를 일으키기 시작했다.

그리하여 효장제 영안 원년(528년) 6월에는 평북장군부의 주부 형고邢杲가 북해北海, 산동성 창락현에서 군사를 일으켜서 한왕漢王을 자칭하였고, 7월에는 유거劉擧가 복양濮陽, 산동성 운성현에서 군사를 일으켰다. 또 묵기추노万俟醜奴는 황제를 칭하고 연호도 신수神獸로 정하였다. 태산泰山, 산동성 태안시 태수 양간羊侃이 북위를 배반하고 후량에 항복하는 일이 벌어졌다.

또 이듬해인 영안 3년(529년) 4월에는 헌문제 탁발홍의 손자인 북해왕 원호元顥(?~529년)◆가 수양성睢陽城, 하남성 상구현의 남쪽에서 황제 자리에 오르고 연호를 효기孝基로 고쳤다. 이로 인해 효장제 원자유는 잠시 낙양을 떠났고 이주영이 다시 남하하여 원호를 평정하고 나서야 낙양으로 복귀할 수 있었다. 그리고 이듬해인 영안 4년(530년)에 이주영은 묵기추노 등 반란의 우두머리를 모두 체포하여 죽였다.

그랬더니 이번에는 왕경운王慶雲이 수락성水洛城, 감숙성 장랑현에서 황제를 칭하고 백관을 설치한 후, 묵기추노의 일파인 묵기도

◆ 북해왕 원호

원호(元顥, ?~529년)는 북위 헌문제 탁발홍의 손자로 그의 아버지는 북해왕 원상(元詳)을 이어서 북해왕을 세습 받았다. 이주영이 하음(河陰, 하남성 맹진현)에서 변란을 일으킨 뒤에 원호는 남쪽에 있는 양(梁)에 귀부하여 양 무제 소연이 그를 위왕(魏王)으로 책봉하고, 표용(飆勇)장군 진경지(陳慶之)를 파견하여 병사 7천 명을 인솔하고 원호를 호송하여 북쪽으로 돌아오게 했다.

북위 효장제 건안 2년(529년)에 진경지는 북위에서 형고(邢杲)를 토벌하는 때를 타고서 원호를 호송하면서 양국[하남성 상구]를 공격하여 점령했다. 원호는 드디어 수양(睢陽, 하남성 상구 남쪽)에 있는 남교(南郊)에서 황제를 칭하고 연호를 효기로 고쳤다. 양나라 군사가 곧바로 낙양으로 달려 가자 위의 효장제 원자유는 낙양에서 도망하여 장자(長子, 산서 장자)로 갔다. 원호가 드디어 낙양에 들어가서 연호를 건무로 고쳤다.

그런데 원호는 궁궐에 들어간 후로 밤낮으로 술에 취해 조정의 정치를 돌보지 않고 진경지와 남조 양의 군대를 시기했다. 그런데 자기의 군대는 도리어 군기가 문란하여 백성들을 멋대로 약탈했다. 오래지 않아 이주영이 이주조와 하발승을 파견하여 반격하자 원호의 군사들은 패하여 임영(臨潁)으로 도망했다가 피살되었다.

락万俟道洛을 대장군으로 삼았다. 물론 이들은 이주영이 보낸 이주천에게 격파되었지만 이주영이 여전히 전국을 장악하지 못하고 있음이 여실히 드러났다.

성년 황제 원자유의 결심

한편 성양왕城陽王 원휘元徽는 효장제 원자유와 동서지간이고, 시중 이욱李彧은 원자유의 매형이다. 원휘와 이욱은 매일 원자유에게 이주영을 헐뜯으며 그를 제거하도록 권했다.

원자유도 이주영이 하음河陰, 하남성 맹진현에서 많은 사람을 도륙했던 일을 떠올리며 그가 황제 자리를 넘볼까 두려웠다. 그래서 은밀하게 이주영을 도모하려는 뜻을 세우자, 시중 양간楊侃과 상서우복야 원라元羅, 원차의 동생 역시 그 모의에 가담했다.

마침 그때 이주영의 딸 황후 이주영아의 해산이 임박했기 때문에 이주영이 원자유에게 딸을 살피게 해달라고 청하였다. 원휘 등은 이주영이 딸을 살피려고 궁궐로 들어오면 틈을 타서 이주영을 죽일 것을 효장제 원자유에게 권고했다.

한편 이주영이 궁궐로 들어가겠다고 하자 이주세륭은 원자유가 변란을 일으킬 것을 걱정하여 이주영에게 이 문제를 제기하며 궁궐로 들어가는 것을 반대했다.

하지만 이주영은 자신을 과신하며 이렇게 대응했다.

"이주세륭은 담膽도 없군. 누가 감히 마음을 먹겠어!"

또 이주영의 부인인 북향北鄕장공주 역시 남편에게 낙양에 가지 말 것을 권했으나 그는 따르지 않았다.

그리하여 그달에 이주영은 4천~5천 명의 기병을 거느리고서 병주井州, 치소는 진양, 산서성 태원시를 떠나서 도읍인 낙양으로 향했다. 이 정도의 병력을 거느린다면 설사 낙양에서 자기를 해칠 음모가 있다 해도 충분히 감당할 수 있기 때문이었다.

그러나 낙양에서는 여전히 이주영의 암살 모의가 진행되고 있었다. 물론 이주영의 군대가 강했기 때문에 원자유도 잠시 주저하기는 했다. 그러나 성양왕 원휘는 이주영이 낙양으로 와서 반란을 일으킬지도 모르니 먼저 그의 목을 베야한다고 종용했다.

물러날 곳이 없는 황제 원자유

이주영이 낙양에 도착하자 그를 따라 온 행대낭중行臺郎中 이현화李顯和가 말했다.

"천주天柱, 천주대장군 이주영가 이르렀는데 그에게 9석九錫이 없으니 어찌 왕이 스스로 찾아야만 하는가! 역시 천자는 기회를 보지 못하는구나."

이에 도독 곽라찰郭羅刹이 말했다.

"금년에는 진정으로 선양하는 글을 만들 수 있겠는데, 어찌 다만 9석뿐이겠는가!"

이주영이 낙양에 왔으니 황제 자리에 올라야 한다는 말을 주고받은 것이다. 이주영의 참군인 저광褚光 또한 거들었다.

"사람들은 병주성井州城 위에 자색 기운이 있다고 말하는데, 어찌 천주天柱가 그것에 응험하지 않을 것이라고 걱정하는가?"

이처럼 이주영의 부하들은 모두 효장제 원자유와 그와 가까운 사람들을 업신여겼으며 꺼리고 두려워하는 바가 없었다. 그리고 이주영이 황제가 되는 것을 당연하게 생각했다. 이 이야기를 전해 들은 원자유는 설사 이주영을 죽이지 않아도 자신이 쫓겨나게 될 것을 알았다.

이때 해의奚毅가 원자유를 알현하게 해달라고 청했다. 해의는 건의建義, 원자유가 등장하며 만든 연호 초에 이주영과 원자유 사이를 오가며 명령을 전하던 무위武衛장군이었는데 원자유는 매번 해의를 아주 중히 대했으나, 해의가 이주영과 가깝게 지내는 사이여서 실정을 말하지 못하는 처지였다.

그런데 해의가 명광전明光殿에서 원자유에게 말했다.

"만약 변고가 생기면 신은 차라리 폐하를 위하여 죽을지언정, 글호契胡, 글호족인 이주영를 섬길 수는 없습니다."

이주영의 측근인 줄로 알았던 해의가 이주영보다 자기를 더 가까이 하겠다는 말을 들은 효장제 원자유는 해의의 지극한 정성에 감복했다. 그래서 마침내 성양왕 원휘와 양간, 이욱을 불러서 해의가 말한 것을 알렸다.

한편 이주영도 성년 황제인 원자유가 점차 자신에게 걱정거리가 되자 그 대비책을 세웠다. 이주영은 그의 작은딸을 원자유의 조카인 진류왕陳留王 원관元寬에게 시집을 보내며 말했다.

"나는 끝으로 이 사위[원관]의 힘을 얻을 것이다."

이는 큰사위인 현임 황제 원자유를 폐위시키고 작은사위 원관을 황제로 세우겠다는 속내였다.

원휘가 이러한 상황을 분석했다. 이주영은 황후 이주영아가 아들을 낳으면 원자유를 폐위시키고 그 아들을 황제로 세울 것이고, 만약에 딸을 낳으면 작은사위 원관을 세울 작정이었다. 어찌 되었든 결국 효장제 원자유가 폐위되는 수순이었다. 이제 원자유는 더 이상 물러날 곳이 없게 되었다.

황제 원자유에게 죽은 이주영

북위 효장제 건명 원년(530년) 무자일(15일)에 효장제 원자유는 원천목을 불러서 낙양에 오게 하고, 원자유가 나가서 그를 맞이하였다.

드디어 신묘일(18일)에 원자유가 중서사인 온자승溫子昇을 불러서 이주영 암살 계획을 알리고, 아울러 후한 말에 왕윤이 동탁董卓을 죽이고도 나중에는 여포에게 죽게 되어 쿠데타에 실패한 이유를 점검하도록 지시했다. 그 결과 원자유는 이주영과 원천목을 죽이고 바로 그 무리들을 사면하면 그들은 이주영을 위해 움직이지 않을 것이라고 생각했다.

그러나 이주영 암살은 생각보다 쉽지 않았다. 양간 등 10여 명이 명광전明光殿의 동쪽에 숨어서 이주영을 죽이려고 준비했으나, 그날 이주영은 원천목과 나란히 식사하다가 미처 암살 준비를 다 마치기도 전에 일어나 나가버렸다. 양간 등이 동쪽 계단으로 궁전에 오르다가 이주영과 원천목이 이미 중정中庭으로 나간 것을 보고는 일을 실행하지 못했다.

1주일 뒤인 무술일(25일)에 원자유는 명광전의 동쪽 담에 군사를 매복시키고, 원휘를 이주영의 집으로 보내 거짓으로 이주 황후가 아들을 낳았다고 전했다.

원휘가 이주영이 있는 곳에 도착했을 때 이주영은 원천목과 놀이를 하던 중이었다. 원휘는 이주영의 모자를 벗기고는 춤추며 이주영의 주위를 빙빙 돌았다. 최고의 기쁜 일이 있을 때에 하는 의식이었다. 아울러 궁전 내의 문무백관이 무슨 소식을 전하는지 급히 나갔다.

이 광경을 본 이주영은 자기 딸 이주 황후가 아들을 낳았다고 믿고서 원천목과 함께 조정으로 들어간 것이다.

이주영은 깊이 생각하지 않고 주변 경계를 소홀히 한채 궁으로 들어갔다. 원자유는 동쪽 담 아래에서 서쪽을 향해 앉았고, 이주영과 원천목은 어좌御座의 서북쪽에서 남쪽을 향해 앉았다. 먼저 원휘가 들어와 절을 한 번 했다.

이어서 광록소경光祿少卿 노안魯安과 전어典御 이간희李侃晞 등이 칼을 뽑아 동쪽 문으로 들어오자 이주영은 위험을 감지하고 즉시 어좌를 향해 달려갔다. 그때 원자유가 미리 무릎 아래에 가

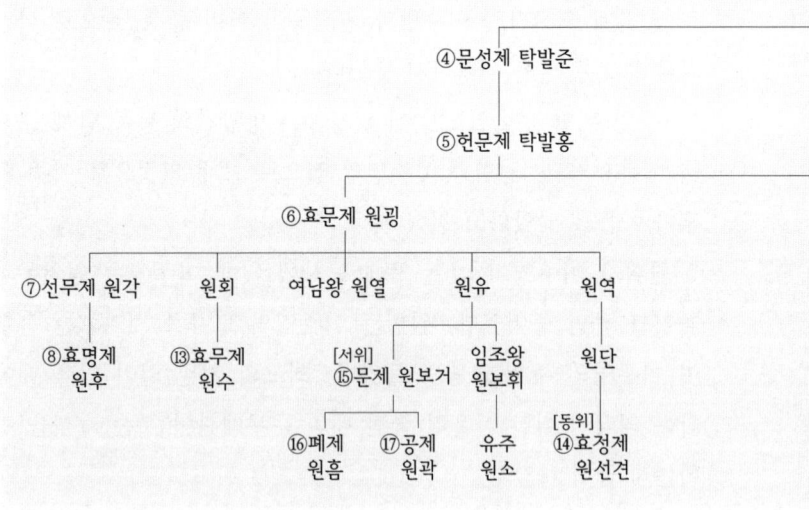

로 뉘여 놓았던 칼로 직접 이주영을 찔렀고, 뒤이어 노안 등이 어지럽게 찍으니, 이주영과 원천목이 모두 죽었다.

원자유가 천자의 지위를 가지고 힘겹게 권력자 이주영을 죽인 것이다. 이주영을 따라 궁전으로 들어왔던 이주영의 아들 이주보제爾朱菩提와 거기장군 이주양도爾朱陽覩 등 30여 명 역시 매복하고 있던 병사들에게 죽임을 당하였다.

원자유가 죽은 이주영의 홀笏을 얻어 보니 그 위에는 몇 개의 글이 있었는데, 가까운 사람들 가운데 남길 사람과 제거할 사람

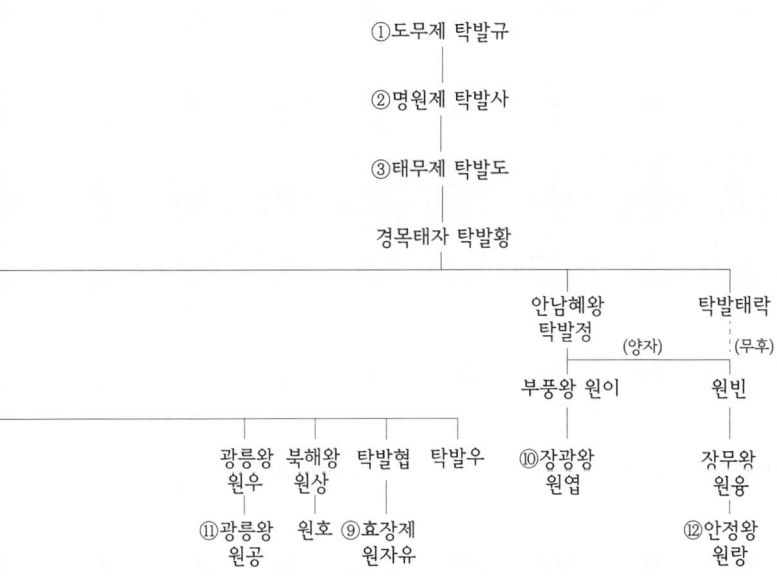

◆ 북위 황실 계보도

이 적혀 있었고, 그의 심복이 아닌 사람은 이미 내보낼 곳이 정해져 있었다. 홀이란 신하가 황제를 만날 때에 가지고 다니는 판으로 보통 여기에 중요한 사항을 메모한다.

원자유가 말했다.

"그놈이 만약 오늘을 넘겼다면 끝내는 제어할 수 없었겠다."

이에 안팎으로 기뻐하고 떠들썩한 소리가 낙양성에 가득 찼고, 문무백관이 들어와서 축하했다. 원자유는 창합문閶闔門에 올라 조서를 내려 크게 사면하고, 무위장군 해의와 전 연주燕州, 하북성 탁록현 자사 최연崔淵을 파견하여 군사를 거느리고서 북중北中, 황하대교 북부에서 진수하도록 했다. 만일을 대비한 준비였다.

다시 이주씨에게 폐립되는 황제들

이주영이 죽은 영안 4년(530년) 9월 무술일(25일) 밤에 그의 부인 북향北鄕장공주는 이주영의 부곡을 인솔하고서 서양문西陽門을 불태우고 나가서 하음河陰, 하남성 맹진현에 주둔했다. 이주영의 동생 이주세륭 등은 하교를 공격하여 해의 등을 사로잡아 죽이고는 북중성北中城을 점거했다. 황제와 이주씨가 대치하는 상황이 되었다.

10월에는 이주영의 조카인 분주汾州, 산서성 습현 자사 이주조爾朱兆(?~533년)가 이주영이 죽었다는 소식을 듣고서 기병을 하여 이주영의 본거지인 진양晉陽, 산서성 태원시을 점거했다.

그리고 이주영의 동생 이주세륭과 장자長子, 산서성 장자현에서 두 사람이 만났다. 그리고 이들은 임신일(30일)에 장광왕長廣王 원엽元曄(?~532년)을 추대하여 황제 자리에 오르게 하였다. 원엽은 탁발황의 증손자이니, 효장제 원자유에게는 재당숙인 사람◆이다. 이주씨는 원자유가 있는데도 새로 황제를 세운 것이다. 다시 북위에는 두 명의 황제가 있게 되었다.

이주씨들이 원엽을 황제로 추대한 이유는 원엽이 이주씨의 근거지인 진양과 가까운 병주 태수로 있었기 때문이다. 원자유와 대결하기 위해서는 황제가 필요했고, 이주씨들이 손쉽게 접근할 만한 지역에 원엽이 있었기 때문에 그를 뽑은 것이다.

효장제 원자유는 이주영을 제외한 모든 사람들을 사면하고, 이주영의 동생 이주세륭에게도 철권을 주어 회유하려고 했지만 실패하였다. 이로써 원자유와 이주씨의 타협은 불가능한 상태에 이르렀다.

두 진영에서 전투가 있었고, 결국 12월 갑진일(3일)에 이주조의 기병이 원자유를 잡아서 영녕사永寧寺 누각 위에 잡아 매달았다. 원자유가 추위를 호소하며 두건을 청했지만, 이주조는 주지 않았다.

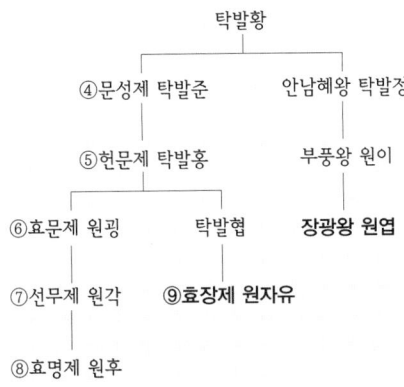

◆ 원자유와 원엽의 관계도

이주조는 상서성尚書省에 군영을 만들고 천자의 금고金鼓를 사용하고 정원에 물시계를 설치했다. 또한 이주 황후 소생인 원자유의 아들을 때려죽이고, 빈嬪과 왕비, 공주를 더럽히고 욕되게 하였다. 군사를 풀어서 백성을 크게 약탈하게 하고, 사공인 임회왕臨淮王 원욱元彧과 상서좌복야인 범양왕范陽王 원회元誨, 청주青州 자사 이연식李延寔 등을 죽였다. 이주조는 철저하게 원자유에 대한 보복을 감행했다.

이주조는 이주세륭이 뒤늦게 낙양에 도착하자, 낙양을 점령한 것을 자기의 공으로 여기고 삼촌 이주세륭을 나무라며 말했다.

"숙부는 조정에 계신 지 오래여서 응당 이목耳目이 넓을 것인데, 어떻게 천주天柱장군[이주영]으로 하여금 재앙을 받도록 하셨습니까!"

그리고 눈을 부릅뜨며 사나운 소리와 얼굴색으로 칼을 어루만졌다. 이주세륭이 겸손한 말로 절하며 사과하자 겨우 진정하였다. 하지만 이 일로 인해 이주세륭은 이주조를 깊이 원망하게 되었다.

이주조는 낙양에 오래 머물 틈이 없게 되자 이주세륭과 이주도률爾朱度律, 이주영의 사촌, 이주언백爾朱彦伯, 이주영의 동생 등에게 낙양을 진수하도록 하고 진양으로 돌아갔다. 갑인일(13일)에 이주조는 원자유를 진양으로 옮기고, 갑자일(23일)에 진양의 삼급불사三級佛寺에서 목을 매어 죽였다. 그리고 이주영의 작은사위인 진류왕 원관 역시 함께 죽였다.

이주조는 이주영의 죽음을 계기로 군사를 일으켰지만 이주영의 뜻을 받들기는커녕 그의 가족을 모두 죽인 것이다.

다시 세워지는 황제들

효장제 원자유가 감옥에 갇힌 이후 궁실에 황제가 살지 않은 것이 100일 가까이 되었다.

이주세륭의 형제는 이주조가 후임 황제로 점찍은 장광왕 원엽이 혈통으로 보아 소원하고 또 인망이 없다고 판단하여, 그를 대신하여 광릉왕廣陵王 원공元恭(498년~532년)을 세울 것을 은밀히 논의했다.

원공은 헌문제 탁발홍의 손자이고, 광릉왕 원우元羽의 아들이어서 원자유와는 사촌이었다. 또한 원공은 배우기를 좋아하고 큰 뜻과 넓은 도량을 가지고 있었다고 알려졌다. 그러므로 이주조가 세운 원엽이 원자유의 재당숙인 점을 생각한다면 원공이 황제로서는 더 낫다고 생각한 것이다.

관서대행대關西大行臺의 낭중 설효통薛孝通이 이주천광에게 유세하였다.

"광릉왕 원공은 고조高祖, 원굉의 조카이며 일찍부터 좋은 명망을 가졌고, 침착하며 감추어 말하지 않고 세월을 많이 겪었으니, 만약 받들어 주군으로 삼으면 반드시 하늘과 사람에게 알맞고 화합될 것입니다!"

예전에 누군가 효장제 원자유에게 원공이 벙어리를 가장하고 있으며 장차 반역의 뜻을 갖게 될 것이라고 모함한 적이 있었다. 이 말을 전해들은 원공은 원자유가 오해하여 자신을 죽일까 두려워 상낙산上洛山, 섬서성 상주시으로 달아났는데, 결국 낙주洛州, 하남성 낙양시 자사에게 잡혀 호송되었다.

그러나 원공을 오랫동안 감금하여 조사했지만 그에게서 반란의 증거를 찾을 수 없었기 때문에 위기를 모면할 수 있었다.

이런 말이 있었으므로 이주천광과 이주세륭은 그가 실제 벙어리인지 아닌지를 알아보기 위해 이주언백을 보내 진지하게 타이르고 또 협박하니 원공이 마침내 말했다.

"하늘의 뜻인데 무엇을 말하겠는가!"

결국 원공이 벙어리가 아니라는 사실이 밝혀졌고, 이에 이주세륭 등이 크게 기뻐하였다.

북위 보태 원년(531년) 2월 기사일(19일)에 장광왕 원엽이 망산 邙山, 낙양성 북부의 남쪽에 도착하자 이주세륭은 그를 위하여 선양문禪讓文을 만들고 태산泰山, 산동성 태안시 태수 두원竇瑗을 시켜 채찍을 쥐고 혼자 들어가서 황제 원엽에게 보고하도록 하였다.

"하늘과 사람의 희망이 모두 광릉왕廣陵王, 원공께 있으니, 요 임금과 순 임금의 일을 행하시길 원합니다."

이주조가 죽은 후 이주조에 의해 황제가 된 지 넉 달 만인 효장제 건명 원년(530년) 10월에 원엽에게 황제를 그만두고 다른 사람에게 넘기라고 말한 것이다. 게다가 이 말을 전하러 온 사람이 채찍까지 들고서 지켜보고 있던 상황이었다. 넉 달짜리 황제 원엽이 선양문에 서명하지 않을 수 없었다.

다시 이주언백 등 이주씨에 의해 황제에 오르게 된 원공은 표문을 올려 3번 사양한 후 황제에 즉위하고, 크게 사면했으며 연호를 보태普泰로 고쳤다. 그리고 보태 원년(531년) 3월에 황제에서 쫓겨난 원엽은 동해왕東海王이 되었다가 그 이듬해(532년) 10월에 피살되는 비극을 겪어야 했다.

이때 이주씨들은 권력을 잡고 황제를 세우거나 쫓아내긴 했지만 이들 외에 산동 지역에 근거를 둔 고환高歡이 성장해 있었다. 그래서 이들은 고환을 발해왕으로 책봉하여 회유하는 척하면서 낙양으로 불러 그를 제거하려고 했다.

하지만 고환은 이주씨의 회유를 거절했고, 얼마 후에는 이주씨를 제거한다는 명분으로 군사를 일으켰다. 그리고 가까이에 있는 발해渤海, 하북성 동광현 태수 원랑元朗을 황제로 세웠다. 원랑의 고조부는 탁발황이고 증조부는 탁발태락, 조부는 원빈, 아버지는 원융元融으로, 그는 원엽의 재종질◆이다. 보태 원년(531년) 10월 임인일(6일)에 원랑은 신도성信都城의 서쪽에서 황제 자리에 올랐다.

이제 북위에는 여러 명의 황제가 동시에 존재하게 되었다. 낙양에는 이주씨가 세운 원공이 있고, 신도에는 고환이 세운 원랑이 황제로 있게 되어 형식상 황제가 둘이 되었다.

그러므로 효명제 원후가 죽은 후로 이주씨가 세운 원자유, 원엽, 원공이 있고, 고환이 세운 원랑까지 네 명의 황제가 세워졌으며, 특히 원자유가 실패한 다음에는 1년 사이에 세 명의 황제가 들어선 것이다.

고환이 다시 뽑은 황제와 북위의 분열

이주씨를 제거한다는 명분으로 군사를 일으킨 고환이 세운 황제 원랑은 점차 고환과의 사이가 소원해졌다. 원랑은 북위 보태 2년(532년) 4월 신사일(18일)에 망산邙山, 낙양성 북부에 도착했다. 낙양으로 들어온 것이다.

그때 낙양에는 광릉왕 원공이 황제로 남아 있었다. 고환은 복야 위란근魏蘭根에게 낙양에 있는 관료들을 위로하고 타이르도록 지시했다.

◆ 효장제 원자유가 죽은 후 등장한 황제표

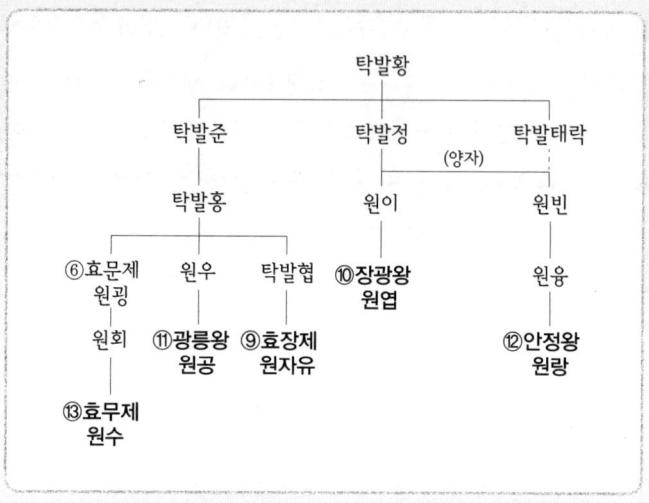

황제명	즉위와 폐위 시기	계통	사유
효장제 원자유	528년 2월 ~530년 12월	탁발황의 손자	호 태후가 아들 효명제 원후를 독살하고, 유주 원소를 세우자 **이주영**이 군사를 일으켜 호 태후를 처단하고 원자유를 세움
장광왕 원엽	530년 10월 30일 ~531년 2월 19일	탁발황의 증손자	이주영이 원자유에게 죽었다는 소식을 듣고 **이주조**가 장광왕 원엽을 황제로 세우고, 낙양에 들어와 원자유를 잡아서 진양에 데려가서 12월에 죽임
광릉왕 원공	531년 2월 19일 ~532년	탁발홍의 손자	**이주세륭** 형제가 원엽이 마땅치 않다고 생각하여 원엽에게 원공에 선양하도록 하여 원공을 세움
안정왕 원랑	531년 10월 6일 ~532년 4월 25일	탁발황의 고손자	산동의 군사 세력인 **고환**이 이주씨를 제거한다는 명분으로 군사를 일으키고 원랑을 황제로 세움. 원공은 계속 낙양에서 황제로 있음
효무제 원수	532년 4월 25일 ~534년	원굉의 손자	**고환**이 원랑을 압박하여 원수에게 선양하게 함

순리대로라면 자기가 세운 안정왕 원랑을 황제로 삼고, 원공을 폐위시켜야겠지만 이미 원랑과 소원해진 상태라 고환은 원공의 사람됨을 관찰했다. 그 결과 고환은 오히려 원공을 다시 황제로 삼으려고 하였다. 이로써 고환이 세웠던 원랑의 처지가 곤란해졌다.

그러나 고환의 세력은 똑똑한 황제가 서는 것을 원하지 않았다. 위란근은 원공의 정신이 고상하고 밝기 때문에 나중에 통제하기 어려울까 두려워 고건 형제와 황문시랑 최릉崔㥄과 함께 고환에게 원공을 폐하도록 권했다.

고환이 백관을 모아놓고 누구를 세울지 물었더니 대답하는 사람이 없었다. 오로지 태복 기무준綦毋儁만이 원공이 현명하다고 칭찬하며 의당 사직을 주관해야 한다고 말했다.

이에 고환의 측근인 최릉이 불쾌한 안색을 드러내며 말했다.

"만약 현명한 것을 말한다면 우리 고왕高王, 고환을 기다렸다가 대위大位에 올려야 했을 것입니다. 광릉廣陵, 원공이 이미 역적 오랑캐[이주씨]에게 추대되었는데 어찌 천자가 되겠습니까! 만약 기무준의 말을 좇는다면 대왕[고환]의 군대에게 어떻게 의로운 거사라고 이름을 붙이겠습니까?"

똑똑한 사람을 세우려면 고환을 세우자는 말로 원공을 반대한 것이다. 결국 고환은 원공을 숭훈불사崇訓佛寺에 유폐幽閉하였다.

그렇다고 이미 고환과 멀어진 원랑을 계속 황제로 세워 둘 수도 없었다. 그리하여 고환은 다시 새 인물을 탐색하였다. 고환은 효문제 원굉의 아들인 여남왕汝南王 원열元悅을 세우려고 했으나 그가 광폭하고 정상적이지 않다는 소문에 그만두었다.

이 당시 여러 왕들은 전란으로 목숨이 위태로워지자 대부분

달아나 숨어 있었다. 고환은 상서좌복야인 평양왕平陽王 원수元修를 세우기로 결정하고 그를 찾도록 지시하였다. 원수의 아버지는 효문제 원굉의 아들인 원회元懷였는데 그 역시 농가에 숨어 있었다. 결국 왕사정王思政이 원수를 찾았고, 고환이 그를 받들었다.

고환은 400명의 기병을 파견하여 원수를 영접하고 솜털로 만든 장막 안으로 들어가서 정성스런 마음으로 설명하자, 원수가 흘리는 눈물로 옷소매를 적실 정도였다. 어둑한 새벽에 문무백관이 채찍을 쥐고서 조현하였고, 곡사춘에게 권진표勸進表, 신하들이 쓴 황제로 나아가길 권하는 표문를 받들도록 하였다.

마침내 황제 원랑으로 하여금 조책詔策을 만들어 원수에게 황제 자리를 선양하도록 하였다. 4월 무자일(25일)에 원수는 낙양성 동쪽 외곽에서 황제 자리에 올랐다. 그리고 고환을 대승상·천주대장군·태사로 삼고 정주定州, 하북성 정주시 자사를 세습하도록 하였다.

효무제 원수는 고환의 장악 아래에서 영희 3년(534년)까지 2년 반 동안 황제 자리를 지켰다. 그 사이인 영희 원년(532년) 11월 갑진일(14일)에 고환은 황제였던 안정왕 원랑과 동해왕 원엽을 죽였다.

황제가 된 원수는 고환을 제거하려고 하다가 고환이 다시 군사를 일으키는 바람에 서쪽 관중으로 도망하여 우문태宇文泰에게 의탁하였다. 그러자 고환은 다시 효문제 원굉의 증손자인 원선견元善見을 세워서 황제로 삼았다. 이른바 동위東魏 왕조의 시작이었다.

이듬해에 우문태는 효문제 원굉의 손자인 원보거를 세워 황제로 삼으니 북위에는 고환이 세운 원선견과 우문태가 세운 원보거, 두 황제를 두게 되어 동서로 갈라졌다. 고환이 세운 산동 지역을 동위라고 하고, 우문태가 세운 관중 지역은 서위라고 부른다.◆

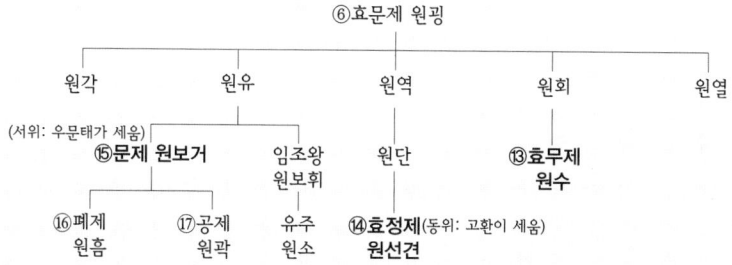

◆동·서위 황제 세계표

삼촌에게 밀려나는 북제의 황제
조카를 죽여야 안전하다

형제상속을 부자상속으로 바꾼 고민

북제 천보 10년(559년) 9월에 동위로부터 선양을 받아 북제 왕조를 열었던 고양高洋(529년~559년)은 술을 즐겨 마시다가 병을 얻었다. 그는 밥을 먹을 수 없게 되자 스스로 오래 살 수 없다는 것을 깨달았다.

그리고 황후 이조아李祖我에게 말했다.

"사람이 태어나면 반드시 죽음이 있으니 어찌 애석하다 하겠소? 다만 정도正道, 태자 고은가 어려서 다른 사람들이 장차 그것을 탈취할 것을 가련하게 생각할 뿐이오."

자신의 뒤를 이을 태자 고은高殷(545년~561년)이 황제 자리를 계속 유지할 지를 걱정한 것이다.

고양의 아버지 고환高歡(496년~547년)은 선비족으로 원래 이름은 하육혼賀六渾이었다. 그는 한화漢化하여 이름을 고환으로 바꾸었다. 고환은 북위에서 황제를 세우고 권력을 행사했으며, 결국 동위를 세웠다. 이후 고환의 권력을 이어받은 그의 장자 고징高

澄이 등장했으나 얼마 안 되어 죽고 둘째인 고양이 동위의 황제 원선견元善見에게 선양을 받아서 북제◆를 세웠다. 그리고 10년째 되는 해에 죽게 된 것이다.

　고양은 한족의 상속제도인 부자상속제에 의해 자기 아들 고은을 태자로 세웠다. 그러나 본래 선비족은 형제상속제를 따랐기 때문에 죽음을 앞둔 고양이 아들의 앞날을 걱정한 것이다.

　고은을 태자로 세운 것은 고양이 동위로부터 선양을 받던 북제 문선제 천보 원년(550년)이다. 그러므로 고은은 근 10년 동안 태자 자리에 있었고, 나이도 이미 15살이 되었기 때문에 나약한 후계자라 할 수 없었다. 그러나 고양은 태자 고은이 자기 족속인 북방의 선비족과 달리 한족의 성질性質을 갖게 되어 자신과 같지 않다고 혐오하면서 그를 폐출시키려고도 하였다.

　하루는 고양이 고은을 강하게 만들고자 금봉대金鳳臺, 동작대에서 직접 죄수를 죽일 것을 명령한 적이 있다. 그러나 고은은 난색을 표했고, 그래도 2~3번 시도하게 했지만 결국 죄인의 목을 베지 못했다. 그러자 고양은 크게 화를 내며 말채찍으로 직접 고은을 내리쳤다. 이 일로 인해 고은은 정신이 어둡고 흐려졌으며

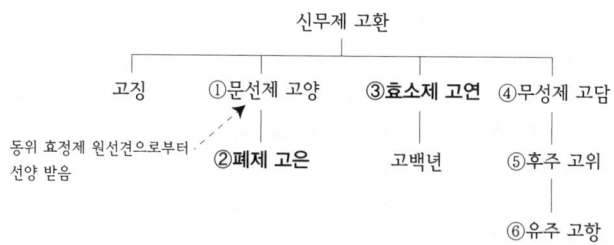

◆ 북제의 황제 세계표

말을 더듬게 되었다.
 문선제 고양은 연회에서 여러 차례 이런 말을 했다.
 "태자[고은]의 성격은 나약하고 사직의 일은 중요하니, 끝내는 마땅히 상산왕常山王에게 황제 자리를 전해줄 것이다."
 상산왕이란 바로 아래 동생 고연高演을 말한다. 그러나 태자소부少傅 위수魏收(507년~572년)와 양음楊愔(511년~560년)이 반대하여 이를 중지했었다.
 위수는 거록의 곡양曲陽, 하북 진현 출신으로 북위에서 벼슬을 하다가 북제시대에는 중서령 겸 저작랑을 지낸 이 시대의 대표적인 지식인이다. 그는 특히 한족 출신으로 이때에는 태자소부라는 태자의 스승으로 있었으니, 당연히 부자상속의 한족 원칙을 강조했다.
 또 양음도 홍농의 화음華陰, 섬서성 화음현 출신의 한족이었고, 경서 특히 《시詩》,《서書》,《춘추좌전春秋左傳》을 공부하였다. 그는 이주씨에 의해 집안이 멸문 당하자 이주씨에게 복수하고자 고환 밑으로 들어갔던 사람이다. 그러므로 그 역시 한족의 부자상속의 원칙을 주장했던 것이다.
 그래서 문선제 고양은 무제 영정 2년(558년) 6월에 북방으로 순시하는 동안 태자 고은에게 감국監國, 황제가 업무를 볼 수 없을 때에 국가의 업무를 대신하게 하는 일하게 하고, 이어서 대도독부大都督府를 설립하여 상서성尙書省과 많은 업무를 분할하여 처리하게 했으며, 관부를 열고 보좌하는 인원을 두게 하였다. 황제수업을 시킨 것이다.
 그래도 고양은 마음이 놓이지 않아 동생 고연을 불러 말했다.
 "찬탈할 것이라면 너에게 맡길 것이니 죽이지는 마라."

선비족의 형제상속과 한족의 부자상속 전통 사이에서 고민하면서 아들 고은의 안위를 걱정한 것이다.

고은의 즉위와 고연

결국 고양은 상서령인 개봉왕開封王 양음과 영군領軍대장군인 평진왕平秦王 고귀언高貴彦, 시중 연자헌燕子獻, 황문시랑 정이鄭頤에게 유조遺詔를 내려 후임 황제인 고은의 정사를 보필하게 하였다. 그리고 10월에 문선제 고양은 31살의 나이로 죽었다.

황제 자리에 오른 고은은 황태후를 높여 태황태후라고 하고, 황후를 황태후라고 하였으며, 조서를 내려 여러 토목과 금철金鐵의 주조와 같은 잡다한 작업은 모두 중지시켰다.

문선제 고양이 죽었을 때 그의 동생 상산왕 고연이 궁궐 안에서 장례에 관한 일을 관장했다. 이때 그의 어머니 누婁 태후는 선비족 출신으로 형제상속의 전통을 지켜서 고양의 후임으로 그 동생 고연을 옹립하고자 했지만 결실을 맺지는 못했다. 선비족의 한화 과정에서 두 종족의 전통이 혼재해 나타나고 있음을 보여주는 것이다.

하여간 일차적으로 한족의 부자상속이 전통이 승리히여 고은이 즉위하자 고연은 고은의 숙부이지만 조정에서 백관의 대열로 나아갔다.

고은은 복상기간에는 정치에 간여하지 않는다는 유가적 전통에 따라 숙부 고연에게 조서를 내려 동관東館에 머물게 하면서 상주上奏하고자 하는 사안을 모두 고연에게 먼저 묻고 나서 결정하라고 하였다. 정치를 숙부 고연에게 맡긴 것이다.

그러나 숙부에게 정치를 모두 맡긴다는 고은의 조치를 액면 그대로 받아들이기는 어려웠다. 우선 신임 황제가 된 고은의 주변에 있는 사람들이 이 상황을 예의주시하고 있었기 때문이다. 즉 고은의 후견인인 양음 등은 문선제 고양의 동생들인 고연과 고담의 지위와 처지가 아주 황제와 가까웠으므로 고은에게 불리할까 두려워 마음속으로 그들을 꺼렸던 것이다.

앞에서도 말했지만 사실 문선제 고양은 고은을 나약하다고 생각하여 아들을 태자에서 폐위하고 동생 고연을 태제로 삼으려는 생각까지 했었다.

이때 고은의 스승인 태자소부 위수는 양음에게 태자를 움직여서는 안 된다고 주장했었다.

"태자는 국가의 근본이기 때문에 동요시켜서는 아니 됩니다. 지존至尊께서 술 석 잔을 마신 후에는 매번 상산왕[고연]에게 전위傳位하신다고 하니, 신하들로 하여금 두 마음을 품도록 의심하게 합니다. 만약 그것이 사실이라면 당연히 그것을 결행하십시오. 이런 말은 장난삼아 하는 것이 아니오니 다만 국가를 불안하게 할까 두렵습니다."

위수는 당연히 태자를 위해 일하는 사람이기 때문에 직접 고양에게 말하지 않고, 상서령인 양음에게 자신의 생각을 말하고, 이를 황제에게 전달해주기를 바랐던 것이다. 술김에라도 동생 고연에게 전위한다는 말을 하지 말라는 뜻이었다.

이처럼 양음은 고은이 태자였을 때부터 그를 도운 인물이다. 이제 문선제 고양이 죽고 고은이 황위에 올랐으니 고은의 안정을 위해 관심을 기울이고, 고연을 경계하는 것은 당연한 일이었다.

이러한 상황을 간파한 고연은 궁궐에서 나가 집으로 돌아갔고 이로부터 조칙에는 대부분 관여하지 않게 되었다. 권력에서 한 발짝 물러서게 된 것이다.

시시각각으로 닥치는 위협

이러한 상황에서 누군가 고연에게 말했다.

"사나운 새[고연]가 둥지를 떠나면 반드시 알을 찾아내려는 우환이 있게 마련입니다. 오늘날 왕께서 어찌하여 마땅히 자주 나가십니까?"

원래 고연에게 힘이 없었었다면 모르겠지만 힘이 있었던 고연이 물러나면 고연에 반대하는 사람들은 고연이 다시 재기할 수 없게 하려고 공격할 수도 있다는 말이다. 이는 곧 누군가가 고연을 해칠 수 있으니 조심하라는 뜻이었다.

이리하여 고연은 스스로 조심했다. 그래서 이때 중산中山, 하북성 정주시 태수 양휴지陽休之가 고연의 집에 찾아왔지만, 고연은 만나주지 않았다. 양휴지는 고연에게 적극적으로 정치에 참여할 것을 권했던 사람이었고, 고연은 괜한 오해를 살까 걱정하여 외부 사람들을 기피한 것이다.

그러자 양휴지가 왕우王友, 왕의 벗이라는 관직 왕희王晞에게 말했다.

"옛날 주공周公은 아침에는 100편의 책을 읽고 저녁에는 70명의 선비를 만나보고도 오히려 부족할까 두려워하였는데, 녹왕錄王, 고연께서는 무엇을 의심하여 이처럼 빈객을 막고 끊으시려고 합니까?"

고연에게 거리낌 없이 정사에 참여하라는 간언이었다. 양휴지는 고연에게 뒤로 물러나려 해도 물러설 수 없는 위치에 있다고 강조한 것이다. 그리고 주공이 7년간 성왕成王을 끌어안고서 섭정하다가 현명한 군주에게 되돌려주었던 고사를 인용하면서 어린 조카를 보좌하여 왕도정치를 편 주공의 역할을 하라고 주문하였다.

한편 새로 황제가 된 고은도 비록 고연에게 정치를 맡긴다고 말했지만 숙부 고연과 고담에 대한 경계의 끈 역시 놓지 않고 있었다.

애초에 황제 고은의 아버지인 문선제 고양은 북주와의 대결에서 중요한 지점인 진양晉陽, 산서성 태원시에 갔다가 죽었다. 그래서 고은은 진양을 떠나려고 하였다. 그렇다면 북주를 경계하기 위해서 고연과 고담을 그곳에 남겨두어 이 지점을 지키도록 하는 것이 가장 바람직했다.

하지만 그들을 그곳에 남겨두면 그들이 독자적인 세력을 형성할 것을 걱정한 고은의 측근들은 고연과 고담을 모두 데리고 도읍 업鄴, 하북성 임장현으로 오게 하였다. 조카와 숙부가 서로 경계하고 있었던 것이다.

한편 황제 고은을 돕는 무리들은 빠르게 움직였다. 양음이 칙명을 선포하여 거가를 따르는 5천 명의 군사를 서중西中, 진양에 남겨서 은밀히 비상사태에 대비하도록 하였다. 또 고은의 고모인 동평東平공주와 결혼한 영군領軍대장군 가주혼천화可朱渾天和는 고연과 고담을 죽이자는 의견을 내기도 했다.

"만약 두 왕을 죽이지 않으면 어린 군주께서는 스스로 편안할 도리가 없습니다."

연자헌燕子獻은 태황태후를 북궁北宮에 머물게 해서 황태후가 정권을 잡을 수 있도록 꾀하자고 하였다. 태황태후 누씨는 고연과 고담의 어머니이고, 황태후 이씨는 고양의 황후로 한족 출신인 고은의 어머니이다. 이는 태황태후 누씨의 권한을 빼앗는 것으로 중요한 권력의 이동을 도모한 것이다.

시중 송흠도宋欽道가 고은을 대면하여 아뢰었다.

"두 숙부는 위엄과 권세가 이미 무거우니 마땅히 빨리 그들을 제거하여야 합니다."

그래도 불안감을 떨치지 못한 양음 등은 고연과 고담 두 왕을 경사에서 지방으로 내보내 자사로 삼는 것이 좋을 것이라고 생각했다. 하지만 고은이 마음이 약해서 그러지 못할 것 같자, 이러한 조치가 황제 고은이 안정을 찾고 위기를 벗어나는 방법이라고 이 태후에게 두루 건의했다.

그러나 결국 두 왕을 모두 밖으로 내보낼 수 없다고 논의하고, 그 중간 정도의 결론을 내려 장광왕 고담에게 진양을 진수하게 하고, 상산왕 고연을 녹상서사로 삼자는 상주문을 올렸다.

삼촌들의 선제공격

두 친왕은 관직을 제수 받고 난 후 상서성에서 백관들을 대대적으로 소집했다. 문선제 고양이 죽고 고은이 등극한 지 넉 달 만이었다.

그동안 새롭게 권력을 잡은 양음 등은 황제 고은을 내세워 이전 시대에 잘못 처리했다고 생각되는 일을 고치려고 하였다. 특히 천보 8년(557년) 이후 3년 간 작위와 포상이 남발되었다고 하면서 이를 조사하여 추려내어 걷어내고자 하였다. 그러면서 양음은 자신이 먼저 개부開府, 관부를 열 수 있는 직위와 개봉왕開封王의 왕작을 벗어던지겠다고 표문을 올렸다.

양음의 이러한 조치는 곧바로 같은 조건에 있는 다른 사람을 쫓아내는 결과를 가져왔다. 이로 말미암아 황제의 사랑과 총애를 받다가 한순간에 관직을 잃게 될 처지에 놓인 사람들이 많아졌고, 이들은 모두 고담과 고연에게로 마음을 돌렸다. 급진적인 개혁이 사람들의 반발을 산 것이다.

예를 들자면 평진왕平秦王 고귀언高歸彦은 애초에 양음, 연자헌과 한마음이었으나, 이러한 일이 있고서부터 마음이 변해 고연과 고담을 따르게 되었다. 신하들 사이에서도 이합집산이 일어나고 있었던 것이다.

이러한 상황에서 고연과 고담이 백관들을 대대적으로 소집한 것이다. 고담은 아침에 연회가 열리는 녹상서의 후실에 집안의 노복 수십 명을 매복시켰다. 그는 하발인賀拔仁과 곡률금斛律金 등과 함께 미리 연회에서 행동할 요령과 기회에 대해 말했다.

"술을 돌리다가 양음 등에게 이르면 내가 각기 두 잔을 권할 것이오. 그러면 그는 분명 사양한다고 말하겠지요. 그때 내가 '술잔을 잡으시오'라고 두 번 말한 후에 다시 '어찌 잡지 않으시오?'라고 할 터이니 그때 곧바로 그를 붙잡으시오."

철저하게 미리 준비한 것이다. 연회에서 이 작전은 성공했다. 양음은 붙잡히는 순간에 크게 소리치며 말했다.

"여러 친왕들이 반역을 저질러 충성스럽고 선량한 사람들을 죽이고자 하는구나! 천자를 높이고 제후의 힘을 깎으며 붉은 마음으로 나라를 받들었는데 무슨 죄가 있단 말인가?"

이 상황을 본 고연은 그들을 가혹하게 대하지 말라고 했지만,

동생 고담은 이에 반대하며 주먹과 몽둥이로 마구 때렸다. 각기 10명이 양음과 가주혼천화, 송흠도를 붙잡고 있었고, 그들 모두 머리와 얼굴에서 피가 흘렀다. 연자헌은 낭패狼狽한 모습을 보자 연회에 참석했던 무리를 밀치고 달아났지만 곡률광이 좇아가서 그를 사로잡았다.

연자헌이 탄식하며 말했다.

"대장부가 계획을 지연시키면 결국 이 지경에 이르는구나!"

또 태자태보 설고연薛孤延 등으로 하여금 정이를 상약국尙藥局에서 잡게 하였다. 정이가 말했다.

"지혜로운 사람의 말을 듣지 않아서 이 지경에 이르렀으니, 어찌 운명이 아니겠는가?"

그들이 선제공격을 하지 못한 것을 후회한 것이다.

고연과 고담은 평진왕 고귀언, 하발인, 곡률금과 함께 양음 등을 데리고서 당돌하게 운룡문雲龍門으로 들어갔다. 개부의동삼사 성휴녕成休寧이 칼날을 들이밀며 고연을 꾸짖자, 고연은 고귀언에게 그를 회유하도록 시켰다. 하지만 성휴녕은 성난 소리로 꾸짖으며 따르지 않았다.

고귀언은 오랫동안 영군장군으로 지내왔으므로 평소 군사들이 복종했던고로 병사들을 동원해서 온갖 무기를 풀어놓으니, 성휴녕은 결국 탄식을 하고는 포기했다.

한족 태후와 선비족 태황태후

고연이 소양전昭陽殿에 들어가자 황제 고은과 태황태후가 나란히 나왔는데, 태황태후 누씨는 전殿 위로 올라가 앉았고, 황태후 이씨와 황제 고은은 그 곁에 섰다. 고담과 고귀언은 주화문朱華門 밖에 있었다. 고연이 바닥에 깔려 있는 벽돌에 머리를 조아리며 말씀을 올렸다.

"신과 폐하는 뼈와 살을 나눈 지극히 가까운 사이인데 양준언楊遵彦, 양음 등이 홀로 조정의 권세를 멋대로 하여 위세를 부리고 복록을 주는 일이 자기 것처럼 하니, 왕공王公 이하가 모두 발을 포개고 숨을 죽였습니다. 그래서 함께 입술과 이가 되어 어지러워지는 실마리를 만들었으니, 만약 일찍 도모하지 않았다면 반드시 종묘와 사직에 해악이 되었을 것입니다."

고연은 쿠데타를 일으킨 배경을 설명하면서, 양음의 전횡이 그 이유라고 했다. 이어서 말했다.

"신臣, 고연과 고담은 국가의 일이 중하다고 생각하고 하발인과 곡률금은 헌무獻武, 고양황제의 창업을 애석하게 여겨 함께 양준언 등을 잡아 궁으로 들어왔는데, 아직은 감히 형벌을 가하여 죽이지는 않았습니다. 독단으로 이를 처리한 죄는 진실로 만 번 죽어 마땅합니다."

이때 조정의 안과 양무兩廡에 있는 위사衛士 2천여 명이 모두 갑옷을 입고 조칙을 기다리고 있었다. 문선제 고양이 총애하던 무위武衛 아영락娥永樂도 그곳에 있었는데, 그가 칼을 조금 뽑아 올리며 고은을 쳐다보았지만 고은은 곁눈질로도 그를 보지 못했다. 고은은 절호의 기회를 놓친 것이다.

황제 고은은 본래 어눌하고 말을 더듬거렸는데 갑자기 일을 당한 터라 더더욱 말을 하지 못했다. 이러한 상황을 간파한 태황태후 누씨가 무기를 거두라고 성을 내며 명령하자 위사들이 마침내 물러갔다.

태황태후 누씨는 자기 사위인 양음이 피해를 입은 것을 보고도 오히려 황제 고은을 나무랬다.

"이들이 반역의 마음을 품어서 나의 두 아들[고연과 고담]을 죽이려고 하고, 장차 나에게까지 그 화가 미칠 뻔하였는데 너는 어찌하여 그들을 내버려두었느냐?"

결국 태황태후 누씨는 자기의 권력이 고은의 생모인 이 태후에게 돌아가고, 자기 아들들이 해를 당할 수 있었던 상황이었으므로 손자인 황제 고은보다 아들 고연의 입장을 수용한 것이다. 그리고 며느리 이 태후에게 맹세를 하면서 말했다.

"고연은 다른 뜻이 없고 단지 압박하는 것을 없애고자 하였을 뿐이오."

태황태후 누씨는 양음 등이 고연을 압박했기 때문에 어쩔 수 없었던 것이라며 쿠데타를 일으킨 고연을 도리어 변호한 것이다. 태황태후 누씨가 이처럼 고연의 행동을 대수롭지 않게 여기자 이 태후도 가만히 있을 수가 없었다.

이 태후가 황제 고은에게 말했다.

"어찌하여 숙부를 안심시키고 위로하지 않는 것이오?"

황제 고은이 대답했다.

"나는 천자지만 감히 숙부들을 애석하게 생각해달라고 하지 못하는데, 하물며 한족 사람들은 말해 무엇 하겠습니까? 다만 이 어린 목숨을 비니, 이 어린아이는 스스로 전각을 내려와 갈 터이므로 이들을 숙부의 처분에 맡기겠습니다."

태황태후의 판결로 쿠데타는 성공한 것이다. 마침내 정이와 가주혼천화, 연자헌, 송흠도, 아영락 등의 머리를 베어 모두 죽였다. 결국 부자상속을 주장하고 지켰던 한족 출신의 신하들이 형제상속의 습관을 가진 북제의 황실 사람들에게 쫓겨난 것이다.

그리고 다시 사흘이 지난 무신일(26일)에 고연은 대승상·도독중외제군·녹상서사, 고담은 태부·경기대도독, 고단소는 대장군, 평양왕平陽王 고엄은 태위, 평진왕 고귀언은 사도, 팽성왕彭城王 고유는 상서령이 되었다.

형제상속을 부자상속으로 바꾸고 이를 유지하기 위해 한족들에게 고명을 내렸던 문선제 고양의 계획은 실현되지 못했다. 선비족 출신의 태황태후가 한족 출신의 황태후와 그 신하를 이긴 것이고, 선비족의 형제상속의 유제遺制, 습관으로 내려온 제도가 계속된 것이다.

물러설 수 없었던 고연

쿠데타를 성공시켜 승상이 된 고연은 권력을 잡았으나, 조카인 황제에게 반기를 들었다는 비난을 의식하여 쉽사리 다음 조치를 결정하지 못하고 있었다. 그래서 유학자인 왕희에게 물었다. 그런데 왕희는 고연과 달리 생각하고 있었다.

"조정[고은]에서 근자에 친척들[고연 등]을 소홀히 하고 멀리하였는데 전하[고연]께서 갑작스럽게 움직이셨으니 이것은 신하로서 할 일이 아니었던 것입니다. 가시가 등에 있고 위아래 사람들이 서로 의심하니 어찌 오래갈 수 있겠습니까?"

신하인 삼촌이 황제인 조카에게 반기를 든 것에 대해 부정적으로 대답한 것이다. 유학자로서는 당연한 대답이었다.

그러나 고연도 할 말이 있었다.

"난리를 구제하고 때를 바로잡기 위해서는 바야흐로 성스럽고 사리가 밝은 사람을 기다려야 하니 내가 어찌 사사롭게 논하겠는가? 말을 많이 하지 않으면 좋겠다."

고연은 왕희가 자기의 말을 받아 주지 않자 토론을 미루었다. 그 후 조도덕趙道德도 말했다.

"상왕相王, 고연께서는 주공이 성왕을 보필하던 것을 본받지 않고 골육骨肉 간에 서로 빼앗으려고 하니, 후세에 이를 찬탈이라고 말하는 것을 두려워하지 않는 것입니까?"

태황태후 누씨도 이 말이 맞다며 조도덕의 편을 들었다. 고연이 황제 자리에 나갈 길이 막힌 것이다. 그러나 고연은 여기에서 멈출 수는 없었다.

계속하여 이 문제를 태황태후 누씨에게 말했다.

"천하 사람들의 인심이 아직 안정되지 않아서 갑자기 변화가 일어날까 두려우니, 모름지기 일찍 명칭과 지위를 결정하셔야 합니다."

고연이 내세운 명분은 천하를 안정시켜야 한다는 것이었다. 결국 태황태후가 고연의 말을 따랐다.

8월에 태황태후 누씨가 명령을 내려서 황제 고은을 폐위하여 제남왕濟南王으로 삼고 별궁으로 나가서 거주하게 했다. 이어 태황태후 누씨는 고연에게 대통을 잇게 하면서 그에게 당부했다.

"제남[고은]에게 다른 일이 생기게 하지 마라."

폐위된 고은을 죽이지는 말라는 말이었다.

결국 고연은 자기의 근거지인 진양에서 황제 자리에 올라 크게 사면하고 연호를 황건皇建으로 고쳤다. 손자 고은이 황제일 때 태황태후로 불렸던 누 태후는 다시 황태후가 되었고, 황태후였던 고양의 어머니는 문선文宣황후로 삼고 그녀가 사는 궁의 이름도 소신궁昭信宮으로 바꾸었다. 고양에게서 고은으로 이어진 부자상속은 속절없이 끝나고 말았다.

부자상속으로 바뀌는 과정에서 일어난 비극
북제의 황제가 된 고연은 양음과 연자헌을 죽일 때 자신을 도운 동생 장광왕 고담을 태제太弟로 삼기로 약속했었다. 그러나 고연이 황제가 된 이후 약속과는 달리 아들 고백년高百年을 태자로 세우니, 고담은 마음속으로 불만을 가지게 되었다.

고연은 황제가 되기 전에 형제상속의 전통을 지키겠다는 약속을 했지만 황제가 된 이후에는 다시 부자상속을 기도한 것이다.

이때 효소제 고연은 진양에 있었고, 동생 고담은 업鄴, 하북성 임장현에 머무르며 국경을 지키고 있었다. 고연은 고담의 권한을 약화시키기 위해 인사조치를 단행했다. 영군장군 고적복련庫狄伏連을 유주幽州, 북경시 자사로 삼고, 곡률광斛律光의 동생 곡률선斛律羨을 영군장군으로 삼은 것이다.

그러나 고담은 효소제 고연의 이런 조치에 대해 자신의 권한이 작아지는 것을 꺼려하여 전임자인 고적복련을 영군장군부에 그대로 머물게 하여 신임자인 곡률선이 직무를 수행하는 것을 허락하지 않았다. 곡률선이 업무를 보지 못하도록 방해한 것이다.

조카 고은을 쫓아낼 때는 형제가 그 뜻을 같이 했지만 이제 고연과 고담 형제는 다시 충돌하게 되었다.

한편 조카의 자리를 빼앗은 고연은 황제 자리에서 쫓겨난 고은이 계속 신경이 쓰였다. 비록 그의 어머니 누 태후로부터 조카를 죽이지 말라는 부탁을 받았지만 불안한 생각을 떨치지 못했다. 왜냐하면 고은은 기회가 되면 언제든지 황제 자리를 되찾을 수 있는 사람이었기 때문이다.

그런데 어느 날, 천기天氣를 보고 미래를 예측하는 사람이 평진왕 고귀언에게 말했다.

"업鄴 안에 천자의 기운이 있습니다."

이는 제남왕으로 강등되어 업에 안치된 고은을 말하는 것이었다. 이 말이 맞다면 정치적으로 큰 소용돌이가 예상되었다.

고귀언은 실제로 그러한 일이 벌어진다면 자신이 제일 먼저 제거될 것이라는 두려움을 느꼈다. 왜냐하면 고귀언은 고은을 폐위시킬 때에 군사력을 동원했기 때문이었다.

그래서 고귀언은 이 천기를 본 내용을 들어 효소제 고연에게 고은을 제거하라고 권고했다. 고연은 마침내 고은을 징소하여 진양으로 불러들였다. 고연이 고은을 죽이려고 한 것이었다.

장광왕 고담의 선택

한편 고담은 형 고연과 함께 쿠데타를 일으켰지만, 고연은 1년 만에 자신의 권력을 줄이려고 하였고, 또 태제로 삼겠다는 약속도 지키지 않았다. 게다가 폐위된 고은을 황제 고연이 있는 진양으로 불러들였다는 소식을 접한 고담은 불안해졌다.

내심 마음이 불안했던 고담은 측근 고원해高元海에게 계책을 물었다. 고원해는 고조高祖, 고환의 종손從孫으로 기밀을 관장하는 역할을 하고 있었다. 고원해는 고담에게 3가지 계책을 내놓으면서 그 가운데서 선택하라고 하였다.

고원해는 상책이라면서 말했다.
"고연이 그대 고담을 죽이려고 하니, 황제와 황태후가 있는 진양으로 가서 황태후에게 살려달라고 하고, 황제에게는 모든 관직을 다 내놓겠다고 말하십시오."

효소제 고연에게 완전히 항복하는 자세를 취하라는 것이다.

그는 다시 중간 단계의 계책을 내놓았다.

"표문을 올려서 현재 가지고 있는 권력이 너무 크니 조그만 곳의 자사나 시켜달라고 청하십시오."

이는 관직을 줄여서 고연으로부터 오해를 받지 않는 방책이었다.

마지막 계책은 고연이 고은의 황제자리를 빼앗은 것에 대해 직접 성토하고 나서라는 것이다.

"문무의 관료를 소집하여 제남왕[고은]을 징소하라는 조칙을 보여주고서 곡률풍락斛律豊樂, 곡률선을 붙잡고, 고귀언의 목을 베어 제남왕을 높이 세우고는 천하 사람들을 호령하며 순리로써 반역을 토벌하는 것이니, 이것은 만 년에 한 번 오는 기회입니다."

황제에서 쫓겨난 고은을 다시 황제로 세운다는 명분으로 일어나서 고은이 내쫓길 때 고연을 위해 일했던 사람을 다 죽이라는 의미로, 결국 쿠데타를 일으키라는 말이었다.

고담의 입장에서는 마지막 계책이 마음에 들었으나, 승리할 자신이 없었다. 망설인 끝에 점을 쳐보았더니 거사하는 것보다 가만히 있는 것이 길吉하다는 결과가 나왔다. 또 다른 점괘에서도 효소제 고연이 곧 죽는다고 나왔다. 그렇다면 군사를 일으키지 않아도 고담이 황제가 될 것이라는 내용이었다.

그리하여 고담은 점괘에 따라 고연에게 반기를 드는 대신 황제의 명령을 수행하기로 했다. 그래서 고연의 명령대로 수백 명의 기병을 동원하여 고은을 호송하여 진양에 보냈다.

고은이 진양에 도착하자 효소제 고연은 그를 짐독酖毒시키려고 하였고, 고은이 따르지 않자 결국 목 졸라 죽였다. 이는 어머니 누 태후의 부탁을 거절한 것이며, 형 문선제 고양의 유지를 저버린 행동이었다. 그러나 고담의 입장에서는 자신이 황제가 되는 길목으로 가는데 있어서 하나의 방해물을 형 고연이 대신 제거해 준 것뿐이었다.

효소제 고연은 얼마 지나지 않아서 자신의 행동을 후회했지만 소용없는 일이었다.

다시 조카를 죽인 고담

그런데 엉뚱한 사고가 일어나는 바람에 사태가 갑작스럽게 전환되었다.

북제 문제 천가 2년(561년) 10월에 효소제 고연이 사냥하러 나갔다가 토끼가 갑자기 나타나는 바람에 타고 있던 말이 놀랐고 그 때문에 말에서 떨어졌다. 이 우연한 사고로 고연은 갈비뼈가 부러졌다.

누 태후는 고연의 상처를 살펴본 후, 손자 고은이 있는 곳을 물었다. 그러나 누 태후의 물음에 고연은 대답할 수가 없었다. 그제야 상황을 알게 된 누 태후는 화를 내며 말했다.

"그[고은]를 죽였느냐? 나의 말을 듣지 않았으니 너도 죽는 것이 마땅하다."

고은을 죽이지 말라는 자기의 부탁을 어긴 것에 대한 분노이며, 또한 고연이 죽은 후의 후사를 걱정한 황태후의 한탄이기도 했다.

병상에 눕게 된 지 한 달이 지난 11월에 효소제 고연은 자기가 더 이상 살 수 없다고 생각하고 조서를 내렸다. 아들 고백년이 어리므로 장광왕 고담을 징소하여 대보大寶를 잇게 한다는 내용의 유지諭旨를 상서우복야인 조군왕趙郡王 고예高叡에게 보냈다.

또 고담에게 편지를 보내 말했다.

"고백년은 죄가 없고 네가 즐거워하는 곳에다 그를 놓아줄 수 있으니 앞 사람을 본받지 마라."

이 말은 자신이 동생 고담과의 약속을 어기고 아들 고백년을 태자로 삼았지만, 그 죄는 고백년에게 있지 않다며 아들을 감싸며 변명한 것이다. 또 자기는 비록 조카를 죽였지만 자기를 본받지 말고 아들을 살려 달라는 아버지의 슬픈 부탁이었다.

효소제 고연은 이날 진양궁에서 죽었다. 조군왕 고예가 먼저 황문시랑 왕송년王松年을 업에 보내 고담에게 소식을 알렸고, 고연이 유언으로 남긴 명령을 선포했다.

이 소식을 들은 고담은 혹시 자신을 속이는 것은 아닌지 의심하였다. 그래서 먼저 자기의 측근을 사자로 보내 빈소에 가서 관을 열고 얼굴을 확인하게 하였다. 사자가 확인 후 이를 보고하자 고담은 기뻐하며 진양으로 달려갔다. 그리고 고연을 호위하던 금위군을 믿지 못했던 고담은 측근 하남왕河南王 고효유高孝瑜로 하여금 먼저 궁궐로 들어가 금위군을 갈아치우게 하였다.

고연이 죽은 지 9일 만에 고담은 남궁南宮에서 황제 자리에 올라 크게 사면하고, 연호를 태녕太寧으로 고쳤다. 그리고 태자 고백년을 강등시켜 낙릉왕樂陵王으로 삼았다. 그리고 2년쯤 지난 문제 천가 5년(564년) 6월에 무성제 고담은 다시 조카 고백년을 죽였다.

당시 흰 무지개가 해를 두 겹이나 휘감고, 또 옆으로 관통하다가 이루지 못하고 붉은 별이 나타났다. 이 기상氣象을 나쁜 징조라 믿은 고담은 고백년을 희생시켜 이를 액땜하려고 했다. 하지만 고백년을 죽이기 위해서는 그럴 듯한 이유가 필요했다. 마침 고백년이 황제가 명령할 때 쓰는 용어인 '칙勅'자를 쓰자, 고백년을 가르치던 가덕주賈德冑가 이를 고담에게 아뢰었다.

그러자 고담은 화를 내며 고백년을 소환했고, 좌우에 있는 사람을 시켜 고백년에게 마구 채찍질을 하게 했다. 또 그를 끌고서 당堂을 돌아다니면서 채찍질을 계속 가하니, 지나가는 곳마다 피가 땅에 두루 퍼졌다.

고백년의 기운과 숨이 다할 즈음에 마침내 그의 목을 베어 연못에 그의 시신을 던져버리자 연못의 물이 모두 붉게 물들었다. 이때 고백년은 14살이었다.

무성제 고담은 효소제 고연의 뒤를 이어서 황제가 되어 형제상속을 실시했으나, 그 역시 조카를 죽이고, 부자상속에 대한 불안을 없앴다. 고담은 1년 뒤에 죽고 그의 아들과 손자가 뒤를 이었으나, 북제 왕조의 운명은 그것으로 끝난다.

세 황제를 죽인 북주의 우문호
권력에 방해가 되면 언제든지 제거한다

창업주를 죽인 우문호

북주 효민제 원년(557년) 정월에 주공周公 우문각宇文覺(542년~557년)이 천왕天王의 자리에 오르고는 섶을 불살라 하늘에 알렸다. 우문각은 황제라는 용어를 쓰지 않고 천왕이라고 했지만 이는 황제와 같은 의미였다. 백관들이 궁실의 가장 안쪽에 있는 노문露門에서 조현하였다. 그동안 서위西魏에서 권력을 잡고 있던 우문宇文씨가 새로운 북주北周 왕조를 여는 순간이었다.

서위에서 권력을 잡고 있던 우문태宇文泰(507년~556년)가 서위 공제 3년(556년) 10월에 죽자, 15살짜리 그의 아들 우문각이 그 관직을 이어 받았었다. 어린 우문각이 아버지의 자리를 이어 받았으니, 그것을 제대로 잇기란 쉽지 않았다.

이때 우문태로부터 고명을 받은 그의 조카 우문호宇文護(513년~572년)가 서위 조정에서 권력을 장악하고 있었다. 우문호는 주공 우문각이 어리고 약했기 때문에 빨리 황제에 등극시켜 백성들의 마음을 안정시키려고 하였다. 그래서 당시 20살이었던 서위의 공제恭帝 원곽元廓을 압박하여 우문각에게 천왕 자리를 선양하게 했다.

당시 우문각이 선양을 받았지만 북주의 권력은 우문호에게 있었다. 그는 군사권을 쥐고 대사마가 되었으며, 그의 주도 아래 효민제 원년(557년) 2월에 서위의 마지막 황제인 공제 원곽을 죽였다.

북주의 초대 천왕 우문각은 비록 나이는 어렸지만, 성품이 강직하고 과단성이 있었다. 우문호가 권력을 오로지하는 것을 싫어했던 우문각은 이식李植과 손항孫恒, 을불봉乙弗鳳, 하발제賀拔提 등을 동원하여 우문호를 제거하려고 궁백宮伯 장광락張光洛을 끌여들여 함께 거사하기로 했으나 장광락이 우문호에게 보고하는 바람에 미처 시행하기도 전에 그만 발각되고 말았다.

이리하여 우문호는 하란상賀蘭祥을 파견하여 우문각을 압박하여 양위하게 하고 우문각이 천왕이 되기 전에 살던 집에 유폐시켰다. 우문호는 공경들을 모두 소집하고 논의하여 우문각을 폐위시켜 약양공略陽公으로 강등하고, 몇 달 후에 그를 죽이고 그의 부인 왕후 원元씨를 비구니로 삼았다.

그리고 우문호는 우문각의 형 기주岐州. 섬서성 봉상현 자사인 영도공寧都公 우문육宇文毓(534년~560년)을 영접하여 천왕으로 세웠다.

황제의 권위를 찾아가는 우문육

우문호가 세운 우문육은 우문각과 마찬가지로 우문태의 아들이다. 하지만 우문각은 우문태의 정부인인 풍익馮翊공주의 소생이고, 우문육은 요姚 부인의 소생이었다. 그래서 우문육은 장자임에도 불구하고 천왕 자리를 물려받지 못했었다. 그런 우문육을 천왕으로 세운 것이다.

그리하여 효민제 원년(557년) 9월 계해일(27일)에 우문육이 기주岐州, 섬서성 봉상현에서부터 장안에 도착하였고, 다음날인 갑자일(28일)에 천왕 자리에 올랐다. 이때 우문육은 24살의 성인이었다.

이미 우문각 시절부터 우문호에게 정치를 천왕에게 돌려주라는 의견이 있었는데, 우문각을 쫓아내고 더 나이가 많은 사람을 천왕으로 세운 것이다. 그러한 점에서 본다면 우문호가 우문육을 천왕으로 세운 의도는 분명하지 않다. 다만 우문태의 장남이라는 명분을 얻고자 한 것으로 보인다.

우문육이 천왕 자리에 올랐으나 실제 권력은 여전히 우문호에게 있었다. 이듬해(558년) 정월에 우문호를 태사로 삼았고, 4월에는 다시 옹주목雍州牧으로 삼았다.

그러나 비록 우문호가 권력을 잡았다고 하더라도 형식상 최고의 통치자는 천왕인 우문육이었다. 그래서 우문육의 나이가 점점 많아짐에 따라서 우문호는 부담을 느낄 수밖에 없었다.

그래서 북주 효명제 무성 원년(559년) 정월 기유일(21일)에 우문호는 표문을 올려 정권을 천왕에게 돌려주었다. 이제 우문육에게 직접 정치를 하라는 것이었다. 이때 우문육은 26살이었다.

우문육은 천왕이 된 지 2년이 되어서야 비로소 모든 국사를 도맡게 되었다. 그러나 우문육은 군사에 관한 일은 우문호에게 관장하게 하고 총관總管이라는 새로운 관직을 만들어 임명했다.

한편 그해 6월에 우문호는 처사處士 위형韋敻을 만났다. 위형은 뜻이 고상하고 생활은 간소하여 북위와 북주 시기에 10번의 징소에도 굽히지 않고 벼슬길에 나가지 않았던 사람이다. 그래서 북주의 태조 우문태는 그를 아주 존중했고, 우문육 역시 그를 '소요공逍遙公'이라 부르며 예의를 다해 공경했다.

우문호가 그러한 그를 모시고 정사에 관해 물었던 것이다. 위형은 호화롭게 장식한 우문호의 집을 우러러보면서 탄식했다.

"술을 마시고 음악을 즐기며 집을 높게 짓고 담장에 조각을 하였는데, 이 중에서 하나라도 망하지 않은 것이 없었도다."

《상서尙書》가운데〈하서夏書〉에 나오는 말이다. 간접적으로 호화롭게 사는 우문호가 망할 것이라는 말이었다. 이 말을 들은 우문호는 마음이 불안해졌다.

그런데 그해 8월에는 어정중대부御正中大夫 최유崔猷가 천왕이라는 호칭을 황제로 바꾸자고 건의하여 우문육을 황제로 호칭하기 시작했다. 천왕이란 호칭을 황제로 바꾼 것만으로도 우문육의 권위를 더욱 높이는 결과를 가져오게 되었다.

다시 황제를 죽인 우문호

이러한 몇 가지의 불길한 상황이 벌어지자 우문호는 비록 자기가 세웠지만, 신중하고 민첩하게 일하고 식견과 도량을 지닌 우문육을 점차 꺼리게 되었다.

그래서 결국 효명제 효성 2년(560년) 4월에 우문호는 궁정요리를 담당하는 이안李安에게 엿과 떡에 독을 타서 우문육에게 올리게 하였다. 황제를 독살하려는 것이었다.

명제 우문육은 그것을 먹고 나서야 독이 들어있음을 깨달았다. 병이 위독해진 우문육은 경자일(19일)에 구두로 유조遺詔 5백여 글자를 내려주면서 말했다.

"짐의 아들은 나이가 어려서 나라를 감당할 수 없다. 짐의 큰 아우 노공魯公, 우문옹(543년~578년)이 너그럽고 어질며 도량이 큰 것은 나라 안 사람들이 모두 알고 있다. 우리 주周, 북주의 왕가를 넓힐 수 있는 사람은 틀림없이 이 사람일 것이다."

북방족의 전통인 형제상속을 실현한 것이고, 또 자기가 죽은 후 황제를 세우는 문제에 우문호가 끼어들 수 있는 길을 원천적으로 막은 것이다. 그리고 신축일(20일)에 27살의 나이로 죽었다.

우문옹宇文邕은 어리지만 기량과 자질을 가지고 있어서 우문육이 평소 그를 가까이했으며 조정의 큰일은 대부분 참여시켜 함께 논의했다. 우문옹은 성격이 깊고 침착하고 원대한 식견을 지녔지만, 묻지 않으면 함부로 말하지 않았다. 우문호 같은 권신이 있는 상황에서 신중한 태도를 지닌 것이다.

이를 보고 우문육이 매번 감탄하며 말했다.

"무릇 사람이 말을 많이 하지는 않지만, 말을 할 때는 반드시 딱 들어맞았다."

그래서 우문육은 우문옹을 후임 황제로 삼으라고 하였고, 이 말에 따라 우문옹은 임인일(21일)에 황제 자리에 올랐다.

우문호는 서위의 마지막 황제인 공제 원각에게 선양받은 후 원각을 죽였고, 또 자기가 세웠던 사촌 동생 우문각을 내쫓고 한 달만에 암살하였다. 그리고 자기 세운 우문육조차 독살하여 3명의 황제를 죽였다.

그러나 우문육은 죽어가면서도 후임 황제를 지정함으로써 우문호가 끼어들 길을 차단했던 것이다. ◆

끝까지 권력을 지키려는 우문호

원래 북주 태조 우문태가 서위의 승상이 되었을 때 그 권한을 강화하려고 좌우에 12군을 세우고 모두 승상부丞相府에 소속시켰었다.

그런데 우문태가 죽자 이 모두는 우문호의 지휘를 받게 되었고, 군사를 동원하는 것은 우문호가 서명하지 않으면 시행되지 않았다. 우문호가 북주의 전군을 통제한 것이다. 그래서 우문호의 집에 시위侍衛하는 군사가 궁궐보다 많았다. 그렇게 되니 우문호의 여러 아들과 관속들은 모두 탐욕스럽고 잔인하며 멋대로 행동했고, 병사와 백성들은 그것을 걱정하였다.

무제 우문옹은 이 상황을 잘 알고 있었다. 그러나 스스로 깊이 감추고 관여하는 바가 없어서 사람들은 그 속이 얕은지 깊은지 헤아리지 못했다.

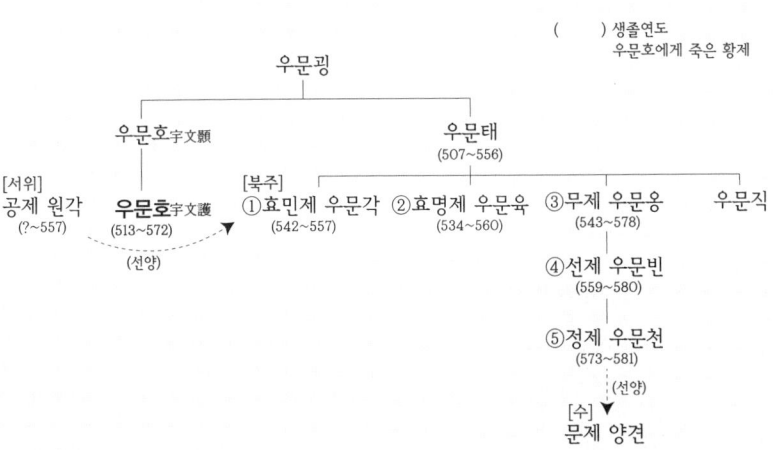

◆ 우문호가 죽인 황제들

우문호 역시 무제 우문옹의 속마음을 알 수 없어서 초백대부
稍伯大夫 유계재庾季才에게 묻자, 그가 원론적인 대답을 했다.
"정치를 천자께 돌리고, 청컨대 노쇠한 것을 핑계대고 사택에
있어야 합니다. 나의 속마음은 본래 이와 같고 다만 사직하였으
나 아직 면직을 얻지 못하였을 뿐입니다."
우문호는 실제 정치를 황제에게 돌려주고 싶은데 황제가 허락
하지 않아서 하는 수 없이 정치를 한다고 하라는 말이었다. 실제
는 권력을 내놓을 생각이 없는데, 다만 말로써 변명하려는 것이
다.

황제 우문옹에게 죽는 우문호

한편 무제 우문옹의 동생 위공衛公 우문직宇文直은 우문옹에게 우
문호를 죽이도록 권하면서 우문호가 제거되면 우문호의 자리를
자신이 차지하기를 바랐다. 우문옹은 마침내 비밀리에 우문직,
우궁백右宮伯중대부 우문신거宇文神擧, 내사內史하대부 왕궤王軌,
우시右侍상사 우문효백宇文孝伯과 함께 그 일을 모의했다.
 평소 우문옹은 궁전에서 우문호를 볼 때마다 항상 군신의 예
가 아닌 사촌 형님에 대한 예절로 그를 대하였다. 그리고 질노叱
奴 태후가 우문호에게 자리를 내려주면 우문옹은 곁에 서서 그를
모시기까지 하였다.
 그날도 우문호가 동주同州, 섬서성 대협현에서 장안으로 돌아오
자 우문옹은 문안전文安殿에 나아가서 우문호를 만났다. 이어서
우문호를 이끌고 함인전含仁殿에 들어가 질노 태후를 알현하면서
태후에게 술을 줄이라는 권고를 하게 했다. 평소 질노 태후의 술

버릇으로 보아 충분히 부탁할 수 있는 일이었다. 그래서 우문호는 더 이상 의심하지 않았던 것이다.

그래서 무제 우문옹이 건네 준 주고酒誥를 우문호는 질노 태후에게 읽어 주었다. 그런데 그것을 다 읽기도 전에 우문옹은 옥정玉珽, 옥으로 된 홀으로 우문호의 뒤통수를 직접 내리쳤다. 우문호가 땅에 엎어지자 우문옹은 환관 하천何泉에게 어도御刀로 우문호를 찍도록 명령했으나, 두려움에 떨던 하천은 작은 상처도 입히지 못했다.

그러자 문안에 숨어있던 우문옹의 동생인 위공 우문직이 뛰어나와 우문호를 베었다. 당시 우문신거 등 우문호의 호위 무사들은 모두 밖에 있어서이 사실을 알지 못했다. 따라서 우문호를 지켜줄 사람이 아무도 없었던 것이다. 우문옹은 뒤 이어서 우문호의 자손들과 측근 등 우문호와 연결된 인사들을 모두 처리했다.

북주의 태조 우문태가 죽은 이후 서위의 마지막 황제 원곽과 북주의 황제 우문각, 우문육 등 3명의 황제를 죽이고 권력을 행사하던 우문호가 권력은 잡은 지 15년 만에 죽은 것이다. 우문호는 황제를 뽑아 권력을 휘두르면서 자기가 직접 황제가 되는 일은 하지 않았다.

그러한 점에서 이전 시대에 황제를 뽑아 자기의 권력을 유지하려던 사람과 크게 다르지 않다. 물론 우문호는 황제가 자기 이익을 해치거나 방해된다고 생각할 때에는 가차없이 죽였다. 그래서 3명의 황제를 죽였던 것이다. 이는 권력을 잡는 또다른 형식이었다.

제6장
당시대

환관들의 황제 뽑기

시대 설명

당나라에서는 측천무후가 그의 아들인 중종 이현과 예종 이단을 폐위시켰다가 복벽하는 과정을 거치면서 안사의 난 이후에 권력은 절도사와 환관에게 넘어갔다.

특히 환관은 궁궐에 살면서 궁궐의 돌아가는 사정을 누구보다 잘 알기 때문에 황제가 병들고, 죽는 순간을 잘 포착하여 그들의 구미에 맞는 황제를 뽑을 수 있었다.

그것은 목종 이항의 아들 경종 이담이 죽으면서부터 줄곧 계속되었다. 그 후 문종 이앙, 무종 이염으로 이어지는 형제 상속이 있었고, 그 다음에는 숙항叔行의 선종 이침에게로 황위가 넘어 간다. 다시 선종의 아들 이최 이후에는 그의 두 아들 희종 이현과 소종 이엽이 환관에 의하여 황제로 뽑혔다.

환관들은 자기 목표를 달성하기 위해서라면 황제라도 마음에 들지 않으면 죽이고, 황제가 죽으면서 남긴 유제遺制도 자기 마음대로 고치거나 아예 새로 썼다.

말하자면 당말에는 군사력과 궁궐 내부의 정보력을 바탕으로 환관이 대를 물려가면서 황제를 뽑았던 것이다.

환관들이 논의하여 뽑는 황제
세우지도 않은 공로를 만들어라

환관에게 살해된 경종 이담

당 경종 보력 2년(826년) 12월에 경종 이담李湛(809년~826년)이 밤 사냥을 하고 궁궐로 돌아와서 환관 유극명劉克明, 전무징田務澄, 허문단許文端 그리고 격구擊毬장군 소좌명蘇佐明, 왕가헌王嘉憲, 석종관石從寬, 염유직閻惟直 등 28명과 함께 술을 마셨다.

술에 취한 이담이 갱의更衣, 화장실에 들어가자, 전殿 위에 있던 촛불이 갑자기 꺼졌고, 소좌명 등이 이담을 방 안에서 시해弑害하였다. 경종 이담이 그의 아버지 목종穆宗 이항李恒의 뒤를 이어 황제에 오른 지 2년 10개월만의 일이었다. 이때 이담은 18살이었다.

사실 이담은 정사에는 관심을 두지 않았고 노는 것에 흥미가 있었다. 그래서 밤이면 산으로 가서 여우와 너구리를 사냥하기를 좋아했다. 게다가 노는 것에서도 절도가 없었고, 소인배들과 가까이 지내며 격구擊毬를 즐기고 수박手搏 같은 놀이를 즐겨했다. 그래서 이담이 1만 민緡의 돈을 내원內園에 주며 역사力士, 힘

센 사람를 불러 모아 밤낮으로 그 곁을 떠나지 않으니, 금군禁軍과 여러 도道에서는 앞다투어 힘을 쓰는 역사를 바치기에 급급했다.

하지만 성격이 너그럽지 못하고 급했던 경종 이담은 이들 역사 가운데 황제의 은총을 믿고 겸손하지 않은 이가 있으면 번번이 귀양을 보내고 호적과 재물을 몰수하여 관부에 귀속시켰다. 또한 환관이 조그만 잘못을 저지르면 가차없이 매질을 하니, 주변의 모든 이들이 이담을 두려워하였다.

이러한 이유 때문에 황제를 시해했다고는 확신할 수 없지만 그러한 가능성을 전혀 배제할 수는 없다. 그러나 분명한 것은 소좌명 한 사람만의 행동으로 볼 수 없다는 것이다. 28명의 환관과 함께 술을 마시던 중 화장실에 갔다가 변을 당한 것이니 사실상 그 자리에 있던 환관 모두가 가담한 것이나 다름없었다.

환관이 세우는 황제

하여간 황제가 살해되었으니, 이제 후임 황제를 세워야 했다. 이러한 경우 보통은 범인 색출과 동시에 태자가 황제 자리에 올라야하고, 태자가 없는 경우라면 황태후가 나서서 후임 황제를 임명한다.

경종 이담은 비록 18살이라는 많지 않은 나이였지만 5명의 아들을 두고 있었고, 그중 제일 맏이가 이보李普(824년~828년)였다. 이담은 경종 보력 원년(825년) 11월에 아들 이보를 진왕晉王으로 세웠지만, 이담이 사망할 당시 이보는 겨우 3살이었기 때문에 아직 태자로 세우지는 않은 상태였다. 그 외에 이담에게는 이휴복李休復, 이집중李執中, 이언양李言揚, 이성미李成美 등 4명의 아들이 더 있었으나, 큰 아들이 3살이었으니 다른 아들 또한 어린아이였을 것이다.

태자 자리가 공석인 상황에서 후임 황제를 뽑아야 할 사람은 황태후였다. 당시 황태후로 목종 이항의 황후 왕씨王氏(?~845년)가 있었지만, 왕 황후의 시어머니이자 목종 이항의 어머니인 곽씨郭氏, 의안 곽 황후(?~847년)가 태황태후로 살아 있었다.

그러므로 후임 황제를 뽑는 주도권을 가진 사람은 황실의 최고 어른인 태황태후 곽씨였다. 그러나 곽 태후는 정치적인 일에 끼어들기를 원하지 않던 인물이었다.

목종 장견 4년(824년) 정월에 목종 이항의 병이 깊어지자 태자였던 이담에게 국가의 업무를 대신하도록 한 적이 있었다. 이때 환관들은 16살이던 이담이 너무 어리다며 곽 태후에게 칭제稱制하기를 청했었다. 곽 태후에게 정치의 일선에 서라는 말이었다.

그러나 곽 태후는 이를 거절했다.

"옛날에 무후武后, 측천무후가 칭제하여 사직을 거의 위태롭게 하였다. 나의 집안은 대대로 충성과 의리를 지켰으니, 무武씨와 비할 바가 아니다. 태자가 비록 어리다고 하여도 어진 재상을 얻어서 그를 보좌하도록 할 것이니, 경卿들이 조정의 정치에 간여하지 않는다면, 어찌 나라가 불안할 것이라고 걱정하겠는가! 옛날부터 어찌 여자가 천하의 주군主君이 되어 당唐·우虞의 치세에 이를 수 있었겠는가!"

곽 태후는 자신이 곽자의郭子儀의 손녀로서 그 출신은 옛날 무후의 집안보다 훨씬 훌륭하지만 여자가 정치에 간여하여 무후 때와 같은 혼란을 불러와서는 안 된다며, 제서의 초안을 찢어버렸다. 그만큼 곽 태후는 정치에 간여하기를 싫어했던 것이다. 보통

이럴 경우 태후는 직접 정치에 나설 수 있는 기회로 삼는다. 곽씨가 정치에 관심을 가졌다면 다시없는 좋은 기회였을 것이다.

특히 이번에는 경종 이담이 죽고 그의 장자가 겨우 3살이었으니, 이보를 세운다면 그가 장성할 때까지 비교적 오래도록 곽 태후가 최고 권력을 행사할 수 있었다. 하지만 태후가 주도적으로 나서지 않으니 다른 사람이 나설 수밖에 없었다. 어차피 권력이란 누군가는 행사하게 되어 있기 때문이다.

이러한 상황을 잘 아는 환관 유극명 등은 경종 이담을 죽인 장본인임에도 불구하고, 한림학사 노수路隋에게 명하여 유언으로 남기는 제서制書를 만들게 하였다. 경종 이담이 죽기 전에 미리 유언을 남긴 것으로 꾸민 것이다.

이렇게 위조된 유제遺制◆를 경종 이담을 죽인 다음날인 경종 보력 2년(826년) 12월 임인일(9일)에 선포하였다. 이 유제에는 강왕絳王 이오李悟(?~827년)에게 권구당군국사權句當軍國事를 맡게 한다는 내용이 들어있었다.

구당이란 처리 또는 주관이란 뜻이므로, 이 직책은 '임시로 군사와 국가의 업무를 주관'하는 임무를 맡는 자리이다. 이는 과도기적 조치를 취할 때 사용하는 관리임용 방법으로, 이오에게 임

◆ 유조와 유제

유제(遺制)와 유조(遺詔)는 똑같이 황제가 유언으로 남긴 말이다. 당대(唐代) 측천무후 이후에는 측천무후의 이름이 무조(武照)여서 그 이름자와 같은 발음을 피하기 위하여 유제로 바꿔 쓰고 있었다.

시로 국가업무를 주관하도록 한 것이다. 그러나 실제로 이오를 후임 황제로 뽑은 것이나 마찬가지였다.

이오의 원래 이름은 이료李寮이며, 그는 경종 이담의 할아버지인 헌종 이순의 6남이다. 따라서 이오는 죽은 이담의 삼촌이니 조카의 뒤를 삼촌이 이으라는 것이었다. 이는 유가적 전통에서는 맞지 않는 황제 계승이었고, 환관에 의해 황제 자리가 결정되는 첫 길목에 들어선 것이다.

강왕 이오는 유제에 의거하여 자신전紫宸殿 밖에 있는 행랑채에서 재상과 대신들을 만났다. 유극명은 이를 계기로 환관들 중에서 권력을 잡고 있던 사람들을 축출하려고 했다. 그 가운데 대표적인 인물이 환관 왕수징王守澄이다. 그는 당시 재상 이봉길李逢吉과 관계를 맺고서 조정의 정치를 농단하고 있었다.

그러나 유극명의 조치는 실행되지 못했다. 권력을 잡고 있던 다른 환관의 무리인 추밀사樞密使 왕수징과 양승화楊承和, 중위 위종간魏從簡과 양수겸梁守謙이 논의하여 후임 황제를 강왕江王 이함李涵(809년~840년)으로 확정한 것이다. 환관들이 세력이 둘로 갈라진 것이다.

이함◆은 목종 이항의 둘째 아들이다. 다만 경종 이담은 공희恭僖 왕후 왕王씨의 소생이고, 이함은 정헌貞獻황후 소蕭씨의 소

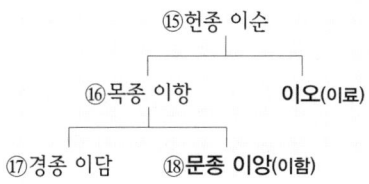

◆ 헌종 이순 계보도

생으로서 이복 형제였다. 이함은 죽은 이담의 동생이기는 하지만 나이는 같았다.

후임 황제를 뽑는 과정에서 환관 내부의 유극명 일파와 왕수징 일파가 서로 다른 사람을 내세운 것이다. 그러나 권력을 쥐고 있던 왕수징 일파는 곧바로 위병衛兵들을 동원하여 우선 이함을 맞이하여 궁궐로 들였다.

그 다음에 좌우·신책·비룡飛龍의 군사를 동원하여 유극명 일파를 토벌했다. 유극명은 우물로 달아났지만 끌려나와 목이 베였다. 유극명이 옹립하려 했던 강왕 이오 역시 이들 병사들에게 죽임을 당했다.

창졸지간에 황제에 오른 문종 이앙

경종 이담이 갑자기 피살되고, 후임 황제를 뽑다가 다시 군사들이 동원되는 사태가 일어났다. 비록 왕수징 일파가 최종적으로 황제를 옹립하게 되었지만 아무런 준비 없이 황제를 바꾸게 되니 어떤 절차를 거쳐야 하는지 알지 못했다.

왕수징은 한림학사 위처후韋處厚(773년~828년)와 하룻밤 사이에 일을 처리하기 위해 함께 논의했다. 왕수진 일파는 조정의 안팎에 호령號令. 명령을 내리고자 했으나, 그 명분을 찾지 못하던 중에 위처후가 그 방법을 가르쳐 주었다. 위처후는 이와 관련된 전례前例를 잘 알고 있는 사람이었다.

"명분을 바로 하여 죄를 토벌한다면, 의義에 있어서 어찌 의심을 하겠으며, 어찌 어그러진 것을 의지하여 숨기거나 피할 수가 있겠습니까!"

왕수징이 다시 물었다.

"강왕江王, 이함은 어떻게 천조踐阼해야 하는가?"

어떤 절차를 밟아서 황제에 즉위해야 하는지 물은 것이다.

위처후가 말했다.

"내일 아침에 마땅히 왕의 교령敎令을 조정의 안과 밖으로 널리 알려서 이미 궁궐 안의 어려움을 평정하였다고 하십시오. 그런 뒤에 여러 신하들로 하여금 세 번 표문을 올려 나아갈 것을 권하게 하고, 태황태후가 책봉하는 명을 내리게 하여 황제 자리에 오르도록 하게 하십시오."

이 말은 이함으로 하여금 밤중에 궁궐에서 유극명이 이오를 황제로 세우려는 기도가 있어서 혼란이 일어났는데, 사직을 안정시키기 위해 군사를 동원하여 이를 평정했다고 하라는 것이다. 이함이 직접 하지도 않은 일을 했다고 하라는 것이다.

그런 다음 여러 신하들로 하여금 궐내의 혼란을 정리한 공로를 들추어 이함에게 황제에 오르기를 글로써 세 번 권고한 후 태황태후로 하여금 강왕 이함을 황제로 삼는다는 명령을 내리게 하고, 그 다음에 이함이 황제 자리에 오르면 된다는 말이었다.

이렇게 되면 공로를 세웠다고 하는 사람과 이함에게 공로를 빙자해서 황제에 오르라는 사람, 또 이함을 황제로 삼는다는 조서를 내리는 사람이 모두 허수아비처럼 환관의 말을 듣게 되는 것이다.

왕수징 일파는 위처후가 제시한 방법대로 그 다음날인 을사일(12일)에 이함을 황제 자리에 즉위하게 하였다. 이때 이함은 19살이었으며 이름을 이앙李昂으로 바꾸었다. 무신일(15일)에 새로 황제가 된 이앙의 어머니 소씨를 높여 황태후로 삼았고, 경종 이담의 생모로 황태후 자리에 있던 왕씨를 보력寶曆태후로 삼았다. 이제 정말로 환관이 조정하는 왕조가 탄생한 것이다.

환관 세력의 극대화

문종 이앙은 그 후 14년간이나 황제 자리에 있었다. 비교적 오래 황제 자리에 있었지만 환관의 허수아비로 등장한 그가 있는 동안 조정은 붕당으로 갈라지고, 권력은 환관들에 의해 농단되었다.

이렇게 환관들의 힘이 커진 데에는 몇 가지 이유가 있겠지만 가장 큰 이유는 당 현종 이후 감군監軍을 환관으로 임명했기 때문이었다. 원래 감군이란 장군이 거느리는 군대를 통제하기 위해 황제가 총애하는 신하를 군부대에 파견했던 것에서 유래한다. 그들은 군대 안에서의 형刑을 내리고 상賞을 주는 것을 감시하고 잘못을 규찰하는 일을 맡고 있었다. 이 형상의 권한을 가지고 군대를 지휘하는 장군을 통제하게 했고, 장군을 통제하는 힘을 갖고 군대를 지휘하려 한 것이다.

만약 황제가 자기의 수족이라 생각하는 환관을 효과적으로 지휘한다면 감군은 황제가 군대를 지휘하는 효과를 낼 수 있다. 이 제도는 부병제가 무너지고 모병제로 바뀌어 군대를 효과적으로 통제할 수 없게 되자 그 대안으로 만들어진 것이다. 이것이 현종 개원 12년(732년) 이후, 황제가 각 지방에 있는 군대에 환관을 파견하여 군사를 감군하게 한 것에서 본격화 되었다.

그리고 이렇게 이용하려던 환관은 점차 세력이 커졌고, 환관의 업무도 증가해 갔다. 그래서 안사의 난◆ 이후에는 지방의 방진에 있는 군대뿐만 아니라, 중앙에 있는 좌·우 용무군龍武軍,

◆ 안사의 난

당 현종 이륭기(李隆起)가 측천무후의 주(周) 왕조를 당 왕조로 회복시키는 거사에 성공한 이후 이른바 개원(開元)시대의 치세를 이루었다. 그러나 그 후반부 천보(天寶) 연간에 들어오면서부터 당 왕조를 지탱하던 초기의 균전제, 조용조 세법, 부병제가 붕괴하기 시작했다. 이를 효과적으로 개혁하지 못한 당 현종은 양귀비를 맞이했고, 그 일족인 양국충(楊國忠)이 권력을 장악했다.

이러는 사이에 변방에서는 절도사들이 군사권과 행정권을 장악하면서 거의 독자적 세력으로 성장하였고, 그 가운데 동북 지역에 자리한 안록산(安祿山)이 세 곳의 절도사를 독차지 하며 실력을 키우다가 755년에 군사를 일으켜서 당의 도읍인 장안을 향하여 진격했다.

안록산의 군대는 756년에 당의 장안을 점령하고 스스로 황제에 올랐으며, 현종 이륭기는 서부로 피난을 가야했다. 이 피난의 과정에서 현종 이륭기와 태자 이형(李亨)은 길을 나누어 갔다. 태자 이형은 현종 이륭기와 연락이 두절되자 스스로 황제 자리에 올랐고, 결국 당 왕조에는 황제가 둘이 되었다.

한편 장안을 점령하여 황제에 오른 안록산은 그 후 전투에서 패하면서 아들 안경서(安慶緒)에게 살해되었고, 안경서는 안록산의 부장(部將) 사사명(史思明)에게 죽는다. 그 후 사사명이 반란 세력을 이끌었지만 사사명 역시 그 아들 사조의에게 죽으면서 이 난은 끝나게 된다. 그러나 그 기간은 무려 9년이나 걸려서 763년까지 이어졌는데, 이 난을 안록산과 사사명의 이름을 줄여서 안사의 난이라고 부른다.

이 이후 당 왕조의 권위는 무너졌고, 각 지방에는 절도사들이 반(半)독자적인 세력을 형성했다. 그리고 환관들은 감군이라는 명목으로 절도사들을 감시하고 지배해 나갔다.

이로써 중앙집권적인 당 왕조는 지방할거의 시대로 접어들었고, 중앙의 조정은 환관의 지배하에 들어가 실제로 이(李)씨의 당 왕조는 멸망한 것과 다름이 없고 이것은 다시 150년 계속된 후에 5대10국으로 이어진다.

좌·우 신무군神武軍, 좌·우 우림군羽林軍 등 6군六軍을 감군하는 벽장사辟仗使까지 환관으로 채워 전체 군대를 감시·감독하기에 이른 것이다.

이렇게 되니 환관을 통제할 어떤 세력도 없게 되었다. 군대 세력을 통제하려고 환관에게 권한을 주어 그 세력이 커졌는데, 이를 통제·지휘할 세력은 없게 된 것이다. 그런데 황제 역시 이들을 통제할 수 없었고, 그렇기 때문에 환관들이 황제를 살해했음에도 아무런 문제가 없었던 것이다.

환관의 지배 속에 빠진 왕조

문종 이앙은 환관에 의해 세워졌지만, 이러한 문제들을 개선하고 싶어 했다. 그러나 환관의 세력이 워낙 컸기 때문에 섣부르게 일을 진행할 수가 없었다. 제아무리 황제라고 해도 이미 자기를 보호할 친위군을 거느릴 수 없고 환관에 의지해야 하는 처지였기 때문이다.

그래도 어쨌든 이앙은 정주鄭注와 이훈李訓을 기용하여 환관을 일거에 타진하려는 계획을 세웠다. 마침 환관의 우두머리 왕수징이 부모상을 당했고, 이앙은 그가 장례에 참여하는 기회를 이용하여 거사를 준비했다.

그러나 문종 이앙은 자기가 기용하려는 정주와 이훈도 정확히 지휘하지 못했다. 그래서 이훈은 일이 성공한 후 정주에게만 공로가 돌아갈 것을 염려하여 독단적으로 일을 진행시키기로 했다. 일을 성공시키기도 전에 분열된 것이다.

문종 태화 9년(835년) 11월 임술일(21일) 밤에 이훈은 이앙에게 좌금오청사 뒤에 있는 석류나무에 밤에 감로甘露, 하늘이 내린 단 이슬가 내렸다면서 이를 보러 가자고 하였다. 이때 환관들이 이를 보고 오라는 황제의 명령에 따라서 나무 아래로 가면 이들을 몽둥이로 때려죽이려는 것이 원래의 계획이었다.

그러나 이 일은 허술한 시나리오 때문에 환관들의 의심을 사게 되어 성공하지 못하고 오히려 환관들로부터 공격을 받는 계기가 되었다. 이른바 '감로의 변'◆이었다.

문종 이앙은 환관을 제거하려다가 오히려 그 제거 계획이 환관에게 들통이 난 것이다. 환관 구사량 등은 좌·우 신책부사神策副使인 유태륜劉泰倫과 위중경魏仲卿 등에게 명령하여 각기 금병禁兵 500명을 인솔하고 궁전 문을 나가 도적이라 지목된 이훈을 토벌하도록 하였다.

◆감로의 변

문종 이앙은 환관들을 제거하기 위해 정주와 이훈에게 이를 실행하게 했으나, 이훈은 이 일이 성공하면 공로가 정주에게 갈 것을 염려하여 혼자 이 일을 처리하려 했다.
문종 태화 9년(835년) 11월 임술일(21일) 밤중에 석류나무에 감로(甘露)가 내렸다고 거짓으로 황제인 자신에게 보고하게 하면, 문종 이앙은 이를 조사하라고 환관들을 그곳으로 보내 그곳에 이미 매복시킨 군사들이 환관들을 일망타진하게 하는 계획이었다.
그러나 이 일은 환관들에게 먼저 발각되었고, 환관들은 문종 이앙을 탈취하고는 도적의 무리가 나타났다고 하면서 환관들이 백관을 살육하는 변고가 일어났다. 문종 이앙은 환관을 제거하려 했다가 오히려 환관들에게 뒤잡히는 결과를 가져왔고, 이후 환관들은 더욱더 득세했다.

결국 환관 유태륜이 지휘하는 좌신책군에서 군사 300명을 보내 이리저리 도망하던 이훈의 머리를 베었으며, 이훈과 함께 논의했던 왕애와 왕번, 나립언, 곽행여를 끌고 다녔다. 우신책군에서도 군사 300명을 내보내어 이훈과 행동을 같이 한 가속, 서원여, 이효본을 묘사廟社, 태사에 바치고 양시兩市, 동시와 서시 두 시장에 두루 보였다.

문종 이앙은 환관의 통제를 벗어나는데 실패했고, 이때부터 환관들은 더욱더 조정의 신책군을 장악하고 전횡했다. 문종 이앙은 환관을 제거하려던 일로 죽음은 면했으나 환관들로부터 사소한 행동조차 오해를 받았다. 그래서 때로 환관들이 자신을 의심하게 되면 이를 풀어 주는 일까지 하였다. 환관과 황제의 위치가 바뀐 형세가 된 것이다.

마음에 안드는 태자를 폐위시킨 환관들의 싸움
황제의 유언은 내 마음대로 쓴다

문종 이앙의 죽음

문종 이앙이 개성 5년(840년) 정월에 조서를 내려서 영왕潁王 이전 李瀍. 이염(814년~846년)을 태제太弟로 세우고, 응군국사권령구당應 軍國事權令句當으로 삼았다. 응군국사권령구당이란 국가와 군사에 관한 일을 임시적으로 처리하는 관직으로, 이는 바로 감국監國에 해당하는 자리로 후임 황제가 된다는 것을 의미한다. 문종 이앙이 죽기 이틀 전에 자기의 후계자를 정한 것이다.

사실 문종 이앙은 아들 이영李永(?~838년)을 태자로 세웠었다. 그런데 개성 3년(838년) 8월에 이영의 어머니 왕王 덕비가 문종 이앙에게 총애를 받지 못한 끝에 양楊 현비에게 참소를 당해 죽었다. 어머니가 죽은 후에도 태자 이영은 소인小人들을 가까이하며 노는 것과 잔치하기를 좋아했고, 그러자 양 현비는 다시 이영을 자주 비난하며 헐뜯었다.

이에 문종 이앙은 재상과 양성兩省, 어사, 낭관郎官을 불러 태자의 허물과 악행에 대해 터놓고 이야기를 나눈 뒤 그를 폐위시킬 것을 논의했다. 그러나 많은 신하들이 태자 폐위를 반대하여 어쩔 수 없이 이를 그만 두었는데, 10월 경자일(7일)에 태자 이영이 갑자기 죽었다. 그가 왜 갑자기 죽었는지에 대해서 직접적이고 특별한 기록은 없다.

다만 이영의 죽음에 대해 문종 이앙은 "짐이 천자天子인데도 아들 하나를 온전하게 할 수 없었다."라고 말한 일이 있다.

이 말은 이영이 죽은 뒤 얼마 후 이앙이 회녕전會寧殿에 행차하여 즐기면서 했던 말이다. 장대에 올라 놀고 있는 어떤 동자童子 밑에서 한 남자가 미친듯이 뛰어 다니는 것을 본 이앙이 그것을 이상하게 여기자, 좌우에 있는 사람이 말했다.

"그의 아버지입니다."

그러자 문종 이앙이 눈물을 줄줄 흘리며 아들 이영 역시 놀이 도중에 사고로 죽었을 것이라고 짐작하고는 교방敎坊 유초재劉楚材 등 4명과 궁인宮人 장십십張++ 등 10명을 불러 나무랐다.

"태자[이영]를 얽어맨 것은 모두 너희들이었는데 지금 다시 태자를 세웠으니 다시 그렇게 하겠는가?"

그리고 잡아서 형리刑吏에게 보냈고, 기사일(21일)에 모두 죽였다. 이러한 상황으로 보아 태자 이영의 죽음은 교방과 궁인들이 관계되어 있다는 것만 짐작할 수 있을 뿐이다.

하여간 태자로 세운 아들이 죽었기 때문에 문종 이앙은 죽기 석 달 전인 문제 개성 4년(839년) 10월 병인일(18일)에 경종 이담의 어린 아들인 진왕陳王 이성미李成美(?~840년)를 태자로 세웠다. 조카를 태자로 세운 것이다.

사실 문종 이앙에게는 이영 말고도 이종검李宗儉이라는 아들이 있었으나 이때 이미 죽었거나 아주 어렸었기 때문에 태자로 세울 수가 없었던 것 같다.

하여간 이렇게 이미 정해진 태자가 있으니 문종 이앙이 죽은 다음에 바로 태자를 황제로 세우면 될 터. 그런데 별안간 태자를 폐위시키고 영왕 이전을 다시 태제로 삼는다는 조서가 내려왔다. 그리고 조서에 이렇게 덧붙여 있었다.

"태자 이성미는 나이가 아직은 어리고 사자師資에 물들지 아니하였으니, 다시 진왕陳王에 책봉해야 한다."

이성미를 태자에서 폐위시키는 이유는 그가 나이가 어리고 공부를 제대로 하지 않았기 때문이라고 밝힌 것이다.

그러나 이성미는 이때 이미 15살이었다. 15살을 장성한 나이로 볼 수는 없지만 황제 가운데 더 어린 나이에 즉위한 사례도 얼마든지 있었다. 이성미를 폐위시키기 위한 억지 이유였다.

환관의 공로 다툼으로 바뀐 황제

당시 문종 이앙은 병이 심해져서 양사복楊嗣復(783년~848년)과 이각李珏을 금중禁中에 오게 하고 태자를 받들어 감국監國하게 하려고 하였다. 황제가 아플 때에 흔히 취할 수 있는 조치였다.

양사복은 20살에 신사가 되어 많은 관직을 거쳐서 문종과 무종시기에 재상을 역임한 사람으로 정무政務에 부지런하다는 평가를 받고 있던 사람이다. 또 이각은 양사복에 의하여 동중서문하평장사가 된 사람이다. 두 사람은 모두 환관과 달리 문관 관료였던 것이다.

그런데 권력을 쥐고 있는 환관인 중위中尉 구사량仇士良과 어지홍魚志弘은 자기들이 이성미를 태자로 세우지 않았기 때문에 나중에 황제를 세운 공로를 받지 못할 것을 염려하였다. 그래서 문종 이앙에게 이성미가 어리고 또 병이 있다는 이유로 태자를 다시 세우는 문제를 논의한 것이다.

이때 이각은 태자 자리가 이미 정해졌으니, 도중에 바꿀 수 없다며 크게 반대했다. 그러나 구사량과 어지홍은 조서를 고쳐 목종 이항의 셋째 아들인 영왕 이전을 세워 태제로 삼은 것이다. 하지만 이 기록으로 본다면 문종 이앙이 죽기 이틀 전에 내렸다는 조서 역시 구사량 등에 의해 꾸며진 것으로 볼 수 있다.

이날[문종 개성 5년(840년) 정월 기묘일(2일)] 구사량과 어지홍은 군사를 거느리고 16택에서 영왕 이전을 맞이하여 소양원少陽院에 이르니, 백관은 사현전思賢殿에서 알현하였다. 이전은 침착하고 강인하고 결단력이 있었으며 기뻐하고 화내는 것을 얼굴에 드러내지 않았다.

이틀 후 신사일(4일)에 문종 이앙이 태화전太和殿에서 죽었다. 이미 태제 이전이 양사복을 섭총재攝冢宰로 삼았으므로 모든 일은 양사복이 주관하게 되었다. 그리고 태제 이전이 황제에 오르게 되었지만, 여전히 권력은 환관들에게 있었다. 계미일(6일)에 구사량이 태제 이전에게 양 현비와 안왕 이용, 그리고 직전까지 태자였던 진왕 이성미를 죽이라고 유세했다. 이들을 제거한 것은 구사량에 의해 새 황제가 될 이전에게 방해가 될 인물이라고 판단되었기 때문이다.

또 구사량 등은 문종 이앙이 환관 제거를 위해 '감로의 사건'을 일으켰던 것에 대해 원한을 품고 있었다. 그래서 악공과 내시 가운데 문종 이앙에게 총애를 받았던 사람을 죽이거나 벼슬을 깎아내렸다.

그리고 문종 이앙이 죽은 지 열흘 후인 신묘일(14일)에 문종 이앙의 대렴大斂을 하고 나서 태제 이진은 황제에 즉위했다.

이때 무종 이전의 나이는 26살로 15살의 이성미를 대신했다는 점에서 어른이 황제가 되었다는 차이가 있지만 환관에 의해 세워진 황제라는 사실에는 변함이 없었다. 그러나 무종 이전 역시 겨우 6년 동안 황제 자리를 지켰을 뿐이었다.

항렬은 상관없이 뽑힌 황제
우리 은덕 입은 사람을 뽑아라

황숙을 태숙으로 정한 환관들

무종 이전이 황제 자리에 오른 지 6년이 지난 회창 6년(846년) 2월에 병이 들어 오랫동안 자리에 누워있었다. 그래서 이전은 자신의 이름을 고치는 것으로 병을 회복하고자 하였다. 그리하여 3월에 무종 이전은 이름을 이염李炎◆으로 고쳤다.

◆ 이름과 상생상극설

무종 이전은 후한 왕조가 화덕(火德)을 숭상하여서 도읍인 낙양(洛陽)의 '낙(洛)'자가 물을 뜻하는 것이므로 물과 불이 상충된다고 하여 낙(洛)자를 '낙(雒)'으로 고쳐서 낙양(雒陽)으로 했던 것을 생각해 냈다.
무종 이전의 경우에도, 당(唐) 왕조는 토덕(土德)을 숭상하므로 왕조는 토성(土性)이고 황제의 이름은 이전(李瀍)이어서 수성(水性)이다. 상극설에 의하면 흙으로 물을 막기 때문에 토성은 수성을 이기게 되어 있는데, 그렇다면 왕조의 기운이 황제의 기운을 막는 결과가 된다는 것이다. 그래서 이름을 화성(火性)인 염(炎)으로 바꾸었다.

이보다 앞서 병이 심해진 무종 이염은 정월 을묘일(3일)부터 조회를 살피지 않고 재상이 알현하기를 청해도 허락하지 않았다. 이는 황제가 위독해진 것을 의미하는 것이니 안팎에서는 모두 걱정하고 두려워하였다.

이렇게 되자 후임 황제 후보자를 정해야 했다. 그런데 이때 이염이 태자를 미리 정해 두었는지가 불분명하다. 당시 기록을 보면 동궁東宮, 태자궁의 관료인 태자태부, 태자첨사 등을 임명한 일이 여러 번 있지만 누구를 태자로 세웠다는 기록은 찾기 어렵다.

이염에게는 아들이 5명◆이 있었는데, 당시 32살이었던 이염의 나이로 보아 아들들의 나이 역시 많지 않았을 것으로 짐작된다. 그러나 이들 5명의 아들이 언제 어떻게 나고 죽었는지 기록은 남아있지 않다.

그런데 무종 이염이 병이 위독해져서 열흘간이나 말을 할 수 없게 되자 환관들이 은밀히 금중禁中에서 책략을 정하고 신유일(20일)에 조서를 내려 말했다.

"황제의 아들은 어리고 무능하다. 어질고 덕스런 사람을 뽑아야 하는데 광왕光王 이이李怡(810년~859년)를 추대하여 황태숙皇太叔으로 삼을 만하니, 이름을 침忱으로 고치고 군국軍國 정사에 따라서 임시로 구낭句當하도록 하라."

당시 무종 이염의 생모인 목종 이항의 선의宣懿황후는 이염이

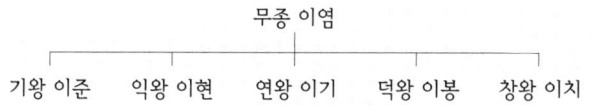

◆ 무종 이염 계보도

황제가 되었을 때 이미 죽었기 때문에 황태후가 없었다. 그리하여 다시 환관들이 후임 황제를 논의하여 결정한 것이다.

황태숙이 된 이침의 일화

무종 이염이 황태숙으로 정한 이이[이침]는 헌종憲宗 이순李純의 아들이다. 헌종 이순은 무종 이염의 할아버지이므로 이이는 이염의 숙부 항렬◆이다. 이때 이이는 이미 36살이었고, 나이도 이염보다 4살이나 더 많았다. 오랜만에 성인成人이 황제에 오르게 되는 것이기는 하지만 자연스럽지 못한 후임 황제의 선정이라고 할 수 있다.

원래 헌종 이순은 변란을 일으켰던 이기李錡의 첩인 정鄭씨를 받아들였고, 그녀와의 사이에서 광왕 이이를 낳았다. 비록 황제의 아들이기는 했지만, 이이는 태생부터 환영받을 수 없는 사람이었다. 반란을 일으켰던 사람의 첩의 소생이었기 때문이다.

그래서 그의 아버지인 헌종시절에는 왕작을 받지 못했고, 목종 이항이 여러 동생들에게 일괄적으로 왕작을 줄 때 비로소 광왕이라는 작위를 받았다.

또한 이이가 어렸을 때에는 궁중宮中에서는 모두 그를 슬기

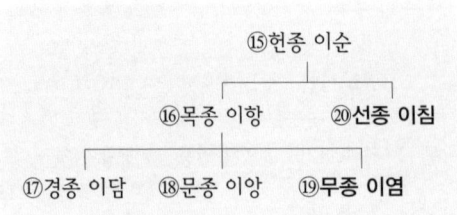

◆ 이침과 이염의 관계도

롭지 못하다고 여겼다. 그런 까닭인지 태화太和, 문종의 연호(827년 ~835년) 연간 이후 가까운 종친들이 스스로 숨어서 무리지어 머무르고 노닐며 거처할 때에도 일찍이 말을 꺼내지 않았다. 역으로 보면 음모로 가득 찬 궁중에서 사는 방법을 제대로 익힌 셈이라고 할 수 있다.

문종 이앙은 종종 왕자들이 사는 16택에 행차하여 잔치를 열곤 했다. 16택이란 당 왕조 말기에 황제의 아들들이 공동으로 거주하던 집을 말한다. 이 자리에서 이앙은 고의적으로 숙부인 광왕 이이를 웃음거리로 삼았다. 숙부 항렬의 이이에게 예절을 가지고 대하지 않았을 정도로 이이는 종친 사이에서 대우를 받지 못했다.

그 다음으로 이염이 황제가 되었을 때, 이염은 오히려 이이를 바보로 보지 않고 장차 쿠데타를 일으킬 수 있는 사람으로 생각하고 심하게 박해했다. 무종 이염은 4명의 중상시를 파견하여 이이를 죽이려고까지 했는데, 이때 환관 구공무仇公武가 이염에게 이이를 죽였다고 거짓 보고를 한 뒤 승려로 위장시켜 살려보냈다는 일화가 있다.

이러한 조건들이 환관들의 입장에서 이이를 황제로 세우기에 적절했던 것이다. 이이는 궁인 정씨의 소생으로 황실에서도 대우를 받지 못해 조카인 문종 이앙에게 업신여김을 받고, 또 무종 이염에게 죽임을 당할 뻔했을 때 환관들이 구해주기까지 했다.

그런 점에서 이이는 환관에게 신세를 졌으며, 그만큼 환관들의 이익을 보장할 수 있는 가능성이 제일 큰 사람이었다. 그래서 환관들은 이이가 비록 나이도 많고, 무종 이염의 숙항이었지만 그를 최고 지위인 황제 자리에 올려놓았다.

명군 선종의 한계

일단 무종 이염의 조서를 받아 황태숙이 된 이침[이이에서 개명함]은 궁궐에서 백관을 만났을 때 슬픈 기색을 얼굴에 가득 띠고 모든 일을 재단하고 결정했다. 그의 결정들이 모두 이치에 맞자 사람들은 비로소 그에게 감추어진 덕성이 있다는 것을 알았다.

그리고 3월 갑자일(23일)에 무종 이염이 죽었다. 이침은 일단 재상 이덕유를 섭총재로 결정했고, 사흘 뒤에 황제 자리에 올랐다. 이때 이침의 나이는 이미 37살이었다.

죽음의 고비를 넘기며 바보처럼 살다가 황제가 된 이침은 당 왕조의 재건을 위해 노력한 군주로 알려져 있다. 그는 먼저 그동안 당나라 조정의 골칫거리였던 이우당쟁李牛黨爭◆의 중요한 한 축인 이덕유를 실각시켰다. 그러나 환관을 완전히 제거하기에는 힘이 모자랐다.

오히려 이침은 자신이 황제가 되는 데에 가장 힘을 썼던 좌군중위 마원지馬元贄를 가장 아끼며 환관 중에서도 최고의 대우를 해주었다. 선종 대중 4년(850년) 4월에 이침은 마원지에게 보물허리띠를 하사하였다.

그런데 환관 마원지는 그것을 자기의 종친인 중서시랑·동평장사 마식馬植에게 주었다. 그리고 마식은 아무 생각없이 그 허리띠를 차고 조정에 나왔다. 마침 그 모습을 보게 된 선종 이침은 다음날 마식을 재상에서 파직시켰다.

그뿐만 아니라 마식이 가까이하는 관리인 동모董悰를 체포하여 어사대에 내려 보내어 그를 국문하였다. 그리고 마식과 마찬가지로 환관과 서로 왕래했던 상황을 모두 찾아내서 다시 상주常州, 강소성 상주시 자사로 깎아내렸다. 환관과 재상이 가깝게 왕래한 것을 못마땅하게 생각한 것이다.

생각하기에 따라서는 황제의 하사품을 대수롭지 않게 다른 사람에게 준 환관 마원식의 허물이 컸음에도 마원식은 처벌하지 않고 이를 받은 마식을 처벌한 것이다. 그만큼 환관을 건드리기 힘들었던 정황을 말해주는 사건이다.

◆ 이우당쟁이란?

당말(唐末)에 환관들이 전권을 쥔 가운데 조정에는 환관에 의지한 사람들만 있었지만 이 마저도 우승유(牛僧孺)를 수령으로 하는 우당(牛黨)과 이덕유(李德裕)를 수령으로 하는 이당(李黨)으로 나뉘어 서로 다투어 싸움이 그치지 않았다. 이 당쟁은 거의 40년 동안 지속되었고 이를 이우당쟁이라고도 한다.

이 당쟁의 심각성을 표현한 말 가운데 문종 이앙의 말이 유명하다.

"하북(河北) 지역의 도적을 꺾는 것은 쉬워도 조정에서 붕당(朋黨)을 없애기는 지극히 어렵다."

이 당쟁의 시작은 당 헌종 원화 3년(808년)에 장안에서 진사과 시험을 실시하면서 시작되었다. 거인(擧人)인 우승유와 이종민(李宗閔), 황보식(皇甫湜)이 시험답안지에 조정의 정치를 비판했다. 시험관은 두 사람이 조건에 맞는다고 생각하여 이를 헌종 이릉기에게 추천했다.

그런데 이때 조정의 정치는 당시 재상이었던 이덕유의 아버지인 이길보(李吉甫)에게 있었다. 이길보는 이러한 비판이 자기에게 불리하자 헌종 이릉기에게 호소하여 이들 거인들을 엄히 징계하게 하였다. 후에 우승유와 이종민은 선발되지 못했다.

그러나 이 사건은 그 후 조정을 시끄럽게 달구어 우승유 등이 억울하게 되었고, 이길보는 현명한 사람을 질투한다고 견책하게 했다. 그러자 헌종 이순은 이길보를 회남(淮南) 절도사로 좌천시켰고 별도로 재상을 임명했다. 이 사건을 계기로 조정에서는 두 파로 나뉘게 되었다. 그 후 이 싸움은 더욱 가열되었다.

◆ 이우당쟁의 주요 사건일지

821년	목종 장경 원년	전휘 공거사건. 이종민은 이때 중서사인에 임명됨. 이덕유는 이때 한림학사를 맡음.
823년	목종 장경 3년	우승유가 재상이 됨. 이덕유는 나아가서 절서 관찰사가 됨.
825년	경종 보력 원년	우승유가 여러 차례 재상을 사양하고 나아가서 무창 절도사가 됨.
829년	문종 태화 3년	이덕유가 병부시랑이 됨. 재상 배도가 이덕유를 추천하여 재상을 담당케 하려다가 성공하지 못함. 이종민이 환관과의 관계를 통하여 재상이 되어 이덕유를 쫓아내어 의성 절도사로 삼음.
830년	문종 태화 4년	이종민이 우승유를 이끌어 추천하여 재상이 되게 함. 이미 전에 이덕유를 추천했던 배도는 재상을 사임하고, 나아가서 산남도 절도사가 됨.
831년	문종 태화 5년	토번의 유주 수장인 실달이 항복하기를 청함. 서천 절도사 이덕유가 군사를 보내 그 성을 점거함. 우승유가 실달과 모의한 사람을 잡아다가 돌려보내서 하여금 이들을 유주성 아래에서 다 죽이게 함.
832년	문종 태화 6년	이덕유가 조정에 들어와서 병부상서가 됨. 경조윤 두종이 이종민에게 이덕유를 어사대부로 임용하는 방법을 통해 이덕유와 화해하도록 건의하고 이종민의 동의를 얻음. 두종이 이덕유를 방문하여 이 방법을 제의함. 이덕유는 기뻐했지만 이종민이 양우경과 상의한 후에 이 방안을 중지시켜서 화해의 기회를 잃음.

833년	문종 태화 7년	이덕유가 재상이 되었는데 양우경, 장중방, 장원부, 소완 등 우당 인물을 강등시켜 지방으로 전출시킴. 얼마 후에 이종민은 나아가서 산남서 절도사가 됨.
834년	문종 태화 8년	권력을 잡은 이훈과 정주가 이덕유를 배제하고 다시 이종민을 추천하여 재상이 되게 하고, 이덕유는 진해 절도사로 내보냄.
835년	문종 태화 9년	이훈과 정주가 경조윤을 맡은 양우경이 요언을 전파했다고 나무라고, 정주가 황제에게 약을 올릴 때에 민간에서 아이의 간을 채집해서 넣었다고 말하여 양우경이 하옥될 즈음에 이종민이 양우경을 위해 변호하여 명주 자사가 되게 함.
841년	무종 회창 원년	무종이 이덕유를 불러서 재상이 되게 하고 몇 년 뒤에 이덕유는 이종민과 우승유를 다시 귀양 보냄.
846년	무종 회창 6년	선종이 즉위하여 조정의 정치하는 대권을 뺏기 위하여 이덕유를 형남 절도사로 내보냄. 그 후 재상 백민중 등이 다시 이덕유를 귀양 보냄. 이종민이 병으로 사망.
847년	선종 대중 원년	우승유가 병으로 사망.
849년	선종 대중 3년	이덕유가 병으로 사망.

이침은 마원지를 처벌한 것은 아니었고, 이 사건에서 보듯이 이침은 여전히 재상을 견책하여 그에게 최고의 대우를 해주었지만, 환관의 역할을 제한하고 싶은 것을 간접적으로 표현했을 뿐이었다. 이러한 그는 결국 마원지의 역할은 금군에만 제한했다. 그래도 꽤 깊이 있는 사려를 한 셈이었다.

그나마 이렇게 조금이라도 개혁을 추진하려는 일련의 조치들로 역사에서는 그를 명군明君이라고 평가했지만, 이미 쇠약해진 당 왕조의 국력을 회복하기는 어려웠다. 선종 이침이 죽은 대중 13년(859년) 12월에 절동浙東, 절강서 동부에서 도적의 우두머리인 구보裘甫(?~860년)가 500명을 이끌고 군사를 일으킨 것에서도 알 수 있듯이 중앙 정부에 반대하는 움직임이 거셌다.

이 무리들은 수차 관군을 패배시켰는데, 후에 500만 명까지 증가하며 당말에 대규모 농민들이 기병하는 전초를 이룬다. 무너져 가는 집을 혼자서 막을 수 없었던 것이다.

또 환관에 의해 세워지는 후계자

대중 13년(859년) 6월에 선종 이침은 의관醫官 이현백李玄伯과 도사道士 우자지虞紫芝, 산인山人 왕락王樂의 약을 먹고 등에 종기가 났다. 그리고 두 달 만에 등창이 심해져 재상과 조정의 인사들은 모두 이침을 알현할 수 없었다.

이러한 상황에 이르자 이침은 은밀히 추밀사 왕귀장王歸長과 마공유馬公儒, 선휘남원사宣徽南院使 왕거방王居方에게 위촉하여 기왕夔王 이자李滋를 후임 황제로 세우도록 했다. 이들 세 사람과 우군 중위 왕무현王茂玄은 모두 평소 이침이 아끼던 환관이었다.

당시 선종 이침에게는 12명의 아들*이 있었다. 그 가운데 장남은 운왕鄆王 이온李溫(833년~873년)이었다. 일반적으로는 장남을 태자로 세우지만, 이침은 그를 총애하지 않았다.

그래서 다른 아들들은 궁중에서 살게 하면서도 오로지 이온만은 궁 밖의 16택에서 살게 했다. 장남 이온이 선종 이침의 눈 밖에 단단히 난 것이다.

◆당 선종 이침의 12명의 아들

*의종 이최 외에는 생모가 밝혀지지 않았음

차례	관직	이름	비고
장남	의종(懿宗)	이최(李漼)	처음 이름은 이온(李溫) 원래 운왕(鄆王) 원소(元昭)태후 소생
차남	정회태자 (靖懷太子)	이미(李渼)	회창 6년(846년) 옹왕(雍王)으로 봉왕 대중 6년(852년) 사망 정회태자로 추후 책봉
3남	아왕(雅王)	이경(李涇)	대중 원년(847년) 봉왕
4남	기왕(夔王)	이자(李滋)	회창 6년(846년) 봉왕
5남	경왕(慶王)	이기(李沂)	회창 6년(846년) 봉왕 대중 14년(846년) 사망
6남	복왕(濮王)	이택(李澤)	
7남	악왕(鄂王)	이윤(李潤)	대중 5년(851년) 봉왕 건부 3년(876년) 사망
8남	회왕(懷王)	이흡(李洽)	대중 8년(854년) 소(昭)·강(康) 두 왕과 함께 봉왕
9남	소왕(昭王)	이예(李汭)	건부 3년(876년) 사망
10남	강왕(康王)	이문(李汶)	건부 4년(877년) 사망
11남	광왕(廣王)	이옹(李澭)	건부 4년(877년) 사망
12남	위왕(衛王)	이관(李灌)	대중 14년(860년) 사망

선종 이침이 아끼는 아들은 4남 기왕 이자였다. 이침은 이자를 사랑하여 후사로 삼고 싶었지만, 그 위에 살아 있는 아들이 두 명이나 더 있어서 이자를 세울 수 없었다. 그래서 이침은 아예 태자를 세우지 않았었는데, 갑작스럽게 죽음에 임박한 것이다.

이러한 상황에서 왕귀장 등 세 사람은 후임 황제를 옹립하는 과정에서 좌군중위 왕종실王宗實을 제외시키기 위해 조서를 고쳐 왕종실을 회남淮南, 치소는 양주 감군으로 삼았다. 자신의 뜻과 맞지 않는 인사이기 때문에 이침의 측근인 왕종실을 지방에 보낸 것이다.

선화문宣化門 밖에서 칙서를 받은 왕종실이 은대문銀臺門을 나가려고 하자 그의 직속 부하였던 좌군부사左軍副使 기원실亓元實이 말했다.

"성스런 분[선종 이침]께서 정사에 참여하지 않으신 지 한 달을 넘겼고, 중위中尉, 왕종실께서는 다만 문을 사이로 두고 기거起居하였는데, 오늘 바꾸어 제수하였지만 아직은 사실 여부를 구별할 수 없습니다. 어찌 성스런 분을 알현하지 않고서 그냥 나가십니까?"

왕종실의 보직을 회남 감군으로 바꾼 것이 사실이 아닐 수도 있으니 확인해보라는 말이었다. 선종 이침이 이미 한 달 가량 정무를 보지 않았으므로 그 명령을 직접 내린 것이 아닐 수도 있다고 의심한 것이다.

이 말을 듣고 왕종실은 기원실과 궁궐에 들어갔다. 그들이 침전에 도착하기 직전에 선종 이침이 죽어서 사람들은 이를 둘러싸고 울고 있었다. 이미 죽은 황제가 명령을 내릴 수 없는데 그 일이 발생했으므로 왕종실에 대한 인사명령은 거짓으로 드러난 것이다.

왕종실은 조서를 사칭한 것에 대해 왕귀장을 비난하고 나무랐다. 모두가 왕종실의 다리를 붙잡고는 목숨을 구걸했다.

결국 군사 지휘권을 가진 좌군신책군 중위 왕종실이 후사를 결정하는 일을 주도했고, 선종 이침이 평소 생각했던 이자는 세울 수 없게 되었다. 왕종실은 선휘북원사宣徽北院使 제원간齊元簡을 파견하여 궁궐 밖에서 살고 있는 장남인 운왕 이온을 맞이하도록 하였다.

8월에 조서를 내려 운왕 이온을 황태자로 세우고 권구당군국정사權句當軍國政事로 삼았으며, 이어서 이름을 이최李漼로 고쳤다. 왕종실을 내쫓고 황제의 뜻을 받들려 했던 왕귀장과 마공유, 왕거방은 체포하여 모두 죽였다.

그 이틀 뒤에 유제遺制를 밝히고 재상 영호도令狐綯를 섭총재로 삼았다. 사실 선종 이침이 남긴 유제라는 것도 결국 왕종실의 생각에 따라서 작성된 것이라 할 것이다.

그리고 다시 나흘이 지나서 이최가 황제 자리에 올랐다. 얼마 후에 황태후를 태황태후로 높였고, 왕종실을 표기상장군으로 삼았다.

당시 궁궐의 최고 어른은 황태후인 선종 이침의 생모인 정鄭씨였지만, 그녀는 헌종 이순의 비였던 까닭에 이미 나이가 많았고, 이최의 생모 또한 오래도록 황궁 밖에서 살았던 사람이라 이와 같이 중대한 일에 간여할 처지가 못 되었다.

그리고 공식적으로 선종 이침의 유제가 있었기 때문에 황후나 황태후가 끼어들 여지가 없었던 것이다. 사실 군권을 쥔 왕종실이 선종 이침이 죽기 전에 이최를 태자로 임명한 것으로 유제를 고쳤기 때문에 법적으로는 완벽한 조치였다. 그러나 실제로 당 왕조의 황제는 다시 환관에 의해 세워지게 된 것이다.

대를 이어가는 환관의 권력
어린 아들을 황제로 세우라

다섯째 아들을 후계자로 세우다

환관 왕종실에 의해서 등극한 의종 이최는 의종 함통 14년(874년) 7월에 죽었다.

의종 이최의 병이 위독해지자, 좌군左軍중위 유행심劉行深과 우군右軍중위 한문약韓文約은 이최의 어린 아들인 보왕普王 이엄李儼(862년~888년)을 황제로 세웠다. 앞의 경우와 같이 의종 이최가 내린 유제에 의거하여 후계자를 결정하는 방식이었다.

이최가 위독해지고 이틀이 지나서 제서를 내렸다.

"이엄을 세워서 황태자로 삼고, 권구당군국정사權句當軍國政事로 한다."

그리고 그 다음날 의종 이최는 함녕전에서 죽었다. 유제를 남겨서 위보형을 섭총재로 하였고, 희종僖宗 이엄이 즉위하였다. 그리고 유행심과 한문약은 모두 국공國公으로 책봉되었다.

의종 이최의 5남 희종 이엄은 나중에 이현李儇으로 이름을 고쳤다. 이엄은 황제로 등극할 당시 12살이었으며, 그 위로 4명의

형이 아직 살아 있었다. 이현보다 장성한 아들이 있었는데도 구태여 5남을 후계자로 지정한 것이다.◆

후대에 밝혀진 환관의 개입

희종 이현이 즉위하고 몇 년 후인 희종 건부 6년(879년)에 의종 이최의 장남과 차남이 같이 죽은 것으로 보아서 이현을 황태자로 정한 것이 의종 이최의 뜻이라고 하기에 석연치 않은 부분이 있다.

◆ 의종 이최의 아들들

의종에게는 8명의 아들이 있었는데, 희종 이현과 소종 이엽을 제외한 아들의 생모는 자료가 소실되어 알 수 없다.

차례	시호	이름	비고
장남	위왕(魏王)	이일(李佾)	건부 6년(879년) 사망
차남	양왕(凉王)	이정(李侹)	건부 6년(879년) 사망
3남	촉왕(蜀王)	이길(李佶)	
4남	영왕(郢王) →함왕(咸王)	이간(李侃)	
5남	보왕(普王) →희종(僖宗)	이현(李儇)	혜안(惠安)황후 소생
6남	길왕(吉王)	이보(李保)	
7남	수왕(壽王) →소종(昭宗)	이엽(李曄)	이걸→이민→이엽으로 이름이 변경됨 공헌(恭憲)황후 소생
8남	공애(恭哀)태자	이기(李倚)	처음 목왕(睦王)에 책봉되었다가 유계술(劉季述)에게 살해됨 천복 초(901년) 태자로 추증

더구나 《자치통감고이》에는 5대10국 시대 후량의 이진李振이 한문약의 손자인 한이범韓彝範에게 이런 말을 한 기록이 있다.

"의종[이최]이 승하하였을 초기에 한중위가 맏아들을 죽이고 어린아이를 세웠던 것은 그 권력을 이롭게 하려는 것이었는데, 지금 장군은 다시 그렇게 하려고 하는가?"

의종 이최가 죽고 희종 이현이 황제가 되는 과정에서 환관 한문약이 이최의 장남을 죽였다는 설이 5대시대까지 남아있었던 것이다. 게다가 사태를 주도했던 한문약의 손자대의 증언이니 전혀 터무니없는 이야기는 아닌 것으로 보인다.

이렇게 등장한 희종 이현은 15년간 황제 자리에 있었지만 황제의 권위는 전혀 없었다. 희종 광계 3년(887년) 6월에 천위도두天威都頭, 작전 담당 환관 양복공楊復恭(?~894년)의 수양아들인 양수립楊守立과 봉상鳳翔, 섬서성 봉상현 절도사 이창부李昌符가 길에서 마주쳐서 서로 먼저 길을 비키라며 싸움이 벌어졌다.

이 소식을 들은 희종 이현은 중사를 보내 싸움을 말렸지만 아무도 듣지 않았다. 그뿐만 아니라 황제가 머무는 행궁을 불태우는 것으로 싸움이 번졌으니, 안하무인의 태도였다.

마음에 드는 사람을 황제로 뽑은 환관

그리고 그 이듬해인 희종 문덕 원년(888년) 3월에 희종 이현의 병이 위독해져, 후임 황제를 정해야 하는 처지가 되었을 때에도 환관들의 입김은 여전했다. 당시 이현의 동생이고 의종 이최의 6남 길왕吉王 이보李保가 어른스럽고 현명하여 여러 신하들의 촉망을 받고 있었다.

하지만 이러한 여망과 관계없이 환관인 십군관군용사十軍觀軍容使 양복공은 희종 이현의 다른 동생인 수왕壽王 이걸李傑을 세울 것을 청했다. 수왕 이걸은 의종 이최의 7남이므로 순서도 맞지 않고, 신하들의 의견도 받아들여지지 않은 것이다.

이때 희종 이현에게는 2명의 아들이 있었다. 장남은 건왕建王 이진李震이고 차남은 익왕益王 이승李升인데, 두 사람 모두 생모에 관한 기록은 없다. 물론 이현이 죽었을 때가 겨우 27살이었으니, 둘 다 어린아이였을 것으로 짐작된다.

또 그가 등극한 지 2년이 되는 건부 2년(875년) 3월에 바로 당왕조 시대의 최대의 반란이라고 불리는 황소黃巢의 난◆이 일어났다. 이러한 상황을 감안한다면 이현의 어린 아들을 태자로 삼기는 힘들었을 것으로 여겨진다.

결국 환관 양복공의 결정에 따라서 우군중위 유계술劉季述이 16택에서 이걸을 맞이했다. 그리고 소양원少陽院에 들어가 살게 하고, 재상 이하 모두가 나아가 그를 알현했다.

3월에 희종 이현이 영부전靈符殿에서 죽자, 유제遺制로 태제 이걸의 이름을 이민李敏으로 바꾸고, 재상 위소도韋昭度를 섭총재攝冢宰로 삼는다고 발표했다. 처음 이름이 이걸이었던 소종은 감국이 되면서 이름을 이민으로 고쳤다가 황제에 즉위하고 다시 이엽李曄으로 바꾸었다.

하여간 희종 이현의 유제라고 하지만 전후 사정으로 보아 이 역시 환관 양복공의 뜻에 따른 것이라 보아야 할 것이다.

결국 당 말기 경종 이담이 환관들에게 살해당한 이후, 문종 이앙, 무종 이염, 선종 이침, 의종 이최, 희종 이현, 소종 이엽에 이르는 동안 줄곧 환관들이 황제를 뽑았다. 물론 전임 황제의 아들 혹은 동생인 경우가 대부분이었지만, 환관들은 자기들의 권력을 제한하지 않을 사람을 황제로 선택했다.

그래서 되도록 나이가 어리거나, 전통적인 상속 관례에 의한

◆ 황소의 난

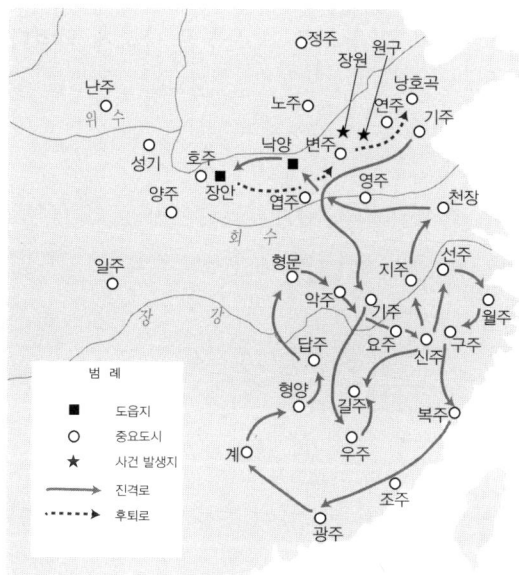

황소는 산동 사람으로 소금장수 출신이었는데, 상업활동을 하면서 자주 조정의 관원과 충돌했다.

희종 건부 원년(874년)에 먼저 왕선지가 군사를 일으켰고, 그 이듬해에 황소가 산동 지역에서 왕선지에 호응하여 군사를 일으켰다.

그 후 전국적으로 그 세력을 뻗쳤다. 왕선지가 실패하자 그 나머지 사람들이 황소에게 귀부하여 황소의 세력이 전국을 흔들었다.

다면 절대 황제 자리에 오를 수 없는 사람들을 고른 것이다. 그래서 숙항叔行으로 전임 황제의 뒤를 잇게 하는 일도 서슴없이 감행했다.

그러나 이들 환관들은 중앙에서 권력을 잡는 데는 성공했으나, 그들에게는 군사를 움직일 만한 능력은 없었다. 그래서 황소의 난이 발발했을 때에도 그들은 이를 해결할 수 없었다. 결국 군사력을 가지고 있던 절도사가 이를 진압했고 이어서 환관들을 몰락시켰다. 그리고 당 왕조도 그 운명을 다하게 되었다.

나가면서

 황제제도는 동아시아 정치제도 가운데 가장 중요한 제도라고 할 수 있다. 역대 왕조를 거치면서 많은 정치제도가 바뀌었다고 하지만 전체적으로 황제제도는 청말淸末 신해혁명이 일어나기까지 계속되었다.
 그 후 서양의 입헌제도를 수용하고 황제는 사라졌지만 동양에서는 서양의 선거제도를 통해 대통령이라 불리는 최고 통치자를 뽑는다고 해도 정서적으로는 황제적, 제왕적 분위기가 아직도 온존溫存한다고 할 만큼 황제제도가 끼친 영향은 대단하다.
 황제는 사람들의 생사여탈을 쥐고 흔들 수 있는 절대권을 가진 사람이다. 그래서 동아시아에서는 그 막강한 권력을 성인聖人이 갖기를 바라는 마음에서 황제를 성인으로 만들기에 노력해 왔다. 이러한 학문을 제왕학帝王學이라는 이름으로 부르면서 발전시켜 왔다.
 그러나 이렇게 막대한 권력을 가진 황제가 온전히 그 권력을 스스로 운영할 수 있을 때에만 성인군주聖人君主도 의미가 있는 것이다. 그런데 황제라는 속을 들여다보면 황제 본인이 절대권을 행사하는 것이 아니라, 다른 누군가가 황제를 조정하여 그 권력을 행사하는 경우가 너무 많았다. 따라서 어떻게 보면 성인군주론은 허울 좋은 수식일 뿐 실제로 황제의 정치에 적용되기는 어려웠다.

그래서 명말明末의 학자 황종희黃宗羲는 그의 저서 《명이대방록明夷待訪錄》에서 "황제가 그 권력을 제대로 행사하지 못하고 흘려버릴 때에는 그 권력을 주워서 행사하는 사람이 있게 마련이다."라고 말하기까지 했다. 여러 왕조에서 등장하는 황제 가운데는 자기의 권한을 제대로 행사하는 사람보다는 오히려 당시의 권력자에게 조종되는 허수아비로 전락한 사람이 적지 않기 때문 나온 말이다.

이러한 사실을 구체적으로 접근해 본다면 황제제도의 허구성을 발견할 수 있다. 그뿐만 아니라 당시 황제를 조종하는 메커니즘을 이해한다면, 과거 황제제도에서 황제를 조종했던 방법이 오늘날의 현대 사회제도 속에서도 동일하게 통용될 수도 있다는 것을 깨달을 수 있다.

그러한 점에서 '황제 만들기'가 아닌 '황제 뽑기'인 셈이다. 황제 만들기란 황제의 자격에 모자랄지라도 옆에서 잘 보필하여 성인군자로 만든다는 말인 반면, 황제 뽑기란 내 마음에 들거나 혹은 이 사람이 황제가 되었을 때의 실리實利를 계산하여 되도록 내게 많은 이익이 될 사람을 뽑는다는 뜻을 내포하고 있다.

물론 그 결정권자가 오늘날과 같이 국민이라면 국민들이 각자의 입장에서 자기에게 유리한 사람을 뽑으려고 하겠지만, 전통시대에는 힘 있는 소수의 권력자들이 자신들에게 유리할 사람을 뽑게 되어 있다. 그러한 점에서 본다면 권력은 눈에 보이는 황제에게서 황제에게로 이동되는 것이 아니라 눈에 보이지 않는 누군가들 사이에서 이동한다고 보아도 무방할 것이다.

따라서 전통시대의 정치를 이해하고자 한다면 표면상 드러난 사람들보다는 오히려 눈에 보이지 않는 손으로 황제를 조종하는 세력을 찾아내는 것이 가장 핵심일 것이다.

제아무리 황제를 조종하는 숨은 권력자라도 공식적으로 절대권은 황제만이 가지고 있는 것이다. 따라서 권력자는 만에 하나 자신의 뜻대로 움직여주지 않는 황제를 선택하게 될까봐 심사숙고를 하게 된다. 즉 황제 선택의 전례에 비추어 원천적으로 자신의 뜻에 거역하지 않을 인물을 고르는데 고심한다. 그래서 자신의 실리를 위해 가차 없이 관례를 무시하고 무리하게 황제를 뽑기도 한다. 그리하여 점점 더 황제를 뽑는 방법과 논리는 상상을 초월하여 벌어지는 것이다.

이 《황제뽑기》에서는 전한시대부터 당나라 시대까지 숨은 권력자들의 황제 뽑기를 모아두었다.

맨 처음 전임 황제가 태자를 정하지 않았거나 혹은 정하지 못하고 죽었을 때 후임 황제를 뽑는 일은 중신重臣들의 몫이었다. 그것은 전한시대에 주발이 중심이 되어 뽑은 문제 유항과 곽광이 중심이 되어 뽑은 창읍왕 유하와 선제 유순이었다.

이들은 외척과 같은 정치적 배경이 없는 인물을 뽑으려고 무던히 노력했다. 그래서 곽광은 창읍왕 유하를 황제로 뽑았다가 유하의 정치적 배경에 자신이 권력에서 밀려날까 이를 폐위시키고 아무 세력도 없는 혈혈단신의 황족 선제 유순을 황제 자리에 앉힌다. 자기들의 권력을 최대한 보장 받는 방법이었다. 그러나 아무리 힘없는 사람일지라도 일단 황제가 된 다음에는 황제권을 적당히 발동하여 그 중신들을 몰아냈다. 중신들의 입장에서 본다면 그들의 황제 뽑기는 철저하게 실패한 것이라고 할 수 있다.

그 다음으로 후임 황제를 뽑은 세력은 황태후와 그 외척들이었다. 후한시대에는 후임 황제를 뽑을 때 가장 우선시 되었던 것이 나이였다. 되도록 직접 정치를 할 수 없는 어린 황제를 뽑아 황태후가 황제의 모후로서 임정칭제臨政稱制하려고 했기 때문이다. 황제가 아니면서 실제로 조정에 나아가서 정치를 주관할 수 있는 방법이었다.

이러한 방법을 처음 사용한 사람은 한대漢代 유방의 황후 여치였다. 또 당대唐代에 오면 측전무후가 있는데, 그녀는 왕조의 이름까지 바꾸었다. 그리고 청말淸末의 서 태후도 같은 부류였다. 되도록 어린 사람을 황제로 삼으려 했고, 그것이 마땅하지 않으면 억지로 그렇게 만들어 황제 자리에 앉히곤 했다.

군사력이 없는 태후들의 이러한 행태는 궁궐 내의 정치행각이었다. 궁중 안에서 황제가 결정되는 상황이 계속되자 결국 궁궐의 사정을 제일 잘 아는 환관들이 황제를 뽑게 되는 지경에 이르게 되면서 왕조는 그 종말을 고하게 되었다.

삼국시대를 거치면서 전·후한을 지배해 온 유교적 논리가 쇠퇴하고 사회를 통제하는 규범이 미약해지자 극도의 자유주의가 팽배해졌다. 바로 대분열의 시기로 일컬어지는 위진남북조시대의 도래였다. 이 시기에도 태자를 임명하는 제도는 있었다. 그러나 오로지 형식으로만 존재할 뿐, 그 속을 들여다보면 군사력을 가진 사람이 권력을 오로지하고 있었다.

그래서 당시 권력자는 어떤 명분으로 왕조의 계통을 바꿀 수 있을지 그 포장에만 관심을 기울이기 급급했다. 군사력을 가지고 현임 황제의 문제점을 제기하며 쿠데타를 일으키는 것이다.

하지만 이때 자신이 직접 황제 자리에 나가지는 않는다. 자기에게 황제 자리를 합법적으로 물려주거나 혹은 선양이라는 이름으로 새로운 왕조를 건국할 수 있게 할 사람을 뽑는다. 황제가 되는 길에 징검다리라는 명분을 내세워 정당화시키는 것이다. 후한시대에 궁정 안에서의 음모만으로 황제 자리에 간다는 것이 문제가 있다는 것을 알았기 때문에, 남북조시대에는 무력을 동원했고, 그 때문에 군사적인 충돌이 자주 일어날 수밖에 없었다.

그러나 무력 역시 한계가 드러났다. 자신의 후계자가 자신과 똑같은 군사력을 유지하지 못했기 때문이다. 따라서 그 후계자들은 군사력을 가진, 경우에 따라서는 삼촌이나 형제에 의해 무참히 죽는 비극이 발생하기도 했다. 즉 군사력으로 황제가 됨으로써 누구든지 힘이 있으면 황제 자리를 차지하라고 가르쳐 준 것과 다를 바 없었다.

그래서 후대에 군사력을 가지고 제왕이 된 사람들은 앞 다투어 무치武治 대신 문치文治를 채택했다. 오랜 무장 세력으로 송 왕조를 세운 조광윤, 명 태조 주원장도 역시 문치주의를 택했다. 우리나라에서도 고려 태조 왕건과 조선 태조 이성계 역시 무장에서 출발했지만 왕조를 일으킨 후에는 하나 같이 문치를 택했다. 이는 "비록 나는 무력으로 나라를 빼앗았지만, 너희들은 무력을 쓰지 말라."라는 다른 표현일 뿐이었다. 즉 '나를 닮지는 말라.'는 말이었다.

당 왕조 시대에 오면서 중신도, 황태후도 황제 뽑기에 참여할 수 없었다. 군사력을 가진 사람도 불가능했다. 앞의 역사에서 이미 경험한 바를 반면교사 삼아 중신이나, 황태후, 무장 세력이 권력을 잡는 길을 철저하게 막았기 때문이다.

이제 그 권력이란 놈에게 새로운 주인이 나타났다. 황제의 절대권에 도전하지 못하는 사람이라고 판단되는 부류는 바로 환관이다. 황제는 궁중에서 한갓 심부름을 하는 환관을 정치적으로 이용하기 시작한 것이다.

환관은 항상 황제 곁에서 심부름을 하는 사람이기 때문에 권력과는 무관하거나 그럴 힘이 없을 것이라고 생각했다. 혹은 너무 가까이 있어서 믿을 사람이 환관뿐이었을 수도 있다. 그렇게 조금씩 권력을 맛보기 시작한 환관들은 점점 더 큰 힘을 요구하게 되었고, 결국 황제는 군사를 감독하는 직책까지 부여해주고 말았다.

권력에 눈을 뜬 환관들은 다시 황제의 절대권을 조정할 수 있을 만큼의 권력을 키웠고, 이제 그들의 입맛대로 천하를 움직이고자 했다. 그리하여 자신들의 말을 듣지 않는 황제는 죽였고, 후임 황제를 세우는데도 황제의 유서를 환관이 마음대로 고쳐썼으며, 자신의 말을 따르지 않는 사람은 조정에 있을 수가 없게 조치했다.

환관의 발호는 명대明代까지 이어졌다. 영락제가 남경을 공격하면서 환관의 도움을 받았다는 사실로 인해 환관이 크게 득세하였다. 그리하여 환관의 손에서 동창東廠, 황제의 정보기관까지 움직였으니, 환관 정치라고 해도 무방하다 할 것이다. 환관은 겉으로는 심부름꾼으로 위장한 황제였던 것이다.

이렇게 본다면 권력의 중심은 고관高官에서 황태후와 외척으로, 다시 무장 세력으로 옮겨졌고 맨 마지막에는 환관에게로 넘어 갔다. 그동안 황제가 없었던 시대는 단 한번도 없었다. 또 공식적으로 황제의 막강한 권한이 축소된 일도 없었다. 그러나 실제로 정치를 움직인 세력은 이처럼 끊임없이 변하고 있었던 것이다.

역사는 과거 사실에서 시간이 흐름에 따라 무엇이 어떻게 변하는가를 보고자하는 학문이다. 단순한 과거 사실은 쓰레기이다. 우리가 역사에서 이 변화의 경향을 읽어 낼 수 없다면 역사는 쓸모없는 쓰레기가 될 것이며, 반대로 이 변화의 경향을 파악한다면 이 쓰레기는 재활용되어 명품의 부속품이 될 것이다. 따라서 역사 사실이란 그것을 활용하는 사람에게 실용학문이 될 수도, 비실용 학문이 될 수도 있는 것이다.

이 《황제뽑기》에서는 2천년 동안 변함없이 이어 온 황제제도 속에서 실제로 정치를 움직인 세력을 추적하였다. 모든 권력자들은 과거시대의 핵심 권력자들이 어떻게 권력의 중심에서 멀어졌는지 원인을 찾아 그와 같은 실패를 반복하려 하지 않는 모습을 보였다. 고관에서 환관까지 권력의 중심이 이동한 것이 발전인지 아닌지를 분석하고자 하는 것이 아니다. 중요한 것은 사람들이 과거의 실패를 끊임없이 연구하여 같은 실패를 되풀이 하고 있지 않다는 점이다.

만약에 이러한 하나의 경향을 현재와 미래에 적용할 수 있다면 오늘날 정치를 이끄는 주도세력과 이념들이 앞으로 어떻게 변모해 갈지 가늠케한다.

적어도 이 책을 통해 어떠한 방법으로든지 과거에 성공을 거두었다고 해도 그 방법 역시 종래에 가서는 한계에 부딪혀서 실패했다는 사실을 알 수 있다.

그러기 때문에 정권을 획득하고 유지하는 방법이 이미 과거에 사용했던 것이라면 이는 실패를 자초하는 일임을 인지할 수 있다. 같은 방법으로는 다시 정치의 중심에 설 수 없다는 사실만은 분명하다. 그러한 점에서 역사는 위대하다.

권력이란 따뜻한 봄날의 달콤한 낮잠과도 같다. 하지만 그 권력의 말로는 추운 겨울날의 악몽과도 같이 비극적이다.

위진남북조 시대의 남조 송에서 소도성이 권력을 장악하고 스스로 새로운 왕조의 주인이 되기 위한 징검다리로 10살의 어린 유준을 황제로 앉힌 일이 있다. 어린 꼭두각시 황제 유준은 2년간 황제 자리를 지키다가 소도성에게 선양했다. 이때 유준은 마지막으로 "세세생생世世生生 다시는 황제의 집안에서 태어나지 않기를 바란다."라는 말을 내뱉었다. 10살짜리 어린아이의 말 치고는 너무 비참했다.

또 1644년에 이자성李自成의 반란군이 북경에 들어오자, 명나라 마지막 황제 숭정제는 17년간 황제 자리에서 누리던 영화를 뒤로 한 채 자금성 앞에 있는 매산煤山에 올라가 35살의 젊은 나이에 스스로 목을 맨다. 이때 숭정제는 어린 딸을 안고 "너는 다음 생에는 황제의 집안에서 태어나지 말거라."라고 말했다고 한다. 이 얼마나 처절한 부르짖음인가!

그뿐인가. 청말에 권력을 장악한 서 태후는 스스로 정치를 하다가 동치同治 황제가 죽은 후, 1875년 1월에 자신의 4살짜리 조카 광서제를 아들로 받아들여서 황제로 세운다. 그러나 서 태후는 어른이 된 광서제가 자신의 뜻을 거스르자 독살하고 만다.

그리고 1908년 11월에 순친왕 재풍載灃의 아들인 3살짜리 부의溥儀를 데려다가 양자로 삼고는 다시 황제로 세운다. 이때 황제 자리가 비극을 불러 온다는 것을 경험했던 재풍이 서 태후가 자신의 아들을 후임 황제로 지명했을 때 "왜 하필 너인가?"라며 한탄한 일화도 유명하다.

이렇게 역사에 기록될 만한 비극적인 황제 말고 다른 황제들은 어떠했을까? 그들이 황제 자리에서 스스로 뜻을 이루고 정말 행복했을지 의문이 든다.

남조 송시대에 환온은 "단 며칠을 살더라도 황제 노릇을 하고 싶구나."라고 했다. 물론 환온은 그 뜻을 이루지 못하고 그 아들 대代에 와서 환초桓楚라고 불리는 나라를 세웠지만, 그 끝 역시 비극적이었다. 또 비록 황제가 되고 싶지 않았다고 하더라도 권력의 언저리에서 태어났기에 죽임을 당하는 경우는 더욱 많아 헤아리기 힘들 정도이다.

여기에서 권력세계의 비정함을 엿보게 된다. 그래도 환온처럼 단 하루를 살더라도 최고 권력자가 되어 보고 싶은 것이 속물적 인간의 욕망인지 모른다. 마치 부나비가 자기가 타 죽을 것을 모르고 불을 향해 달려가는 것처럼 말이다.